»Merkt euch ihre Namen«

Hilfe für Betroffene

Für Eltern und andere betroffene Erwachsene sowie für Kinder und Jugendliche gibt es mittlerweile verschiedene Organisationen und Institutionen, die Rat und Information in Notsituationen anbieten.

Der Frauenkalender *Wir Frauen 1995* (Köln 1994, erscheint jährlich, erhältlich über den Buch- und Schreibwarenhandel) führt ebenso wie das *Frauen-Adreßbuch Deutschland* (München 1994, erhältlich über den Buchhandel) zahlreiche Adressen privater und staatlicher Einrichtungen auf Bundes-, Landes- und Gemeindeebenen auf.

Außerdem sind wichtige Adressen auf lokaler Ebene aus dem Telefonbuch, der Tages- oder Stadtzeitung zu erfahren.

In diesen Adressverzeichnissen sind die Grundsätze der aufgeführten Einrichtungen nicht erläutert, aber Betroffene finden hier jedenfalls für ihre spezielle Situation eine erste Adresse, die zu weiteren Ansprechpartnern führt.

Bitte beachten Sie: Bevor Sie einen konkreten Fall ansprechen, sollten Sie sich informieren, welche Grundsätze eine Hilfsorganisation befolgt, wenn ihr ein Fall bekannt wird. Jugendämter z. B. sind verpflichtet, alle ihnen bekannt werdenden Fälle zu melden. Daraufhin erfolgt meistens eine Strafanzeige und ein Verhör. Wenn der Mißbrauch von einem Familienangehörigen verübt wurde, sollten Sie sich vorher bei z. B. einer privaten Organisation darüber informieren, was Sie erwartet, wenn Sie sich an das Jugendamt oder die Polizei wenden.

Auskunft und Adressen von Hilfsorganisationen auf lokaler Ebene bekommt man auch bei der *Bundeskonferenz für Erziehungsberatung E. V., Gesellschaft für Beratung und Therapie von Kindern, Jugendlichen und Eltern,* Amalienstraße 6, D-90763 Fürth, Telefon (09 11) 97 71 40.

ALICE VACHSS

»MERKT EUCH IHRE NAMEN«

Eine Staatsanwältin im Kampf gegen Vergewaltiger, Pädophile und ihre Lobby

Aus dem Amerikanischen von Barbara Schöndorf

Eichborn.

Die meisten Namen in diesem Buch sind geändert. Bei den Opfern, den Zeugen und ihren Familien geschah dies zum Schutz ihrer Privatsphäre; bei den Richtern, Anwälten und Polizeibeamten, weil es in diesem Buch nicht darum geht, wer sie sind, sondern ausschließlich darum, wie sie sich verhalten. Die Täter jedoch und all jene, die politische Ämter bekleiden oder Personen des öffentlichen Lebens sind, werden hier beim Namen genannt, denn sie haben freiwillig auf ihre Anonymität verzichtet. Die übrigen Namen, die nicht in ausgewiesenen Zitaten vorkommen, sind entweder geändert oder ausgelassen worden. Über diese Entscheidung dürften alle erleichtert sein, die ich mir in meiner Tätigkeit als Anklägerin sexueller Gewalttaten zu Feinden gemacht habe. Sie täuschen sich – nicht nur in diesem Punkt.

Originaltitel: SEX CRIMES

Die Deutsche Bibliothek – CIP-Einheitsaufnahme

Vachss, Alice:
»Merkt euch ihre Namen« ; eine
Staatsanwältin im Kampf gegen Vergewaltiger, Pädophile und
ihre Lobby / Alice Vachss. Aus dem Amerikan. von Barbara
Schöndorf. – Frankfurt am Main : Eichborn, 1995
Einheitssacht.: Sex crimes <dt.>
ISBN 3-8218-0446-7

Umschlag: Rüdiger Morgenweck
Lektorat: Doris Engelke / Imke Röttger
Satz: Fuldaer Verlagsanstalt GmbH, 36003 Fulda
Druck und Bindung: Werner Söderström OY, Finnland
ISBN 3-8218-0446-7

Verlagsverzeichnis schickt gern:
Eichborn Verlag, Kaiserstraße 66, 60329 Frankfurt

Für die Liebe des Gespensts und meine eigene
und für den Wolf.

INHALT

VORWORT

Die erste Auflage dieses Buches erschien im Juli 1993 in Amerika als Hardcover. Wenige Wochen zuvor hatte der Justizausschuß des Senats der Vereinigten Staaten einen Bericht mit dem Titel *Gewalt gegen Frauen: Die Antwort auf Vergewaltigung: Umwege auf dem Weg zu einer juristischen Gleichbehandlung* veröffentlicht. Die darin enthaltenen Recherchen und Schlußfolgerungen basieren auf einer Analyse der Kriminalstatistik sämtlicher fünfzig Bundesstaaten aus dem Jahr 1990. Senator Joseph Biden schreibt bei seiner Einleitung: »Diese Erkenntnisse beweisen, daß unser Justizsystem weit davon entfernt ist, seine Aufgaben zu erfüllen, nämlich Gewaltverbrecher zu ergreifen, sie abzuurteilen und ins Gefängnis zu bringen. **98% aller Vergewaltigungsopfer warten vergeblich darauf, daß ihre Angreifer gefaßt, vor Gericht gestellt und eingesperrt werden . . .«**

Im September 1993 durfte ich auf einer Kundgebung sprechen, in deren Mittelpunkt eine Frau stand, die zu diesen 98 Prozent gehört und die einen Weg gefunden hat, sich zu wehren. Zwei Jahre zuvor hatte diese junge Frau aus dem Norden des Staates New York den Fehler begangen, sich in einem Lokal (es hieß Casablanca) in Gouverneur, New York, zu betrinken, und zwar in Gesellschaft von Leuten, die sie seit einer Ewigkeit für ihre Freunde hielt. Fünf dieser »Freunde« prahlten nach diesem Abend, Sex mit ihr gehabt zu haben, während sie bewußtlos war. Ein Ermittlungsverfahren wurde eingeleitet. Es gab sogar Geständnisse. Die sogenannten »Casablanca Fünf« wurden der Vergewaltigung angeklagt. Der Prozeßtermin stand bereits fest, doch in letzter Minute gestattete der neugewählte Bezirksstaatsanwalt von St. Lawrence County den fünf Angeklagten, sich wegen »sexueller Belästigung« – eines eher geringfügigen Delikts also – schuldig zu bekennen. Das Urteil lautete: 750 Dollar Geldstrafe.

Der Bezirksstaatsanwalt hat offenbar nicht mit Protest gegen sein Vorgehen gerechnet. Das Opfer war ein junges Mädchen aus einer Kleinstadt in der tiefsten Provinz, wo, wie es in der *New York Post* hieß, auf jeden Demokraten zehn Rehe kamen. Doch diese Krista Absalom, die gegen ihren Willen ins Rampenlicht der Öffentlichkeit gezerrt worden war, beschloß, sich gegen die Gesetze und Menschen zu wehren, die sie verraten hatten. Von ihrer Schwester Clover Forsythe tatkräftig unterstützt, organisierte sie mit anderen zornigen und gedemütigten Frauen eine Kundgebung unter dem Motto »BürgerInnen von St. Lawrence County verlangen Gerechtigkeit für Frauen«. Hunderte ließen sich weder durch den Regen noch die Kälte des trüben Herbsttage davon abhalten, daran teilzunehmen.

Krista Absalom ist ein Symbol für so vieles, was mir unendlich wichtig ist. Deshalb möchte ich an dieser Stelle aus der Rede zitieren, die ich bei dieser Gelegenheit hielt und als Plädoyer der Anklage formuliert habe – als Plädoyer, das man Krista Absalom und St. Lawrence County versagt hatte. Bevor ich anfing, wurden fünf leere Stühle auf die Bühne gestellt – stellvertretend für die fünf Männer, die von Rechts wegen auf die Anklagebank gehört hätten:

Ladies and Gentlemen, Frauen und Männer dieser Jury, es ist mir eine Ehre, heute vor Ihnen sprechen zu dürfen. Wo die Wahrheit in diesem Fall liegt, das entscheiden Sie. Nicht diese fünf Angeklagten. Nicht der Richter und ganz gewiß nicht der Bezirksstaatsanwalt oder Krista oder ich. Nur Sie entscheiden darüber, und Sie werden sich bei ihrer Entscheidung an das einzige Mittel halten, das wir in diesem Lande haben, um der Gerechtigkeit Genüge zu tun, nämlich an die Beweise, die Ihnen vorgetragen wurden.

Sie haben, oder besser gesagt, Sie hätten, wenn es denn in

diesem Fall zu einem Prozeß gekommen wäre, viele Zeugen gehört. Sie hätten Krista gehört, die Ihnen erzählt hätte, daß sie an jenem Abend in dieses Lokal ging, weil sie frustriert war und nicht gut drauf und sich betrinken wollte, um ihren Kummer zu vergessen. Vielleicht finden Sie, daß sich das für eine Frau nicht schickt. Trotzdem bitte ich Sie: Wenn der Richter nachher erklärt, was das Gesetz von Ihnen verlangt, dann denken Sie darüber nach, ob eine Vergewaltigung wirklich gerechtfertigt werden kann.

Die Worte der Krista Absalom bergen eine Wahrheit. Von allen, die damals dabei waren, von allen, die heute hier anwesend sind, ist Krista diejenige, die sich am heftigsten gesträubt hat, zu glauben, daß sie tatsächlich vergewaltigt wurde, zu glauben, daß Menschen, denen sie vertraut hat, eines solchen Verrats, einer solchen Unmenschlichkeit fähig waren, wie sie in jener Nacht geschah.

Sie haben die Geständnisse der Angeklagten gehört. Sie haben gehört, daß einige von Ihnen zugegeben haben, ja, sie hatten Sex mit ihr, ja, sie war bewußtlos, aber es sei doch gar nichts weiter passiert, sie habe gar nichts davon mitgekriegt, also sei alles halb so schlimm. Krista hat Ihnen erzählt, daß sie einen der Vergewaltiger gefragt hat: »Ich will wissen, was damals in jener Nacht passiert ist«, und seine Reaktion war: »Wenn du es nicht mehr weißt, dann ist auch nichts passiert.« Genau das will dieser Mann sich nämlich einreden. Sie haben das Fernsehinterview gehört, bei dem einer der Angeklagten meinte: »Das war doch keine Vergewaltigung, das war Gruppensex.« Aber Gruppensex mit einem bewußtlosen Opfer ist nun einmal Vergewaltigung.

Es liegt bei Ihnen, ob Sie an Vorurteilen festhalten, die Beweise ignorieren und sagen wollen, das war keine Vergewaltigung, und das sind nette junge Männer. Es liegt bei Ihnen, ob auch Sie Krista Absalom verraten und sagen wollen: »Das Opfer ist mir nicht sympathisch, und deshalb bin ich nicht der Ansicht, daß hier ein Verbrechen geschehen ist.« Wenn Sie das tun, werden Sie es büßen müssen. Sie werden es büßen müssen, weil Sie dann nämlich nur hoffen und beten können, daß

nicht Sie selber oder jemand, der Ihnen nahesteht, einmal in eine ähnliche Situation gerät. Sie können das Opfer verurteilen und die Angeklagten in Schutz nehmen. Oder Sie können sagen: Diese Männer haben ein Unrecht begangen; was sie getan haben, ist ein Verbrechen, das wir nicht dulden können.

Ich möchte Sie bitten, sich sämtliche Beweise noch einmal zu vergegenwärtigen und diese fünf Angeklagten schuldig zu sprechen, schuldig im Sinne der Anklage. Und ich möchte Sie überdies bitten, die Strafjustiz schuldig zu sprechen, die in diesem Falle ein obszönes Urteil gefällt hat, die nämlich meint, was dieser jungen Frau angetan wurde, wäre mit einer Geldstrafe von 750 Dollar wiedergutzumachen. Ich möchte Sie bitten, den Bezirksstaatsanwalt schuldig zu sprechen, weil er seinen Amtseid gebrochen hat – weil er seine Verantwortung gegenüber den Bürgern, deren gesetzlicher Vertreter er sein sollte, mißachtet hat – weil er uns alle verraten hat.

Und ich möchte Sie bitten – das gehört normalerweise nicht in ein Plädoyer, aber ich tue es dennoch –, eine Strafe zu verhängen, und zwar die einzige Strafe, die wir verhängen können: merken wir uns ihre Namen!

In unserem Land wird demokratisch darüber entschieden, wer Richter sein soll. Den Frauen im Publikum rufe ich zu: Wir haben seit fast fünfundsiebzig Jahren das Wahlrecht. Höchste Zeit, daß wir davon Gebrauch machen! Uns allen rufe ich zu: Wir haben die Macht. Wir werden nicht erreichen, daß die Politik sich aus den Belangen der Strafverfolgung heraushält. Aber wir können dafür sorgen, daß denen, die nicht unsere Interessen vertreten, das Handwerk gelegt wird. Wenn wir ihre Machenschaften nicht dulden, können wir sie zwingen, das zu tun, was Moral, Anstand und Gerechtigkeit verlangen: daß die Gerichte uns anhören.

Nach achtmonatigen Ermittlungen, die von zwei voneinander unabhängigen Kommissionen geführt wurden, unterzeichnete Gouverneur Mario Cuomo am 17. Februar 1994 eine Verordnung, kraft derer ein Staatsanwalt eingesetzt und der Gerechtigkeit in St. Lawrence County doch noch zum Durchbruch verholfen wurde.

Es war ein harter Kampf, aber Krista Absalom hat gesiegt, und ihr Sieg blieb nicht der einzige. In dem einen Jahr, das seit Erscheinen dieses Buches verstrichen ist, ging der Krieg mit unverminderter Härte weiter. Für mich ist die Nationale Verordnung zum Schutz des Kindes der wichtigste Sieg, den wir errungen haben.

Dieses Gesetz verfügt die Einrichtung einer bundesweiten Kartei, die alle wegen Kinderschändung und Kindesmißbrauchs verurteilten Täter erfaßt. Sie kann verhindern, daß diese Menschen Tätigkeiten ausüben, bei denen sie Umgang mit Kindern haben. Dafür hat sich vor allem Oprah Winfrey eingesetzt; sie hat einen entsprechenden Gesetzesvorschlag unterbreitet und öffentlich bekannt gemacht, der diese Forderung endlich verwirklichen sollte. Allerdings vergingen zwei lange Jahre, bis sich die politischen Spiegelfechtereien überall im Land gelegt hatten und das Gesetz in Kraft treten konnte.

Im Juli 1993 brachte Oprah Winfrey in ihrer überregionalen TV-Show ein Interview, in dem sie ihre Enttäuschung formulierte: »Ich höre überall nur Lippenbekenntnisse; ich weiß einfach nicht mehr, was ich noch tun soll, damit endlich etwas geschieht. Ihr Gesprächspartner war Andrew Vachss. Er antwortete: »Es wird nur dann etwas geschehen, wenn wir aktiv werden . . . Alle, die jeden Tag Ihre Show sehen, sie alle müßten einfach Briefe an den Kongreß schreiben: ›Wenn Sie diesen Gesetzesvorschlag nicht unterstützen, werde ich mir Ihren Namen merken – in zwei oder vier Jahren, oder wann immer die nächsten Wahlen sind.‹ Das wäre der richtige Weg. So würde es funktionieren.«

Im Herbst berichtete *Harper's Magazine*, daß die Poststelle des Weißen Hauses zusammengebrochen war. Derart viele Menschen hatten an Präsident Clinton geschrieben und Oprah Winfreys Gesetzesvorschlag unterstützt, daß für die Bearbeitung dieser Post eigens ein Büro eingerichtet werden mußte. Im Dezember wurde Oprahs Interview mit Andrew noch einmal wiederholt. Bei der Frage, was die Zuschauer tun könnten, wurde die Zeile eingeblendet: »Das Nationale Gesetz zum Schutze des Kindes ist am 20. November 1993 vom Kongreß verabschiedet worden und wird in Kürze in Kraft treten.« Zehn Tage nach dieser Sendung, am 20. Dezember 1993, gab Präsident Clinton der Vorlage mit seiner Unterschrift Gesetzeskraft. Dieses Gesetz wird unzählige Kinder vor sexuellem Mißbrauch bewahren. Und Oprah Winfrey sagt mit Recht: »Das ist erst der Anfang.«

Wenn wir im zurückliegenden Jahr etwas gelernt haben, dann dies: Nicht die Vergewaltiger oder ihre Kollaborateure verhindern, daß sich etwas ändert. Dafür ist nicht der im ganzen Land verbreitete Mangel an Charakterstärke oder Zivilcourage verantwortlich. Schuld ist unsere eigene ohnmächtige Verzweiflung. Auf der Kundgebung in St. Lawrence County habe ich es meinem Mann gleichgetan und die Leute aufgefordert: **»Merkt euch die Namen!«** Alle, von Richard Manning (in St. Lawrence County) bis zu Richard Brown (in Queens County) haben sich zur Wiederwahl gestellt. Und wenn 98 Prozent aller Vergewaltigungen in diesem Land ungestraft bleiben, dann müssen wir uns eine Menge Namen merken.

TRÄUME
UND ALPTRÄUME

1

»Sie sind tot.«

Er sagte es ruhig, nicht wie eine Drohung, sondern eher wie eine Feststellung, ein Postskriptum zum Urteilsspruch. Der Richter hatte ihn zu einundzwanzig Jahren Gefängnis verurteilt. Das war zuwenig – in spätestens zehn Jahren würde sich der Bewährungsausschuß mit dieser Zeitbombe befassen müssen.

Er würde warten.

Er sagte es zum Richter, und er sagte es zu mir, der Pflichtverteidigerin: »Sie sind tot.«

Er wollte mir Angst einjagen, das wußte ich, aber er machte mich nur wütend. Nach allem, was unsere Ermittlungen über Gary Glenn* erbracht hatten, waren wir felsenfest davon überzeugt, daß dieser Mann ein für allemal hinter Gitter gehörte. Doch das war nach dem amerikanischen Strafrecht nicht möglich. Man konnte ihn lediglich für eine gewisse Zeit aus dem Verkehr ziehen.

Als Glenn zum erstenmal festgenommen wurde, gelang nicht einmal das. Man mußte ihn laufenlassen. Es bestand nicht der geringste Zweifel an seiner Schuld, aber leider konnte ihn keines der Vergewal-

---

* Alle überführten Täter und Personen des öffentlichen Lebens sind hier mit ihren wirklichen Namen genannt. Wir haben keinen Anlaß, die Identität eines Gary Glenn zu schützen. Wir sind es, die vor ihm geschützt werden müssen.

tigungsopfer identifizieren. Er faßte das als Freibrief auf und machte weiter.

Der Gummiknüppel, den er bei seiner ersten Verhaftung bei sich gehabt hatte, wurde beschlagnahmt. Er beschaffte sich einen neuen. Ohne konnte er nicht arbeiten.

Das Dezernat Sexualverbrechen beim Polizeipräsidium von Queens hatte eine Serie »ungelöster« Sexualstraftaten.

Das Muster war immer dasselbe: Anschleichen, Wachdienstuniform, Schlagstock und Messer. Das Vorgehen des Täters wurde von Mal zu Mal brutaler. Es war, als vollzöge der Mann mit seinen Überfällen ein geheimes Ritual, als handele er im Auftrage irgendwelcher Götter, die ein Blutopfer forderten. Jeden Morgen, wenn die Polizeibeamten ihren Dienst antraten, war ihre erste Sorge, ob er erneut zugeschlagen hatte. Sie wußten, es war nur eine Frage der Zeit, bis er den ersten Mord begehen würde, und sie hofften inständig, daß er einen Fehler machte und sie ihn schnappen könnten.

Glenns letztes Opfer war Mai-Lilly Steele, ein zierliches Persönchen von nicht einmal fünfundvierzig Kilo. Sie arbeitete im Reservierungsbüro des La Guardia-Flughafens. An jenem Abend, der ihr ganzes Leben verändern sollte, hatte sie ihre Nachtschicht beendet und war unterwegs ins Flughafenhotel, wo sie mit Freunden zu einem Drink verabredet war. Ihr Leben lief bestens. Die Arbeit bereitete ihr keine Probleme; es sprach einiges dafür, daß ihre Zukunftsträume wahr werden und sie demnächst befördert werden würde.

Die Träume zerstoben, als Mai-Lilly auf dem Parkplatz aus ihrem Wagen stieg. Lautlos wie ein Zombie kam Glenn aus dem Dunkel der Nacht, stürzte sich auf sie und stach mit seinem Messer auf sie ein. Einen Sekundenbruchteil lang blieb die Zeit stehen; die junge Frau war in einem Alptraum gefangen.

Dann trat sie nach ihm. Er stieß zu, durchtrennte die Nerven in ihrem Oberschenkel. Er war erregt, mehr noch als bei seinen früheren Vergewaltigungen. Er war Herr der Lage, er würde den Kampf gewinnen; er schlug und stach auf sie ein – gnadenlos, mit aller Kraft.

Mai-Lilly begriff, daß dies ein Kampf auf Leben und Tod war. Sie kroch in den Wagen, rollte sich zusammen wie ein Embryo und zog die Beine an, um ihre inneren Organe vor den Messerstichen zu schützen. Zwischen ihr und dem Angreifer war die Autotür. »Jetzt oder nie« – wie oft sagt man das einfach so dahin, doch für Mai-Lilly war dieser Satz alles andere als eine Floskel.

Todesangst gab ihr die Kraft, gezielt zuzutreten. Damit hatte Glenn nicht gerechnet. Er wurde von der Autotür getroffen und fiel. Sie stürzte aus dem Wagen. Daß er flüchtete, nahm sie nicht mehr wahr. Blutend schleppte sie sich zur Hotelhalle, schlug gegen die Glastür und rief um Hilfe.

Glenn hatte sich das falsche Opfer ausgesucht. Mai-Lilly überlebte.

Als sie aus der Klinik entlassen wurde, zeigte man ihr Fotos. Die Beamten wußten, daß der Mann auf den Bildern Glenn war, und Mai-Lilly wußte es auch. Er wurde verhaftet; Mai-Lilly sagte vor der Anklagejury aus; er wurde angeklagt.

Bis Mai-Lilly wieder gesund war, bis sie ihre Gliedmaßen wieder bewegen konnte, vergingen Monate, inzwischen machten statt ihrer andere Leute Karriere. Sie wollte zurück in ihre Heimatstadt; sie wollte keine Angst mehr haben müssen. Das Verfahren schwebte noch immer. Sie erkundigte sich, wie es weitergehen sollte, aber offenbar wußte niemand so recht Bescheid.

Als sie angefangen hatte, Pläne zu schmieden, kam die Vorladung.

Glenn saß in seiner Zelle und wartete.

In den ersten Wochen meiner Tätigkeit als Staatsanwältin bei der Bezirksstaatsanwaltschaft von Queens kam ich einfach nicht an meine Prozeßakten heran. An meinem zweiten oder dritten Arbeitstag hatte mein Abteilungsleiter mir eine Liste mit den Namen und Aktenzeichen von über hundert Angeklagten übergeben. Ich ging ins Archiv und wollte die entsprechenden Akten holen, bekam aber nur zwölf ausgehändigt. Wo waren die übrigen? Die Kollegen im Archiv zuckten die Achseln; es könne schon mal vorkommen, daß Akten verschwinden. Oft brächten die Staatsanwälte sie nicht wieder. Deshalb gebe es ja neuerdings die Anweisung, daß die Verteidiger ihre Akten behalten sollten. Nach dem Prozeß müsse dann alles ins Archiv zurück.

Die anderen Staatsanwälte meinten, ich solle mich nicht aufregen. Sehr viele Akten tauchten überhaupt nie wieder auf. Und auch wenn sie nicht verschollen seien, ließe sich herzlich wenig mit den Unterlagen anfangen. Man zeigte mir einen Konferenztisch im Zimmer der Anwaltsgehilfen, auf dem sich Berge von Anträgen, Mitschriften und Anklagejury-Protokollen türmten. Kein Mensch wußte genau, was es damit auf sich hatte. Es war einfach niemand zuständig.

In der folgenden Woche bekam ich wieder eine Liste. Ich ging abermals ins Archiv, um die Akten zu suchen. Die Archivare wunderten sich, daß ich immer noch nicht begriffen hatte, wie der Hase läuft. »Sie brauchen nicht herzukommen«, erklärten sie mir, »wir melden uns bei Ihnen.«

In meiner zweiten Dienstwoche kam mein Abteilungsleiter völlig außer sich zu mir. Für den nächsten Tag sei eine Anhörung angesetzt – es gehe um ein brutales Verbrechen, aber das Opfer sitze bei ihm im Büro und wolle den Täter nicht verklagen. Ob ich die Frau nicht überzeugen könne?

Mai-Lilly entschloß sich am Ende doch zu einer Klage. Aber nicht, weil meine Worte sie überzeugt hatten, sondern weil überhaupt ein Staatsanwalt bereit war, sich ihrer anzunehmen.

Alle, die mich aus meiner Zeit als Pflichtverteidigerin kannten, hatten mir prophezeit, ich würde es keine drei Monate bei Bezirksstaatsanwalt John J. Santucci aushalten. Der Fall Gary Glenn zeigte, daß sie im Irrtum waren.

Am ersten Tag der Anhörung hatte Mai-Lilly noch Angst. Nachher erzählt sie mir, warum sie so nervös gewesen war: Als der Pflichtverteidiger sie fragte, ob sie sicher sei, daß Glenn der Mann war, der sie niedergestochen hatte, antwortete sie: »Ich denke schon.« Immerhin hatte sie ihn bei diesem Gerichtstermin zum erstenmal seit der Tatnacht von Angesicht zu Angesicht gesehen. Ich erklärte ihr, daß die Anklagejury sich ausschließlich auf ihre Aussage stützen und nur dann Anklage erheben konnte, wenn sie keinerlei »begründete Zweifel« an der Schuld des Beklagten hatte. Dann fragte ich sie noch einmal: »War er es?« »Ja.«

In der Bezirksstaatsanwaltschaft lernte ich einen Begriff, der neu für mich war: »Identifizierung durch nur einen Zeugen«. Den Geschworenen genügt es in der Regel nicht, wenn alleine das Opfer gegen den Beklagten aussagt. Man könnte meinen, sobald die Geschworenen das Beratungszimmer betreten, vergessen sie die hinlänglich bekannte Tatsache, daß Verbrechen meist nicht in Gegenwart von Zeugen geschehen.

Die zahlreichen Vergewaltigungen, die Glenn auf dem Gewissen hatte, standen bei dieser Anhörung vor der Anklagejury nicht zur Debatte. Hier ging es allein um den Überfall auf Mai-Lilly. Nur sie allein sagte gegen ihn aus; sie hatte den Mann bloß einmal gesehen, und sie hatte um ihr Leben gekämpft und überlebt. In den Wochen bis zum Prozeß sammelte sie Kraft; vor Gericht war sie in der Lage, den Geschworenen zu sagen, daß sie dieses Gesicht nie mehr im Leben vergessen werde. Glenn wurde schuldig gesprochen.

Mai-Lilly und ich schafften es, daß Gary Glenn zu einer Freiheitsstrafe von mindestens sieben Jahren verurteilt wurde. Mehr war nicht zu machen. Glenn saß seine Zeit ab und nährte seinen Haß. Zu glauben, daß jemand wie er sich bessern kann, ist lächerlich. Sein erster Antrag auf Bewährung wurde abgelehnt, aber früher oder später wird man ihn entlassen. Weil es genug Leute gibt, die mit Verbrechern wie ihm sympathisieren, die mit dem Bösen im Bunde sind, die zu ihm halten und ihm den Rücken stärken.

2

Bei der Bezirksstaatsanwaltschaft von Queens habe ich mich vom ersten bis zum letzten Tag ausschließlich mit der Verfolgung von Sexualverbrechen beschäftigt. Irgendwie spüre ich, daß das meine Berufung ist. Dabei hatte ich während meines Jurastudiums ganz andere Pläne. Nach einem Praktikum als Gefangenenbetreuerin hatte ich mich eigentlich zur Strafverteidigerin berufen gefühlt.

Meine Arbeit im Gefängnis war im Grunde dem Zufall zu verdanken. Als frischgebackene Absolventin der Universität Boston war ich 1970 dem *VISTA* (Volunteers in Service to America) beigetreten, in dem die amerikanischen Zivildienstleistenden organisiert sind. Das hatte ich bereits nach der Schule vorgehabt, und dieser Absicht war ich auf dem College treu geblieben. Kurz bevor ich nach Chicago aufbrechen wollte, um an einem Projekt des *VISTA* mitzuarbeiten, teilte mir der Dekan meines Colleges mit, daß ich einen Lyrikpreis gewonnen hatte. Ich nahm das Preisgeld und reiste damit einen Sommer lang durch Europa. Im Juli hatte mir die zuständige Behörde ein langes Telegramm geschickt und mich informiert, daß der Einsatz beim *VISTA* nicht mehr als Wehrdienstersatz gelte. Die Bürokratie hatte sich nicht nur in meinem Geschlecht, sondern auch in meiner Motivation geirrt. Mein Eindruck, daß der *VISTA* nicht auf Frauen eingestellt war, bestätigte sich, als ich erfuhr, daß die Freiwilligen sich ungeachtet aller Sicherheitsrisiken in dem geographisch eng begrenzten Einsatzgebiet aufhalten sollten – und das, obwohl offenbar schon des öfteren weibliche Freiwillige vergewaltigt worden waren.

Im Herbst, nach meiner Europareise, meldete ich mich in New York beim *VISTA* und entschied mich für ein Projekt in der South Bronx, das sich mit Kurzzeitinsassen des Jugenduntersuchungsgefängnisses auf Rikers Island beschäftigte.

Die Ausbildung war langweilig, aber erträglich, weil man hoffte, hinterher etwas Vernünftiges tun zu können. Im Unterricht waren außer den regulären Freiwilligen auch einige, die eine juristische Laufbahn einschlagen und ehrenamtliche Rechtshelfer werden wollten. Da ich selbst darüber nachdachte, eventuell Jura zu studieren, fragte ich eine Frau aus dieser Gruppe nach ihrer Meinung. Sie riet mir ab. Der Aufwand lohne sich nicht.

Den einzigen nützlichen Teil der Ausbildung hatte ein Organisator anzubieten, der uns erklärte, im Grunde wisse niemand, wo es langgeht. Deshalb sollten wir zwar so tun, als ob wir voll durchblickten, aber gleichzeitig immer Fragen stellen und aus den Antworten lernen.

Zunächst einmal lernte ich etwas über die New Yorker Kakerlaken. In meiner ersten Bude wimmelte es nur so von Schaben. Man wurde die Biester einfach nicht los. Ich lernte, daß ich nachts nicht einfach aufstehen durfte, sondern erst das Licht anknipsen und einen Moment warten mußte. Schließlich zog ich um und war fest entschlossen, fortan ohne Kakerlaken zu leben. Ich schüttete so viel Borsäure in die Abflüsse, daß ich tatsächlich monatelang Ruhe hatte. Doch eines Tages belegte ein wahres Prachtexemplar meine Badewanne mit Beschlag und funkelte mich tückisch an. Ich sprühte ihm eine ganze Dose *Raid* (so heißt unser Insektengift) auf den Wanst. Der Bursche fiel auf den Rücken und lieferte mir eine Sterbeszene, bei der James Cagney vor Neid erblaßt wäre. Ich ging Papierhandtücher holen, um ihn zu entsorgen, aber bis ich zurück war, hatte er sich längst wieder berappelt und war entflohen. Ich hatte mich entsetzlich vor ihm geekelt, und trotzdem konnte ich ihm eine gewisse Achtung nicht versagen, zumal er immerhin soviel Anstand besaß, sich nie wieder blicken zu lassen.

Ich wohnte und arbeitete mit einer Blondine aus dem Mittleren

Westen zusammen. Zu der Zeit trug ich nur Overalls und hatte die Haare wie Janis Joplin. Die South Bronx war damals alles andere als ein organisches Ganzes. Wenn wir die Straße entlanggingen, zeigten die Kinder mit Fingern auf uns und riefen »Mira! Mira!«, und die Erwachsenen drehten sich um und starrten uns an. Wir dehnten den Begriff Einsatzgebiet und suchten uns eine Bleibe im Italienerviertel der Bronx, wo die Geschäfte am Sonntagmorgen nach frischem Brot und selbstgemachtem Käse dufteten. Hier zeigte zwar niemand mehr mit Fingern auf uns, aber dafür verstummte in manchen Süßwarenläden jedes Gespräch, sobald wir eintraten.

1970 war die South Bronx noch von enormen Kontrasten gekennzeichnet. Die Eleganz der einstigen Gründerzeitbauten bröckelte zusehends und verfiel. Es bedurfte keiner allzu lebhaften Phantasie, um sich angesichts der vielen ausgebrannten Häuser die Zukunft des Viertels auszumalen.

Auf dem Weg zur Arbeit mußten wir an den mit stinkenden, blutigen Kadavern gefüllten Lagerhallen der Schlachtereien vorbei. Das war wie ein Symbol.

Unsere Büros lagen in einem unscheinbaren Gebäude in der Third Avenue im Schatten der Hochbahn. Von dort fuhren wir Freiwilligen mehrmals in der Woche hinüber nach Rikers Island. Das Untersuchungsgefängnis war wider Erwarten ein moderner, schlichter Bau. Und trotzdem litten selbst wir, die wir genau wußten, daß die Tore sich zwar morgens hinter uns schlossen, aber abends garantiert wieder aufgingen, in diesen Mauern – am meisten unter der dreck- und salmiakgeschwängerten Luft und der allgegenwärtigen Feuergefahr. Auf der High School habe ich in den Ferien in einem Krankenhaus auf der Kinderstation gearbeitet. Die meisten Langzeitpatienten dort waren durch Brandwunden entstellt. Seitdem habe ich eine tief verwurzelte, permanente Angst vor Feuer. Immer, wenn ich die langen Korridore des Untersuchungsgefängnisses mit ihren vergitterten Eisentoren sah, dachte ich unwillkürlich, wenn jetzt ein Brand ausbricht, ist deine Chance, hier lebend rauszukommen, gleich Null.

Ich sollte als Gefangenenbetreuerin arbeiten, hatte aber im Grunde keine Ahnung, was das bedeutete. Ich war in einem Vorort von Boston aufgewachsen. Auf dem College hatte ich mich der Frauenbewegung angeschlossen, gegen den Vietnamkrieg demonstriert und alles mögliche ausprobiert, ohne dabei etwas Gescheites zu lernen – außer der Tatsache, daß Lernen wichtig ist. Meine Examensarbeit war ein Vergleich verschiedener religiöser Strömungen gewesen, der sich mit der Mun-Sekte, der Mythologie der amerikanischen Ureinwohner und mit frühchristlichen Texten auseinandergesetzt hatte. In der South Bronx interessierte sich niemand so recht für meine religionsphilosophischen Exkurse, aber dafür lernte ich etwas über die sogenannten Five-Percenters, den Rassenkult, der seinerzeit in Rikers Island Mode war. Ich habe zwar mit keinem einzigen Five-Percenter persönlich gesprochen, wohl aber mit Gefangenen, die begeisterte Anhänger dieser Bewegung waren. Ihr Evangelium klang intellektuell, hatte jedoch eine klare Botschaft: Haß, getarnt als Stolz.

Rikers Island ist kein Gefängnis, sondern eine Untersuchungshaftanstalt, d. h. dort sitzen keine verurteilten Verbrecher ein. In der Jugendabteilung sind Leute untergebracht, die der verschiedensten Verbrechen beschuldigt werden. Unser Kommen und Gehen beschwor also stets die Gefahr von Ausbruchsversuchen herauf (einmal sind wir dem nur um Haaresbreite entgangen). Bereits Verurteilte kommen nur dann nach Rikers Island, wenn das Strafmaß bei Erwachsenen unter einem, bei Jugendlichen unter zwei Jahren liegt. Unsere Klienten waren fast ausschließlich junge Schwarze oder Hispano-Amerikaner männlichen Geschlechts, die wegen Bagatelldelikten einsaßen, vorwiegend wegen Taschendiebstahls. Wenn wir Freiwilligen uns erkundigten, was sie verbrochen hatten, galt das als unfein.

Bei einem Hausbesuch – es ging um die Ausarbeitung eines Entlassungsplans – lief der Fernseher die ganze Zeit weiter; nicht einmal der Ton wurde abgeschaltet. Das gleiche beobachtete ich, als einer meiner Klienten erneut festgenommen wurde. Der Richter und der Staatsanwalt waren mir gegenüber höflich, zeigten aber nicht das mindeste Interesse für den Angeklagten.

Ich richtete Literaturkurse ein und trieb Gelder für Projekte auf. Da Lyndon Johnsons Konzept der *Great Society* damals noch nicht ganz ad acta gelegt war, ging das. Wenn man den Häftlingen etwas Konkretes anbieten konnte, war das gut, aber es genügte nicht. Ich hatte das ungute Gefühl, mir fehle einfach die Qualifikation, um jugendliche Straftäter zum Beispiel angemessen auf die Rückkehr ins Ghetto vorzubereiten. Und weil mich der Gedanke, die Gefangenenbetreuung zu meinem Beruf zu machen, frustrierte, begann ich, Bewerbungen zu schreiben.

Damals fing es gerade an, daß Frauen in nennenswertem Umfang an den juristischen Fakultäten zugelassen wurden. Da ich zu der Zeit noch glaubte, meine einzige Chance, etwas aus mir zu machen, sei ein Jurastudium, brachte ich mein Leben einigermaßen in Ordnung und bereitete mich auf die Eignungsprüfung vor. Die Alma mater, von der ich kam, die Universität Boston, war zu der Zeit bestrebt, den Anteil der Studentinnen auf ein Drittel zu steigern. Also ging ich wieder nach Boston.

Das Jurastudium war ausgesprochen langweilig, und ich wurde auch mit meinen Kommilitonen nicht recht warm. Mich interessierten weder die Ausbildung an sich noch irgendwelche Zwischenzeugnisse; ich wollte lediglich den Abschluß haben. Die Unruhen und Morde in Attica während meines ersten Studienjahres bestärkten mich in meinem Entschluß, Strafverteidigerin zu werden – der einzelne gegen den Staat. Das klingt sehr viel erhabener, als es in der Praxis meistens ist.

Im Sommer nach dem ersten Studienjahr begann ich mich mit dem Thema Gewalt zu beschäftigen.

In Massachusetts wurde damals ein aufsehenerregendes Experiment durchgeführt. Desinstitutionalisierung hieß das Zauberwort, das die Lösung für eine lange Geschichte konzeptionell bedingter Fehlentwicklungen sein sollte. In New York führte dies dazu, daß man Geisteskranke aus den staatlichen Verwahranstalten auf die Straße entließ, wo sie schließlich den Grundstock für das Heer der Obdachlosen bildeten. In Massachusetts dagegen wurden die Erziehungsanstalten dichtgemacht. Dahinter stand die Überlegung, daß es falsch sei, unsere Kinder in Lasterhöhlen einzusperren.

Die Umsetzung dieser auf den ersten Blick ganz logisch anmutenden Pläne wurde indes dadurch gefährlich, daß es eine Vielzahl von jungen Männern gab, für die die Gewalt längst zur Lebensform geworden war. Dagegen, daß man Trebegänger laufenläßt, ist ja nichts zu sagen, doch bei Mördern sieht die Sache anders aus. Im Laufe der Zeit wurde eine berüchtigte Erziehungsanstalt nach der anderen geschlossen, und die Jugendlichen, die zu gefährlich waren, um entlassen zu werden, kamen in ein anderes Heim, so lange, bis auch dieses zumachte – schließlich saßen die gefährlichsten und diejenigen, bei denen die Ausbruchsgefahr am größten war, alle zusammen unter einem Dach, nämlich dem der geschlossenen Abteilung der Jugenduntersuchungshaftanstalt.

Der Staat Massachusetts ließ sich etwas Neues einfallen – eine Therapiegruppe, die den Charakter einer Wohngemeinschaft hatte. Sie nannte sich »Andros« (nach dem griechischen Wort für Mann) und wurde zunächst von psychotherapeutisch geschulten Sozialarbeitern geleitet. Als einer der »Bewohner« um ein Haar eine der an dem Projekt beteiligten Sozialarbeiterinnen vergewaltigt hätte, wurde Andros II gegründet.

Andros II nahm sich eines Problems an, das Andros I vernachlässigt hatte: die in der Gruppe zusammengefaßten Jugendlichen war die gewaltbereiteste und gefährlichste Anhäufung jugendlicher Straftäter, die es in der Geschichte der Besserungsanstalten von Massachusetts je gegeben hatte. In der neuen Einrichtung galten nur drei Regeln: kein Sex; keine Drogen; keine Gewalt. Daß diese Regeln strikt durchgesetzt wurden, war geradezu revolutionär, zumal sie im wesentlichen von den ehemaligen Insassen von Erziehungsanstalten selber aufgestellt worden waren. Diese Jugendlichen hatten von kleinauf gelernt, daß Gewalt ihr einziger Trumpf war, und wir konnten uns nur wundern, wie vehement sie diesen Trumpf ausspielten.

Nicht nur für die Jugendlichen war das Recht des Stärkeren zum Lebenskonzept geworden. Bei Andros II bestand auch das Personal zum größten Teil aus ehemaligen Strafgefangenen. An meinem ersten Arbeitstag bot mir einer von ihnen an, mich nach Hause zu fahren. Der Mann war ein richtiger Fleischberg, sein Gesicht war die reinste Kraterlandschaft, und er hatte Augen wie ein Psychopath – so winzig klein. Er bleckte seine kaputten Zähne in meine Richtung, was wohl ein Lächeln sein sollte. Man sah, daß er wenig Übung im Lächeln besaß.

Ich war froh, daß ich meinen Wagen dabei hatte und dankend ablehnen konnte.

Ein paar Tage später erlebte ich den Fleischberg in Aktion. Er ging auf einen Insassen los, der gerade beim Krafttraining war, griff sich eine Hantel und warf sie quer durch den Raum. Dann schnappte er sich den jungen Mann, der mit der Hantel trainiert hatte, drückte ihn mit aller Kraft zu Boden und schrie ihn an: »Du kannst dein Leben lang Gewichte stemmen und wirst trotzdem nie so stark wie ich. Und was nützt mir meine ganze Kraft? Nichts. Ich bin nichts, und ich habe nichts.« Das war eine andere Art von Gefangenenbetreuung als die, die ich beim *VISTA* gelernt hatte.

Andros II befaßte sich speziell mit Jugendlichen, deren Gewalttätigkeit ein Ausdruck von Zorn war. Die Erfolge bei jungen Mördern, die im Affekt jemanden umgebracht hatten, waren verblüffend. Bei Jugendlichen, deren Gewalttätigkeit sich sexuell äußerte, versagte das Konzept. Auf Leute, denen es Freude bereitete, andere zu quälen, waren wir nicht eingestellt.

Die Erfolge, die wir mit Andros II hatten, waren allein deshalb möglich, weil es uns gelungen war, eine Gemeinschaft aufzubauen, die ihr eigenes Wertesystem hatte. Im Unterschied zum Konzept der »Therapiegruppe«, das Andros I verfolgt hatte, ging es bei diesem Wertesystem nicht darum, die Insassen mit dem richtigen Jargon vertraut zu machen. Bei Andros I wurde im Grunde eine Art verstaubte Knastsprache geredet. Bei uns hingegen bekam man keine »Punkte« für gute Führung (etwa fürs Bettmachen), sondern die jungen Männer lernten, nach der Devise »Wir gegen den Rest der Welt« für die Prinzipien von Andros II einzustehen.

Im Büro des Leiters von Andros II hing ein Schild, auf dem stand: »Einer, auf den man nicht zählen kann, zählt nicht.« Als ich diesen Spruch zum erstenmal las, fand ich ihn ziemlich blöd. Doch Andros II hatte politische Feinde. Als die ganze Mannschaft bereit war zu kündigen, falls man den Leiter entließ, als wir alle zusammen die Stadt nach drei gefährlichen Ausbrechern durchkämmten, als ein Häftling, der lebenslänglich hatte und auf Bewährung draußen war, es riskierte, wieder hinter Gitter zu kommen, um einem Kind das Leben zu retten, da verstand ich, daß das mehr als ein blöder Spruch war.

Meine Schicht als Etagenbetreuerin bei Andros II ging von nachmittags um drei bis Mitternacht. Jeden Tag hatte ich Mutproben zu bestehen; es war der aufregendste Job, den ich je gehabt hatte. Um den Leiter dazu zu bringen, daß er mir die Stelle gab, war ich sogar bereit, eine Chronik des Projekts zu schreiben – eine Arbeit, die mich noch im Herbst beschäftigte, als die Uni schon wieder angefangen hatte. In diesem Zusammenhang interviewte ich auch den vorherigen Leiter, der die ganze Sache ins Leben gerufen hatte. Er war der erste wirklich rundum kompetente Mensch, dem ich in meinem Leben begegnet bin.

Ich erfuhr, daß er zu der Zeit, als ich in der South Bronx arbeitete, in Chicago ein Projekt geleitet hatte, bei dem Freiwillige vom *VISTA* eingesetzt waren. Durch Andros II begriff ich, was ich beim *VISTA* nicht begriffen hatte – den Sinn von Champion Jack Duprees Song *»My Real Combination for Love«*. Ich wußte damals noch nicht, daß ich diesen Mann heiraten würde, aber mir war klar, daß er von nun an einen festen Platz in meinem Herzen hatte.

Im Sommer nach meinem zweiten Studienjahr arbeitete ich in Burlington im Bundesstaat Vermont im Büro des leitenden Pflichtverteidigers. Der Richter, der die Strafprozesse führte, mochte keine Frauen in seinem Gerichtssaal – weder als Zeuginnen noch als Angeklagte und schon gar nicht als Verteidigerinnen. Ich bekam nicht die Chance, ihm zu beweisen, daß das ein Fehler war. Gegen meinen neuen Chef mußte ich sofort zu Felde ziehen.

Der Neue war von oben eingesetzt worden. Ich kündigte aus Protest, weil er bei allen Angeklagten bereits am ersten Verhandlungstag auf schuldig plädierte. Burlington war eine kleine Stadt, meine Aktion machte Schlagzeilen. Der Mann wechselte kurzerhand die Strategie und plädierte grundsätzlich bei keinem Angeklagten mehr auf schuldig. Zum erstenmal lernte ich, welche Macht die Medien besitzen.

1974 beendete ich mein Jurastudium und ging nach New York, wo mein Ehemann in spe aufgewachsen war. Er brachte mir eine neue Methode im Umgang mit Kakerlaken bei. Einmal, als ein besonders großes Exemplar dieser Gattung den Fehler machte, uns mit seiner Unverwundbarkeit bis zur Weißglut zu reizen, fing er es ein und hielt es als Haustier. Er setzte es in ein Aquarium, das oben mit einer Folie abgedeckt war, und nannte es Raid. Raid versuchte natürlich an den Wänden des Aquariums hochzuklettern und die Folie wegzuschieben. Also schmierten wir das Glas mit Silikon ein, so daß er immer wieder abrutschte. Aus Rache fraß er das Silikon und ging daran zugrunde. Danach schafften wir uns einen jungen Hund an, eine Promenadenmischung namens Simba; mein Mann war zufällig dazugekommen, als ein paar Taugenichtse einen ganzen Wurf ertränken wollten, und hatte das Tier gerettet. Simba, dessen Leben so dramatisch angefangen hatte, entwickelte sich zu einem ausgesprochen zähen Burschen – er war fast so zäh wie Raid.

Ich arbeitete bei einer Untersuchung über Bewährungsentscheidungen im Staat New Jersey mit. Die Leute, um die es dabei ging, waren größtenteils Lebenslängliche aus dem Gefängnis in Trenton, viele davon Schwerstverbrecher. Zu dieser Zeit gab es die Todesstrafe nicht mehr, und der Staat konnte keine härtere Strafe verhängen als lebenslänglich. Daraus ergab sich die Frage, was mit diesen Gefangenen werden sollte. Sie auf Bewährung freizulassen war eine Möglichkeit, der Überbelegung der Strafvollzugsanstalten vorzubeugen. Ich stellte fest, daß die Bewährungspraxis in New Jersey damals völlig unsystematisch gehandhabt wurde. Der neue Chef des Bewährungsausschusses berücksichtige meine Erkenntnisse und ging daran, das Verfahren umfassend zu reformieren. So wurde zum Beispiel zwischen neuen Häftlingen und ihren Bewährungshelfern ein Vertrag abgeschlossen, der festlegt, welche Resozialisierungsbemühungen der Häftling zu zeigen hatte, damit der Bewährungsausschuß sich seines Falls annahm. New Jersey wurde zum Modell für ganz Amerika.

1975 erhielt ich meine Zulassung als Anwältin. Mein erster Klient war ein Lebenslänglicher aus New Jersey. In Trenton hatte man damals die Todeszelle zum Sprechzimmer für die Verteidiger umgebaut. Der Raum war schwach erleuchtet. Man konnte den Wachturm auf dem Hof zwar nicht sehen, spürte aber, daß er da war und die verwitterte Backsteinmauer des ältesten Gefängnisses der Vereinigten Staaten überragte. Den elektrischen Stuhl hatte man vorsichtshalber stehen gelassen – konnte ja sein, daß er eines Tages wieder gebraucht werden würde. Der Stuhl war aus Holz und hatte schwarze Lederriemen; auf den Armlehnen trug er Brandspuren. Seine Anwesenheit machte die Atmosphäre noch düsterer, und nur die Achtung, die mir der Gefangene entgegenbrachte, hellte das Ganze etwas auf. Auf diesem Stuhl hätte er um ein Haar gesessen.

Nach meiner Zulassung als Anwältin vor Gericht war meine erste richtige Stelle die einer Pflichtverteidigerin in Manhattan. Ich war die erste, die eingestellt wurde, nachdem die Legal Aid Society, die Rechtshilfevereinigung, 1975 ihre Strategie geändert und ein »vertikales« System eingeführt hatte, nach dem ein Anwalt einen Fall während des gesamten Verfahren in der Hand behielt. Mehrmals im Monat führten wir Anklageerhebungen durch, bei denen das Gericht voll war von gerade Inhaftierten. Diejenigen, die sich keinen Anwalt leisten konnten – und das waren die meisten –, bekamen von der Rechtshilfevereinigung einen Verteidiger gestellt.

Hier lernte ich eine Klasse von Verbrechern kennen, die weit unter denen von Trenton stand. Die anderen Verteidiger lachten mich aus, weil es für mich ein Unterschied war, ob jemand dem anderen erst eins über den Schädel haut und ihn dann ausraubt, oder ob er ihm erst das Geld wegnimmt und *dann* eins über den Schädel haut. Mich beunruhigt sinnlose Gewalt mehr als eine Gewalt, die ein nachvollziehbares, wenn auch unrechtmäßiges Motiv hat.

Die Rechtshilfevereinigung liebte das Juristenkauderwelsch und verwechselte kühle Vernunft nur allzu oft mit Gefühlskälte. Ich brauchte eine ganze Weile, bis ich das erkannt hatte und trotz meines Jurastudiums wieder wie ein normaler Menschen reden lernte. Diese Lehre verdanke ich übrigens einem Angeklagten.

Der Mann war ein sogenannter Straßensoziopath, der aus purer Lust Leute niederstach. Die Verhandlung fand abends statt, wo Justitia im allgemeinen nicht nur blind, sondern zudem noch taub ist, und der Staatsanwalt bot ihm ein Strafmaß an, das er unmöglich ablehnen konnte. Doch der Angeklagte bestand darauf, vom Richter gefragt zu werden, ob er sich schuldig bekannte, und als der Richter dann wirklich von ihm wissen wollte, was er getan hatte, beteuerte er seine Unschuld. Ich flüsterte dem Mann mehrmals zu: »Sie müssen den kriminellen Akt gestehen«, aber er hörte gar nicht hin. Schließlich reichte es ihm, und er schrie mich an: »Ich hab' den Typen mit dem Messer umgebracht, nicht mit der Axt!« Damit hatten wir unser Geständnis, und ich hatte gelernt, so zu reden, daß die Leute mich verstehen.

Es gab auch liebenswerte Angeklagte. Zum Beispiel die beiden Cousins, die mich nicht nur zum Lachen brachten, sondern mir auch klarmachten, was es heißt, Pflichtverteidigerin zu sein. Ich bin ziemlich groß für eine Frau und bin es folglich nicht gewohnt, daß man auf mich herabblickt. Aber diese beiden waren mindestens zwei Meter zehn, redeten wie Leute vom Lande und sahen irgendwie nach Hillbilly-Musik aus. Ihre Vorstrafenregister waren lang – immer wieder kleine Diebstähle. Diesmal hatte man sie festgenommen, weil sie ein herrenloses Auto geplündert hatten. Als ich mit ihnen sprach, gestanden beide – unabhängig voneinander – sofort, und jeder versicherte mir hoch und heilig, daß sein Cousin nichts mit der Sache zu tun habe. Sie kriegten sich sogar in die Haare, weil jeder die Schuld auf sich nehmen wollte. Als der Fall aufgerufen wurde, hatten sie sich immer noch nicht geeinigt, und ich mußte ihnen sagen, daß sie um Himmels willen den Mund halten und ja kein Geständnis ablegen sollten. Ich kam mir vor wie ein Kindermädchen.

Dem Richter gegenüber argumentierte ich formaljuristisch: da der Wagen herrenlos gewesen sei, gebe es keinen Kläger, also könne man das Verfahren getrost einstellen. Offenbar fand der Richter die beiden sympathisch. Er akzeptierte meinen Vorschlag. Die Cousins beugten sich zu mir herunter und bedankten sich.

Und ich hatte wieder etwas gelernt, nämlich daß Körpergröße und Muskelkraft vor Gericht keine Rolle spielen.

Mitunter mußte eine Geschichte auch ein wenig umformuliert werden. Einmal hatten wir es bei einer Abendsitzung mit Kindern von Überlebenden des Holocaust zu tun, die die Aufführung einer Wagner-Oper gestört hatten. Der Richter ließ sie laufen, gab ihnen aber eine Warnung mit auf den Weg: »Ich will euch nie wieder hier im Gerichtssaal sehen, nie wieder«, sagte er. Und dann, für den Fall, daß sein Ton zu scharf gewesen war, fügte er augenzwinkernd hinzu: »Habt ihr verstanden? Nie wieder!«

Ich vertrat einen Transvestiten, der der Prostitution nachging und von einem Freier des Diebstahls bezichtigt wurde. Mein Mandant erzählte mir, der Kläger habe mit ihm Streit angefangen wegen der Bezahlung. Die Staatsanwaltschaft bot Bewährung an, falls der Angeklagte sich schuldig bekannte. Ich mußte ihn bitten, mir zu vertrauen und drei Tage Gefängnis auf sich zu nehmen, damit ich Zeit hatte, die Klage zu widerlegen. Wir einigten uns. Ich hielt Wort, und die Anklage wurde fallengelassen; der Transvestit bedankte sich bei mir, weil ich ihn wie einen Menschen behandelt hatte. Ich glaube, das war das traurigste Dankeschön, das ich je bekommen habe.

In der Rechtshilfevereinigung spezialisierte ich mich auf Fälle von Körperverletzung, die nicht sehr beliebt waren, weil sie sehr viel Arbeit machten und ein Prozeß häufig unvermeidbar war. Anders als etwa beim Straßenraub, wo man Opfer und Täter in der Regel ziemlich klar voneinander unterscheiden kann, gibt es bei Körperverletzung oft eine ganze Menge Ungereimtheiten, und meistens stellen die Beteiligten den Tathergang sehr unterschiedlich dar. Für die Polizei ist das Opfer im allgemeinen derjenige, der die schwereren Verletzungen hat. Der andere, der den Kampf gewonnen hat, bekommt automatisch die Schuld und wird angeklagt. Auch wenn eindeutig eine Provokation vorliegt, wird die Schuld des Provokateurs nicht selten ignoriert.

Ich vertrat einen Mann, der in einem Imbißlokal arbeitete und seinen Chef niedergestochen hatte. Das Opfer hatte schwere Verletzungen, und die Staatsanwaltschaft forderte eine hohe Gefängnisstrafe. Mein Mandant war aber ein unbescholtener Bürger, der noch nie mit dem Gesetz in Konflikt gekommen war. Meine Ermittlungen ergaben, daß der Chef ihn seit Jahren tagein, tagaus schikaniert, beleidigt, mit rassistischen Äußerungen gedemütigt und ihm sogar grundlos gekündigt hatte. Die Gewerkschaft hatte den Arbeitgeber gezwungen, den Mann wieder einzustellen. Am Tage der Tat hatte der Angeklagte am Spülbecken gestanden und Gemüse geschnitten, als der Chef kam und ihm mitteilte, er sei entlassen – schon wieder. Voller Wut drehte der Angeklagte sich um und stach mit dem Küchenmesser auf seinen Peiniger ein. Das kleine Messer zerbrach durch die Wucht des Stichs, hatte aber eine tiefe Wunde hinterlassen. Der Angestellte bekam es mit der Angst zu tun, telefonierte nach dem Notarzt und rannte auf die Straße, wo er einen Streifenwagen anhielt und die Polizisten um Hilfe bat. Er haßte seinen Chef, aber *das* hatte er nicht gewollt. Er war völlig verzweifelt über seine Tat.

Einmal vertrat ich eine kleinwüchsige Frau um die Sechzig, die bereits einmal lebenslänglich wegen Mordes abgesessen hatte. Sie sah aus wie aus einem alten Gangsterfilm entsprungen: heisere Stimme, schiefer Mund, aus dem sie die Worte hervorquetschte, aber unter ihrer rauhen Schale verbarg sich ein goldenes Herz.

Sie hatte herausbekommen, daß ihr Lebensgefährte (auch er war in den Sechzigern und knapp einen Meter zwanzig groß) sie betrog, und war auf ihn losgegangen. Der Richter brüllte sie an und gab ihr dann mißmutig Bewährung. Später versuchte ich ihr zu erklären, was man tun kann, um den häuslichen Frieden zu wahren. Wir sprachen über den Song von Screamin' Jay Hawkins, *I Put a Spell on You*, in dem es sinngemäß heißt: »Mach dir nichts draus, daß du mich nicht willst, du wirst mich trotzdem nicht los.« Ich machte ihr den Unterschied klar zu: »Macht mir nichts aus, daß du mich nicht willst, ich lasse dich trotzdem nicht los.«

Es gibt allerdings auch Gewalttaten, die einfach nicht zu verteidigen sind. Mancher Fall von Körperverletzung ist zwar angesichts der Umstände erklärlich, aber dadurch eigentlich um so schlimmer. Der furchterregendste Mensch, den ich im Auftrag der Rechtshilfevereinigung verteidigt habe, war ein Mann, dem eigentlich nur ein Bagatelldelikt zur Last gelegt wurde. Er hatte eine Coca-Cola-Flasche nach einer jungen Radfahrerin geworfen. Zu mir sagte er: »Ja, ich hab' mit der Flasche nach ihr geworfen. Sie hat es nicht anders verdient. Sie hat mich ausgelacht. Alle lachen mich aus. Die sollen nur abwarten, das wird ihnen noch mal leid tun.« Noch heute läuft es mir eiskalt den Rücken runter, wenn ich an seinen Ton denke.

Mein Mann arbeitete damals an einer Studie über die Gewaltbereitschaft Jugendlicher. Andros II war nach seinem Ausscheiden eingegangen. Das Projekt hatte von Anfang an nur einen einzigen Mangel gehabt, allerdings einen schwerwiegenden: es war zu sehr auf die Person meines Mannes fixiert gewesen. Das Buch sollte die Prinzipien von Andros II festhalten. Die Rechtshilfevereinigung gewährte mir einen Arbeitsurlaub, damit ich ihm bei den Recherchen helfen konnte.

Dabei wurde mir wieder bewußt, wie aufregend es ist, wenn man nicht nur zuschaut, wie sich Dinge entwickeln, sondern sie auch zu verändern versucht. Meine Arbeit als Pflichtverteidigerin, die ich danach wieder aufnahm, befriedigte mich immer weniger.

Bereits gegen Ende 1977, als in New York noch kein Mensch von Crack redete, konzentrierten sich die Rechtshilfevereinigung und die gesamte Justiz viel zu stark auf die Drogenkriminalität. In New York war eigens ein Gesetz über die Ahndung von Drogendelikten erlassen worden, mit dessen Hilfe die großen Dealer ein für allemal aus dem Verkehr gezogen werden sollten. Es führte aber nur dazu, daß die Gerichte und Gefängnisse voll waren von Junkies und Kleindealern, denen nach diesem Gesetz lebenslängliche Freiheitsstrafen drohten, weil sei ein paar Gramm Rauschgift verkauft hatten. Die Unmenge der Fälle, die überhöhten Strafmaße und das Geld, das im Drogenhandel verdient wird, brachten die ganze Sache zum Scheitern. Uniformierte Polizeibeamte beklagten sich bitter über eine Antikorruptionspolitik, die es ihnen verbot, Drogenhändler zu verhaften, selbst wenn sie sie auf der Straße beim Verkauf von Rauschgift *beobachtet* hatten. In der New Yorker Mittelschicht gab es längst keine Party mehr, auf der nicht Kokain geschnupft wurde. Staatsanwälte prahlten damit, daß sie immer ein Briefchen Stoff in der Jackettasche hatten, und verlangten im selben Atemzug Höchststrafen für Junkies und Kleindealer. Die Verteidiger von der Rechtshilfevereinigung erklärten vollmundig, ein richtiger Anwalt sei man erst, wenn man ein Kapitalverbrechen aus dem Stand erledigen, das heißt, ohne jede Vorbereitung einen Prozeß führen könne, bei dem der Angeklagte mit einer Freiheitsstrafe zwischen fünfundzwanzig Jahren und lebenslänglich rechnen muß. Heerscharen von Halbwüchsigen, die keine Skrupel hatten, sich gegenseitig zu verpfeifen, traten an die Stelle von Dieben, die um die Fünfzig waren und noch an so etwas wie Verbrecherehre glaubten. Die Verteidigung von Drogenkriminellen war ein reiner Wettlauf mit der Zeit: wer den Staatsanwalt zuerst erwischte, bekam den besten Deal.

Einmal sah ich, aus dem Gericht kommend, einen Junkie, der gerade aus dem Knast entlassen worden war. Er war schon wieder high, bevor er noch die Treppe runter war. Er setzte sich auf die Stufen des altehrwürdigen Gerichtsgebäudes und nickte ein. Von der gegenüberliegenden Straßenseite fiel der Schatten des Neubaus auf ihn, der den Staat Unsummen gekostet hatte und künftig ausschließlich dem Kampf gegen Drogenkriminalität vorbehalten sein sollte. Ich betrachtete den Mann und fragte mich im stillen, was der ganze Aufwand eigentlich soll.

Mitte 1978, mein Dreijahresvertrag mit der Rechtshilfevereinigung war fast abgelaufen, kam der Gewerkschaftssekretär zu mir und forderte mich auf, meine Beiträge zu bezahlen. Ich wandte ein, daß man mit unseren Geldern die »revolutionären« iranischen Studenten unterstütze, die für die Geheimpolizei des Schahs arbeiteten. Der Gewerkschafter warf mir vor, ich sei einfach geizig. Da nahm ich eine Zwanzigdollarnote aus meinem Portemonnaie. Er streckte die Hand danach aus, doch ich hielt ein Streichholz an den Geldschein. »Lieber verbrenne ich mein Geld, als daß ich es euch gebe«, sagte ich. Daraufhin verlangte er meinen Ausschluß aus der Rechtshilfevereinigung. Ich wurde vom Dienst suspendiert. In meiner Personalakte steht allerdings, ich hätte »gekündigt«.

Aus rein finanziellen Gründen wäre ich damals ganz gern noch geblieben, doch andererseits war mir klar, daß ich nicht für den Rest meines Lebens als Pflichtverteidigerin oder überhaupt als Strafverteidigerin arbeiten wollte. Und das nicht etwa, weil meine Mandanten keine Unschuldslämmer waren. Ich habe ein paar tausend Leute vertreten. Diejenigen, die zu Unrecht angeklagt waren, kann ich an einer Hand abzählen. Mein eigentliches Problem war, daß ich etwas ausrichten wollte, etwas, worauf ich stolz sein konnte.

Nach meinem Ausscheiden aus der Rechtshilfevereinigung übernahm ich ein paar Strafprozesse, die mir von den Gerichten übertragen wurden. Mein Mann hatte unterdessen seine eigene Anwaltspraxis eröffnet, und wir arbeiteten eine Zeitlang gemeinsam in seiner Kanzlei. Mir fiel es schwer, von meinen Mandanten Geld zu verlangen. Mein Mann drohte, er werde mir einen Papagei kaufen und ihm den Satz »Geld im voraus! Geld im voraus!« beibringen. Als ich merkte, daß ich nur noch aus reinem Berufsstolz Verteidigerin war, hörte ich auf, Strafsachen zu übernehmen.

Ich bekam vom Familiengericht ein paar Fälle zugewiesen, bei denen ich Erwachsene verteidigen mußte. Wenn ich damals schon gewußt hätte, was ich heute weiß, hätte ich mich darauf nicht eingelassen. Bei den Familiensachen ging es noch brutaler und gefährlicher zu als bei den Strafprozessen, und die Beschuldigten, die man hier nicht Angeklagte, sondern Scheidungsbeklagte nannte, waren noch widerwärtiger als gewöhnliche Kriminelle. Alles, was mit Kindesmißbrauch und Vernachlässigung der elterlichen Pflichten zu tun hatte, ging in der Regel automatisch an die Rechtshilfevereinigung. Eine Zeitlang vertrat ich in der Hauptsache Kinder, deren leibliche Eltern nach dem Entzug des Sorgerechts in die Revision gegangen waren. Das war zwar verdienstvoll, brachte mich aber nicht weiter. Ich merkte, daß auch diese Arbeit mich nicht ausfüllte und daß ich weitersuchen mußte.

Meine gemeinnützige Tätigkeit beim *VISTA* hatte mich in meinem Wunsch bestärkt, mit meiner Arbeit etwas zu verändern. Das ist ja auch der Sinn einer solchen Tätigkeit. Allerdings fand ich, daß die Methoden des *VISTA* nur bedingt geeignet waren, die angestrebten Ziele zu erreichen. Bei Andros hatte ich gelernt, daß es Alternativen gab – Alternativen, die man unter Umständen selber entwickeln mußte. Doch auch das war nicht meine Sache. Ich hatte inzwischen Erfahrungen gesammelt, hatte mein Handwerk gelernt, war aber noch immer auf der Suche nach etwas, womit ich mich vollkommen identifizieren konnte. Ich erwog sogar, den Juristenberuf ganz an den Nagel zu hängen, konnte mir jedoch nicht vorstellen, was ich statt dessen machen sollte.

1979, ein Jahr nach meinem Ausscheiden aus der Rechtshilfevereinigung, erfuhr ich von einem Projekt, das damals noch in den Kinderschuhen steckte – einer Organisation, die Vergewaltigungsopfern Rechtsbeistand anbot und sie vor Gericht vertrat, und zwar unabhängig von der Staatsanwaltschaft. Ich las alles, was ich zu dem Thema finden konnte. Aber bevor ich mich daranmachte, ein solches Projekt zu initiieren, wollte ich mich vergewissern, daß ich hundertprozentig von der Sache überzeugt sein konnte. Ich gründete eine Arbeitsgruppe, um herauszufinden, ob es überhaupt einen Bedarf für diese Form der Rechtsvertretung von Vergewaltigungsopfern gab.

Dank eines kleinen finanziellen Zuschusses von der ARCA Foundation war es möglich, 1980 eine Konferenz zu veranstalten, an der hauptsächlich Juristen teilnahmen, die verschiedene Positionen innerhalb der Strafjustiz innehatten. Wir luden auch eine Frau ein, die als Klägerin in einem Vergewaltigungsprozeß aufgetreten war, der in der Presse große Beachtung gefunden hatte. Sie blieb nicht die einzige Konferenzteilnehmerin, die öffentlich über ihre Opferrolle sprach. Damals wurde mir klar, daß es weit mehr Vergewaltigungsopfer gibt, als wir uns träumen lassen – eine Erkenntnis, die sich seither immer wieder bestätigt hat.

Die Frau, die mit ihrem Fall vor Gericht gegangen war, erzählte uns folgende Geschichte: »Es waren drei junge Männer, der eine hatte eine Pistole; sie drangen in mein Apartment ein . . . und nahmen meine Stereoanlage und das Geld und andere Sachen, und dann sagte der eine: ›Ich geh hier nicht eher weg, als bis ich bei der kleinen Drecksau dringewesen bin.‹ . . . Alle drei haben mich vergewaltigt und gefesselt und herumgestoßen und geschlagen und mir gedroht, daß sie mich verstümmeln . . . Das war vielleicht das Schlimmste . . . diese Angst, daß die mir ein Messer in die Vagina jagen.«

Mindestens ebenso betroffen wie diese Schilderung machte mich ihr Bericht über ihre Erfahrungen mit der Justiz: »Ich hatte das Gefühl, daß die Strafjustiz mein Feind war . . . Ich wollte doch nur diese drei Kerle verklagen . . . aber . . . irgendwie hatte ich alle gegen mich, besonders unser viel zu laxes Rechtssystem.« Andere Opfer bestätigten diese Einschätzung.

Darüber, ob diese Opfer spezielle Anwälte brauchen, war man auf der Konferenz geteilter Meinung, doch niemand bezweifelte, daß sie eine Strafjustiz brauchen, die sich ihrer Interessen wirklich annimmt. Eine aus Polizeibeamten und Medizinern bestehende Kommission hatte damals gerade neue Richtlinien zum Umgang mit den Opfern erarbeitet. Das Niveau dieses Materials war in meinen Augen so lächerlich, daß man darin allenfalls eine Anklage gegen die herrschenden Zustände sehen konnte.

Ich las und hörte immerzu das Wort »Taktgefühl«, und genau das war in den seltensten Fällen vorhanden. Ich kam zu dem Schluß, daß Besonnenheit und Höflichkeit im Umgang mit Vergewaltigungsopfern nichts als schöne Worte sind, so lange die Gesellschaft nicht bereit ist, die Täter mit aller Entschiedenheit zu verfolgen. Was nützt es, von diesen Leuten eine veränderte Haltung zu fordern, solange niemand diese neue Haltung mit Inhalten füllt? Die Opfer brauchen in erster Linie juristischen Beistand. Der emotionale Rückhalt kommt erst an zweiter Stelle. Als ich versuchte, diese Erkenntnisse zu Papier zu bringen, hatte ich das Gefühl, selbst auch bloß schöne Worte zu machen. Da beschloß ich, den Stier bei den Hörnern zu packen – als Anklägerin. Es reichte mir nicht mehr, anderen zu erklären, was sie tun sollten. Ich wollte wissen, ob ich selbst in der Lage war, innerhalb dieses Systems zu arbeiten und so zu handeln, wie ich es für richtig hielt.

Mitleid mit den Opfern war nicht mein einziges Motiv. Anfang der achtziger Jahre erschien eine wahre Flut von aufrüttelnden Büchern zu diesem Thema. Aus einer Studie des FBI ging beispielsweise hervor, daß ein wegen Vergewaltigung verurteilter Angeklagter in den Vereinigten Staaten durchschnittlich weniger als ein Jahr Gefängnis bekam. Mir war klar, daß diese Statistik verzerrt war, weil nur sehr wenige Angeklagte überhaupt verurteilt wurden. (So geht aus einer 1976 in Seattle veröffentlichten Studie hervor, daß 1974 in diesem Bundesstaat 315mal Anzeige wegen Vergewaltigung erstattet wurde, aber nur sechs Angeklagte wegen Vergewaltigung oder versuchter Vergewaltigung verurteilt worden sind.) Und selbst wenn es zur Verurteilung kam, hatten die Täter im Durchschnitt nur viereinhalb Jahre Haft zu verbüßen, obwohl das Justizministerium ein Memorandum veröffentlicht hatte, in dem steht: Die überwältigende Mehrheit der Bevölkerung ist der Meinung, ein Vergewaltiger, der »mit seinem Verbrechen keinen weiteren Schaden verursacht hat«, verdient fünfzehn Jahre Gefängnis.

Ich bewarb mich bei den Staatsanwaltschaften sämtlicher New Yorker Bezirke um eine Stelle, die mir die Möglichkeit gab, Vergewaltiger zu verfolgen. Inzwischen war ich eine erfahrene Anwältin und hatte zahllose Prozesse geführt; trotzdem fehlte mir eine entscheidende Voraussetzung: ich hatte Erfahrung, aber keine Beziehungen.

Wie viele Staatsanwälte die einzelnen Bezirksstaatsanwaltschaften einstellten, hing von ihrem Budget ab und war von Bezirk zu Bezirk verschieden. Man brauchte bloß die Zeitungen aufzuschlagen, um zu sehen, daß eine gewisse Anzahl der Stellen prinzipiell für »Neffen« (Verwandte von jemand mit Einfluß) und politische Emporkömmlinge reserviert war, die die »Tätigkeit bei der Bezirksstaatsanwaltschaft« für ihre Vita brauchten. Besonders hart umkämpft waren die wenigen Stellen auf dem Sektor Sexualstraftaten, denn solche Fälle machen in der Regel Schlagzeilen.

Trotzdem dachte ich mir, daß es schließlich in jeder Strafverfolgungsbehörde ein paar Leute geben muß, die die Arbeit machen, wie es in jeder Armee einen gewissen Prozentsatz von Soldaten geben muß, die kämpfen.

Jeder der fünf New Yorker Boroughs, der Stadtbezirke, wählt seinen eigenen Bezirksstaatsanwalt. Das gleiche gilt für die Counties, die Kreise. Und von fast allen bekam ich Absagen. Manhattan (New York County) wollte mich gar nicht. Nassau (auf Long Island) wollte mich zwar einstellen, aber nicht für Sexualverbrechen. Brooklyn (Kings County) bot mir eine Stelle an, machte aber einen Rückzieher, als ich verlangte, genau wie alle anderen meinen Dienstjahren entsprechend bezahlt zu werden. Im Dezember 1981 bekam ich endlich ein akzeptables Angebot aus Queens.

Queens ist das Stiefkind unter den New Yorker Bezirken. Obwohl sich der County jedes Jahr mit schöner Regelmäßigkeit beschwert, weil er stets der letzte ist, den die Stadtwerke mit ihren Leistungen (z. B. Schneeräumen und Abwasserreinigung) versorgen, ist er von seiner Fläche her der größte der Stadt und hat die zweitgrößte Bevölkerungsdichte nach Brooklyn. Hier wohnen in erster Linie Besitzer von Eigenheimen, es gibt sehr viele Kinder und mehr alte Menschen als in jedem anderen New Yorker Stadtteil. Trotzdem ist Queens im Grunde ein County ohne eigene Identität. Der Teil seiner Bewohner, der überhaupt ein gewisses Maß an Lokalpatriotismus besitzt, identifiziert sich eher mit dem unmittelbaren Wohnviertel als mit dem Kreis an sich. Wer in Manhattan wohnt, schreibt »New York, New York« als Absender auf seine Briefe. Wer in Queens wohnt, schreibt Bayside oder Flushing oder Jamaica Estates oder Far Rockaway. Queens taucht gar nicht auf.

Wie in allen New Yorker Stadtbezirken ist auch in Queens die Kriminalität eines der wichtigsten Themen. Früher führten Wohnungseinbrüche die Statistik an; inzwischen stehen Drogendelikte an erster Stelle, und die Einwohner haben sehr unter ihnen zu leiden. Trotzdem ist der Justizapparat der Kommune primär von politischen Interessen beherrscht.

3

Ich kam zu einer Behörde, in der die Erkenntnisse der sogenannten Knapp-Kommission deutliche Spuren hinterlassen hatten.

Als die Knapp-Kommission 1972 ihren Report vorlegte, war ich noch Studentin. Den meisten New Yorkern ist dieser Untersuchungsausschuß vor allem deshalb im Gedächtnis geblieben, weil er korrupte Polizeibeamte, die von Kriminellen Schmiergelder kassierten und dafür beide Augen zudrückten, öffentlich angeprangert hat. Derselben Kommission war es allerdings auch zu verdanken, daß uniformierte Polizisten Drogendealer nicht mehr auf offener Straße verhaften durften. Die Stadt rechtfertigte diese Entscheidung offiziell mit der recht eigenartigen Begründung, die Beamten seien nicht vertrauenswürdig. Noch umstrittener waren freilich die Aussagen des Untersuchungsausschusses zur Korruption der Bezirksstaatsanwälte.

Die Kommission behauptete, in den Bezirksstaatsanwaltschaften herrsche ein solcher Filz, daß die Leiter der örtlichen Anklagebehörden nicht mal im eigenen Haus für Ordnung sorgen könnten. Sie empfahl daher, die Verfolgung von Korruptionsdelikten den örtlichen Anklagebehörden zu entziehen und einem Sonderstaatsanwalt zu übertragen, den Gouverneur Nelson Rockefeller berufen sollte. In seltener Eintracht protestierten alle fünf gewählten Bezirksstaatsanwälte von New York gegen die Einsetzung eines solchen Sonderstaatsanwalts. Der Skandal muß gewaltige Wellen geschlagen haben, jedenfalls wurden diese Proteste abgeschmettert. Ende 1973, ein Jahr nach dem Knapp-Report, waren drei der fünf Bezirksstaatsanwälte nicht mehr im Amt. Die Bronx wählte Mario Merola zu ihrem neuen Bezirksstaatsanwalt. Der Bezirksstaatsanwalt von Manhattan, der legendäre Frank Hogan, der dieses Amt einunddreißig Jahre lang innegehabt hatte, erlitt einen Schlaganfall, von dem er sich nie mehr erholte. Der Bezirksstaatsanwalt von Queens, Thomas Mackell, mußte wegen einer Verhaftung beziehungsweise einer Anklageerhebung zurücktreten, die zum Präzedenzfall auf Bundesebene wurde: der Angeklagte war er selbst. Mackell war als Politiker so beliebt, daß es ihm, obwohl wegen Amtsmißbrauchs und Verschwörung festgenommen, noch glückte, sich so lange gegen seinen Rücktritt zu sperren, bis der Gouverneur rechtliche Schritte einleitete.

Normalerweise hat ein Bezirksstaatsanwalt nach der Hälfte der Dienstzeit Anspruch auf eine Art Semesterferien. Ein vom Gouverneur eingesetzter Amtsträger dagegen bleibt so lange auf seinem Posten, bis Neuwahlen ausgeschrieben werden. Gouverneur Rockefeller berief Michael Armstrong, den ehemaligen Hauptberater der Knapp-Kommission, zum kommissarischen Bezirksstaatsanwalt von Queens. Er sollte dort für Ordnung sorgen.

Armstrong hatte das Amt nur sieben Monate lang inne und setzte in dieser Zeit ein paar (wie er selber zugegeben hat) halbherzige Reformen durch. Am 26. August 1973 schrieb die *New York Times*, Armstrong habe gewarnt, daß die Bezirksstaatsanwaltschaft Queens abermals unter politische Kontrolle geraten werde, falls der demokratische Kandidat, Senator Nicholas Ferraro, ein enger Freund des Kreisvorsitzenden der Demokratischen Partei, das Rennen mache.

Ferraro gewann zwar die Wahl, doch Mackell, der vor Gericht gestellt und verurteilt wurde, Berufung einlegte und damit durchkam, beherrschte weiterhin die Schlagzeilen. Ich hatte inzwischen mein Studium abgeschlossen und war 1974 nach Queens gezogen. Mackell kannte jeder, der Name Ferraro sagte mir nichts, bis ich volle acht Jahre später meine Stelle bei der Bezirksstaatsanwaltschaft Queens antrat.

1974 berief Rockefellers Nachfolger, Gouverneur Malcolm Wilson, Richard Kuh als kommissarischen Nachfolger des erkrankten Hogan zum Bezirksstaatsanwalt von Manhattan. Kuh hatte sich zehn Jahre zuvor im Prozeß gegen den berühmten und heftig umstrittenen Komiker Lenny Bruce seine Sporen verdient, als dieser wegen obszöner Äußerungen angeklagt war.

Frank Hogan war eine Institution gewesen, die jahrzehntelang verhindert hatte, daß im County New York politische Emporkömmlinge Bezirksstaatsanwalt werden konnten. Als Hogan 1974 zurücktreten mußte, war das Amt heiß umkämpft. Der aussichtsreichste Kandidat war Richard Morgenthau, der vorher Bundesanwalt im Staat New York gewesen war. Morgenthau stellte sich in seiner Wahlkampagne als bewährter Kämpfer gegen Korruption dar.

In Manhattan konzentrierte sich der Wahlkampf auf die Frage, wie der neue Bezirksstaatsanwalt sein Amt ausüben wollte. Eines der Hauptthemen von Kuh und Morgenthau war die Verfolgung von Sexualverbrechen, die inzwischen zu einem der Dreh- und Angelpunkte der Strafjustiz überhaupt geworden war.

Damals begann man sich in den Vereinigten Staaten eingehender für diese Problematik zu interessieren. 1972 hatte eine kurz zuvor in Ohio gegründete Fraueninitiative namens WAR (Women Against Rape - Frauen gegen Vergewaltigung) die Öffentlichkeit auf sich aufmerksam gemacht. 1973 hatte der Bürgermeister von New York eine interdisziplinäre Arbeitsgruppe gegen Vergewaltigung eingesetzt. WAR kam nach New York.

Unter politischem Druck besonders von Frauengruppen, wurden in New York wie auch in fast allen anderen Bundesstaaten die Strafgesetze gegen Vergewaltigung geändert. 1974 trat das Gesetz zum Schutz gegen Vergewaltigung in Kraft, das unter anderem bestimmt: ein Opfer darf im Kreuzverhör nur bedingt nach seiner sexuellen Vorgeschichte befragt werden. Bereits zwischen 1971 und 1974 waren Zusatzklauseln erlassen worden, die dem in New York praktizierten Usus ein Ende machten, wonach eine erwachsene Frau Zeugen beibringen mußte, damit ein an ihr begangenes Sexualverbrechen verfolgt werden konnte. (Wenn das Opfer ein Kind war oder geistig unzurechnungsfähig, konnte auch nach dieser Reform ein Strafverfahren nur dann eingeleitet werden, wenn außer der Aussage des Opfers weitere Beweise vorlagen.)

1974 wurde die Schlagersängerin Connie Francis in einem Hotelzimmer im County Nassau vergewaltigt. Der Fall ging durch die

Medien und rief einen Sturm der Empörung hervor. Die Öffentlichkeit forderte mehr staatlichen Schutz für Vergewaltigungsopfer. Im selben Jahr wurde in Nassau, wie die *New York Times* sichtlich befriedigt vermeldete, die Verfolgung von Sexualverbrechen auf Bundesebene möglich gemacht. Kuh verlangte vom Staat Mittel für einen solchen Zweck, und kündigte an, bei der Bezirksstaatsanwaltschaft Manhattan eine ähnliche Abteilung ins Leben zu rufen. Morgenthau setzte noch eins drauf und versprach, *seine* Abteilung ausschließlich mit weiblichen Anwälten zu besetzen.

Morgenthau gewann die Wahl.

Als ich 1975 der Rechtshilfevereinigung beitrat, wußte ich nicht, daß Morgenthau erst so kurze Zeit Bezirksstaatsanwalt war. Allerdings fiel mir auf, daß die Kollegen durchweg mit Hochachtung von ihm sprachen, wenn auch nicht mit der gleichen Ehrfurcht und Liebe, die Frank Hogan noch immer entgegengebracht wurde. Ich sah Morgenthau nur gelegentlich bei Anklageerhebungen, wenn es um einen wichtigen Fall ging.

Nicholas Ferraro, dem Gerüchte bis heute Verbindungen zum organisierten Verbrechen nachsagen, trat 1975 nach knapp einjähriger Amtszeit als Bezirksstaatsanwalt von Queens zurück und wurde Richter am Obersten Gerichtshof des Staates New York. Als Bezirksstaatsanwalt hatte er wenig geleistet, wenn man einmal davon absieht, daß er seiner Cousine Geraldine Ferraro einen Posten als Staatsanwältin zugeschanzt hatte. (Als sie später für das Amt des Vizepräsidenten kandidierte, gab sie an, vorher Hausfrau gewesen zu sein.)

Insider des Justizapparates behaupten hartnäckig, Ferraro sei keineswegs freiwillig zurückgetreten – eine These, die durch sein Verhalten erhärtet wurde. Noch acht Jahre später, als er den Vorsitz bei einem Prozeß führte und die Anklage vertrat, machte er kaum ein Hehl daraus, wie wenig er von seinem Nachfolger hielt.

Doch Ferraros Wechsel ins Richteramt gab dem gerade gewählten Gouverneur Hugh Carey die Chance, einen neuen Bezirksstaatsanwalt zu berufen. Es standen mehrere Kandidaten zur Auswahl, darunter ein Staatsanwalt, der selber aus Queens kam und Mario Cuomo hieß, aber der Gouverneur entschied sich für John Santucci.

So wurden Mitte der siebziger Jahre in drei verschiedenen New Yorker Kommunen kommissarische Bezirksstaatsanwälte eingesetzt; in Queens wechselte der Bezirksstaatsanwalt im selben Zeitraum nicht weniger als viermal.

Dieses Amt ist eine sehr begehrte Rosine im politischen Kuchen. Am reizvollsten daran ist natürlich die Macht. Der Amtsinhaber kann darüber entscheiden, wer gerichtlich verfolgt wird und (was vielleicht noch wichtiger ist) wer nicht. Außerdem verfügen die New Yorker Bezirksstaatsanwälte über enorme Budgets und haben das unumschränkte Recht, Mitarbeiter (von frischgebackenen Juristen und Ermittlungsbeamten bis hin zu sogenannten Beamten auf Probe, die theoretisch den Stamm der regulären Beamten »ergänzen« sollen) einzustellen, zu befördern oder zu entlassen. Es gibt große Etats für alles mögliche, vom Bürobedarf bis hin zur Renovierung der Diensträume, und dazu zweckgebundene Mittel, z. B. für den Schutz von Zeugen. Die Arbeit einer Bezirksstaatsanwaltschaft wird von keiner übergeordneten Instanz kontrolliert.

Als die Turbulenzen sich gelegt hatten, stabilisierte sich auch in der Bezirksstaatsanwaltschaft Queens die Lage. Santucci, der das Amt bis dahin kommissarisch innegehabt hatte, bekam 1977 grünes Licht von den Demokraten und kandidierte nun offiziell für den Posten. Er führte seinen Wahlkampf mit der Forderung nach einer »sauberen Regierung«; Stellungnahmen zu aktuellen Fragen vermied er peinlich. Wenn er sich überhaupt zum Thema Verbrechen äußerte, dann ausschließlich zum organisierten Verbrechen. Sexualstraftaten waren in diesem Wahlkampf kein Thema. Santucci versprach, eine sogenannte Flughafenabteilung einzurichten. Beide großen New Yorker Flughäfen, sowohl der Kennedy Airport als auch La Guardia, liegen in Queens. Diese Flughafenabteilung sollte sich mit den Aktivitäten der Mafia auf den Flughäfen befassen.

1977 wurde Santucci gewählt. Im Lauf der Jahre richtete er ein ganzes Netz von »Flughafenabteilungen« ein, doch die Tatsache, daß die Flughäfen Zentren des organisierten Verbrechens waren, blieb in den Medien weiterhin ein Dauerbrenner. Alle Verbrechen, die Nicholas Pileggi in seinem Buch *Wiseguy* (der Vorlage für den Film *Goodfellas*) beschreibt, geschahen während Santuccis Amtszeit in Queens. Zur selben Zeit verlieh die Presse John Gotti, einem Mafioso aus Queens, den Spitznamen »Teflon Don«, weil er zwar geschnappt, aber nicht verurteilt wurde.

Santucci war ein ehrgeiziger Provinzpolitiker, der es auf Staats-, wenn nicht gar auf Bundesebene zu etwas bringen wollte. Nach mehreren Versuchen, auf der Karriereleiter ein paar Stufen höher zu klettern – 1978 kandidierte er, von den Demokraten nominiert, erfolglos für den Posten des Generalstaatsanwaltes von New York; 1980 lag er bei vier Bewerbern für die Nominierung zum Senator auf Platz vier –, fand er sich verdrossen damit ab, Bezirksstaatsanwalt von Queens zu bleiben. 1981 wurde er ein zweites Mal in dieses Amt gewählt.

Trotz seiner Wiederwahl genoß Santucci im Justizapparat von Queens kein hohes Ansehen. Als ich zu meinem Vorstellungsgespräch ging, bat mich mein Mann, ihm das Protokoll einer Anhörung mitzubringen, die er in Queens geleitet hatte. Auf der Suche nach dem richtigen Gerichtsstenographen irrte ich durch ein Labyrinth von engen, schmutzigen Korridoren und vollgestopften Büros. Danach kam ich in das angrenzende Gebäude und stellte fest, daß dieser Trakt, abgesehen von einem Schalter, hinter dem ein Beamter saß, und einem Schild, auf dem in dreißig Zentimeter großen Lettern BEZIRKSSTAATSANWALT JOHN J. SANTUCCI stand, für den Sitz einer Bezirksstaatsanwaltschaft eher bescheiden war. Der Sicherheitsbeamte schickte mich in den zweiten Stock. Als ich aus dem Aufzug stieg, hatte ich das Gefühl, in einem anderen Haus gelandet zu sein. Der Flur war zwar nicht gerade elegant, aber doch immerhin breit, hell erleuchtet und sauber. Ein Läufer dämpfte die Schritte, alles war menschenleer, und die Stille war bedrückend. Ich ging vorbei an geschlossenen Türen mit Schildern, auf denen die Namen der dort residierenden Ressortleiter standen. Am Ende des Korridors gab es Glastüren und ein kleines Empfangszimmer, vis-à-vis davon einen Konferenzraum und rechts und links den Sekretariatsbereich. Die Sekretärinnen baten mich, in einem tiefen Sessel Platz zu nehmen und zu warten.

Zum Zeitvertreib blätterte ich ein wenig in dem Protokoll, das ich gerade abgeholt hatte. Es enthielt die wütende Suada eines Richters, der sich über die Inkompetenz der Bezirksstaatsanwaltschaft Queens beschwerte. Rasch klappte ich die Mappe zu und steckte sie wieder in meine Aktentasche.

Dann wurde ich in Santuccis Dienstzimmer gebeten. Der Raum war ziemlich groß und wirkte trotz etlicher wuchtiger Sessel, einer Couch, eines riesigen dunklen Schreibtischs und glänzender Bücherschränke nicht überladen. Das eine Fenster ging auf das Kreisgefängnis, das andere auf den Flügel des Gerichtsgebäudes, in dem sich die Büros der Richter befinden.

Santucci war ein kleiner Mann und sah aus wie ein Fliegengewichtler, der mit den Jahren Fett angesetzt hat. Er hatte mediterrane Züge, die, wie ich später erfuhr, bei denjenigen seiner Mitarbeiterinnen, die eher auf Anbiederung auswaren, als sexy galten. Während unseres Gesprächs schnorrte er mich um eine Zigarette an und erklärte, er versuche gerade, sich das Rauchen abzugewöhnen. Als wir auf Sexualverbrechen kamen, redete er wie jemand, der Sympathie für die Opfer hat . . . und gab mir den Job.

Aus dem, was ich von anderen erfuhr, konnte ich mir später zusammenreimen, was ihn dazu bewogen haben mag. Nach seiner ersten Wahl hatte Santucci, Morgenthaus Beispiel folgend, eine Sonderabteilung eingerichtet, die in erster Linie für Sexualverbrechen zuständig war, allerdings noch ein paar andere »Spezialitäten« hatte, u. a. Gewalt in der Familie. Diese Sonderabteilung war zwar nicht allzu effektiv, hatte aber eine gute Presse und klar umrissene Aufgaben. Sie sollte »Ermittlungen« durchführen und Anklageerhebungen vornehmen, das heißt, der Anklagejury Fälle vorlegen, die dann vor dem Obersten Gericht weiterverhandelt werden konnten. Die Abteilung selbst führte keine Prozesse. Es ging das Gerücht, daß die Frau, die die Abteilung leitete, Mackells Patenkind sei und angeblich vorher noch nie einen Gerichtssaal von innen gesehen hatte – höchstens als Zuschauerin, nicht aber als Beteiligte an einem Prozeß. In meiner zehnjährigen Arbeit bei der Bezirksstaatsanwaltschaft Queens habe ich dieses Gerücht mehr als bestätigt gefunden.

Besagte Dame war nicht die einzige, die sich in der kurzen Geschichte der Sonderabteilung mit dem Titel Abteilungsleiterin schmücken durfte. Ihre Vorgängerin war Geraldine Ferraro gewesen. Nachdem sie 1978 erfolgreich für den Kongreß kandidiert hatte, beschloß ihre Rivalin und nun Nachfolgerin, alle Konkurrentinnen aus dem Felde zu schlagen, den Posten zu erobern und ihn eisern zu verteidigen. Damals waren nur wenige Frauen bei der Bezirksstaatsanwaltschaft beschäftigt, die meisten davon in der Sonderabteilung. Befördert wurden Frauen nur selten.

Dem mediengeilen Santucci war klar, daß er mit einer Sonderabteilung für sexuelle Gewalt, die keine Prozesse führte, in der Öffentlichkeit wenig Staat machen konnte. Darum hatte er sich 1981 dazu durchgerungen, wenigstens einen weiblichen Staatsanwalt für Sexualverbrechen einzustellen. Als ich Anfang 1982 meinen Job antrat, war ich die erste auf diesem Posten. Santucci hat mich nicht eingestellt, weil er einflußreiche Leute hinter mir vermutete, und ich habe die Stelle nicht genommen, weil ich ihn für einen umwerfenden Chef hielt.

Ich fand mich schnell zurecht. Santucci hatte die Bezirksstaatsanwaltschaft zu einem riesigen Wasserkopf werden lassen. Es gab einige hundert Staatsanwälte, denen etwa fünfundzwanzig Abteilungsleiter übergeordnet waren. Diese Abteilungsleiter arbeiteten rein administrativ und hatten, abgesehen von ein paar äußerst medienwirksamen Kapitalverbrechen, keine eigenen Fälle zu bearbeiten. Der Rest der Hierarchie, die Chefetage genannt (oder auch der zweite Stock, weil die meisten höheren Beamten dort ihre Büros hatten), bestand aus dem Ressortleiter Prozesse, der eine Stufe über den Abteilungsleitern stand, weiteren Ressortleitern sowie einer Reihe von abgehalfterten Politikern (zum Beispiel dem ehemaligen Vorsitzenden des Bewährungsausschusses des Staates New York, gegen den damals selbst ermittelt wurde). Für diese Leute war eine Reihe hochdotierter Posten geschaffen worden. Sie hatten es irgendwie geschafft, bei der Bezirksstaatsanwaltschaft Queens unterzukommen. Darüber hinaus gab es einige heimatlose leitende Beamte, die sich die Bezirksstaatsanwaltschaft von Queens, Brooklyn und mitunter auch der Bronx offenbar ständig gegenseitig unterjubelten, je nachdem, wer gerade die Wahl gewonnen hatte oder wer wem einen Gefallen schuldete.

Wer es weiter gebracht hatte als bis zum einfachen Staatsanwalt, genoß einen gewissen politischen Einfluß. Mitunter delegierte Santucci den größten Teil seiner Entscheidungsbefugnisse an die Chefetage, aber es gab auch Phasen, in denen er ganz allein Politik machte. Welche Absichten die Chefetage verfolgte, war schwer zu durchschauen.

Wie die meisten hatte auch Santucci seine Juristen größtenteils direkt von der Universität geholt. Allerdings handhabte er diese Praxis weniger rigide als seine Kollegen, weil er seine »Außenseiter« unterbringen mußte, aber auch bei ihm gab es nur wenige neueingestellte Staatsanwälte mit Berufserfahrung. Im allgemeinen lernten sie ihr Handwerk, indem sie ins kalte Wasser gestoßen wurden.

In Queens stellte man frischgebackene Juristen mit Dreijahresverträgen ein, die meisten schieden nach dieser Zeit ohnehin aus. Eine kleine Gruppe, die sogenannten Berufsankläger, die sich eher durch Ausdauer als durch Kompetenz oder Erfahrung auszeichneten, blieb länger.

Die Bezirksstaatsanwaltschaft von Queens war wie die meisten anderen in Abteilungen aufgegliedert, die jeweils für bestimmte Aufgaben zuständig waren. Auch der Aufstieg war je nach Abteilung festgelegt: Anfänger; Strafkammer; Anklagejury; Oberstes Gericht; (und dann, jenseits der Dreijahresgrenze) Kapitalverbrechen; Mordprozesse. Anders als bei anderen Bezirksstaatsanwaltschaften gab es in Queens keinen geregelten Beförderungsplan. Ehrgeizige junge Anwälte versauerten monate- oder gar jahrelang auf Posten, über die sie längst hinausgewachsen waren, ohne zu wissen, wann sie versetzt werden würden.

Als ich dort als Staatsanwältin anfing, hielt man mich offenbar für unqualifiziert. Etliche Leute, darunter auch einer meiner ersten Abteilungsleiter, sprachen sich in aller Offenheit gegen mich aus. Sie wollten wissen, wieso ich gleich bei Prozessen am Obersten Gericht (und noch dazu in Kew Gardens, das höher angesehen war als die anderen Gerichte im Bezirk), eingesetzt würde, wo doch viele andere ewig auf einen solchen Einsatz hätten warten müssen. Anscheinend sah niemand, daß die Entscheidungen der Chefetage Teil eines allgemeinen Konzepts der Strafverfolgung waren.

Santucci teilte mich der Prozeßabteilung zu; dann schien er mich vergessen zu haben. Nach ein paar Wochen traf ich ihn zufällig. Er sagte zu seinen Begleitern, sie sollten ein paar Vergewaltigungsfälle raussuchen und mir übertragen. Sie murrten zwar, aber sie gehorchten. Von da an wußte jeder meiner wechselnden Abteilungsleiter, daß die Sexualverbrechen an mich weiterzuleiten waren.

Als Staatsanwältin vor Gericht hatte ich mit der Sonderabteilung für Sexualstraftaten nichts zu tun. Ich bekam nur die von dieser Abteilung erhobenen Anklagen auf den Tisch. Manchmal mußte ich mich mühsam daran erinnern, daß wir an ein und derselben Front kämpften.

4

Das erste, was ich als Staatsanwältin für Sexualverbrechen lernte, war, daß die Täter nicht unser einziger Feind sind. Innerhalb der Strafjustiz gibt es eine große Gruppe von (wie ich es inzwischen nenne) mehr oder minder heimlichen Kollaborateuren. Sowohl bei der Polizei als auch unter Verteidigern, Richtern, Gerichtsstenographen und Staatsanwälten findet sich stets, und zwar unabhängig von Geschlecht, sozialer Stellung und Beruf, ein harter Kern von Leuten, die mit den Vergewaltigern sympathisieren. Das äußert ich auf unterschiedliche Weise und reicht von der Einschüchterung der Opfer bis hin zu geschmacklosen Witzen, und es hat nur allzu oft zur Folge, daß der Vergewaltiger ungeschoren davonkommt. Ich habe allerdings die Feststellung gemacht, daß all diese Kollaborateure *eine* Schwäche haben: sie unterschätzen den Widerstand.

Der erste Vergewaltiger, gegen den ich Anklage erhoben habe, war Johnny Washington. Auch für den vorsitzenden Richter war er der erste Schwerverbrecher seiner Laufbahn. Bei der Vorbesprechung mit dem Richter und dem Verteidiger schlug der Richter vor, den Angeklagten zur Mindeststrafe zu verurteilen falls dieser sich schuldig bekannte. Ich war dagegen, aber der Richter ignorierte meine Einwände. Der Verteidiger brachte den Handel schließlich zu Fall, indem er behauptete, das Opfer habe dem Geschlechtsverkehr zugestimmt. Aber weil der Richter so großzügig war, verzichtete die Verteidigung auf einen Geschworenenprozeß. Keine Jury von zwölf Geschworenen, sondern allein der Richter sollte über die Schuld oder Unschuld des Angeklagten befinden. Na schön, ich hätte es wissen müssen.

Washington war wegen mehrerer Vergewaltigungen verhaftet worden; er hatte Frauen hinterrücks angefallen, ihnen sein Jackett über den Kopf gezogen und sie zu Boden geworfen. Nur ein einziges Opfer hatte ihn identifiziert. Allerdings hatte diese Frau es abgelehnt, sich nach der Vergewaltigung von einem Arzt untersuchen zu lassen, so daß es keine forensischen Beweise für den Geschlechtsverkehr gab. (Weder in ihrer Vagina noch an ihrer Unterwäsche wurde Sperma gefunden.) Überdies waren der Staatsanwaltschaft bereits vor der Anklageerhebung eine Reihe eklatanter Fehler unterlaufen, durch die wichtiges Beweismaterial verlorengegangen war. Deshalb hielt sich das Interesse, den Fall vor Gericht zu bringen, in Grenzen.

Das Verhalten des Richters dämpfte auch meinen Enthusiasmus.

Carmen war eine zierliche Frau, hatte Würde – und schreckliche Angst, als sie in den Zeugenstand trat. Sie war bei einer Bank als Kassiererin beschäftigt, sagte sie aus, und sei abends gegen achtzehn Uhr dreißig von der Arbeit gekommen. Ein Fremder sei ihr in den Aufzug ihres Apartmenthauses gefolgt. Als Carmen auf ihrer Etage aussteigen wollte, hatte der Fremde sie von hinten angegriffen, ihr gesagt, er habe ein Messer bei sich und werde sie umbringen, wenn sie nicht tue, was er wollte. Auf dem Dach zerrte er sie aus dem Lift, schleppte sie zu dem Verschlag, in dem die Elektrik untergebracht war, und zwang sie, sich auszuziehen und auf den Boden zu legen. Er zog ihr sein Jackett über den Kopf, vergewaltigte sie vaginal und anal. Dann zwang er sie, ihre Armbanduhr und ihr Geld herzugeben. Danach ließ er sie auf dem Dach liegen; sie schleppte sich über die Feuerleiter bis zu ihrer Wohnung, denn sie hatte Angst, er sei noch im Treppenhaus und könne sie ein zweites Mal überfallen. Carmens Schwester, die als Sozialarbeiterin in einer Beratungsstelle für Vergewaltigungsopfer arbeitet, sagte aus, Carmen sei zu ihr gekommen, ihre Kleider seien in Unordnung gewesen und sie habe am Rücken und an den Beinen Kratzspuren gehabt. Die beiden riefen Carmens Freund an, einen Polizisten, und baten ihn, sie zum Revier zu begleiten, wo Carmen Anzeige erstatten wollte.

Vier Tage danach sah Carmen Johnny Washington auf der Straße und rief die Polizei. Das sei der Mann, der sie vergewaltigt habe, sagte sie. Washington gab bei seiner Verhaftung ein falsches Alibi an.

Nachdem der Verteidiger Carmens Aussage gehört hatte, änderte er seine Taktik und wollte nicht mehr beweisen, daß das Opfer dem Geschlechtsverkehr zugestimmt habe. Doch der Verzicht auf einen Geschworenenprozeß war sein entscheidender Schachzug gewesen.

So unglaublich es klingen mag, aber der Richter entschied: Da Carmen die Vergewaltigung nicht *gesehen* habe, könne sie nicht mit Sicherheit behaupten, daß es zur Penetration gekommen sei. Er forderte sie auf, ihre Gefühle während des Verkehrs und der Ejakulation bis ins kleinste ekelhafte Detail zu beschreiben. Doch auch damit war er noch nicht zufrieden; »überzeugt« war er erst, als der Angeklagte in seinem letzten Wort vor der Urteilsverkündung den Geschlechtsverkehr gestand.

Ich erklärte dem Richter, nach seiner Logik habe ein blindes Vergewaltigungsopfer in Queens keine Chance, den Täter vor Gericht zu bringen. Die Medien zitierten mich mit diesem Argument, was Folgen hatte. Zum einen befand der Richter Washington der Vergewaltigung nicht schuldig, verurteilte ihn aber für die weniger schweren Vergehen, unter anderem für schweren sexuellen Mißbrauch, zur Höchststrafe, so daß das Strafmaß dem für Vergewaltigung entsprach. Zum anderen haßte mich der betreffende Richter von diesem Tag an.

Ebenso wie die Mutter des Täters. Sie kam zur Urteilsverkündung und schrie, wir sollten gefälligst ihren Jungen in Ruhe lassen. Und der Verteidiger ließ im Informationsblatt der Anwaltskammer, deren Kreisvorsitzender er war, eine wüste Schimpfkanonade gegen mich vom Stapel.

Auch einer der höheren Beamten aus der Chefetage war wütend auf mich. Er rief mich in sein Büro und warf mir vor, ich hätte heimlich Informationen an die Presse gegeben. Er setzte sich selbst schachmatt mit der Behauptung, er »wisse« ganz genau, daß mein Mann Journalist sei. Ich korrigierte ihn: mein Mann ist Rechtsanwalt und vertritt ausschließlich Kinder. Daraufhin mußte er klein beigeben und ermahnte mich lediglich, nie wieder mit Presseleuten zu reden.

Ich zog daraus die Lehre, daß es sehr leicht ist, sich Feinde zu machen. Aber eins hatte ich zumindest erreicht: Johnny Washington konnte vorerst keine Frauen mehr vergewaltigen.

Binnen kurzem stand ich in dem Ruf, mich um Vergewaltigungsfälle geradezu zu reißen. Die Folge war, daß die anderen Staatsanwälte ihre Sexualverbrecher an mich abtraten. Das hieß, daß von da an so ziemlich alle Fälle bei mir landeten, die kein anderer haben wollte – entweder, weil die Beweislage mager oder das Opfer unsympathisch war oder einfach, weil sie einen Haufen Arbeit machten.

Ich war stolz auf diese Arbeit. Ich bin so oft mit abscheulichen Gewaltverbrechen konfrontiert worden, und überzeugt davon, daß die Gesellschaft ein Recht darauf hat, vor Sexualverbrechern geschützt zu werden. Ich habe lange genug in Gefängnissen gearbeitet, um zu wissen, was es bedeutet, im Gefängnis zu sitzen, und welche Folgen das haben kann. Aber im Gefängnis sind Sexualtäter zumindest hinter Schloß und Riegel, und solange sie dort drin sind, sind wir draußen vor ihnen sicher.

Rechtsanwälte, die ich von früher kannte, warfen mir mitunter vor, ich hätte die Fronten gewechselt. Richtig ist, daß ich zwar die Perspektive gewechselt hatte, nicht aber meine Überzeugungen. Für mich sind die Greuel, die im Strafvollzug passieren, keine Form von Gerechtigkeit. Daß der Machtmißbrauch sich gegen mehr oder minder unsympathische Menschen richtet, macht ihn nicht weniger widerwärtig. Aber die Tatsache, daß hinter den Mauern unserer Gefängnisse Brutalität herrscht, kann kein Grund sein, die Brutalität außerhalb der Gefängnisse zu tolerieren.

Viele Häftlinge, mit denen ich während meiner Tätigkeit als Verteidigerin zu tun gehabt hatte, unterstützen mich bei meiner Arbeit als Anklägerin. Da gab es zum Beispiel einen Gefangenen, der seit Jahrzehnten in Louisiana einsaß, weil er als junger Mann einen Raubüberfall begangen hatte. Er hatte hervorragende Voraussetzungen für eine Entlassung auf Bewährung oder eine Begnadigung und verbrachte dennoch zwanzig Jahre in Einzelhaft. Leute, die das nötige Kleingeld hatten, kamen dagegen durch eine Bewährungpraxis frei, die so korrupt war, daß der Vorsitzende des Bewährungsausschusses schließlich selbst im Gefängnis landete, weil er Bestechungsgelder kassiert und Leute dafür aus der Haft entlassen hatte. Bei diesem Häftling hingegen hat unsere Justiz weder Vernunft noch Milde walten lassen. Trotzdem hat er mir jedesmal gratuliert, wenn es mir gelungen war, einen Vergewaltiger aus dem Verkehr zu ziehen. So wie es in diesem Krieg geheime Feinde gab, gab es auch heimliche Verbündete.

Ich wollte erreichen, daß das Strafmaß für Sexualverbrecher heraufgesetzt wurde, und träumte davon, wie das wohl zu schaffen sei. An diesem Traum spann ich während der drei Jahre, die ich in der Prozeßabteilung arbeitete, trotz aller Erfolge und Niederlagen. Es hat sehr lange gedauert, fast bis zu dem Tag, als ich bei der Bezirksstaatsanwaltschaft von Queens rausflog, bis ich endlich begriffen hatte, daß der Vorsatz, zu tun, was man für richtig hält, nur eine Orientierung ist, nicht aber das Ziel an sich. Dafür habe ich etwas anderes ziemlich schnell begriffen, nämlich daß man sich auf seinen Lorbeeren nicht ausruhen darf und meine Kraft zum Kämpfen nur daher kam, daß ich bereit war, durchzuhalten.

Einmal, ein paar Jahre nach dem Fall Johnny Washington, bin ich der Erfüllung meines Traums ziemlich nahegekommen. Ich war inzwischen Leiterin der Sonderabteilung für Sexualverbrechen, Kindesmißbrauch und Gewalt in der Familie und hatte in dieser Eigenschaft mit einer Frau zu tun, deren Geschichte mir klarmachte, daß jeder Mensch Opfer eines Sexualverbrechens sein könnte. Unter meiner Vorgängerin wäre diese Frau vermutlich nicht einmal bis zur Sekretärin vorgelassen worden.

5

Ich habe mich oft gefragt, was in den ersten fünf Minuten dieses Gesprächs passiert ist, wie diese Laurie es fertiggebracht hat, mich dermaßen aus der Bahn zu werfen, daß ich am nächsten Tag Mühe hatte, mich im Spiegel anzuschauen.

Sicher hatte es auch damit zu tun, daß man sie einfach sofort ins Herz schließen mußte, sogar damals, sogar in der größten Bedrängnis. Sie war zierlich und hatte ein hübsches, intelligentes Gesicht. Sie hatte Humor und einen Sinn fürs Absurde, beides aber immer in den Grenzen des guten Geschmacks. Sie ließ sich nicht anmerken, wie angespannt sie war. In psychiatrischen Gutachten ist viel von Anpassungsstrategie die Rede. Dieser Begriff traf auf Laurie haargenau zu. Laurie hatte ihre Anpassungsstrategie entwickelt, die zugleich ihre Überlebensstrategie war, denn sie hatte Entsetzliches durchgemacht, und das von Kindheit an.

Als Laurie zu mir kam, kannte ich ihren Fall bereits seit einigen Wochen. Der stellvertretende Chef der Strafkammer hatte mir erzählt, bei einer alten Freundin von ihm, einer Oberschwester namens Judy, arbeite eine Krankenschwester, die kürzlich mit vorgehaltenem Messer vergewaltigt worden sei. Sie sei zwar mit dem Leben davongekommen, befinde sich aber in einem fürchterlichen Zustand. An eine Anklage sei nicht zu denken, dazu sei die junge Frau nicht in der Lage. Judy wolle gern wissen, wie sie dieser Krankenschwester helfen könne. Der Täter sei übrigens der Vater des Opfers, erfuhr ich noch.

Ich sagte dem Anrufer, er solle Judy raten, sich an die Sozialarbeiterin der Sonderabteilung zu wenden.

Und dann stand diese Sozialarbeiterin in meinem Büro und sagte, draußen warte Laurie, die Krankenschwester. Sie habe ihren Bruder mitgebracht, die beiden hätten ein paar juristische Fragen, die sie ihnen nicht beantworten könne; die Sache sei wohl ziemlich dringend. Die Sozialarbeiterin hatte nicht nur einen ausgeprägten Instinkt dafür, wann ein Fall juristisch betreut werden muß, sondern sie neigte überdies zu Untertreibungen.

Es war Freitag, der dritte Juli, ein Tag vor dem Nationalfeiertag. In der Sonderabteilung wimmelte es von Opfern und Tatzeugen, Überlebenden und Helfern. Alte Leute mit Verbänden und Krückstöcken, junge Mädchen, die gerade vergewaltigt worden waren, Frauen, die von ihren Männern zusammengeschlagen und gedemütigt worden waren, schreiende, verängstigte Kinder und genervte Streifenpolizisten. Die Verbrechen, derentwegen sie zu uns gekommen waren, lagen durchweg ein bis zwei Tage zurück.

Mitunter machen Vergewaltigungsopfer einen unnatürlich ruhigen Eindruck. Wir mußten uns immer wieder in Erinnerung rufen, daß das keineswegs unnatürlich ist. Es signalisiert lediglich, daß die Betreffende unter Schock steht. Man kann noch so viel über das Vergewaltigungstrauma gelesen haben, wenn man es mit eigenen Augen sieht, ist man im ersten Moment einfach fassungslos. In dieser Situation zu erkennen, daß man es mit einem Notfall zu tun hat, mit jemandem, dem sofort geholfen werden muß, ist weiß Gott nicht leicht. Doch wenn man das nicht sieht, besteht die große Gefahr, daß das Opfer Selbstmord begeht.

Spätestens bis zum Mittag mußten wir mit all den Leuten, die sich auf den Korridoren drängten, geredet und über jeden einzelnen Fall entschieden haben. Wo Anklage erhoben werden sollte, mußten wir die Zeugen auf ihre Aussage vorbereiten, die Schriftsätze und Anträge mußten aufgesetzt und von mir und einem weiteren leitenden Mitarbeiter gegengezeichnet werden. Die Staatsanwälte standen Gewehr bei Fuß, um die Fälle sofort der Anklagejury vorzulegen. Und das alles mußte bis kurz nach Mittag erledigt sein, wenn wir die sechzehn Leute für die Anklagejury zusammenkriegen wollten. Wer will schon im Hochsommer, noch dazu am Vorabend eines Feiertages, bis spät arbeiten? Und wenn der offizielle Anklagebescheid nicht rechtzeitig vorlag, mußten wir den Beschuldigten ohne Kaution entlassen.

Ich wollte selber mit Laurie sprechen, weil ich in dem Moment sowieso die einzige war, die sich mit einem so komplizierten Fall beschäftigen konnte. Ich bat die Sozialarbeiterin, sich auf Störungen gefaßt zu machen, weil ich den Staatsanwälten bei der Einschätzung der Fälle helfen und ihre Schriftsätze für die Anklagejury gegenzeichnen mußte.

Laurie wollte nur einen Rat. Man hatte ihr gesagt, daß eine Klage in ihrem Fall aussichtslos sei. Niemand würde ihr glauben, hatte es geheißen. Da sei gar nichts zu machen. Sie nahm das als bittere Wahrheit hin. Sie war es gewohnt, bittere Wahrheiten hinzunehmen. Das Problem war bloß: ihr Vater sollte demnächst aus der Klinik entlassen werden, und sie war sicher, daß er sie dann umbringen würde. Sie wollte wissen, ob man dagegen wirklich nichts machen konnte.

Sie fragte mich ganz sachlich, ohne Melodramatik, ohne Hysterie. Während sie sprach, streichelte sie Sheba, unseren Abteilungshund, und Sheba mochte sie. Thomas, Lauries Bruder, ein Bursche von Anfang Zwanzig, der ich Mühe gab, männlich auszusehen, nickte. Sie sagte die Wahrheit. Die hochschwangere Sozialarbeiterin weinte vor Mitleid.

Laurie ist eben ein Mensch, der einem einfach unter die Haut geht.

Als ich mich an diesem Vormittag zum erstenmal mit ihr unterhielt, wurde mir klar, wie verfahren ihre Lage war. Sie brauchte eine ganze Weile, um mir die Fakten zu erzählen, die unfaßbar und in der Tat katastrophal waren.

Mindestens seit ihrem neunten Lebensjahr (später erinnerte sie sich daran, daß der erste Mißbrauch noch wesentlich früher stattgefunden hatte) war Laurie von ihrem Vater zum Geschlechtsverkehr gezwungen worden – genau wie vor ihr ihre älteste Schwester Mary, an der er sich regelmäßig vergangen hatte, bis sie ungefähr sechzehn war. Als Mary erste Beziehungen zu jungen Männern einging und dem Vater nicht mehr allein »gehörte«, nahm er sich Laurie vor. Bis eine Woche vor ihrem Besuch bei mir hatte Laurie geglaubt, ihr Vater habe nur Mary und sie mißbraucht. Inzwischen wußte sie, er hatte auch Florrie, die jüngste Schwester, nicht verschont.

Laurie hatte zwei Brüder – Jonathan und Thomas – und drei Schwestern – Mary, Dorothy und Florrie. Da Florrie in ihrer Entwicklung zurückgeblieben war, sah Laurie es gleichsam als ihre Lebensaufgabe an, die Kleine zu beschützen. Tapfer hatte sie das Geheimnis gehütet. Florrie sollte ja nichts von dem Elend ihrer beiden großen Schwestern wissen; sie hatte, so gut es ging, aufgepaßt, daß der Vater nicht mir Florrie allein war. Nun hatte sie aus Florries Mund erfahren müssen, daß all das nichts genützt hatte.

Jedesmal, wenn Laurie dem Vater entwischt war, hatte er sich an Florrie schadlos gehalten. Natürlich konnte Florrie diesen Zusammenhang weder erkennen noch benennen, aber als sie Laurie von dem Mißbrauch erzählte, hatte diese gefragt, *wann*, an welchen Tagen es passiert war. Anhand von Florries Antworten war es ihr dann nicht schwergefallen, die jeweiligen Situationen zu rekonstruieren.

Der Vater hatte Laurie seit ihrer frühen Kindheit regelmäßig zum vaginalen und analen Geschlechtsverkehr gezwungen. Inzwischen war sie einunddreißig, und der Mißbrauch dauerte immer noch an. Bedingt durch die traumatischen Erfahrungen ihrer Kindheit war sie außerstande gewesen, Beziehungen zu anderen Männern einzugehen. Sie war ganz und gar sein Eigentum, und das seit Jahrzehnten. »Ehe sie achtzehn war, war es Kindesmißbrauch, aber danach einfach Inzest zwischen Erwachsenen im gegenseitigen Einvernehmen«, hat er später geäußert – ein Satz, der wohl alles über diesen Menschen sagt. Seinem Sohn Thomas gegenüber hat er sein Verhalten so verteidigt: »Wenn du selber mal Kinder hast, wirst du mich verstehen. Du wirst es genauso machen mit deinen Töchtern.« Aber das war, nachdem die ganze Sache herausgekommen war, nachdem er versucht hatte, Laurie umzubringen, und sie sich hatte retten können. Erst danach hatte er versucht, sich zu rechtfertigen.

Lauries Vater hatte verschiedene Methoden entwickelt, wie er seine Töchter einschüchtern konnte. Am deutlichsten erinnerte sie sich daran, wie er ihr einmal, als sie zusammen im Auto fuhren, gedroht hatte, sich selbst und sie durch einen absichtlichen Unfall umzubringen. Er war auf eine Brücke gefahren und hatte gesagt: »Jetzt sterben wir.« Dann hatte er Gas gegeben und den Wagen erst im allerletzten Moment zum Stehen gebracht. Laurie war jeden Morgen voller Angst aufgewacht.

Oberflächlich betrachtet wirkte Lauries Leben beinahe normal. Sie ging zur Schule und wurde Krankenschwester. Sie machte ihre Arbeit gut, wurde befördert, hatte Chancen im Beruf und war anerkannt. Daß sie mit ihren einunddreißig Jahren noch bei den Eltern wohnte, wunderte die Leute nicht weiter; schließlich ist das heutzutage gar nicht ungewöhnlich. Daß ihr Vater sie jeden Morgen zum Krankenhaus brachte und sie jeden Abend wieder abholte und daß er jedesmal anrief, wenn sie eine Viertelstunde nach Schichtschluß noch nicht vor dem Haus stand, fanden die Kolleginnen zwar merkwürdig, aber es gibt ja viele Dinge, die merkwürdig sind. Niemand fragte sich, was dahintersteckte.

Unter der Oberfläche indes war Laurie dem vielfältigen psychischen Druck längst nicht mehr gewachsen. Sie träumte davon, auszubrechen, aber sie schaffte es nicht. Sie saß fest in der Falle, in die ihr Vater sie gelockt hatte, als er sie zum erstenmal vergewaltigt hatte.

Der Vater hatte Laurie unsagbar schweren Schaden zugefügt. Ihre Träume aber hatte er ihr nicht nehmen können. Träume, die sie fast das Leben gekostet hätten und die vielleicht zugleich ihre Rettung waren. Laurie wollte nicht viel. Sie wollte abends ab und zu mit einer Freundin ausgehen. Sie wollte dienstlich verreisen können, wenn es sich ergab. Als sie mutiger wurde, wollte sie sich sogar einmal mit einem jungen Mann treffen. Immer wieder versprach ihr der Vater, bald werde er sie in Ruhe lassen; sie hoffte darauf, daß er es eines Tages wirklich tun und sie ihr eigenes Leben leben lassen würde.

Der Vater fühlte sich durch Lauries bescheidene Träume in seiner Macht bedroht. Also zog er die Zügel noch fester an. Es kam zum Krieg, zur psychologischen Kriegsführung. Er konnte seinen Willen nicht mehr wie früher, als Laurie noch jünger war, mit Gewalt durchsetzen. Seine Siege waren nur noch Pyrrhussiege. Er prügelte sie grün und blau (auf der Station erzählte sie, sie sei hingefallen), konnte sie aber trotzdem nicht daran hindern, eine Dienstreise ins Ausland zu unternehmen.

Laurie redete sogar davon, auszuziehen und sich eine eigene Wohnung zu suchen. Thomas habe versprochen, ihr dabei zu helfen, sagte sie. Der Vater wußte, daß sie das nie tun würde. Er hatte ganze Arbeit geleistet. Sie gehörte ihm. Aber er konnte nicht dulden, daß sie den Gedanken an ein selbstbestimmtes Leben wagte. Seine Antwort war simpel: er wurde noch brutaler.

Laurie wußte jedesmal im voraus, wann ihr Vater sie vergewaltigen wollte. Ihre Mutter (die typische stillschweigende Komplizin) fuhr zu Bekannten. Laurie war mit dem Vater allein in der Wohnung, und wenn Florrie daheim war, dann in sicherer Entfernung. Jeder Außenstehende hätte sofort Unrat gewittert, zumal der Vater fast jede Nacht in Lauries Zimmer schlief. Aber es gab Verschleierungstaktiken, die so gut funktionierten, daß nicht einmal die nächsten Nachbarn auf den Gedanken kamen, genauer hinzuschauen. Niemand hat etwas gemerkt.

Für gewöhnlich sagte er zu Laurie: »Heute machen wir uns einen schönen Abend.« Laurie versuchte ihn abzuwimmeln, aber er ließ nicht locker. Sie war schließlich sein Eigentum. Sie verlegte sich aufs Bitten, sie weinte und schrie, aber das erregte ihn nur noch mehr. Und wenn sie sich wehren wollte, zog er die Gewaltschraube an.

An dem bewußten Abend hatten sie sich noch heftiger als sonst gestritten. Laurie war sogar aus der Wohnung gelaufen. Er hatte ihr bis in den Hausflur folgen und sie mit Gewalt zurückholen müssen. Obwohl sie fürchtete, die Nachbarn könnten etwas gemerkt haben, wagte sie einen zweiten Fluchtversuch. Sie wollte Florrie mitnehmen, aber die hatte Angst und weigerte sich, mitzukommen. Und so blieb Laurie noch diese eine letzte Nacht.

Der Vater drohte mit Selbstmord. Sie sagte, das sei ihr egal, und er wußte, sie meinte es ernst. Als er sie an dem Abend vom Krankenhaus abgeholt hatte, hatte er wie früher gedroht, er werde sich mit ihr im Auto von der Brücke stürzen. Doch diesmal hatte sie nicht gebettelt oder versucht, ihn zu hindern. Das hatte ihn noch wütender gemacht.

Nach all den Jahren wußte sie nur zu gut, was passierte, wenn sie sich wehrte. Manchmal drehte er ihr den Arm um oder riß ihr fast die Haare aus. Aber diesmal war es anders. Diesmal wollte er ihr eine Lektion erteilen, die sie ihr Leben lang nicht vergessen sollte.

Das Messer war genau das richtige Mittel zum Zweck. Er wollte es ihr an die Kehle setzen. Ihr sagen, jetzt mußt du sterben. Sich an ihrer Angst weiden. An seiner Macht. Willst du wohl artig sein! Muß ich erst grob werden? Zwing mich nicht, dir wehzutun. Das Messer bleibt unterm Kopfkissen, und du tust was ich will. Ich mache mit dir, was ich will. Ohne Rücksicht auf Verluste. Damit du dir endlich merkst, daß du mir gehörst. Ein für allemal. Ich kann das Messer jederzeit wieder rausholen. Wenn du dich wehrst, sterben wir beide. Heute nacht oder nie – wenn ich dir so widerlich bin – dann ist Schluß, dann ist endgültig Schluß, dann machen wir Schluß heute nacht. Wenn du dich nicht wehrst (gegen das Messer), dann tut es auch nicht weh.

Der Mann hat anfangs behauptet, er habe seine Tochter nicht erstechen wollen; er habe das Messer nur genommen, um ihr Angst einzujagen. Bei einer anderen Vernehmung gab er an, mit dem Messer habe er nicht Laurie, sondern sich selbst umbringen wollen. Variante drei lautete, er habe überhaupt kein Messer gehabt, das ganze sei gelogen, den Unsinn hätte ich Laurie doch bloß eingeredet.

Laurie ergab sich dem Messer, sie duldete, daß er sie nahm, sie duldete, daß er, als er fertig war und wiederholt hatte, sie würden gemeinsam sterben, in ihr blieb. Ihr ganzes Leben lang hatte man ihr beigebracht, daß sie für ihren Vater dazusein habe, daß sie auf der Welt sei, um seine Wünsche zu erfüllen und dafür zu sorgen, daß er sich wohlfühle. Sie war gut abgerichtet.

Laurie übertrug dieses Verhalten auch auf andere Menschen. Sie war ungewöhnlich altruistisch und stets bereit, ihre eigenen Bedürfnisse hintanzustellen. Ihr hätte es nichts ausgemacht, zu sterben, aber da war ja noch Florrie. Laurie malte sich aus, was passierte, wenn die kleine Schwester die Auseinandersetzung zwischen ihr und dem Vater hörte oder, sollte er seine Drohung wahrmachen, am Morgen die Leichen fände. Wie sollte Florrie das verkraften? Florrie, die so schwach war, die daran zugrunde gehen würde.

Nachdem er Laurie vergewaltigt hatte, stritten sie darüber, ob er sie umbringen sollte oder ob sie es selbst täte. Irgendwann schlief der Vater ein. Laurie lag im Bett und wollte sterben. Er brauchte sich nicht die Mühe zu machen, sie zu töten. Sie würde ihm die Arbeit abnehmen. Sie zog das Messer unter dem Kopfkissen hervor. Nein –

Moment! Florrie. Sie mußte warten, bis Florrie morgen früh aus dem Haus war. Sie versteckte das Messer in der Küche und ging wieder ins Bett, blieb wach, versuchte nachzudenken.

Florrie wachte auf, spürte, daß etwas nicht stimmte. Sie fragte. Laurie wollte sie beruhigen, sagte, es sei alles in Ordnung, aber Florrie ließ nicht locker. Schließlich scheuchte Laurie sie zur Arbeit. Florrie hatte einen Job in einem Supermarkt. Inzwischen war auch der Vater wach. Sie stritten wegen des Hundes, der winselte, weil er rauswollte. Du tust, was ich sage. Heute muß es sich entscheiden. Ob wir vergessen wollen, was letzte Nacht war, oder ob wir Schluß machen.

Ich gehe mit dem Hund runter. Ich mache dir Frühstück. Beruhige dich doch.

Laurie überredete ihn, sie mit dem Hund runtergehen zu lassen. Er wußte, sie war sein Eigentum. Er wußte, daß er gewonnen hatte. Daß er immer gewinnen würde.

Sie zog Trainingshosen an und ein Sweatshirt. Keine Geldbörse, kein Geld. Keine Chance, auszureißen. Sie ging mit dem Hund spazieren, sagte guten Morgen zu den Nachbarn, überlegte, nicht mehr nach Hause zurückzukehren. Aber was sollte mit dem Hund werden? Sie konnte ihn doch nicht einfach auf der Straße lassen – ein schutzloses Tier. Sie ging wieder heim.

Sie durchquerte den langen Flur bis zur Wohnungstür. Schloß auf. Ließ den Hund hinein. Sie konnte den Vater sehen. Er lag auf ihrem Bett. Er war nackt. Sie wußte, was er vorhatte. Und sie wußte, daß das für den Rest ihres Lebens so weitergehen würde.

Leise schloß sie die Tür. Er drinnen. Sie draußen. Dann rannte sie los, rannte um ihr Leben, rannte und rannte. Die Straßen entlang, vorbei an der ersten Metrostation – falls er ihr folgte, und er würde ihr folgen. Weiter bis zur nächsten Station. Thomas anrufen und ihn um Hilfe bitten. Kein Geld, nicht mal die paar Münzen zum Telefonieren. Ein R-Gespräch. Thomas ist nicht da. Jonathan verlangen (sie arbeiten im selben Betrieb).

Sie fängt an zu weinen. Spricht es aus: »Daddy wollte mich umbringen. Ich bin zwei Metrostationen von daheim. Komm her, hol mich ab.«

Jonathan reagierte ungläubig und verärgert, aber er kam und

brachte sie in Thomas' Wohnung. Thomas' Frau lieh ihr Kleider, Thomas gab ihr Geld. Auf den Mädchennamen von Thomas' Frau kauften sie ihr ein Flugticket und schickten sie zu Mary, der großen Schwester, die sich gerettet hatte.

Mir war klar, weshalb die anderen Anwälte Laurie erklärt hatten, sie könne ihren Vater nicht vor Gericht bringen. Der Mensch neigt nun einmal dazu, Dinge, die sein Vorstellungsvermögen übersteigen, für unwahr zu halten. Wenn meine Kollegen doch nur recht gehabt hätten! Wenn das alles doch ein Roman wäre!

Laurie erzählte mir, sie habe danach tagelang im Bett gelegen und sich elend gefühlt, sei vor Angst wie gelähmt gewesen, habe nach der letzten Vergewaltigung so starke Schmerzen gehabt, daß sie nicht einmal zur Toilette gehen konnte. Von Thomas erfuhr ich, wie die Geschichte weitergegangen war, nachdem Laurie New York verlassen hatte.

Nicht nur Laurie sah in ihrem Vater einen Halbgott; auch für ihre Geschwister war dieser Mann gleichsam überlebensgroß, und sie trauten ihm Kräfte zu, die er nicht haben konnte. Aber in Konfliktsituationen wie dieser zeigt sich, was in einem Menschen steckt. Jonathan und Thomas mußten ihren ganzen Mut zusammennehmen, um sich vor Laurie zu stellen. Aber sie haben ihre Angst überwunden und Anstand bewiesen.

Der Vater rief zuerst bei Jonathan und dann bei Thomas an und wollte wissen, wo Laurie sei.

»Sie ist weg.«

»Sie soll sofort zurückkommen! Sagt ihr, sie soll zurückkommen. Ich will wissen, wo sie ist!«

Die Brüder holten Florrie von der Arbeit ab und brachten sie übers Wochenende weg. Ein, zwei Tage ständig Anrufe, er allein in der Wohnung. Die Frau immer noch bei Bekannten. Jonathan und Thomas kamen Lauries Sachen abholen. Er empfing sie mit Drohungen, gab Jonathan die Schuld. Das werde er ihm büßen, brüllte er, mit dem Leben werde Jonathan ihm das büßen. Und immer wieder die Frage: »Wo ist Laurie?«

Sie wollten nicht hören, also mußten sie fühlen. Als die Drohungen nicht fruchteten, griff er zu dem Druckmittel, mit dem er sie von kleinauf gefügig gemacht hatte: er versuchte sie zu erpressen. Er rief an und erklärte, er werde Nägel mit Köpfen machen. Er habe ein Insektizid getrunken. Es werde ihnen noch leid tun.

Jonathan hat mir später gesagt, er sei sich absolut sicher, daß sein Vater das Gift erst nach dem Telefonat geschluckt habe, erst, als er die Sirenen der Krankenwagen schon hören konnte. Schade, daß der Notarzt sich so beeilt hat. Der Vater überlebte.

Er hatte ziemlich schwere innere Verätzungen, war aber bald wieder auf den Beinen. Die Söhne ließen ihn in eine gute psychiatrische Klinik einweisen. Sie teilten sich die Kosten. Jetzt war er immer noch in der Psychiatrie, und das war einer der Gründe, weshalb Thomas und Laurie zu mir gekommen waren. Thomas erzählte, die Klinik hätte dem Patienten um ein Haar Wochenendurlaub gewährt.

Der »Patient« hatte schon bei Florrie angerufen und alles arrangiert. Der Urlaub war bewilligt. Durch einen puren Zufall kamen die Söhne rechtzeitig dahinter und konnten die Sache abbiegen. Aber würde ihnen das auch in Zukunft gelingen? Und selbst wenn – eines Tages würde der Vater entlassen werden. Und dann würde er Laurie umbringen. Er hatte gedroht, auch Jonathan und Thomas zu töten. Er selbst mache sich keine Sorgen, sagte Thomas, aber seine Frau habe Angst. Was sie tun sollten, wollte er wissen. Was ich tun konnte.

Ich hatte aufmerksam zugehört und mich auf diese Frage vorbereitet, hatte gewußt, daß sie kommen würde. Laurie und ihr Bruder hatten Fragen. Ich mußte Antworten finden.

Ich fing mit dem dringendsten Problem an. Sie wollten, daß ihr Vater in der Klinik blieb. Konnte ich das veranlassen? Nur wenn Laurie bereit war, ihren Vater zu verklagen. Was sie das?

Als ich ihr diese Frage stellte, erschrak sie, sagte aber ja. Ja, wenn es sein müsse.

Ich versprach, die Klinik zu informieren, daß gegen den Patienten ein Strafverfahren lief und man ihn ohne Wissen der Bezirksstaatsanwaltschaft weder entlassen noch auf Wochenendurlaub schicken dürfe, da wir seine Festnahme planten.

Ich brauchte ein paar Informationen: den Namen der Klinik, den Namen und die Telefonnummer des behandelnden Psychiaters. Und schließlich mußte ich wissen, wie der Patient hieß. William Porter.*

Ich rief im Beisein von Laurie und ihrem Bruder die Klinik an. Der Psychiater sicherte mir zu, daß der Patient nicht entlassen werde.

Irgendwie gefiel mir sein Ton nicht, also beschloß ich, das Telefonat durch einen Brief zu bestätigen.

Ich erklärte ihnen, da Jonathan und Thomas die Klinikrechnungen bezahlten und sich nunmehr auch die Bezirksstaatsanwaltschaft eingeschaltet hatte, die notfalls einen Polizisten vor der Zimmertür ihres Vaters postieren könnte, dürften wir ein paar Tage Zeit gewonnen haben, zumindest das Wochenende. Aber ich ermahnte sie, dennoch auf der Hut zu sein. Und bestellte Laurie für den Montag wieder zu mir, um mit ihr zu besprechen, wie es weitergehen sollte. Sie sah erschöpft aus, und ich versprach ihr, sie bei unserem nächsten Treffen nicht mehr nach den Vergewaltigungen zu fragen.

Nachdem die beiden gegangen waren, unterhielt ich mich mit der Sozialarbeiterin über den Fall. Wir waren verblüfft, wie »normal« Laurie wirkte – nach allem, was sie durchgemacht hatte.

Die Sozialarbeiterin sagte, mit Lauries Erlaubnis wolle sie mir noch etwas erzählen, was ich vielleicht wissen müßte. Laurie selbst könne über dieses Thema bis heute nur sprechen, wenn es unbedingt sein muß, und sie habe nicht die Kraft, das zweimal zu erzählen. Sie hatte zwei Abtreibungen hinter sich.

Der Vater hatte Laurie verboten, Verhütungsmittel zu benutzten. Sie wurde schwanger und trieb ab. Als Krankenschwester wußte sie, wie gefährlich es ist, ein inzestuös gezeugtes Kind auszutragen.

Nach der Abtreibung begann sie gegen den Rat ihres Gynäkologen, die Pille zu nehmen, verheimlichte dies aber vor dem Vater. Sie gehört zu den Frauen, die die Pille nicht vertragen, aber dieses Risiko schien ihr eher tragbar als das einer erneuten Schwangerschaft.

Laurie hatte Pech. Noch nicht dreißigjährig, erlitt sie einen Schlaganfall. Während ihrer Rekonvaleszenz war der Vater glücklich wie nie. Er kümmerte sich um sie. Sie war zu schwach, um sich zu weh-

---

* Ich habe den Namen geändert, weil ich die wahre Identität des Täters nicht preisgeben kann, ohne die Privatsphäre seiner Tochter zu verletzen – übrigens ein zusätzlicher Bonus, den unsere Justiz Vergewaltigern einräumt, die sich an den eigenen Kindern vergehen.

ren. Er zog daraus den Schluß, daß sie sich nun endgültig ergeben hatte und sagte später, er fände es schade, daß sie wieder gesund sei.

Nachdem sie sich erholt hatte, schwängerte er sie ein zweites Mal, und zwar mit Absicht, denn er kontrollierte auch ihren Zyklus. Er wählte bewußt die gefährlichsten Tage und zwang sie in dieser Zeit wiederholt zum Geschlechtsverkehr. Sie trieb wieder ab.

Laurie war katholisch erzogen. Die Abtreibungen lasteten schwer auf ihrem Gewissen.

Nachdem ich den Brief an Porters Psychiater abgeschickt hatte, wandte ich mich wieder der laufenden Arbeit zu. Es gab noch andere dringende Fälle, aber keiner beschäftigte mich so wie Lauries Geschichte. Ich mußte einen Weg finden, ihr zu helfen.

Darüber, was es bedeutete, den Vater vor Gericht zu bringen, sprach ich mit Laurie erst bei ihrem zweiten Besuch. Wir mußten die nächsten Schritte planen. Laurie war bereit, ihren Vater zu verklagen, aber ihr war nicht wohl bei dem Gedanken, ihn hinter Gitter zu bringen. (Mir übrigens auch nicht, aber unsere Vorstellungen davon, was mit ihm geschehen sollte, gingen ziemlich weit auseinander. Inzest gilt leider nicht als Schwerverbrechen.)

Wir mußten dafür sorgen, daß Lauries Vater festgenommen wurde. Nur so konnten wir Zeit gewinnen und in Ruhe entscheiden, was weiter geschehen sollte. Ich rechnete damit, daß der Verteidiger bei der Anklageerhebung ein psychiatrisches Gutachten beantragen würde. Immerhin käme Porter als ein Mann vor Gericht, der gerade aus einer psychiatrischen Klinik entlassen war. Hinzu kamen der Selbstmordversuch und die Art der Anklage. Bei dieser Vorgeschichte würde wohl jeder Anwalt darauf bestehen, die Zurechnungsfähigkeit seines Mandanten feststellen zu lassen. Die gerichtlich angeordneten Untersuchungen würden dreißig Tage dauern. Dem Richter blieb nur die Wahl, Porter gegen Kaution freizulassen oder den Fall zu vertagen. Ich traute mir zu, den Richter zu überzeugen, daß er die Kaution ablehnte und Porter in Untersuchungshaft ließ. Wenn mein Plan aufging, hatten wir einen Monat Zeit, um unser Vorgehen zu planen.

Falls die Dinge sich nicht wie erhofft entwickelten, mußten wir Alternativen parat haben. Eine Möglichkeit war, Porter Bewährung anzubieten, wenn er einem fünfjährigen Zwangsaufenthalt in der geschlossenen Psychiatrie zustimmte. Ein solcher Deal war zwar alles andere als alltäglich, aber da dies für den Angeklagten noch die günstigste Variante war, hielt ich es für denkbar, daß sein Verteidiger darauf einging. Immerhin lautete die Anklage auf wiederholte schwere Vergewaltigung. Wenn es zum Prozeß kam und Porter verurteilt wurde, mußte er mit einer Freiheitsstrafe ohne Bewährung rechnen.

Für Laurie war der Gedanke, ihren Vater auf Bewährung verurteilt und dann in die geschlossene Psychiatrie zwangseingewiesen zu sehen, ein Trost. Für mich war das eine Notlösung, die für Laurie und ihre Brüder allerdings eine gewisse Sicherheit bedeutete.

Laurie sah ein, daß wir weder das eine noch das andere kampflos erreichen konnten. Wir mußten mit den Waffen der Justiz kämpfen, und unsere stärkste Waffe war eine ordentliche Anklageerhebung. Es bei einer Festnahme bewenden zu lassen, wäre viel zu riskant gewesen. Die Gefahr war, daß das Gericht den Fall nicht ernst genug nahm. Wenn ein Richter Porter gegen eine geringe Kaution freigelassen hätte, wäre das für Laurie der Tod gewesen.

Ein Schuldspruch der Anklagejury hätte entschieden mehr genützt, doch dazu mußte Laurie als Zeugin auftreten. Wenn es nicht anders ginge, sei sie auch dazu bereit, erklärte sie. Sie werde tun, was nötig sei. Was das im einzelnen hieß, sollte sie bald erfahren.

Laurie und ich machten eine Liste der Dinge, die erledigt werden mußten. Ich brauchte weitere Details der letzten Straftaten und eine chronologische Darstellung der Ereignisse, um sie im Zusammenhang verstehen und einordnen zu können. Das bedeutete, daß Laurie, Thomas und Jonathan ordentlich vernommen werden mußten. Ich wollte dafür sorgen, daß ein bewährter Beamter vom Dezernat Sexualverbrechen die polizeilichen Ermittlungen übernahm. Laurie begriff, daß sie die Vernehmung über sich ergehen lassen mußte.

Laurie persönlich vor der Anklagejury aussagen zu lassen hielt ich nicht für nötig. Ich fragte sie, ob sie einen Psychologen habe. Sie bejahte, erklärte aber, sie sei mit ihrer ersten Therapeutin nicht recht zufrieden gewesen und habe sich gerade eine neue gesucht, die ihr viel besser gefalle. Gut.

Ich bat sie, sich von ihrer neuen Therapeutin ein Attest über ihre psychische Verfassung geben zu lassen, damit ich den Antrag stellen konnte, ihre Zeugenaussage für die Anklagejury auf Video aufzuzeichnen. Sie willigte ein.

Ich wollte, daß Laurie sich von einem Proktologen untersuchen ließ, um festzustellen, ob von dem Analverkehr Narben zurückgeblieben waren. Die gynäkologische Untersuchung hatte sie bereits hinter sich. Der Frauenarzt hatte noch zwei Wochen nach der letzten Vergewaltigung Rötungen bemerkt. (Normalerweise lassen sich schon wenige Stunden nach der Vergewaltigung kaum noch medizinisch verwertbare Spuren des Verbrechens nachweisen.) Ich brauchte die Befunde und mußte mit dem Gynäkologen sprechen.

Wieviel Zeit wir hatten, war schwer absehbar. Ich hatte mit Porters Psychiater gesprochen, und das Verständnis, das er seinem Patienten entgegenbrachte, beunruhigte mich. Der Mann hatte wie ein Kollaborateur geredet. (Mir gefiel nicht, wie leicht er sich mit Porters Darstellung zufriedengab, der erklärt hatte, das Ganze ginge nur ihn und seine Tochter etwas an. Genau dieser Denkweise haben wir es zu verdanken, daß der Gesetzgeber den Inzest auf eine Stufe mit Ehebruch stellt und damit praktisch zum Bagatelldelikt macht. Merkwürdigerweise gilt Inzest bis heute als läßliche Sünde. Wenn ein vierjähriges Kind von einem Fremden vergewaltigt wird, sagen wir, der Täter ist pervers, und verlangen, daß er ins Gefängnis kommt. Wenn dagegen der eigene Vater der Täter ist, heißt es, der Mann habe ja allenfalls das Familienleben gestört und müsse Bewährung kriegen.

Ich konnte mich nicht darauf verlassen, daß Porters Psychiater den Wunsch der Familie respektierte und den Patienten in der Klinik behielt.

Alle Ermittlungen, die bis nach der Anklageerhebung warten konnten, schob ich auf.

Ein Termin für Lauries ausführliche Vernehmung wurde festgesetzt. Vorbereitend bat ich sie, mir Daten zu nennen, an denen Porter sie vergewaltigt hatte, und erklärte, daß ich sie mit dieser Bitte wirklich nicht quälen wollte; die Justiz des Staates New York verlangte einfach, daß die Taten mit dem konkreten Datum ausgewiesen wurden.

In New York geht man wie in fast allen anderen Bundesstaaten davon aus, daß ein Verbrechen ein einmaliges Vorkommnis zwischen einander unbekannten Erwachsenen ist. Bei Straftaten, die nicht in dieses Muster passen, zum Beispiel bei Kindesmißbrauch oder Gewalt in der Familie, passiert es nicht selten, daß formaljuristische Haarspaltereien die Strafverfolgung behindern. Diese juristischen Spitzfindigkeiten können dazu führen, daß ein Kind unter Umständen über Monate oder Jahre hinweg sexuell mißbraucht wird und der Vergewaltiger ungeschoren bleibt, weil das Kind keine exakten Zeitangaben machen kann. Die vom Gesetz vorgegebene Norm ist die Vernunft, doch vor Gericht herrscht immer wieder die Unvernunft.

Ich fragte Laurie, ob sie einverstanden sei, wenn wir versuchen würden, ihren Fall zum Präzedenzfall zu machen. Der Gedanke gefiel ihr. Lauries Geschichte war in zweierlei Hinsicht ungewöhnlich: zum einen, weil der Mißbrauch angedauert hatte, als sie schon erwachsen war, zum anderen wegen der außerordentlichen Brutalität, mit der er verübt wurde. Gleichzeitig aber waren nahezu sämtliche Kriterien des Kindesmißbrauchs erfüllt, nur daß wir es hier mit einem Opfer zu tun hatten, das erwachsen war und sich entsprechend artikulieren konnte.

Von Laurie als einer erwachsenen Frau würde das Gericht genaue Angaben über die Daten der letzten sexuellen Übergriffe verlangen. Bei den Vergewaltigungen ihrer Kindheit würde darauf vermutlich verzichtet werden. Und weil es in Lauries Fall sowohl Anklagepunkte gab, die als verjährt gelten konnten, als auch solche, die einen Zeitraum von vielen Jahren betrafen, hatte ich ursprünglich die Idee, sämtliche Taten zur Anklage zu bringen und den Richter so zu zwingen, in jedem einzelnen Punkt sowohl über die Verjährungsfrage als auch über die Notwendigkeit konkreter Datumsangaben neu zu entscheiden.

Leider funktionierte das nicht, weil sich herausstellte, daß der Kindesmißbrauch im eigentlichen Sinne größtenteils in Brooklyn geschehen war und Laurie bereits sechzehn war, als die Familie nach Queens zog. Da bei uns aber jede Straftat in dem Gerichtsbezirk verhandelt werden muß, in dem sie begangen wurde, konnte ich mein Vorhaben, mit diesem Prozeß sowohl die Verjährungsbestimmungen als auch die Forderung nach konkreten Datumsangaben zu Fall zu bringen, nicht realisieren. Ich mußte einsehen, daß Lauries Prozeß für ein Präzedenzurteil ungeeignet war. Doch das war beileibe nicht unser wichtigstes Problem; wir hatten genug andere Sorgen.

(Später fand ich einen Fall, der wie geschaffen war, um durch ein Präzedenzurteil die Verjährung anzufechten. Dieser Fall war dann auch der Anfang vom Ende meiner Karriere bei der Bezirksstaatsanwaltschaft Queens.)

Ich ahnte natürlich, daß es für Laurie nicht leicht war, sich an die exakten Daten erinnern zu müssen, aber trotzdem brauchte ich eine ganze Weile, um wirklich zu begreifen, wie verletzbar, wie schwer geschädigt diese junge Frau war, und bis ich gelernt hatte zu unterscheiden, wann sie wirklich stark war und wann sie nur so tat.

In der Strafverfolgung von Sexualverbrechen taucht immer wieder der Begriff posttraumatisches Streßsyndrom auf. Laurie lebte mit diesem Syndrom. Ihre Seele stellte sich taub, um zu überleben. Einer der Sexualverbrecher, gegen die ich prozessiert habe, hat vor Gericht behauptet, er sei aufgrund seiner traumatischen Vergangenheit zum Vergewaltiger geworden. Dann müßte Laurie eine Massenmörderin sein.

Wir beschlossen, die Anklagen auf die letzten fünf Jahre zu beschränken, doch selbst dabei wurden unendlich viele schmerzhafte und für Laurie kaum zu ertragende Erinnerungen hochgespült – eine Erfahrung, die ihre Sicht auf ihr eigenes Leben von Grund auf veränderte. Solange sie in diesem Alptraum gelebt hatte, hatte sie verdrängt, was mit ihr geschah. Sie hatte es über sich ergehen lassen und versucht, hier und da ein winziges Stück Selbständigkeit zu erobern. Jetzt, wo sie gezwungen war, über alles nachzudenken, brach sie unter der Last fast zusammen.

Wenn Laurie ein wenig Zeit gehabt hätte, um zu sich zu kommen, bevor sie sich von diesem ihr fremden Justizapparat taxieren lassen mußte, wäre das schon eine Hilfe gewesen. Aber ein solcher Luxus wird den Opfern hierzulande nur in den seltensten Fällen gewährt.

Ein Staatsanwalt ist kein Psychiater, und das ist wohl auch gut so. Aber ein Staatsanwalt muß einschätzen können, wie sich bestimmte Haltungen und Verhaltensweisen des Staates auf die Opfer von Gewalttaten auswirken. Ich bin der festen Überzeugung, daß ein Staatsanwalt anderen Menschen Kraft und Rückhalt geben kann, vorausgesetzt, er fängt es richtig an! Aber damit hapert es eben leider sehr oft.

Als ich mit Laurie die einzelnen Ereignisse durchging, um sie auf die Fragen vorzubereiten, die ich ihr bei der Videoaufzeichnung stellen wollte, mußte ich von ihr verlangen, mir alles zu erzählen, woran sie sich erinnern konnte, nicht nur die Dinge, die die Anklagejury interessieren würden. Als ich dieses Gespräch später schriftlich zusammenfaßte, um es nicht nur dem polizeilichen Ermittler, sondern auch dem Verteidiger und dem Richter wiederzugeben, mit denen ich mich über das Strafmaß einigen mußte, fehlten mir die Worte, das Ausmaß meines Entsetzens zu schildern. Was Laurie erzählt hatte, war so ziemlich das Unglaublichste, was mir je zu Ohren gekommen war.

Kindesmißbrauch muß nicht unbedingt mit physischer Gewalt einhergehen. Oft ist die Gewalt dabei eher seelischer als körperlicher Natur. Die Kinder befinden sich in einer psychischen Zwangslage, sind zum Schweigen verurteilt – zum einen aus Scham über das, was man mit ihnen macht, zum anderen, weil sie dem Erwachsenen, der sie mißbraucht, rettungslos ausgeliefert sind. Und so kann der Mißbrauch über Jahre hinweg ungehindert weitergehen.

Diese Kinder werden eingeschüchtert, damit sie das Geheimnis für sich behalten. Für den Fall, daß sie reden, werden ihnen Konsequenzen angedroht, die in den Augen eines Kindes unabsehbar schrecklich sind. Der Täter bringt beispielsweise ein Kätzchen um und sagt dem Kind, er werde es genauso töten. Oder er zeigt dem Kind einen Zeitungsausschnitt über eine Mutter, die krank wurde und starb, und sagt dann zum Kind, seiner Mutter werde dasselbe zustoßen. Die Niedertracht hat viele Gesichter.

Unter Umständen wird die Scham noch dadurch gesteigert, daß das kindliche Opfer den Mißbrauch in einer bestimmten elementaren Phase seiner Entwicklung als körperlich stimulierend empfindet. Viele Täter penetrieren ihre Opfer nicht, sondern beschränken sich darauf, mit den Geschlechtsteilen der Kinder zu spielen, sie zu streicheln und zu reiben. Oft fordern sie die Kinder zum Oralverkehr auf, denn es gehört schon ein enormes Maß an Brutalität dazu, in die zarten Geschlechtsorgane eines Kindes einzudringen.

Einmal hatte ich einen Kinderschänder anzuklagen, der verhaftet worden war, nachdem seine vierjährige Tochter, die wegen eines Armbruchs im Krankenhaus untersucht wurde, auf ihre Vagina gezeigt und zu dem Arzt gesagt hatte: »Küß mich mal da unten, wie mein Daddy.« Der Vater wurde verhört und gab zu, mit seiner Tochter Verkehr gehabt zu haben. »Ich hab' mir dabei bloß selber wehgetan«, fügte er hinzu. Der Therapeut sah darin ein Indiz für die Resozialisierbarkeit des Täters; seiner Meinung nach bewies diese Aussage, daß der Mann einsah, wie selbstzerstörerisch sein Verhalten war. Das war ein Mißverständnis. Der Angeklagte hatte von seinem realen, körperlichen Schmerz gesprochen: ihm hatte der Penis wehgetan, als er ihn in die winzige Öffnung gezwängt hatte.

Lauries Vater verfügte sowohl über das allseits bekannte psychologische Instrumentarium des Pädophilen als auch über die unberechenbare Grausamkeit des Sadisten. Er penetrierte seine Tochter nicht nur, als diese noch ein kleines Kind war, sondern er weidete sich auch an dem Schmerz, den er ihr dabei zufügte. Laurie hat zwar nie explizit gesagt, daß ihr Vater nur zum Orgasmus kam, wenn sie blutete oder schrie, aber wenn sie schilderte, wann er endlich genug hatte und von ihr abließ, war immer von beidem die Rede. Die Schmerzen, die sie litt, steigerten seine Lust, und am meisten genoß er, daß er selbst ihr diese Schmerzen zufügte. Wenn ihre Vagina zu sehr verletzt war, vergewaltigte er sie anal und sagte, sie sei selber schuld, wenn ihr das wehtäte; sie müsse eben stillhalten und solle dankbar sein, daß er soviel Rücksicht nehme.

Laurie saß da und erzählte mir in völlig sachlichem Ton die ungeheuerlichsten Dinge. Sie kam mir vor wie jemand, der innerlich abgestorben ist. Nur einmal während des ganzen Gesprächs kamen ihre Gefühle an die Oberfläche. Es ging um den Keller des Hauses, in dem die Familie in Brooklyn gewohnt hatte. Der Vater schickte in der Regel die anderen Kinder weg mit den Worten, Laurie habe keine Lust, mit ihnen zu spielen.

Dann ging er mit ihr in den Keller, den er mit einer Matratze, schalldämmenden Wandverkleidungen und einem Riegel an der Tür präpariert hatte, den Laurie nicht öffnen konnte. Außerdem lagen dort alle möglichen Utensilien für besonders aufregende Spiele bereit. Am wichtigsten waren die Spiegel an der Decke über der Matratze, in denen Porter sich dabei zuschauen konnte, wie er seine

Tochter vergewaltigte. Als Laurie von diesen Spiegeln sprach, verlor sie die Fassung.

Ich fragte sie, warum sie weine. Vielleicht linderte es ihren Schmerz, wenn sie das, was sie quälte, in Worte faßte, hoffte ich. Sie sagte: »Und das waren die Menschen, die mich angeblich geliebt haben.«

Der Vater, der sie mißbrauchte, war nicht der einzige, der Verrat an ihr übte. Fast noch mehr als unter den Qualen, die er ihr bereitete, litt sie darunter, daß ihre Mutter den Mißbrauch stillschweigend duldete. Lauries Mutter war eine zwanghafte Egozentrikerin. Mehr ist über diese Frau nicht zu sagen. Natürlich wußte sie, daß ihr Mann sich sexuell an seinen Töchtern verging. Als Laurie soweit war, daß sie allmählich Abstand zu ihren eigenen Erinnerungen gewann, wurde ihr bewußt, daß sie einmal, noch keine neun Jahre alt, mit ihren Eltern im Bett gelegen und ihr Vater sie vergewaltigt hatte. Die Mutter hatte nicht mitgemacht, ihn aber auch nicht gehindert.

Als Laurie sich schließlich bei ihrer Mutter beklagte, schlug diese sie. Der einzige erwachsene Mensch, zu dem Laurie Vertrauen hatte, war ihre Tante Peggy, die Schwester ihrer Mutter. Einmal hatte der Vater Laurie so hart zugesetzt, daß die Kleine es nicht mehr aushielt. Sie bat ihre Mutter, am nächsten Tag Tante Peggy besuchen zu dürfen. Die Mutter fragte, was sie dort wolle. »Ich möchte einfach mit ihr reden«, sagte Laurie. »Ich möchte mit Tante Peggy reden.« Und wieder bekam sie von ihrer Mutter Prügel.

Während ich das alles hörte, wunderte ich mich, wie diese Hölle so lange hatte andauern können. Wieso hatte sich niemand eingemischt und das verhindert? Als Laurie von ihrer älteren Schwester erzählte, hatte ich das Bedürfnis, ihre Lehrer, ihre »Psychiater« oder egal wen auch immer zu fragen: »Wieso habt ihr nichts gemerkt? Wie konntet ihr das zulassen?«

Von allen Porter-Kindern war Mary wohl diejenige, die sich am entschiedensten gegen den Vater zur Wehr gesetzt hat. Er hat ihr Leben vergiftet, ihren Willen aber konnte er nicht brechen. Sie wehrte sich mit Leib und Seele, aber das half ihr nicht viel.

Porter nutzte nicht nur seine körperliche Überlegenheit; zu seinen bevorzugten Waffen zählte die Demütigung.

Sämtliche Geschwister konnten sich daran erinnern, wie Mary

zum erstenmal von einem Freund zu einer Verabredung abgeholt werden sollte. Der junge Mann war kaum in der Wohnung, da trat Porter ins Zimmer. Er peilte die Lage, baute sich vor Mary auf und schlug sie mit dem Handrücken so hart ins Gesicht, daß sie hinfiel. Er schrie, sie sei in Flittchen, und verließ den Raum. Kurz darauf unternahm Mary ihren ersten Selbstmordversuch.

Sobald Mary anfing, mit anderen Männern zu schlafen, hörte Porter auf, sie zu mißbrauchen. Als sie später lesbisch wurde, erlaubte er ihr auszuziehen. Sie zog in die Südstaaten, weit genug weg, um sich zumindest aus ihrer körperlichen Abhängigkeit von ihm zu befreien. Aber an dem Gift, das er ihr eingeflößt hat, leidet sie bis heute.

Eine Zeitlang wurden die Töchter auch von einem Verwandten des Vaters sexuell mißbraucht. Dorothy, Lauries dritte Schwester, setzte dem ein Ende, indem sie ihrem Vater davon erzählte. Porter raste vor Wut und verbot dem Mann das Haus. Er wollte sein Eigentum mit niemandem teilen.

Vielleicht hat Dorothys »Petzen« dazu geführt, daß der Vater sich an ihr nicht vergangen hat. Aber vielleicht hat er auch sie mißbraucht. Sie hat von Anfang an gegen Laurie und für den Vater Partei genommen; daran hat sich bis heute nichts geändert.

Bei meinem dritten Gespräch mit Laurie wurde mir klar, daß das, was sie zu sagen hatte, jedes Protokoll sprengte. Da ich sie nicht wie ein beliebiges Opfer eines Straßenüberfalls auf ihre Aussage vorbereiten konnte, beschloß ich, sie während der Videoaufzeichnung detailliert nach den einzelnen Ereignissen zu fragen, auf die wir die Anklage stützen wollten. Ich wußte, wonach ich fragen mußte. Notizen waren unnötig.

Aber ich brauchte die gerichtliche Erlaubnis, daß Laurie ihre Aussage vor der Anklagejury per Video machen durfte. Ich wollte mich auf den Paragraphen berufen, der besagt, daß bestimmte Vergewaltigungsopfer wegen ihrer Traumatisierung nur per Video gehört werden dürfen. Dieser Paragraph war Teil eines Gesetzes, das die Sonderabteilung bisher selten angewandt hatte. Die Aussagen von Opfern im Kindesalter wurden grundsätzlich auf Video aufgezeichnet, bei Erwachsenen aber war das nur per Gerichtsbeschluß möglich.

Lauries Therapeutin bestätigte den Grad ihrer Traumatisierung in einem Gutachten, das ich dem Antrag beilegte. Dann übergab ich ihn dem Gerichtssekretär zur Weiterleitung an den Richter, genau wie jeden Durchsuchungsbefehl oder Antrag auf gerichtliche Vorladung. Ich sah, wie der Richter meine Mappe mit der erwarteten Routine entgegennahm, sie aufklappte und anfing, darin zu blättern. Dann schlug er noch einmal die erste Seite auf. Er las das Ganze mindestens viermal, bis er achselzuckend zum Federhalter griff und unterschrieb. Für den Richter war der Antrag ungewöhnlich, aber nicht so wichtig. Laurie öffnete er die Türen zu einem neuen Leben.

Nun mußte ich mit Lauries Brüdern sprechen. Taktisch war es am klügsten, William Porter wegen der Morddrohungen gegen seinen Sohn Jonathan anzuklagen. Außerdem hatten beide Brüder mehrere Auseinandersetzungen mit dem Vater gehabt, bei denen er Geständnisse abgelegt hatte. Ich brauchte jemanden, der bereit war, Lauries Aussagen zu bestätigen.

Jonathan und Thomas hatten ihr Trauma so weit überwunden, daß sie ihre früheren Wahrnehmungen reflektieren konnten. Sie schienen momentan am meisten darunter zu leiden, daß sie eigentlich hätten Bescheid wissen müssen. Das Familienleben, das sie schilderten, war so durch und durch inzestuös, daß man sich als Außenstehender kaum vorstellen konnte, wieso sie nichts bemerkt hatten.

Die Brüder waren sehr verschieden. Jonathan introvertiert, todernst, grüblerisch und von geradezu rührendem Mitleid mit seinen Schwestern. Thomas hingegen war ein charmanter, geselliger Bursche, bei dem sich jugendlicher Enthusiasmus mit dem Verantwortungsbewußtsein eines reifen Menschen paarte. Obwohl sie so unterschiedlich waren, deckten sich die Informationen, die sie mir gaben, zum großen Teil. Beide waren davon überzeugt, daß Laurie die Wahrheit sagte. Alles, was ihre Schwester erzählte, stimmte mit ihren eigenen Beobachtungen überein.

Ich fragte Thomas und Jonathan, wie William Porter auf Außenstehende wirke. Die Brüder sagten darauf wortwörtlich dasselbe, was mir Laurie geantwortet hatte. Er gelte als sympathisch, als freundlicher Nachbar, fleißiger Arbeiter und ausgesprochen hilfsbereiter Mensch.

Porter legte Wert darauf, seine Kinder streng zu erziehen. Seine

Söhne mußten höflich und korrekt sein, die Töchter durften nicht fluchen – alle Vergewaltiger verherrlichen Zucht und Ordnung.

Was die Brüder über Mary erzählten, paßte zu dem, was ich von Laurie gehört hatte. Sie sei sehr gefühlsbetont gewesen und habe ständig Ärger gehabt. Die Mutter haßte offenbar alle vier Töchter, am meisten jedoch Mary. (Das konnte ich mir allerdings nur zusammenreimen, denn beide Brüder wollten sich zunächst nicht negativ über ihre Mutter äußern. Das kam erst später, als sich ihr Schock über die Ungeheuerlichkeiten des Vaters gelegt hatte.)

Mary war die einzige, die sich den Eltern offen widersetzt hat. Allen Geschwistern war lebhaft in Erinnerung, wie der Vater sie im Beisein ihres Freundes geschlagen und beschimpft hatte. Damals hatten sie ihren Vater von seiner schlimmsten Seite erlebt, einer Seite, deren Existenz sie bis dahin vor ich selbst und voreinander verleugnet hatten.

Dorothy war anders. Ich hatte den Eindruck, daß sich weder Laurie noch die Brüder ihr Verhalten erklären konnten. Sie taten sich schwer, zu akzeptieren, daß ihre Schwester so auf der Seite des Vaters stand. Dorothy schien die Schuld für den Mordversuch ihres Vaters bei Laurie zu suchen. Sie warf Laurie vor, die Familie zu spalten.

Viel später erfuhr ich von der bereits erwähnten Tante Peggy, daß Dorothy das »abgeschobene« Kind war. Die Eltern hatten sie als kleines Baby zu Tante Peggy gegeben und jahrelang dort gelassen, bis es ihnen irgendwann einfiel, sie wieder zu sich zu nehmen. (Laurie und die anderen Kinder hatten immer Angst davor gehabt, selbst auch »abgeschoben« zu werden.) Als Laurie anfing, öffentlich über ihr Martyrium zu reden, ging Dorothy wenige Wochen vor den Abschlußexamen von der Schwesternschule und ließ sich in eine Nervenklinik einweisen. Das war ihre Methode, mit der Sache fertigzuwerden.

Jonathan, der ältere der beiden Brüder, erinnerte sich deutlicher als Thomas an Florries frühe Kindheit. Florrie war mit normaler Intelligenz zur Welt gekommen, und niemand wußte mehr ganz genau, wann die Schädigung eingesetzt hatte. (Von Peggy erfuhr ich, daß Porter Florrie als ganz kleines Kind regelmäßig so heftig geschüttelt hatte, daß man ihre Zähne aufeinanderschlagen hörte. Heute haben die Psychiater den Begriff »Shaken Baby Syndrom« für diese Art der Mißhandlung, die zu schweren Hirnschäden und nicht selten zum Tod führen kann. Früher gab es zwar den Begriff noch nicht, wohl aber das barbarische Phänomen.)

Den Grad von Florries Entwicklungsrückstand festzustellen war schwierig. Ihre Geschwister schirmten sie so sehr ab, daß ich nicht an sie herankam. Sie arbeitete als Kassiererin in einem Supermarkt und konnte sich allein versorgen. Aus Laurie und ihren Brüdern war nicht mehr herauszuholen, als daß der Kleinen etwas fehle – sie käme nicht richtig klar mit dem Leben.

Laurie, Jonathan und Thomas waren zu sensibel, als daß ich weiter hätte in sie dringen können. Meine Bitte, mich mit Florrie reden zu lassen, beunruhigte sie. Am besten wäre gewesen, William Porter wegen des Inzests mit Laurie *und* Florrie anzuklagen (und Mary, falls der Richter es erlaubte, zu den Vorfällen in Brooklyn aussagen lassen). Der Anklage hätte das sehr geholfen, den Opfern leider nicht.

Nach ihrer Flucht hatte Laurie bei Mary Unterschlupf gefunden und dort tagelang krank im Bett gelegen. Mary war hilfsbereit, liebevoll und mitfühlend. Sie stand voll und ganz hinter ihrer Schwester – bis diese beschloß, nach New York zurückzukehren.

Mary wollte Laurie überreden, bei ihr zu bleiben. Laurie lehnte ab, und das Verhältnis zwischen den Schwestern bekam einen Riß. Als Laurie sich später entschloß, den Vater zu verklagen, weitete sich der Riß zur Kluft. Beim Prozeß konnte Mary eine wichtige Zeugin sein, aber bei der Vorverhandlung vor der Anklagejury konnten wir nicht auf sie zählen.

Blieben also die beiden Brüder und Laurie. Die Brüder brauchte ich als Augenzeugen; sie mußten über Lauries Flucht aussagen, über ihre Verfassung zu der Zeit, und sie mußten Porters Worte wiederholen, zum Beispiel seine Drohung, Jonathan umzubringen. Ich präparierte sie für die Vorverhandlung. Sie hatten ihre eigenen Schwerpunkte.

Als die Söhne sich gegen den Vater auflehnten, versuchte er, sie einzuschüchtern. Mit Gift. Doch nicht mit dem Gift, das er trank, sondern mit dem anderen, mit dem er ihnen das Leben vergiftete. Er sagte ihnen, wenn sie selber Töchter hätten, würden sie das gleiche tun.

Die Gesellschaft weiß sehr wenig über Kindesmißbrauch. Porters

Söhne wußten immerhin so viel, daß sie Angst hatten, die Prophezeiung ihres Vaters könnte sich bewahrheiten, wie etwa bei einer Erbkrankheit. Ich hielt dagegen: wenn es dem Vater tatsächlich gelungen wäre, ihre Seelen zu verderben, dann hätten sie sich ganz gewiß nicht so bedingungslos für Laurie eingesetzt. Das schien sie ein wenig zu trösten und ihnen etwas von ihrer Angst zu nehmen, trotzdem ist keiner von ihnen das Risiko eingegangen, eigene Kinder zu zeugen. Und ihre Frauen haben dafür Verständnis.

Thomas und Jonathan berichteten von weiteren Äußerungen ihres Vaters. Thomas erzählte mir, während des Klinikaufenthalts habe sein Vater sich damit gebrüstet, daß er und Laurie ein »Paar« seien und »es« sogar im Auto täten. Laurie würde ihn nie und nimmer verklagen, hatte er erklärt, dazu sei sie viel zu schwach. Eher würde sie sich umbringen. Er hatte auch von seinen »Fortschritten« in der Therapie gesprochen und gesagt, irgendwann werde er in der Lage sein, seine Töchter nackt zu sehen und sich einfach abzuwenden.

Jonathan gegenüber hatte sich Porter damit gerechtfertigt, daß er und Laurie so sehr zusammengehörten, daß ihre sexuelle Beziehung fast normal sei. Als Jonathan ihn auf das Messer ansprach, behauptete er, das sei eine Ausnahme gewesen; er habe Laurie nicht gezwungen, mit ihm zu schlafen – nicht immer jedenfalls.

Und dann war da noch die bewußte »Äußerung«, die allein schon ausgereicht hätte, um Porter zu verklagen: als Jonathan verhindert hatte, daß sein Vater die Klinik über ein Wochenende verlassen durfte, hatte dieser gedroht, ihn zu töten, und wenn er dafür zwanzig Jahre oder auch den Rest seines Lebens hinter Gittern verbringen müßte.

Ich fragte Jonathan und Thomas nach ihren Erinnerungen an Lauries Kindheit. Ob sie sie irgendwann schreien gehört hätten, wenn sie mit dem Vater in einem anderen Zimmer gewesen sei. Nein, erwiderten sie, so sei das nicht gelaufen. Laurie sei Vaters Liebling gewesen. Sie seien bei Wind und Wetter nach draußen zum Spielen geschickt worden. Laurie blieb drinnen. Der Vater brachte ihr Geschenke mit und sagte den anderen Geschwistern, Laurie habe keine Lust, mit ihnen zu spielen. Danach sei sie dann immer sehr still gewesen, aber Laurie sei sowieso ein stilles Kind gewesen – außer wenn sie einen Wutanfall hatte. Das kam auch vor, aber ihr habe man irgendwie immer alles durchgehen lassen.

Schon als Laurie noch ein Kind war, behandelte Porter sie weniger wie eine Tochter als vielmehr wie eine Ehefrau. Die anderen Geschwister dachten sich damals nichts dabei. Für sie war das ganz normal. Die Mutter war selten daheim. Sie fuhr oft zu Bekannten. Wenn sie weg war, bereitete Laurie dem Vater das Essen zu und war auch seine Gesprächspartnerin.

Beide Brüder ließen sich nur schwer dazu bewegen, detailliert über ihre eigene Kindheit zu sprechen. Theoretisch war ihnen klar, daß ihr Vater etwas Furchtbares getan hatte, trotzdem bereitete es ihnen große Mühe, die Fakten zu akzeptieren. Als ich Jonathan nach dem Keller des Hauses in Brooklyn fragte, deckte sich seine Schilderung in vielem mit der von Laurie. Er schien regelrecht erleichtert, über konkrete Details wie die Ausstattung bestimmter Räume zu sprechen. Doch plötzlich unterbrach er sich und fragte, warum ich das wissen wolle, um sich die Frage gleich darauf selber zu beantworten. Er sagte: »Sie glauben doch nicht etwa . . .? Mein Gott!«

Inzwischen hatte ich genügend Beweismaterial zusammengetragen, und es bestand Grund zur Eile. Wir setzten den Termin für die Videoaufzeichnung von Lauries Aussage fest; die beiden Brüder sollten am Tag darauf persönlich aussagen.

An einem strahlenden Sommertag machten wir die Aufzeichnung. Laurie sprach mit Grabesstimme. Was sie zu sagen hatte, paßte so gar nicht zu der heiteren Atmosphäre um uns herum. Ich hörte zu, und wenn sie den Faden verlor oder aus der Fassung geriet, half ich ihr mit Zwischenfragen weiter. Ich saß in einem Sessel, den ich vor die Verbindungstür zwischen Büro und Vorzimmer geschoben hatte. Draußen klingelte leise das Telefon – auf meiner Privatnummer. Sicher eine Freundin, dachte ich. Es gibt also noch etwas jenseits dieses Zimmers, etwas, das nichts mit Schmerz und Mut zu tun hat.

Mehr und mehr schien Laurie gar nicht bei mir in diesem Zimmer zu sein; sie war wieder im Keller – war wieder das neunjährige Mädchen, das vor Angst zitterte. Sie lag wieder im Bett, sah das Messer in der Hand ihres Vaters und durchlebte noch einmal die Vergewaltigung.

Ich stellte ihr nur Fragen. Ich hatte eine Liste von Daten, die wir durchgehen mußten. Dann sollte es vorbei sein. Ein für allemal vorbei, das hatte ich mir geschworen.

Wir zeichneten eine volle Neunzig-Minuten-Kassette auf. Normalerweise dauern die Aussagen von Opfern vor der Anklagejury zwischen fünf und zwanzig Minuten.

Für den Prozeß brauchte Laurie ihre ganze Kraft. Die wenigsten Menschen wissen, was es heißt, ein Trauma in der Erinnerung nochmals zu durchleben. Geschworene wollen, daß ein Vergewaltigungsopfer Gefühle zeigt; sie vergessen, daß es für das Opfer viel schwerer ist, seine Emotionen zur Schau zu stellen, als die Ereignisse sachlich zu schildern. Daß ein Vergewaltiger abgestumpft ist, versteht jeder. Den Opfern aber nimmt man es übel, wenn sie in einem Zustand der Betäubung sind.

Ich habe einmal in einem Artikel gelesen, daß eine Geschworenenjury in Dallas im Prozeß gegen einen Vergewaltiger als Verdikt »lebenslänglich« verkündet hat. Die Geschworenen sprachen von ihrer Wut auf den Täter und ihrer Empörung über die Tat. Dabei hatte der Fall etliche Aspekte, die für Geschworene in der Regel problematisch sind. So war beispielsweise der Tatort die Wohnung des Täters, und das Opfer, das eine Verabredung mit dem Täter gehabt hatte, war freiwillig mit ihm dorthin gegangen – alles Dinge, die für die Jury eigentlich belanglos sein sollten, es aber häufig nicht sind. Dieser Vergewaltiger hatte die Vergewaltigung jedoch auf Video aufgezeichnet. Die Geschworenen konnten die Tat also sehen. So sahen sie mit eigenen Augen, wie widerlich es ist, wenn ein Mensch einen anderen eiskalt und mit Gewalt demütigt, ihm seinen sexuellen Willen aufzwingt. Diese Erfahrung beseitigte alle Fragen und Zweifel. Eine Vergewaltigung hat nichts Erotisches an sich.

Vielleicht würde man den Opfern eher glauben, wenn auch sie ihre Videos hätten.

Nun gut, wenn ein Video half, dann würden Laurie und ich eben eins aufzeichnen.

Am Wochenende davor war ich im Norden gewesen, wo ich einen schönen Stein mit granatroten Adern gefunden hatte. Schon lange hatte ich darüber nachgedacht, wie ich für Laurie ein kleines Wunder geschehen lassen konnte, und als ich diesen Kristall sah, wußte ich, das war es. Ich glaube nicht, daß Kristalle irgendwelche magischen Kräfte besitzen. Aber ich glaube daran, daß der Mensch etwas braucht, woran er sich festhalten kann.

Wie Laurie auf den Stein reagierte, überraschte mich. Ich hatte schon öfter mit Kristallen gearbeitet, besonders bei Kindern. In der Sonderabteilung steckten wir den Kindern oft einen Stein in die Tasche, damit sie während ihrer Aussage etwas hatten, woran sie sich festhalten konnten, wenn sie aufgeregt waren. Dazu sagten wir ihnen, daß dieser Stein auch schon anderen Kindern geholfen habe.

Ich schenkte Laurie den Kristall und sagte, dieser Stein solle ihr durchhalten helfen. »Das sind Sie. Dieser Stein symbolisiert Ihre Kraft. Er hat zarte Farben, und er ist schön, und er hat genau die Härte, die nötig ist, um durchzuhalten.« Ich weiß nicht, ob diese Worte sie erreicht haben. Sie bedankte sich, weil ich auf meinem Ausflug an sie gedacht hatte.

Als wir dann mit der Aufzeichnung begannen, tat Laurie etwas, was ich noch nie vorher bei einer Zeugin erlebt hatte. Die anderen hielten ihre Steine einfach fest, Laurie aber rollte den Kristall zunächst gedankenlos zwischen den Händen hin und her und begann dann, ihn in einem regelmäßigen Rhythmus hochzuwerfen und wieder aufzufangen, ohne ihn ein einziges Mal fallenzulassen. Das beunruhigte mich. Ich hatte Angst, daß sie, wenn der Stein ihr doch aus der Hand fiel und zerbrach, völlig aus dem Konzept kommen könnte. Zugleich aber wurde mir ganz warm ums Herz, als ich sah, wie sie ihre Kraft in die Luft warf, wie sie diese Kraft offen zeigte, so daß alle sie sehen konnten und gleichzeitig das Schwerste hinter sich brachte, was ihr je abverlangt worden war. Toll, wie du das machst, Laurie, dachte ich. Du kannst es schaffen!

Als Lauries Brüder am nächsten Tag ins Büro kamen, waren sie rührend aufgeregt. Ihr Schritt war tapfer und bewundernswürdig. Sie wollten gegen den Menschen aussagen, den sie am meisten fürchteten – den eigenen Vater –, denn sie hatten erkannt, daß das richtig war. Laurie und ihre Brüder können sehr lebendig erzählen. Wenn sie einen Vorfall schildern, wiederholen sie wortwörtlich, was die einzelnen Beteiligten gesagt haben. Genau das sollten Jonathan und Thomas vor der Anklagejury tun.

Die Jury erhob Anklage.

Als die Polizeibeamten mit dem Haftbefehl in die Klinik kamen, lasen sie Porter seine Rechte vor und protokollierten seine Aussage. Er blieb bei dem, was er die ganze Zeit behauptet hatte: daß er mit seiner Tochter ein Verhältnis gehabt habe. Gewalt sei nicht im Spiel gewesen. Als Laurie klein war, sei das vielleicht Kindesmißbrauch gewesen, aber jetzt sei es keine Straftat mehr. Sie hätten es beide gewollt. Auch auf den Vorwurf des Inzests hatte er eine Antwort parat: Laurie sei gar nicht seine Tochter, sie stamme aus einer außerehelichen Beziehung seiner Frau, außer ihm wisse das aber niemand.

Was gerade diese letzte Lüge für Laurie bedeutete, kümmerte Porter nicht. Alles in allem mag es eine vergleichsweise kleine Lüge sein, aber sie war gleichsam die Quintessenz seiner Lebensphilosophie: Egal, was ich sage, egal, was ich tue, Hauptsache, es nützt mir. Und wenn dabei jemand zu Schaden kommt, ist das nicht mein Problem.

Bei der Anklageerhebung war kein Rechtsanwalt bereit, Porters Verteidigung zu übernehmen. Meiner Meinung nach hat die Rechtshilfevereinigung den Fall wegen des Charakters der Anklagen abgeschmettert: Es scheint also doch Verbrechen zu geben, vor denen sogar diese Organisation (die es sonst mit Recht und Unrecht wahrlich nicht so genau nimmt und nie um eine theoretische Begründung ihrer gesetzwidrigen Handlungen verlegen ist) eine gewisse Scheu hat. Sie verlangte die Einsetzung eines vom Gericht bestimmten Pflichtverteidigers, aber auch von den dafür in Frage kommenden Anwälten wollte sich keiner an den Fall wagen. Es dauerte drei Tage, bis ein Verteidiger einwilligte, die Sache zu übernehmen.

Dieser Verteidiger entschloß sich, auf ein psychiatrisches Gutachten für Porter zu verzichten. Meine Voraussage erwies sich also als falsch.

Als eine Kaution festgesetzt wurde, bekamen Laurie und ihre Brüder es mit der Angst zu tun. Schließlich hatte ich ihnen gesagt, das Verfahren würde wahrscheinlich um einen Monat vertagt, bis die psychiatrischen Untersuchungen abgeschlossen wären. Die Sache mit der Kaution war in der Tat besorgniserregend, obgleich die Kautionssumme für einen Angeklagten, der in der Öffentlichkeit keinen Namen hatte, und eine Anklage, die nicht auf Mord lautete, außerordentlich hoch ausfiel.

Da Porter sich von seinen Kindern regelmäßig Geld lieh, waren sie über seine finanziellen Verhältnisse ziemlich gut im Bilde und konnten sich an fünf Fingern ausrechnen, daß er einen solchen Betrag nie und nimmer aufbringen würde. Aber irgendwie glaubten sie immer noch an seine Allmacht und waren überzeugt, nicht gegen ihn anzukommen. Sie mußten sich erst daran gewöhnen, ihn als Angeklagten zu sehen, als einen kleinen, schwachen Menschen, der die mächtige Justiz gegen sich hatte.

Dafür, daß Porter die Kautionssumme niemals aufbringen könnte, gab es genug Garantien. Zum ersten waren die Brüder die Finanzverwalter der Familie. Porter hatte sein Gehalt, mehr nicht. Außerdem war er seit Wochen beurlaubt und hatte nicht einmal dieses Gehalt ausgezahlt bekommen. Blieb noch die Rentenversicherung, doch der Verteidiger, der gern selbst Kapital aus dem Fall schlagen wollte, sorgte dafür, daß diese nicht beliehen werden konnte.

Übrigens bewilligte der Richter meinen Antrag, die Kautionsfähigkeit des Angeklagten feststellen zu lassen. Das wird normalerweise nur bei Tätern aus dem Umkreis des organisierten Verbrechens getan und heißt: jemand, der eine Kaution stellen will, muß nachweisen, daß das Geld legal ist, ihm gehört und nicht aus einer Straftat stammt. Nicht, daß ich meinte, Porter habe Verbindungen zu organisierten Verbrechen – jedenfalls nicht in dem Sinne, in dem dieser Begriff gemeinhin verstanden wird. Pädophile haben zwar in der Regel ein starkes Zusammengehörigkeitsgefühl, aber Leute, die ihre eigenen Kinder sexuell mißbrauchen, zählen nicht zu den Pädophilen. Porter machte keine Polaroidfotos – er wollte sein »Eigentum« nicht mit anderen »teilen«. Mit der Feststellung seiner Kautionsfähigkeit wollte ich lediglich erreichen, daß das Gericht mir Bescheid gab, falls man Porter freiließ.

Die Akte des Angeklagten trug den Vermerk, daß ich informiert werden sollte, wenn jemand die Kaution für Porter stellte. Darunter standen die Nummer meines Dienstanschlusses und die meines Piepers. Es war also dafür gesorgt, daß ich sofort unterrichtet würde, wenn es Porter trotz allem irgendwie gelang, durch die Maschen zu schlüpfen. Ich war jederzeit erreichbar, sogar nachts. Wenn dem Strafvollzug mitgeteilt ist, daß ein bestimmter Häftling eine Gefahr für die Öffentlichkeit darstellt, und die Vollzugsanstalt ihn dennoch entläßt, kann sie notfalls strafrechtlich belangt werden. Und wenn die Vollzugsbeamten ihre Aufsichtspflicht vernachlässigen, können sie persönlich haftbar gemacht werden.

Der Vollzug sicherte mir zu, mich sofort zu informieren, wenn

Porter Besuch bekam. Das hatte ich allerdings einem wohlwollenden Vollzugsbeamten zu verdanken, der fürchtete, es könne Tote geben. Er und ich waren der Meinung, daß Porter, solange er keinen Besuch erhielt, wohl kaum Gelegenheit hätte, jemanden zu überreden, eine so hohe Kaution für ihn zu stellen.

Doch Laurie und ihre Brüder bangten trotzdem um ihre Sicherheit. Es war Zeit für einen neuen Plan.

Nach der Anklageerhebung sprachen Laurie und ich lange darüber, wie wir weiter vorgehen wollten. Bei ihrem ersten Besuch, hatte ich ihr gesagt, sie könne jederzeit aufgeben, wenn sie das Gefühl habe, daß ihr die Sache über den Kopf wachse. Was passieren konnte, wenn sie *jetzt* die Flinte ins Korn warf, brauchte ich ihr nicht zu erklären. Es konnte für sie den Tod bedeuten.

Ich war entschlossen, alle Hebel in Bewegung zu setzen, damit William Porter verurteilt wurde und für den Rest seines Lebens hinter Gitter kam. Porter war über fünfzig; wenn er eine Strafe zwischen fünfundzwanzig und fünfzig Jahren erhielt, bestand die Chance, daß er im Gefängnis starb. Aber das sagte ich Laurie nicht. Ich erklärte ihr, welche Möglichkeiten in Betracht kamen. Wir konnten zum Beispiel weiterhin eine Strafe auf Bewährung und die Zwangseinweisung in die geschlossene Psychiatrie anstreben.

Oder wir konnten es zum Prozeß kommen lassen. Wenn Porter verurteilt wurde, waren fünfundzwanzig bis fünfzig Jahre die Höchststrafe. Aber würde er die auch kriegen? Selbst in einem Geschworenenprozeß stand es dem Richter frei, ihn nur zu zwei bis sechs Jahren zu verurteilen. Außerdem mußte man immer damit rechnen, daß die Geschworenen ihn nicht schuldig sprachen.

Die dritte Möglichkeit war, auf den Prozeß zu verzichten und sich auf einen sogenannten Deal zu einigen, eine Absprache über das Strafmaß zwischen Anklage, Verteidigung und Richter. Voraussetzung dafür ist allerdings, daß der Angeklagte bereit ist, ein Schuldbekenntnis abzulegen.

Gemeinhin gelten solche Deals als anrüchig, weil ungerecht sowohl den Opfern als auch den Tätern gegenüber. Das hängt vermutlich mit der gängigen Praxis zusammen. Staatsanwälte können sehr viele Gründe haben, einen Deal anzubieten. Sehr oft sind diese Gründe falsch, und der Deal wird nur ausgehandelt, um eine möglichst hohe

Verurteilungsquote zu erreichen. Ich habe Staatsanwälte erlebt, die unter dem Vorwand, den Opfern die Zeugenaussagen ersparen zu wollen, einen Deal anboten und sich damit durchsetzen konnten, obwohl die Opfer im Gerichtssaal saßen und dagegen protestiert haben. Von ihren Einwänden wurde einfach keine Notiz genommen.

Das Strafrecht, das ein Verbrechen definiert, fordert regelrecht dazu heraus, die Opfer zu täuschen, weil es dem Ankläger die Möglichkeit offenhält, auf Begriffe wie »sexuelle Belästigung« auszuweichen. Das hat zur Folge, daß Vergewaltigungen als eine Art schlechtes Benehmen angesehen – und mit einer Höchststrafe von zwölf Monaten statt fünfundzwanzig Jahren geahndet werden. Noch größerer Mißbrauch wird mit dem Inzestbegriff getrieben, der in der Skala der Verbrechen auf der alleruntersten Stufe rangiert, d. h. automatisch, daß eine Bewährungsstrafe verhängt werden kann. Verteidiger haben ihre eigenen Gründe, die Interessen ihrer Mandanten zu verraten. Weil diese Deals so oft aus fragwürdigen Motiven ausgehandelt werden, kann sich ein Bürger, dessen Klage im Wege einer solchen Absprache entschieden wird, nie sicher sein, ob sein Fall wirklich gerecht behandelt worden ist.

Mich stößt an diesen Deals noch etwas anderes ab. Diese Verhandlungen sind in der Regel der reinste Kuhhandel. Die Anwälte jammern: »Wieso kann ich diesen Deal nicht kriegen?« oder »Seid doch mal vernünftig, ich habe schon so viele Fälle, bei denen ich nicht um einen Prozeß herumkomme.« Sie werden persönlich, oft sogar sexistisch: »Wie kann eine so hübsche Frau nur so hart sein?« Sie manipulieren, sie lügen und betrügen, um den Richter dazu zu bringen, daß er ihre Partei ergreift. Bei den Verhandlungen geht es zu wie bei einer Auktion:

»Ich will vier bis zwölf.«

»Er kriegt zwei bis sechs.«

»Wenn Sie mir entgegenkommen, gehe ich runter auf drei bis neun.«

»Nicht? Na, dann eben fünf bis fünfzehn.«

Die Verteidiger versuchen immer, ein bißchen mehr herauszuholen als beim vorigen Fall: »Letztesmal haben Sie mir dasselbe angeboten, und da hab' ich gesagt, ich nehme die drei bis neun, aber diesmal kommt mir das doch etwas hoch vor.«

Es gibt sogar stillschweigende Regelungen darüber, was ein Fall »wert« ist. Die Zahlen sind von Bezirk zu Bezirk verschieden, aber die Kriterien (Beweislage, Wahrscheinlichkeit einer Verurteilung, voraussichtliches Strafmaß) sind meist dieselben. Auf diese Weise kommen gesellschaftliche Vorurteile nicht nur in einem einzelnen Prozeß zum Tragen, sondern im gesamten System der Rechtssprechung.

Wenn ein Deal ausgehandelt wird, dann wird wirklich gepokert. Dabei verliert man sehr leicht den Fall aus den Augen, das Feilschen wird zum Selbstzweck. Jede Seite schlägt das Beste für sich heraus, und Begriffe wie Gerechtigkeit und Anstand geraten darüber in Vergessenheit. Für Verteidiger gibt es zumindest ein kleines Regulativ: sie müssen ihrem Mandanten den Deal verkaufen. Für die Ankläger, die eigentlich »Diener des Volkes« sein sollten, gelten keinerlei Einschränkungen außer der, daß sie ihre Deals mitunter den Medien verkaufen müssen.

Trotz aller Schwächen bietet diese Praxis den Opfern ein paar klare Vorteile. Der greifbarste ist, daß das Opfer nicht bei einem Prozeß aussagen muß. Außerdem ist ein Deal ein sicheres Ergebnis; bei einem Prozeß dagegen ist der Ausgang offen. Wenn der Angeklagte ein Schuldbekenntnis ablegt, kann er zumindest nicht freigesprochen werden. Und es besteht nicht die Gefahr, daß der Richter ihm eine unverhältnismäßig niedrige Strafe gibt.

Schließt der Deal den Verzicht auf Berufung ein, dann ist der Fall ein für allemal abgeschlossen. Wird ein Angeklagter in einem Prozeß verurteilt, kann er sich immer noch an die nächsthöhere Instanz wenden und Berufung einlegen, um entweder eine Rücknahme des Urteils oder eine Wiederaufnahme des Verfahrens zu erreichen. Solche Berufungsverfahren haben mitunter Erfolg. Ein Prozeß garantiert dem Opfer also nicht, daß der Fall ad acta gelegt ist, ein Deal dagegen schon.

Wenn bei einem Deal alles mit rechten Dingen zugeht, kann er sich also durchaus lohnen. Das sagte ich Laurie auch. Wir hatten die Chance, auf diese Weise ein Urteil auszuhandeln, das uns zufriedenstellte. Wir konnten ein bestimmtes Angebot machen und von vornherein klarstellen, daß wir nicht bereit waren, uns weiter runterhandeln zu lassen. Gleichzeitig konnten wir unsere Prozeßvorbereitungen fortsetzen. Wir wollten uns auf keinen Kuhhandel einlassen und keinen Zipfel von unserer Würde hergeben, um einen Deal zu bekommen. Ich erklärte Laurie, daß wir bei einem solchen Vorgehen nicht verlieren konnten. Das leuchtete ihr ein. Entweder kriegten wir den Deal, den wir wollten, oder wir ließen es auf einen Prozeß ankommen.

Das Angebot, auf das ich mich mit Laurie einigte, war ein Strafmaß zwischen sechs und achtzehn Jahren. Acht Jahre und vier Monate bis fünfundzwanzig Jahre waren die Höchststrafe, mit der Porter zu rechnen hatte, falls wir nicht an einen Richter gerieten, der bereit war, ihn für die verschiedenen an Laurie begangenen Taten konsekutiv zu verurteilen. (Konsekutiv bedeutet, daß der Verurteilte mehrere Freiheitsstrafen nacheinander absitzen muß; in diesem Falle besteht die Hoffnung, daß der Angeklagte weit mehr als die Höchststrafe bekommt.) Wir wollten uns unter keinen Umständen mit einem Urteil unter fünf bis fünfzehn Jahren zufriedengeben. Bei sechs bis achtzehn hätte Laurie die Gewähr gehabt, daß ihr sechs Jahre Zeit blieben (so lange würde es dauern, bis Porter einen Bewährungsantrag stellen konnte), um ihr Leben neu zu organisieren und sich vor der Rache ihres Vater in Sicherheit zu bringen.

Nachdem wir uns darüber geeinigt hatten, bat ich Laurie, noch eine weitere Entscheidung zu fällen, vor die ich alle Opfer stellte. Sie sollte mir sagen, ob sie über die Verhandlungen im einzelnen informiert werden wolle oder nur über die wesentlichen Punkte. Sie entschied sich für das letztere.

Bei der ersten Vorbesprechung im Gericht unterbreitete ich dem Verteidiger unser Dealangebot. Zu diesem Zeitpunkt setzte ich noch keine Frist, kündigte aber an, daß wir bei unserer Position bleiben und uns unter keinen Umständen weiter runterhandeln lassen würden. (Die meisten Ankläger erklären das, aber die Richter und die Pflichtverteidiger wissen ziemlich schnell, welche Staatsanwälte zu ihrem Wort stehen und welche nicht.)

Der Verteidiger fand unser Angebot zu hoch. Vielleicht war er auch der Meinung, er habe noch nicht genug abrechenbare Arbeitsstunden beisammen, um in diesem frühen Stadium bereits einem Deal zuzustimmen. Da er vom Gericht eingesetzt war, richtete sich sein Honorar strikt nach der Anzahl der auf den Fall verwendeten

Stunden. Er hatte darum gebeten, daß ein bestimmter Richter die Verhandlung führen sollte, der dafür bekannt war, daß er sämtliche Rechnungen abzeichnete, die die Anwälte ihm vorlegten.

Im einer weiteren Vorverhandlung ging es um die Gerichtsverwendbarkeit der Aussagen, die Porter bei seiner Verhaftung gemacht hatte. Da er unter anderem behauptet hatte, Laurie sei nicht seine Tochter, wollte ich diesen Punkt vor dem Prozeß klären lassen. Lauries Mutter (die zunächst gedroht hatte, wegen der Behauptung, eine außereheliche Beziehung gehabt zu haben, eine Beleidigungsklage gegen ihren Mann anzustrengen) »gestand« schließlich und bestätigte, daß Laurie nicht die Tochter von William Porter sei. Ich nahm ihr das nicht ab, vermutete aber, daß eine Geschworenenjury sich von solch einem Manöver in die Irre führen lassen würde und wollte bei dem Prozeß absolut klare Verhältnisse haben.

Mit Lauries Erlaubnis beantragte ich eine Blutuntersuchung zur Feststellung der Vaterschaft. Der Verteidiger, der anfangs mit dem Bluttest einverstanden gewesen war, fing plötzlich an zu mauern. Zeit zu schinden und so ihre Honorare in die Höhe zu treiben ist eine beliebte Taktik von Rechtsanwälten. Sie begründen diese Verzögerungstaktik freilich damit, daß sie der Staatsanwaltschaft Knüppel zwischen die Beine werfen wollen. Verteidiger, die solche Platitüden zur Religion erheben, vergessen allerdings leicht, daß diese Strategie auch ins Auge gehen kann. Manche Opfer, besonders Kinder, werden, sowie sie aus der Mißbrauchssituation befreit sind, täglich stärker. Porters Pflichtverteidiger kam überhaupt nicht in den Sinn, daß Lauries innere Bereitschaft, ihren Vater zu verklagen, wachsen könnte. Er ließ sich Zeit.

Als wir für mein Gefühl lange genug gewartet hatten, füllte ich auf eigene Faust die Antragsformulare aus, beantragte das normale Vaterschaftsgutachten, den sogenannten HLA-Test und dazu eine DNS-Analyse, wie sie neuerdings angewandt wird, um das genetische Material zu vergleichen.

Die Sonderabteilung hatte eine Vorreiterrolle gespielt bei der Einführung der DNS-Analyse als Beweismittel bei Prozessen gegen Sexualstraftäter, doch inzwischen waren im Zusammenhang mit dieser Methode so viele Fragen aufgetaucht, daß ich mehr Information brauchte. Die Vaterschaft läßt sich sehr viel einfacher und mit sehr viel größerer Sicherheit feststellen als die Identität eines Vergewaltigers; Lauries Fall eignete sich hervorragend für ein Experiment. Hinzu kam, daß die HLA-Resultate von jedem Gericht im Staat New York anerkannt werden. Ich war mir zwar ziemlich sicher, daß bei beiden Untersuchungen dasselbe herauskommen würde, doch falls nicht, dann hätte ich zumindest etwas über den DNS-Test gelernt, ohne Lauries Interessen zu schaden. Und wenn nötig, konnte ich beweisen, daß der HLA-Test akzeptierter war als die DNS-Analyse.

Der Verteidiger wollte mir das Leben schwermachen und bestand darauf, selbst eine DNS-Analyse von einem unabhängigen Labor vornehmen zu lassen. Er kriegte seinen Willen und ich auf diese Weise gleich zwei DNS-Tests.

Als Laurie für das Vaterschaftsgutachten Blut abgenommen werden sollte, hatte sich ihre psychische Verfassung deutlich stabilisiert, und sie war entschlossener denn je, ihren Vater vor Gericht zu bringen. Das Labor, in dem die Blutentnahme erfolgte, tat sein Bestes, um diesen Erfolg zunichte zu machen.

Dieses Labor lag in Brooklyn. Die Blutproben der drei Probanden (Laurie und ihre biologischen Eltern) mußten vom selben Tag stammen. Es war kein Problem, die Termine so zu organisieren, daß William Porter am Nachmittag unter Bewachung vom Gefängnis ins Labor gebracht wurde. Die Beamten waren bereit, den Häftling erst ins Labor zu bringen, wenn ich ihnen telefonisch Bescheid gegeben hatte, daß Laurie in Sicherheit war.

Ebenso unproblematisch war es, für Laurie an dem bewußten Tag den frühestmöglichen Termin zu bekommen. Die Mutter mußte vormittags dazwischengeschoben werden, was schon etwas komplizierter war, sich aber regeln ließ, so daß zwischen den beiden Terminen ein paar Stunden lagen. Doch dann verzögerte sich der Arbeitsbeginn im Labor. Laurie wurde nervös und bekam Angst, daß unser Zeitplan nicht klappen könnte. Sie versuchte sich bei der Sekretärin des Labors rückzuversichern, die von der Bezirksstaatsanwaltschaft informiert worden war, daß die drei Probanden sich unter keinen Umständen begegnen durften. Sie hatte jedoch eigene Pläne. Die beiden Frauen kamen ins Gespräch, und die Sekretärin erzählte Laurie von einer »Freundin«, die sich mit ihrer Mutter zerstritten habe; Mutter und Tochter hätten jahrelang nicht miteinander geredet, nun sei die Mutter plötzlich gestorben, und die Freundin der Sekretärin käme einfach nicht darüber hinweg, daß sie sich nicht mehr mit ihrer Mutter versöhnen konnte. Laurie war erschüttert.

Trotzdem ließ sie die Blutentnahme über sich ergehen. Das war typisch Laurie. Selbst bei größter innerer Verunsicherung funktionierte sie scheinbar normal, so daß man sich leicht über ihre tatsächliche Verfassung täuschen konnte.

Nach dem Labortermin wanderte sie stundenlang ziellos durch Brooklyn. Schließlich ging sie in eine Kirche, setzte sich auf eine der hinteren Bänke und weinte sich aus. Sie betete, Gott möge ihr einen Grund geben, weiterzuleben. Ihr neuerwachtes Selbstvertrauen war noch keineswegs gefestigt.

Menschen haben eine bestimmte Idealvorstellung davon, wie eine Familie zu sein hat. Das macht es Opfern wie Laurie schwer, sich zu befreien. Und wenn sie trotzdem die Kraft finden, sich zu retten, wenn sie gerade anfangen wollen, ihr Leben selbst in die Hand zu nehmen, dann kommen Leute wie diese Laborsekretärin und machen ihnen ein schlechtes Gewissen. Ist es da ein Wunder, daß Laurie sich bis über ihr dreißigstes Lebensjahr hinaus von ihrem Vater mißbrauchen ließ?

Als sie vor den sexuellen Übergriffen und dem Messer des Vaters davongelaufen war, hatte sie mit diesem Riesenschritt einen elementaren Lebenswillen gezeigt. Danach aber mußte sie von ihren seelischen Reserven zehren.

Ich weiß noch, wie Laurie mich einmal anrief, als sie gerade eine besonders schlimme Phase hinter sich hatte und sagte, sie habe einen vollen Tag lang um Seelenfrieden gebetet. Depressionen, Gewissensqualen und Ängste schnürten ihr regelrecht die Kehle zu. Nun, da sie es geschafft hatte, auszubrechen, stürmte der ganze Schmerz auf sie ein, den sie vorher verdrängt hatte. Es fehlte nicht viel, und sie wäre vollends zusammengebrochen.

Laurie war das personifizierte schlechte Gewissen: es tat ihr leid, daß sie so vielen Leuten Umstände machte. Sogar daß ihr Vater so in der Klemme saß, tat ihr leid. Sie erzählte mir, sie müsse immer daran denken, wie er jetzt mit seinem furchtbaren Asthma in einer kalten, feuchten Zelle säße. Ich hörte ihr zu. Ich versuchte nicht, ihr ihre Gefühle auszureden; ich überlegte, welche Möglichkeiten sie hatte.

Ich hatte von Anfang an gewußt, daß Laurie mir vertrauen mußte. Aber ich hatte nicht geahnt, wieviel für sie davon abhing und was passieren konnte, wenn sie dieses Vertrauen verlor.

Die Auswertung der Blutproben dauerte mehrere Monate, und in dieser Zeit bewegte sich wenig in unserem Fall, abgesehen von Formalitäten, wie zum Beispiel der Vorbesprechung für den Prozeß. Die Verteidigung wollte auf die Klage offenbar mit dem Argument reagieren, daß der Angeklagte nicht der Vater der Klägerin sei. Ich ging davon aus, daß die Blutproben Porter Lügen strafen würden, aber darauf kam es gar nicht an – die Anklagepunkte Kindesmißbrauch und Vergewaltigung blieben auch dann bestehen, wenn er nicht blutsverwandt mit Laurie war.

Daß Porter die Vaterschaft bestritt, hatte Laurie zunächst empört. Doch als ihre Mutter »zugab«, ein außereheliches Verhältnis gehabt zu haben, begann sie zu zweifeln. Vielleicht brauchte sie diese Zweifel. Eine Psychotherapeutin, die ein Opfer von Kindesmißbrauch behandelte, schilderte einmal die Erinnerungen ihrer Klientin so: »Nachts habe ich im Bett gelegen und gebetet, daß ich erfahre: Er ist nicht mein richtiger Vater.«

Die Tests erbrachten eindeutig, daß William Porter Lauries biologischer Vater war. Aber es galt noch eine letzte Hürde zu nehmen, auf die Laurie und ich nicht vorbereitet waren und die das empfindliche Gleichgewicht zwischen uns beiden beinahe zerstört hätte.

Als die Befunde kamen, verhandelten der Verteidiger und ich zum erstenmal ernsthaft mit dem Richter über einen Deal. Ich wiederholte unser Angebot: Straftat Kategorie B (alle Anklagepunkte); gesteht der Angeklagte die Vergewaltigung, dann Freiheitsstrafe zwischen sechs und achtzehn Jahren. Das war unser letztes Wort.

Sein Mandant bestreite die Vergewaltigung, kreischte der Verteidiger. Er gebe nur den Inzest zu. Wie großzügig von ihm! Den Inzest hat Porter in seinem Geständnis und in all seinen weiteren Erklärungen eingeräumt. Der Richter wies darauf hin, daß die Anklageschrift drei Inzestklagen enthielt. Selbst wenn die Geschworenen im Punkt Vergewaltigung auf »nicht schuldig« befanden, konnte er für jede Inzestklage zwischen zwei und sechs Jahren verhängen, was zusammen ebenfalls auf sechs bis achtzehn Jahre hinauslief. Der

Verteidiger hielt fünf bis fünfzehn dagegen. Dazu könne er seinen Mandanten überreden, meinte er.

Ich sagte: »Nein. Wir sind hier nicht auf dem Viehmarkt.«

Wir legten den Termin für den Prozeßbeginn fest. Ich wollte bis nach den Feiertagen warten. (Manche Geschworene sind um Weihnachten allzu großzügig mit Freisprüchen, deshalb versuchen wir Staatsanwälte immer, Termine nach Weihnachten zu bekommen.) Danach rief ich Laurie an und erklärte ihr, was ein fester Prozeßtermin bedeutete, nämlich daß die Verurteilung zwar mehr als wahrscheinlich, aber nicht hundertprozentig sicher war.

Sie fragte nach dem Deal. Ich erzählte ihr nur, daß Porter auf sechs bis achtzehn Jahre nicht eingehen wollte. Die Einzelheiten ließ ich weg, da sie ja gesagt hatte, sie wollte nur über die wichtigsten Punkte informiert werden.

Mir war nicht wohl dabei, ich hätte ihr lieber alles ausführlich berichtet, aber ich hatte einfach Angst, sie könnte den Mut verlieren. Sie sah nicht ein, daß wir fünf bis fünfzehn Jahre nicht akzeptieren konnten, weil der Verteidiger dann behauptet hätte, sein Mandant ließe sich nur zu zwei bis sechs überreden, so daß es am Ende auf drei Jahre, drei Monate bis zehn Jahre hinausgelaufen wäre – das war zu riskant.

Vielleicht hätte ich ihr trotz unserer Vereinbarung alles erzählen sollen. Vielleicht hätte ich wissen müssen, wie unrealistisch es war, ihr diese Unwägbarkeiten ersparen zu wollen. Eins ist aus heutiger Sicht jedenfalls klar: Was ich ihr gesagt hatte, funktionierte nicht.

Laurie und ich hatten inzwischen oft genug miteinander geredet, und ich dachte, ihr sei klar, daß ich ihr diesmal nicht alles sagte. Von den bisherigen Gerichtsterminen hatte ich ihr viel ausführlicher berichtet. Das Ergebnis dieser Sitzung faßte ich in wenigen Worten zusammen. Sie überlegte offenbar, ob sie nachfragen sollte, ließ es dann aber sein.

Ein paar Tage später rief Laurie mich an; sie schien sehr verstört. Ihre Stimme verriet mir: sie glaubte nicht, daß ich an dem, was nicht in Ordnung war, etwas ändern könnte, aber sie mußte einfach nachfragen. Sie sprach es nicht aus, sagte nur, es gehe ihr nicht gut. Das war schon des öfteren vorgekommen, aber diesmal klang es anders. Endlich erzählte sie, was passiert war. Ihr Vater hatte Jonathan angerufen und gesagt, er wolle Nägel mit Köpfen machen und sich schuldig bekennen. Er sei bereit, eine Freiheitsstrafe von zehn Jahren zu akzeptieren. Aber ich hätte abgelehnt. Mir ginge es bloß darum, daß Porter verurteilt werde. Jonathan und Laurie seien mir vollkommen egal. Porter wolle doch nur das Beste für seine Kinder und sei von einer gnadenlosen, ehrgeizigen Staatsanwältin daran gehindert worden. Deshalb müßte es jetzt zum Prozeß kommen, und das würde die Familie spalten. Sie solle doch einmal daran denken, was das für ihre Mutter bedeutete und für Dorothy, die wieder in der Klinik sei. An allem sei nur ich schuld. Sie seien verrückt gewesen, weil sie mir vertraut hätten. Man sehe ja, was dabei herausgekommen sei.

Laurie sagte, daß sie ihrem Vater nicht glaubte, aber einfach nicht weiter wußte. Wieso ich ihr nicht gesagt hätte, was los war.

Daraufhin schilderte ich Laurie wortwörtlich, was wir im Gericht besprochen hatten. Ich erklärte ihr, was es mit Mindest- und Höchststrafe auf sich hatte und daß die zehn Jahre, die Porter erwähnt hatte, drei Jahre und drei Monate bis höchstens zehn Jahre bedeuteten. Ich erinnerte sie daran, daß wir uns auf sechs bis achtzehn geeinigt hatten.

Während ich auf sie einredete, wurde ihre Atmung ruhiger, und ihre Stimme klang fester. Sie erzählte mir, wie sie in den vergangenen vierundzwanzig Stunden an sich selbst, an mir, an der ganzen Anklageerhebung gezweifelt und sich gefragt hatte, ob sie William Porter jemals loswerden würde, ob sie je in der Läge wäre, jemandem zu vertrauen. Ob sich das alles überhaupt lohne. Sie hatte daran gedacht, sich das Leben zu nehmen und überlegt, wie sie es tun könnte. Sie sprach von ihren Depressionen, dem Gefühl zu ersticken. Jeder Tag, jede Stunde sei Kampf. Schließlich redete sie einfach, weil sie ihr Herz ausschütten mußte.

Wäre Laurie nicht so zerbrechlich gewesen, ich hätte mich sicher nicht darauf eingelassen, Lebenshilfe zu geben. Dazu sind Staatsanwälte nicht da. Aber das konnte ich ihr nicht sagen. Ich hatte ihr suggeriert, daß sie die Kraft habe, diese Sache durchzustehen. Es war nur fair, daß ich ihr manchmal helfen mußte, diese Kraft zu entwickeln.

Aber ich hatte wieder was gelernt: ich durfte Lauries Fortschritte nicht überbewerten. Immerhin mußte sie einunddreißig Jahre ihres

Lebens loswerden. Porter hatte sie ein Leben lang irregemacht, und sie hatte erst vor wenigen Monaten angefangen, den Knoten zu entwirren.

Von nun an konzentrierte ich mich auf die Prozeßvorbereitungen. Das geht immer erst, wenn der Termin feststeht. Am wichtigsten dabei ist die seelisch-moralische Komponente. Anfangs ist jeder Fall einfach eine Faktensammlung. Am Ende muß sich aus diesen Fakten ein Bild ergeben, das der Wahrheit entspricht, ganz gleich, ob diese Wahrheit den Bruchteil einer Sekunde umfaßt oder ein dreißig Jahre währendes Martyrium.

Ich wollte vermeiden, daß der Prozeß wie eine Familienfehde ablief, bei der auf der einen Seite Laurie, Jonathan und Thomas standen, auf der anderen Seite William Porter, seine Frau und Dorothy, und irgendwo dazwischen Mary und Florrie. Einiges regelte sich von selbst. Je näher der Prozeß heranrückte, desto mehr zog sich Dorothy zurück. Sie war entweder in der Klinik oder hatte Depressionen oder entzog sich auf andere Weise. Es war also kaum damit zu rechnen, daß sie aussagte.

Ich wollte vor dem Prozeß mit Mary reden, aber das mußte zum richtigen Zeitpunkt geschehen. Ich wußte, was ich ihr sagen wollte: daß sie sich heldenhaft geschlagen habe. Sie war auf ihre Weise mit Porter fertiggeworden. Dieser Prozeß war ihr endgültiger Sieg, sie hatte Laurie den Weg gewiesen. Ich wußte nicht, ob ich Mary überreden konnte, als Zeugin der Anklage aufzutreten, aber ich wollte ihr all das sagen, weil sie es verdient hatte.

Bei Florrie war die Sache einfacher. Ich würde Laurie und ihre Brüder nicht ihretwegen drängen. Daß Porter sich auch an Florrie vergangen hatte, wollte ich gewissermaßen als letzten Trumpf der Anklage in der Hinterhand behalten, falls ein Freispruch drohte. Solange diese Gefahr nicht bestand, wollte ich Laurie, Jonathan und Thomas mit dem Thema verschonen.

Es wäre zu schmerzhaft gewesen für alle drei. Porter wußte natürlich, was er Florrie angetan hatte und mußte damit rechnen, daß sie ihn verraten würde. Er konnte sich also nicht leisten, sie als Zeugin der Verteidigung auftreten zu lassen. Sollte er es doch tun, würde ich alles daransetzen, ihr im Kreuzverhör unnötige Qualen zu ersparen.

Wenn Dorothy, Mary und Florrie wegfielen, blieb Porter nur noch eine Entlastungszeugin übrig – seine Frau. Ich wußte, daß ihr jede Lüge recht wäre, die ihn aus dem Gefängnis holte. Das hatte sie bewiesen, als sie seine Geschichte gestützt hatte, daß er nicht Lauries biologischer Vater sei. Diese Mutter hatte mit im Bett gelegen und zugelassen, daß ihr Mann die gemeinsame Tochter vergewaltigte. Daß so eine Frau vor einem Meineid zurückschreckte, war mehr als unwahrscheinlich.

Ich konnte nicht verhindern, daß die Mutter als Zeugin aufgerufen wurde, aber ich konnte dafür sorgen, daß sie für den Rest des Prozesses nicht mehr in den Gerichtssaal kam. Ich brauchte sie nur auf meine eigene Zeugenliste zu setzen (für den äußerst unwahrscheinlichen Fall, daß ich sie als Zeugin der Anklage aufrufen wollte), und schon durfte sie während der übrigen Vernehmungen nicht im Saal sein. Außer dem Angeklagten darf keiner die Aussagen der anderen Zeugen hören, bevor er selbst in den Zeugenstand gerufen wird, nicht einmal die Opfer.

Ich ging davon aus, daß Porter selbst aussagen würde. Es konnte sein, daß er Leumundszeugen aufrufen würde. Ich mußte mich wappnen.

Es gibt natürlich für alles bestimmte Regeln, aber wenn ein Angeklagter in den Zeugenstand gerufen wird oder Zeugen nennt, die zu seinem guten Leumund aussagen sollen, hat die Anklage durchaus Möglichkeiten, Zweifel zu wecken und zu widersprechen. Sie kann zum Beispiel Beweise dafür erbringen, daß er sich außerhalb der Vergehen, die bei dem Prozeß verhandelt werden, moralisch fragwürdig verhalten hat.

Porters Polizeiakten waren nicht sehr ergiebig. Vor zwanzig Jahren hatte er ein paar Monate wegen eines Überfalls eingesessen. Seinen Kindern hatte er erzählt, das Opfer sei später an den Folgen des Überfalls gestorben. Jonathan hatte er gesagt, er sei ins Gefängnis gekommen, weil er ihm, seinem kleinen Sohn, das Leben retten wollte; der Mann habe Jonathan angegriffen, und er sei dazwischengegangen. Ich fand dafür keine Beweise und vermutete, daß Porter diese Geschichte erfunden hatte. In den Akten stand, daß er per Deal zu einer kurzen Freiheitsstrafe unter Anrechnung der U-Haft verurteilt worden war.

Ich brauchte mehr als das und fragte Laurie und ihre Brüder aus.

Als sie begriffen, worauf ich hinauswollte, waren sie peinlich berührt. Immerhin ging es um ihren Vater, der allgemein beliebt war. Trotzdem erzählten sie mir, daß er einer älteren Witwe, der er manchmal gegen Bezahlung ausgeholfen hatte, Werkzeug und Wertsachen gestohlen hatte. Ich erfuhr auch, daß er seine Einkommenssteuererklärungen gefälscht und Hehlerei betrieben hatte, daß er all die Jahre in Kleinkriminalität verstrickt gewesen war, die sie ganz normal gefunden hatten. Genau das waren die Informationen, die ich brauchte. Alles das paßte zu dem Bild, das ich von Porter hatte: ein Mensch, dem seine eigenen Bedürfnisse über Recht und Moral gingen – ein Prototyp des Vergewaltigers.

Ich sprach mit meinen anderen Zeugen – Ärzten und Polizeibeamten – und konnte Laurie endlich dazu bewegen, zum Proktologen zu gehen; etwas, das sie seit Monaten verschoben hatte. Ich ließ mir die Akten kommen und fand den Fahrkartenkontrolleur, der an dem Tag Dienst gehabt hatte, als Laurie in die Metro geflüchtet war. Ich besorgte mir die Wetterberichte und ein Foto des Hundes. Hundert winzige Schnipsel mußten zusammengesetzt werden. Die Vorbereitung eines Prozesses ist enorm wichtig. Aber am wichtigsten ist das Opfer.

Wenn wir eine zivilisierte Nation werden wollen, darf die Verurteilung eines Sexualverbrechers nicht mehr davon abhängen, ob die Geschworenen das Opfer sympathisch finden. Doch bis dahin ist noch ein weiter Weg.

Laurie hatte Entsetzliches durchgemacht, aber mir war klar, daß die Geschworenen mit ihrer Aussage eine ganze Menge Probleme haben würden.

Eine der Vergewaltigungen hatte nur wenige Stunden nach ihrer ersten Abtreibung stattgefunden. Deshalb hatte sie sich bei ihrer Aussage für die Anklagejury so genau an den Termin erinnern können. Als Laurie von der Nacht erzählte, in der Porter sie umbringen wollte, sagte sie, während er sie vergewaltigte, habe sie gedacht, das sei Gottes Strafe dafür, daß sie abgetrieben hatte. Mit diesen Fakten hatte ich nur bei einer Jury Chancen, die durchweg aus Abtreibungsbefürwortern bestand.

Sorgen machte ich mir darüber, wie die Geschworenen auf die Privilegien reagieren würden, die Laurie als »Vaters Liebling« gehabt hatte. Das paßte nicht in das Bild vom guten Opfer. Keinem Kriegsgefangenen wird vorgeworfen, daß er nicht versucht hat zu fliehen; im Fall Porter jedoch würden die Geschworenen von Laurie erwarten, daß sie sich einunddreißig Jahre lang jede Sekunde gewehrt hatte.

In einigen Fällen entsprach die jeweils angewandte Gewalt nicht dem, was eine Geschworenenjury sich unter einer Vergewaltigung vorstellt. In der letzten Nacht hatte Porter ein Messer benutzt, aber mitunter hatte Laurie sich auch ergeben, wenn er sie nur heftig an den Haaren gezogen oder im Genick gepackt hatte. Geschworene verstehen oft nicht, daß die Gewalt sich für das Opfer multipliziert. Ein Mensch, der jahrelang gequält worden ist, ergibt sich seinem Peiniger, auch wenn der sich gelegentlich nur mäßig brutal verhält.

Laurie hatte an dem Morgen, als sie erst den Hund ausgeführt hatte und dann weggelaufen war, zu einer Nachbarin ganz normal guten Morgen gesagt. Sie hatte sich jahrelang Mühe gegeben, den Schein zu wahren, so zu tun, als sei alles normal. Das hatte ihr geholfen zu überleben. Im Prozeß würde genau das gegen sie verwendet werden.

Ich konnte die Fakten nicht verändern, aber ich würde sie mit Lauries Hilfe und mit Unterstützung einiger auf dem Gebiet des sexuellen Mißbrauchs kompetenter Gutachter, die ich als Zeugen benannt hatte, zu erklären versuchen. Laurie mußte sich präzise ausdrücken und die Geschworenen durch ihr Auftreten für sich einnehmen. Sie konnte beides, da hatte ich keine Bedenken. Sorgen machte mir, ob sie wirklich hundertprozentig von der Richtigkeit ihres Handelns überzeugt war.

Als ich Laurie für ihre Aussage vorbereitete, riskierte ich ein Experiment. Ich beraumte einen Termin mit ihr und ihrer Therapeutin an. Eigentlich konnte dabei nichts schiefgehen, und die Vorteile lagen auf der Hand, obwohl so etwas meines Wissens noch nie versucht worden war.

Mein Mann hat mir vor Jahren, als er einen Streifenpolizisten im Kreuzverhör hatte, beigebracht, wie wichtig Haltung ist. Mein Mann war der Verteidiger. Der Polizist, der nur Spanisch sprach, brauchte beim Verhör einen Dolmetscher. Der Staatsanwalt war arrogant und beleidigte den Polizisten. Mein Mann versuchte nicht, den Polizisten zu irgendwelchen Aussagen zu bewegen, und er suggerierte ihm auch keine Antworten, denn das hätte sowieso nicht funktioniert. Er wies ihn lediglich darauf hin, daß der Staatsanwalt seine Polizeizeugen wie den letzten Dreck behandelte. Der Polizist sagte dann genau das aus, was mein Mann von ihm hören wollte.

Allzu viele Staatsanwälte glauben, einen Zeugen zu präparieren bedeutet, ihm Antworten einzuschärfen – als würde im Zeugenstand sein Gedächtnis geprüft. Ich bereite die Zeugen auf die Fragen vor, mit denen sie seitens der Verteidigung rechnen müssen, und sage ihnen, wie diese oder jene Antwort unter Umständen bei den Geschworenen ankommt. Das gehört zu meinen Aufgaben, es ist aber noch nicht alles. Zeugen brauchen eine Perspektive, ein Muster, wie sie auf Fragen antworten können, auf die sie nicht vorbereitet sind.

Laurie war so lange von Porter mißbraucht worden, daß sie dessen Schutzbehauptungen zutiefst verinnerlicht hatte. Sie hatte verinnerlicht, daß sie selbst an allem schuld war, und vor allem, daß »Weitersagen« die größte Sünde war.

Laurie litt Qualen, das wußte ich. Aber ich konnte nicht zulassen, daß sie den Geschworenen das Gefühl gab, sie sei in irgendeiner Weise an dem Mißbrauch mitschuldig. Nach dem Inzestparagraphen war sie genauso schuldig wir ihr Vater, denn der Begriff Gewalt spielt in der Definition keine Rolle. Jeder geschlechtliche Verkehr zwischen Blutsverwandten gilt als Inzest. Selbst im Vergewaltigungsparagraphen steht, daß das Einverständnis des Opfers den Täter vor Strafe schützt. Laurie mußte hundertprozentig sicher sein, daß allein ihr Vater die Schuld trug und sie ihn in keiner Weise herausgefordert hatte.

Ich wollte, daß diese Dinge geklärt waren, bevor sie ihre Aussage machte. Vielleicht ist die Psychotherapie mit einem solchen Zeitdruck überfordert, aber ich wollte diese Fragen aufs Tapet bringen und sehen, welche Fortschritte Laurie in der Therapie gemacht hatte.

Die Sitzung mit Susan, Lauries Therapeutin, verlief nicht so wie erwartet.

Ich erklärte, ich hätte gehört, daß der Mißbrauch für die meisten Inzestopfer bei allem Schrecklichen auch gewisse angenehme Seiten habe. Das betroffene Kind werde seinen Geschwistern vorgezogen, erfahre besondere Aufmerksamkeit und Privilegien, bekomme Geschenke und genieße in der Familie einen Sonderstatus. Sogar der Geschlechtsakt selbst könne, zumindest partiell, als angenehm empfunden werden. Einerseits spüre das Kind zwar das Tabu, andererseits aber reagiere es auf die körperliche Erregung. Wenn der Akt nicht mit körperlichem Schmerz verbunden sei, könne es dabei sogar eine gewisse Lust empfinden.

Ich ging äußerst behutsam vor, wartete bei jedem Satz ab, wie Laurie reagierte. Schließlich konnte ich nicht sagen: »Hören Sie, Laurie, manchmal hat Ihnen die Sache Spaß gemacht. Dafür brauchen Sie sich nicht zu schämen. Das Verbrechen wird dadurch nicht weniger schlimm. Das gehört ja mit zu dem Schaden, den er Ihnen zugefügt hat.« Genau das wollte ich eigentlich sagen, nur eben sanfter und so, daß die beiden Frauen es leichter akzeptieren konnten.

Für Susan und Laurie war das überhaupt kein Problem. Offenbar war die Frage in der Therapie bereits zur Sprache gekommen, und Laurie hatte sich soweit damit auseinandergesetzt, daß meine Worte sie nicht verletzten. Vielleicht lag es daran, daß die meisten sexuellen Handlungen Porters ihr Schmerzen bereitet hatten. Vielleicht lag es auch einfach daran, daß Susan eine gute Therapeutin war.

Schließlich konzentrierte sich das Gespräch auf William Porter und die Macht, die ihm inzwischen abhandengekommen war. Susan und Laurie genossen es sichtlich, daß ich Porter immer nur den »Angeklagten« nannte. Sie fanden es gut, daß Laurie jetzt die Fäden in der Hand hatte, daß er im Gefängnis saß, weil sie es so wollte, weil sie die Kraft gehabt hatte, das durchzusetzen.

Kurzum, die Sitzung war ein voller Erfolg und viel leichter als erwartet. Ich hatte den beiden eine neue Sichtweise eröffnet, denn bis zu dem Moment, da ich ihn als den »Angeklagten« bezeichnet und ausgesprochen hatte, daß er im Gefängnis saß, war Porter für Laurie und ihre Psychotherapeutin stets als eine Art Übermensch präsent gewesen. Jetzt begannen die beiden Fragen zu stellen, und ich antwortete. Er war im Gefängnis, sein Leben wurde von Vollzugsbeamten geregelt. Er durfte nicht selbst entscheiden, wann er morgens aufstand. Er durfte sich nicht aussuchen, was er essen wollte. Er durfte nicht bestimmen, was er anziehen wollte. Wenn er beim Prozeß einen Anzug tragen wollte, mußte er seine Frau bitten, ihm einen zu bringen, und bevor er hin anziehen durfte, mußte er die Vollzugsbeamten um Erlaubnis bitten.

Rache war nicht das Thema. Die kleinen Demütigungen, die Porter jetzt ertragen mußte, waren nicht annähernd so schmerzhaft wie das, was er Laurie angetan hatte. Inzestuöser Kindesmißbrauch ist stets auch Machtausübung. Porters Macht war gebrochen. Laurie war erleichtert, froh und gewann neue Kraft. Detailliert zu erfahren, wie sein Leben jetzt ablief, tat ihr gut und half ihr, ihn in ihrer Vorstellung »schrumpfen« zu lassen.

Paradoxerweise ist Porter ein ausgesprochen schmächtiger Mann. Vor Gericht wirkte er wie ein Schlappschwanz. In seiner Physiognomie lag absolut nichts Einschüchterndes; er hatte so gut wie gar keine Ausstrahlung, schon gar nicht jene Aura von Besessenheit à la Charles Manson, die einen Menschen größer erscheinen läßt, als er in Wirklichkeit ist. Der Mann stand da wie ein Fragezeichen, versuchte Mitleid zu erwecken, jammerte, wie schlimm die feuchte Gefängnisluft für sein Asthma sei.

Das einzige, was an diesem Mann stark war, war sein ungehemmter Egozentrismus, dem er bedenkenlos alles andere unterordnete. Doch das sah man ihm nicht an.

Der festgesetzte Prozeßtermin konnte nicht eingehalten werden. Porter hatte sich krankgemeldet. Er war wohl mit dem Stand der Dinge unzufrieden und wollte einfach Zeit schinden.

Wie immer, wenn die Verteidigung Vertagung beantragte, beschloß ich, die so gewonnene Zeit gegen den Angeklagten zu verwenden und ihn für seine Verzögerungstaktik büßen zu lassen.

Diesmal brachte mich die Änderung des Zeitplans allerdings in unerwartete Schwierigkeiten. Der Prozeß war um ein paar Wochen vertagt worden, und in dieser Zeit erschien in der Zeitschrift *Parade* ein Artikel über mich. Unter der Schlagzeile *Die wohl härtesten Staatsanwältinnen Amerikas* war ich zusammen mit drei anderen Frauen auf der Titelseite abgebildet. Ich war zwar stolz auf diese Anerkennung, fragte mich aber, wie die Geschworenen darauf reagieren würden. Wenn es hart auf hart kam, mußte ich den Richter bitten, dafür zu sorgen, daß die Geschworenen das Magazin nicht zu sehen bekamen, oder sie, falls er es für angemessen hielt, sogar isolieren zu lassen. Das wichtigste war für mich, daß der Artikel die Verhandlung nicht störte und den Beteiligten nicht die Luft ausging.

Als Porter beim nächsten Termin vor Gericht erschien, hatte ich alles beisammen. Meine Zeugen standen Gewehr bei Fuß. Sämtliche Dokumente, die ich brauchte, lagen vor. Bei der Wahl der Geschworenen wollte ich jeden Kandidaten nach Inzesterfahrungen und seiner Familiensituation fragen. Susan und eine Inzestexpertin standen bereit, falls der Richter mir gestattete, sie als Zeugen aufzurufen.

Laurie saß in meinem Büro. Ich wollte noch einmal mit ihr ihre Zeugenaussage durchsprechen. Das war zumindest der Vorwand, unter dem ich sie eingeladen hatte. Der wahre Grund war, daß ich ein ungutes Gefühl hatte, aber was hätte es gebracht, ihr das zu sagen?

Statt dessen redeten wir darüber, warum Laurie so nervös wirkte. Sie hatte in der letzten Zeit große Fortschritte gemacht und war von Tag zu Tag stärker geworden. Doch nun, da der Prozeß endlich beginnen sollte, kam sie mir vor wie ein hypnotisiertes Kaninchen. Wir sprachen über ihre Ängste. Ich sagte, daß sie immer noch abspringen könne. Nein, erwiderte sie, sie würde es schon schaffen. Wenn ich aus dem Gerichtssaal kam, würden wir ihre Zeugenaussage noch einmal durcharbeiten.

Bevor Porter aus dem Gefängnis ins Gericht gebracht wurde, kam sein Anwalt noch mal auf den Deal zu sprechen. Ob ich nicht doch auf fünf bis fünfzehn Jahre eingehen wolle, fragte er. Ich sagte nein. Laurie und ich hatten unser Nein beim erstenmal zu teuer bezahlt, um jetzt nachzugeben. Ich erklärte dem Verteidiger, ich wolle einen Prozeß; ich wolle, daß sein Mandant in jedem Punkt der Anklage die Höchststrafe bekam. Dabei könnten leicht fünfundzwanzig bis fünfzig Jahre zusammenkommen.

Nachdem Porter im Gericht eingetroffen war, brachte der Verteidiger das Thema ein letztes Mal aufs Tapet. Ich bat den Richter, mit der Wahl der Geschworenen zu beginnen. Er war einverstanden und setzte die Wahl für den nächsten Tag an. Gleichzeitig riet er mir, das Angebot von sechs bis achtzehn Jahren noch einmal zu wiederholen; es sei ein guter Deal. Ich erklärte dem Richter, daß ich nicht bereit sei, mich auf einen Kuhhandel einzulassen. Der Richter erklärte dem Verteidiger, sechs bis achtzehn Jahre sei das letzte Wort der Anklage; wenn die Verteidigung darauf nicht eingehe, komme es zum Prozeß. Ich übergab dem Verteidiger meine Zeugenliste. Das war ein Wink mit dem Zaunpfahl, den er verstand.

Porter entschied sich schließlich für den Deal, versuchte aber immer noch, billiger wegzukommen, und sein Verteidiger sollte ihn dabei behilflich sein. Ob er wirklich gestehen müsse, daß er Laurie *gewaltsam* zum Geschlechtsverkehr gezwungen habe.

Ja.

Aber er habe doch gar keine Gewalt angewandt.

Das wird der Prozeß erweisen.

Okay, okay. Aber als Sexualverbrecher könne er sich auf keinen Fall schuldig bekennen.

Dann eben nicht.

Ich solle doch vernünftig sein. Ich wisse doch, wie man im Gefängnis mit Kinderschändern umgehe.

Ja, wie mit jedem anderen auch. (Es ist einfach nicht wahr, daß die anderen Gefangenen Kinderschänder besonders schlecht behandeln. Da stimmt nur, wenn ein Kinderschänder ein Schwächling oder ein Eigenbrötler ist. Ein Bankräuber, der schwach ist und keine Freunde hat, wird im Knast keinen Deut besser behandelt.)

Der Richter schlug in die gleiche Kerbe. Wahrscheinlich hatte er den Film *Short Eyes* gesehen und verwechselte dessen Handlung mit der Wirklichkeit. Er fragte, ob ich mich nicht mit versuchtem Totschlag zufriedengeben wollte. (Von der Kategorie her war das das gleiche wie Vergewaltigung.) Ich lehnte ab. Daraufhin kalauerten der Verteidiger und der Richter, daß der Angeklagte verdient, was er kriegt (und da heißt es immer, ich sei kaltblütig!).

Das Geplänkel dauerte eine ganze Weile. Ich sollte auf die Probe gestellt werden. Man wollte wissen, ob ich in der einen oder anderen Richtung nachgeben würde. Ich sagte bloß immer wieder: »Dann kommt es halt zum Prozeß.« Ich hatte mich schon gegen meine Absicht darauf eingelassen, mein Angebot zu erneuern. Das hatte ich getan, weil Laurie mich darum gebeten hatte. Ich wollte den Prozeß. Ich wollte, daß der Täter zur Rechenschaft gezogen wurde.

Schließlich bekannte Porter sich schuldig. Er gab die Vergewaltigung zu, aber erst, nachdem ich ihn ausdrücklich danach gefragt hatte. Sogar als der Richter ihn nach seinem Schuldbekenntnis fragte und ihn ermahnte, die Wahrheit zu sagen, versuchte er noch zu lavieren. Er wollte sagen, er habe keine Gewalt angewendet. Ich wollte sagen, das sei kein Schuldbekenntnis. Und so kam es, daß Porter einmal im Leben, wenn auch nur für einen kurzen Augenblick und nur vor den Schranken des Gerichts, die Wahrheit über sich ausgesprochen hat.

Nach dem Schuldbekenntnis wollten der Richter und der Verteidiger mit mir eine Abschlußbesprechung führen, wie das unter Juristen so üblich ist, wenn ein Fall, egal ob durch einen Deal oder durch das Verdikt der Geschworenen geklärt ist. Im Klartext hieß das, sie wollten noch einmal darüber reden, was für ein Schwein Porter war. Daß der Verteidiger nie etwas anderes behauptet hatte, gereicht ihm zur Ehre. Er hatte nicht versucht, Porter mit »Der Typ ist doch krank« zu entschuldigen; er hatte mich auch mit dem üblichen sexistischen Geschwätz à la »Die Kleine war halt frühreif und hat ihn verführt« verschont und nie bestritten, daß es sich tatsächlich um ein Gewaltverbrechen handelte.

Bei dieser Besprechung blieb ich nur kurz. Was Porter für ein Schwein war, wußte ich schließlich längst, jetzt wollte ich vor allem zu Laurie, die in meinem Büro saß und wartete, daß wir den Prozeß weiter vorbereiteten. Ich mußte ihr doch endlich die Nachricht bringen, die ihr ganzes Leben verändern würde.

Der Gerichtssaal lag im vierten Stock. Es dauerte eine Ewigkeit, bis der Lift kam. Ich nahm die Treppe. Atemlos stürzte ich in mein Büro, wollte Laurie alles erzählen und in ihrem Gesicht bestätigt sehen, daß ich die richtige Entscheidung getroffen hatte.

Sie war nicht da.

Ich rannte zu den Sekretärinnen. Wo war Laurie? Hatte sie etwas gesagt? Wohin war sie gegangen? War irgendwas passiert? War sie doch noch zusammengebrochen, jetzt, wo alles fast vorüber war, wo ich ihr sagen konnte, daß sie gesiegt hatte, daß sie in Sicherheit war und frei?

Ich war völlig aufgelöst. Niemand wußte, wo sie steckte. Das konnte doch nicht wahr sein. Ich stellte mir vor, wie sie allein in meinem Büro gesessen und Sheba gestreichelt hatte. Offenbar hatte sie es irgendwann nicht mehr ausgehalten und war gegangen. Ich stellte mir vor, wie sie allein durch die Straßen irrte, genau wie damals nach der Blutentnahme, als sie durch Brooklyn gewandert war auf der Suche nach einer Kirche, einem Gott, der ihr half.

Was hatte sie gesagt, bevor ich in den Gerichtssaal gegangen war? Sie war nervös gewesen, als sie kam, aber ich hatte den Eindruck gehabt, daß es ihr nach unserem Gespräch besser ging. Aber wer war ich denn, daß ich das beurteilen konnte? Schließlich hatte ich keine therapeutische Ausbildung. Wie kam ich überhaupt dazu, für andere Menschen Schicksal zu spielen? Ich hätte doch wissen müssen, daß ich sie zu sehr bedrängte, zuviel von ihr verlangte.

Als Laurie plötzlich ins Zimmer kam, war ich mit meinen Nerven am Ende. Sie war nur gegenüber in der Imbißstube gewesen, hatte sich einen Tee geholt und lange warten müssen. »Was haben Sie denn, Alice? Tut mir leid, daß ich weg war. Ich wußte doch nicht, wann Sie wiederkommen, und dachte, ich kann zwischendurch mal runtergehen.«

»Schon gut. Ich hab einfach überreagiert. Ist schon in Ordnung. Ich wußte bloß nicht, wo Sie stecken. Aber jetzt stellen Sie mal Ihren Tee hin, ich muß Ihnen nämlich was sagen.«

»Was ist denn? Ist was schiefgegangen?«

»Nichts ist schiefgegangen. Er hat sich schuldig bekannt. Sechs bis achtzehn Jahre, genau so, wie wir es wollten. Es ist vorbei. Es ist ein für allemal vorbei.«

Ich wußte nicht, wie sie reagieren würde. Mit gemischten Gefühlen, nahm ich an. Aber bei Laurie konnte von gemischten Gefühlen keine Rede sein. Keine einzige Träne – nur Freude und Erleichterung. Sie fiel mir um den Hals, drückte mich ganz fest. Sie strahlte, wurde von Minute zu Minute gelöster. Es war vorbei. Sie war frei. Er saß im Gefängnis, wo er hingehörte. Jetzt würde er dafür büßen, daß er ihr so viele Jahre ihres Lebens gestohlen hatte. Es war vorbei. Sie hatte gesiegt. Wir hatten gesiegt.

In diesem Augenblick, in diesem ungemütlichen kleinen Büro im Souterrain des Gerichtsgebäudes, lebten wir in dem Gefühl, daß in der Welt ein klein wenig mehr Gerechtigkeit herrschte. Laurie hatte einen langen Weg hinter sich. Sie war ihrem Vater davongelaufen, der sie nackt auf dem Bett liegend erwartet hatte, weil er sich absolut sicher war, daß sie ihm gehörte, ihm für alle Zeit gehören würde. Und mit jedem ihrer Schritte war sie dem Ziel nähergekommen. Gerechtigkeit, Sicherheit, Befreiung von ihm. Es war ein für allemal vorbei.

Am nächsten Tag schickte sie mir Blumen und eine Karte, auf der stand: »WIR HABEN ES GESCHAFFT!

Es waren noch ein paar technische Fragen offen: die Urteilsverkündung und ein paar Details. Wir blieben in Kontakt. Als Porter anfing, seinen Kindern aus Attica Drohbriefe zu schreiben, informierten mich Laurie und ihre Brüder. Ich leitete den Vorgang an den Bewährungsausschuß weiter.* Manchmal telefonierten wir einfach so oder trafen uns irgendwo wie zwei alte Freundinnen.

Und schließlich lernte ich auch Tante Peggy kennen, von der ich schon so viel gehört hatte. Das war übrigens am selben Tag, an dem ich auch Lauries Brüder wiedersah – Tante Peggy und ich haben auf Lauries Hochzeit getanzt.

---

* Trotz aller Verwarnungen und Bestrafungen durch die Strafvollzugsanstalt hörte William Porter nicht auf, Haßbriefe zu schreiben. Sein letzter Brief kam kurz vor Weihnachten 1993. Anfang 1994 starb er im Gefängnis, wenige Monate bevor er seinen ersten Bewährungsantrag hätte stellen dürfen.

PROZESSE

(Vor der Vergewaltigung) ging es mir gut. Mein Leben war in Ordnung. Ich stand kurz vor der Hochzeit. (Danach) war alles anders. Irgendwie war ich nicht mehr ich selbst . . .

Ich habe ihn gefragt: »Hast du denn keine Frau oder Freundin, mit der du so was machen kannst?« Er sagte: »Ich mag es lieber so. So macht es mir mehr Spaß.«

Zeugenaussage, Prozeßprotokoll aus dem Prozeß gegen Eric Barnes, Kew Gardens, New York, 6. Juli 1984

1

Meine Hunde mögen keine Eichhörnchen. Aber wenn es gilt, diese Abneigung in die Tat umzusetzen, sind sie erstaunlich ungeschickt. Dabei sind meine Hunde stark und gefährlich, von dem wilden, heftigen Simba, den wir von der Müllkippe haben, bis hin zu Gussie, dem riesigen, unbezähmbaren Mastino. Als Beschützer sind sie phantastisch und fürchterlich zugleich. Aber es braucht bloß ein kleines Eichhörnchen zu kommen, und schon legen sie eine geradezu clowneske Unbeholfenheit an den Tag. Wenn Simba ein Eichhörnchen sieht, das in sicherer Höhe auf einem Telegraphendraht sitzt, fängt er an, wie ein Wilder im Kreis zu rennen, und das Eichhörnchen schaut ihm spöttisch bei seinem frustrierten Veitstanz zu. Bruiser, der Rottweiler, stürzt mit solchem Eifer los, daß er seine verblüffte Beute buchstäblich überrennt; Honey, die Pitbullterrierin, ist hellauf entzückt, wenn ein Eichhörnchen mit einem schlecht kalkulierten Sprung direkt vor ihrer Nase landet, und merkt über ihrem stürmischen Freudentanz gar nicht, daß das Bürschchen ihr längst wieder durch die Lappen gegangen ist. Alle lassen sich irgendwie ablenken.

Nur Sheba, unsere Bürohündin, war da eine Ausnahme. Auch sie haßte Eichhörnchen. Sie war alt und träge, aber wenn sie ein Eichhörnchen sah, erwachte ihr Wolfsinstinkt. Reglos beobachtete sie das Tier, studierte seine Bewegungen, begriff, was diese zu bedeuten hatten. Sie neigte sich langsam von einer Seite auf die andere, richtete ihre Bewegungsabläufe haargenau auf ihre Beute aus, bis der Moment da war. Dann tat sie so, als wolle sie nach rechts, machte jedoch einen Satz nach links und kam dem Eichhörnchen, das gerade flüchten wollte, in letzter Sekunde zuvor.

Sheba hatte das genetische Wissen von Generationen im Leib; so konnte sie ihre Reflexe auf die Bewegungen ihres Feindes abstimmen. Ich dagegen konnte nur durch langes, geduldiges Zuschauen meine Feinde kennenlernen.

Als erstes mußte ich lernen, was Sexualverbrechen sind. Bis dahin hatte kein einziger meiner Fälle *ausschließlich* mit Sexualverbrechen zu tun gehabt. Nun machte ich die Erfahrung, daß Vergewaltiger durchaus nicht immer wegen sexueller Vergehen angeklagt werden. Und daß es Taten gibt, die einer Vergewaltigung so nahekommen, daß der Unterschied kaum auszumachen ist. Ich mußte noch lernen, was alle Vergewaltiger längst wissen: es gibt mehrere Möglichkeiten, in ein Opfer einzudringen. Wer glaubt, das Ziel der Vergewaltigung sei der Geschlechtsverkehr, der verwechselt die Waffe mit dem Motiv.

Robert Roudabush war wegen versuchten Mordes angeklagt. Es war kurz vor Weihnachten. Eigentlich hatte er mit Maureen, seiner Frau, Weihnachtseinkäufe machen wollen, ließ sich aber bei der Weihnachtsfeier im Büro vollaufen und blieb lange auf dem Fest. Als Maureen ihm deswegen Vorwürfe machte, kam es zum Ehekrach. Da beschloß er, die Angelegenheit zu bereinigen, und zwar ein für allemal. Er wußte auch schon, wie. Er ging ins Schlafzimmer, zog sich bis auf die Unterwäsche aus und baute auf dem Bett ein mittleres Waffenarsenal auf – zwei Gewehre und eine Schrotflinte. Aber er hatte noch keine Munition. Also ging er in den Keller, kramte eine Weile herum, fand schließlich ein paar hundert Schuß und kam wieder nach oben. Er setzte das Telefon in der Küche außer Betrieb, ging wieder ins Schlafzimmer und lud seine Waffen durch.

Maureen hatte die Kinder am Nachmittag zu einer Nachbarin gebracht, die ein paar Stockwerke höher wohnte und in deren Wohnung die Pfadfinderinnen ihre Weihnachtsfeier hatten. Die zweijährige Tochter war eingeschlafen, Maureen ließ sie bei der Nachbarin und ging hinunter in die Wohnung, um mit ihrem Mann zu reden. Den einjährigen Sohn nahm sie mit. Nach dem Streit ging Maureen mit dem Kleinen in die Küche, um ihm ein Fläschchen zu machen.

Sie stand mit dem Baby auf dem Arm am Kühlschrank, als ihr Mann hinter ihr sagte: »Keine Bewegung, ich bringe dich um.« Als sie sich instinktiv zu ihm umdrehte, schoß er. Die erste Kugel traf sie im Nacken, unmittelbar neben der Wirbelsäule. Sie sackte zu Boden – zusammen mit dem Baby. Deshalb trafen die übrigen Schüsse sie nicht. Roudabush schoß so lange, bis das Gewehr Ladehemmung hatte.

Als er von ihr abließ, schrie sie, die Nachbarn sollten den Notarzt holen. Sie wurde in einem Krankenwagen fortgebracht, er mit einem Polizeiauto.

Eigentlich hätte jetzt, da Maureen und ihre Kinder in Sicherheit waren, alles vorbei sein müssen. Doch Maureen sollte bald erfahren, daß sie ganz allein für ihre Sicherheit sorgen mußte. Als ihre Mutter ihr das Baby ins Krankenhaus brachte, hatte sie beschlossen, zu kämpfen. Von dem Sturz nach dem ersten Schuß hatte der Kleine ein blaues Auge und eine große Beule am Kopf.

Später hat mir Maureen erzählt, daß sie vom Krankenhaus aus immer wieder bei der Bezirksstaatsanwaltschaft angerufen und die Eröffnung eines Strafverfahrens gegen ihren Mann verlangt hatte. In der Sonderabteilung – damals noch mit der alten Leiterin – wurde ihr gesagt, sie solle sich die Mühe sparen, verurteilt werden würde ihr Mann sowieso nicht. Und außerdem würde sie ihre Anzeige ohnehin früher oder später zurückziehen.

Anstatt gegen den Ehemann Anklage zu erheben, ließ man Maureen in einer Vorverhandlung aussagen und machte damit die Arbeit der Anklage zusätzlich und völlig überflüssig schwer. Der Richter glaubte ihr. Er behielt den Beschuldigten in Haft.

Selbst als sie endlich vor einer Anklagejury aussagen durfte und Roudabush tatsächlich angeklagt wurde, blieb die Sache schwierig. Die Sonderabteilung hatte nichts mehr mit dem Fall zu tun, und niemand konnte Maureen sagen, an wen sie sich jetzt wenden sollte. Dafür erklärte man ihr, sie könne unmöglich informiert werden, falls der Angeklagte auf Kaution freikam. »Aber wenn mein Mann aus dem Gefängnis entlassen wird, bringt er mich und die Kinder um.« »Dagegen können wir leider nichts machen.«

Maureen rief bei Santucci persönlich an und erklärte, sie werde die Leitung so lange blockieren, bis sein Sekretär oder irgendein zuständiger Mitarbeiter ihren Fall an einen Staatsanwalt weiterleite. Wenn es seine politischen Interessen nicht berührte, konnte Santucci Opfern gegenüber sehr verständnisvoll sein, besonders Frauen gegenüber. Er riß sich zwar nicht gerade ein Bein aus, aber immerhin tat er etwas, und das war schon sehr viel mehr als die Gleichgültigkeit, der Maureen bis dahin begegnet war. Er ließ die Akte mit dem Vermerk »Deal ausgeschlossen« versehen und verlangte »schärfste« Strafverfolgung.

Meine Abteilungsleiterin sagte, diese Klägerin sei eine echte Nervensäge, ich solle sie ihr gefälligst vom Hals halten.

Daß Roudabush zu lebenslänglich verurteilt wurde, hätte selbst die gewiefteste Staatsanwaltschaft nicht geschafft. So verängstigt, wie Maureen war, hätte ich normalerweise versucht, einen Deal auszuhandeln, damit sie Zeit hätte, mit ihren Kindern umzuziehen, ihr Leben neu zu organisieren und sich in Sicherheit zu bringen, bevor ihr Mann aus dem Gefängnis kam. Doch das kam nicht in Frage. »Deal ausgeschlossen.«

Ich machte Druck, trotzdem wurde der Fall fast ein ganzes Jahr verschleppt, denn der von der Rechtshilfevereinigung gestellte Pflichtverteidiger verzögerte nach allen Regeln der Kunst. Maureen wurde geschieden, zog zu ihrer Mutter, wartete. Die Rechtshilfevereinigung streikte (was sie mit schöner Regelmäßigkeit tut), und der Prozeßbeginn verschob sich wieder um mehrere Monate. Maureen und ich redeten vor und nach jedem Gerichtstermin miteinander. Ich begann jedes dieser Gespräche damit, daß die Kautionssumme noch dieselbe sei. Sie brauchte das. Genau wie später für Laurie, hatte ich auch für Maureen Sicherheitsvorkehrungen getroffen, aber sie lebte trotzdem in Angst.

Aus dem Gefängnis schrieb Roudabush Briefe an Maureen. Er zog alle Register. In einem Brief schrieb er von Liebe und Reue und bat sie um Verzeihung. Im nächsten drohte er ihr auf die übelste Art. Als beides nicht half und auch die Rechtshilfevereinigung die Sache beim besten Willen nicht länger verschleppen konnte, kam es endlich zum Prozeß.

Die Beweislage im Fall Roudabush war besser als gewohnt. Maureen war jung, hübsch und verzweifelt; ihr rosiges irisches Gesicht war grundehrlich. Während ihrer Aussage brach sie in Tränen aus.

Ich sprach mit ihr darüber, und sie sagte: »Ich habe solche Angst vor ihm. Er sitzt da und starrt mich an; ich habe Angst, daß die Geschworenen ihn laufen lassen und er mich umbringt.« Anscheinend konnten die Geschworenen sie verstehen. Außerdem waren Waffen und Munition sichergestellt, es gab ein Geständnis, und die Verletzungen waren immerhin so schwer, daß die Jury die Taten nicht einfach als »Gewalt in der Familie« abtun konnte. Die Anklagen waren überzeugend und schwerwiegend, eine Verurteilung schien sicher.

Die Verteidigung rief einen Neurologen in den Zeugenstand. Darauf war ich nicht vorbereitet. Der Richter hat die Aussage des Arztes später auch als Verstoß der Verteidigung gegen die Strafprozeßordnung gerügt.

Der Neurologe war als Gutachter durchaus kompetent. Er hatte Robert Roudabush untersucht und seine Erkenntnisse in Gesprächen mit seiner Familie vertieft. Schon bei der Geburt des Angeklagten hatte es Komplikationen gegeben, als Kind litt er an Epilepsie; dazu kam seit frühester Kindheit eine Veranlagung zum Jähzorn. Dies alles führte zu der Diagnose »episodische Impulsdurchbrüche«. Der Arzt räumte ein, daß der versuchte Mord, um den es bei diesem Prozeß ging, nur ein Fall in einer langen Reihe von Gewalttaten des Angeklagten gegenüber der eigenen Familie war. Roudabush habe einen Hirnschaden und leide an »Anfällen«, während derer er seine Wut nicht beherrschen könne. Pathologische Wutausbrüche dieser Art würden übrigens neuerdings bereits in populärwissenschaftlichen Artikeln erörtert.

Nach Meinung des Arztes beging Roudabush seine Taten nicht »vorsätzlich«. Wegen seiner Neigung zu episodischen Impulsdurchbrüchen habe er immer wieder den unwiderstehlichen Drang zur Gewalt – Zornausbrüche, die er nicht steuern könne.

Da diese Aussage für mich unerwartet war, gab der Richter mir über das Wochenende Gelegenheit, mich auf das Kreuzverhör vorzubereiten. Ich brauchte jede Minute.

Was der Neurologe sagte, klang logisch, hatte aber verheerende Konsequenzen. Roudabush bekannte sich nicht etwa »nicht schuldig wegen geistiger Unzurechnungsfähigkeit«, er bestritt lediglich, den versuchten Mord vorsätzlich begangen zu haben. Wenn er die Geschworenen überzeugen konnte, würden sie ihn freisprechen. Sollte er dann tatsächlich einen Mord begehen, würde das Verdikt »nicht schuldig« ihn vor Strafe schützen.

An jenem Freitagabend war ich niedergeschlagen wie selten bei einem Prozeß. Was, wenn der Neurologe recht hatte? Wenn die Diagnose stimmte?

Ich zermarterte mir das Hirn, doch plötzlich hatte ich eine Idee. Die Sache war ganz einfach, und sie traf nicht nur auf diesen einen Prozeß zu. Wenn ich recht hatte mit meiner Annahme, daß Roudabush schuldig war, wenn ich das Wesen dieser Tat richtig verstanden hatte, dann mußte der Neurologe unrecht haben.

Ich verbrachte das Wochenende damit, mich über episodische Impulsdurchbrüche sachkundig zu machen, und ließ noch einmal alles Revue passieren, was Maureen mir über die Gewalttätigkeit ihres Mannes erzählt hatte. Sie hatte gesagt, wenn er wütend sei, sei er ein anderer Mensch, gefährlich, rasend vor Zorn und ohne jede Selbstbeherrschung. Doch das mußte noch lange nicht heißen, daß er zwanghaft handelte. Maureen war so oft von ihm verletzt und bedroht worden, daß sie eindeutig in die Kategorie mißhandelte Ehefrau fiel. Aber als Roudabush anfing, die Kinder zu bedrohen, hatte sie ihn in die Schranken gewiesen. Und er hatte sich gefügt, hatte seine Wut kein einziges Mal an den Kindern ausgelassen – abgesehen von dem Abend, an dem er seine Frau, die das Baby auf dem Arm hielt, niedergeschossen hatte. Sicher, Maureen hatte die Kinder beschützt, aber Roudabush hatte auch von sich aus dem »Zwang« widerstanden, sie zu verletzen.

Das bedeutete, daß der Angeklagte, genau wie jeder Vergewaltiger, sehr wohl die Wahl hatte, entweder brutal seine Macht zu mißbrauchen oder sich zu beherrschen.

Am Montagmorgen nahm ich den Neurologen mehrere Stunden lang ins Kreuzverhör und hob mir die alles entscheidende Frage auf bis zum Schluß: Wenn Roudabush unter episodischen Impulsdurchbrüchen litt, wieso hatte sich seine Gewalttätigkeit dann nur gegen die eigene Frau gerichtet? Wieso war das nie beim Autofahren geschehen oder bei der Arbeit, sondern immer bloß in der Sicherheit (für ihn, nicht für die Opfer) seiner eigenen vier Wände?

Die Geschworenen sprachen Roudabush schuldig. Er wurde zu einer Freiheitsstrafe zwischen sechs und achtzehn Jahre verurteilt, wovon er zehn absaß. Danach wurde er auf Bewährung freigelassen, bekam aber Aufenthaltsverbot für den Staat New York. Nach dem Prozeß hatte er nie wieder einen »episodischen Impulsdurchbruch«.

Nachdem mir klar geworden war, daß Vergewaltiger nicht zwanghaft handeln, sondern durchaus die Wahl haben, begann ich mich eingehender mit dieser Wahl zu beschäftigen. Ein Serienvergewaltiger verhalf mir zu der Erkenntnis, daß Verbrecher schlicht und einfach Verbrecher sind. Ein Verbrecher ist ein Mensch ohne moralische Bedenken, ein Vergewaltiger handelt einfach nach der Maxime: Wenn du etwas willst, dann nimm es dir.

Die Anklageschrift umfaßte elfmal schweren Raub, zwölf Vergewaltigungen, neun Fälle von erzwungenem Analverkehr, siebzehn Fälle von unerlaubtem Waffenbesitz beziehungsweise Waffengebrauch, zwei gewaltsame Entführungen sowie verbrecherische Freiheitsberaubung in sieben Fällen. Das machte summa summarum zweiundzwanzig Anklagen gegen Shelvie Harris. Der Mann hatte so viele Verbrechen auf dem Kerbholz, wie normalerweise ein ganzes Polizeirevier zu bearbeiten hat.

Dabei machte Harris bei oberflächlicher Betrachtung gar keinen so gefährlichen Eindruck. Er war um die Fünfzig, hatte Aknenarben, graue Haare und einen ebensolchen Teint. Wer bei dem Begriff Körperkraft nur an die Muskelprotze aus der Sportschau denkt, dem wäre die Hornhaut auf seinen Fingerknöcheln und die Gewaltbereitschaft seines Auftretens gar nicht aufgefallen. Selbst daß er den verhangenen, feuchten, unsteten Blick eines Psychopathen hatte, merkte man nicht sofort. Harris trug seine Gefährlichkeit nicht zur Schau, er lebte sie. Der Mann verstand sich auf Tarnung.

Harris hatte über zwei Drittel seines Erwachsenendaseins hinter Gittern verbracht wegen eines halben Dutzends verschiedener Straftaten, vom Autodiebstahl bis zum bewaffneten Raubüberfall; in Alabama hatte er sogar einmal lebenslänglich bekommen. Gut ein Jahr, bevor er in Queens wegen einer Serie von Vergewaltigungen (sowie wegen bewaffneter Raubüberfälle auf neun Boutiquen im Bezirk Nassau) verhaftet wurde, war er in Alabama aus der Haft entlassen worden. Bei meinen Ermittlungen hatte ich den Eindruck, daß Harris seit seiner letzten Entlassung jeden Tag eine Vergewaltigung oder einen Raub begangen haben mußte.

Während der Fahndung hatte die Presse ihm den Spitznamen »Verfolger« gegeben, weil er den Opfern, die er vergewaltigen wollte, oft auf den Fersen blieb, bis er sicher sein konnte, daß sie allein waren, bevor er sie mit vorgehaltener Pistole in seinem Wagen entführt hatte. Doch das war nur eine Erscheinungsform seiner Kriminalität. Man kann nicht sagen, daß Harris' Straftaten einem bestimmten Muster folgten. Dieser Mann war unberechenbar, ein Raubtier, das jede Gelegenheit nutzte. Er vergewaltigte Frauen verschiedenen Alters – die jüngste war vierzehn, die älteste sechzig Jahre alt. Er vergewaltigte eine Braut, die sich in der Hochzeitsnacht in die Hotelhalle gewagt hatte, um Eis zu holen. Er vergewaltigte eine Frau, die morgens um neun vor ihrem Haus in ihren Wagen steigen und zur Arbeit fahren wollte. Er vergewaltigte ein Schulmädchen auf dem Heimweg von der Schule. Er vergewaltigte eine Spaziergängerin in einem abgelegenen Park. Er raubte Ware aus Autoreifengeschäften und Modeboutiquen und hortete das Diebesgut. Er hatte immer einen Revolver bei sich. Seinen Opfern sagte er mit größter Gelassenheit, wenn sie nicht täten, was er wollte, werde er sie töten. Niemand hat je an seinen Worten gezweifelt. Eine junge Frau erklärte, sie ließe sich eher umbringen, als mit ihm zu gehen. Er schlug mit der Pistole auf sie ein, bis sie nicht mehr konnte.

Harris' Vergewaltigungen waren anders als die anderer Sexualverbrecher. Sie fügten zwar dem Opfer nicht weniger Leid zu, doch es waren reine Gelegenheitstaten. Hier fehlte die dumpfe Besessenheit anderer Fälle. Bei den meisten Vergewaltigern ist die Demütigung eines anderen Menschen wesentlicher Bestandteil der Tat. Sie sind darauf aus, das Opfer zu entwürdigen und Macht auszuüben, auch wenn sie »nur« einen Raub begehen. Wenn solche Täter stehlen, dann gehört es für sie dazu, dem Opfer mit Gewalt ihren Willen aufzuzwingen. Bei Harris konnte von dumpfer Besessenheit keine Rede sein; die Psychopathologie seiner Persönlichkeit bestand darin, daß er sich mit Hilfe seines Revolvers schlichtweg alles nahm, was er wollte.

Als ich Shelvie Harris' Akten durchlas, lief es mir eiskalt den Rücken runter. Ich bekam die zweiundzwanzig Vorgänge nicht auf einmal auf den Tisch. Die Sonderabteilung erhob häppchenweise Anklage und überging alles, was ihr nicht schmeckte. Einmal wäre

Harris beinahe auf frischer Tat ertappt worden. Er konnte flüchten, mußte aber seinen Wagen und die Pistole zurücklassen. Die Sonderabteilung klagte ihn wegen der versuchten Vergewaltigung an, die die Polizei vereitelt hatte, hielt es aber nicht für nötig, ihn auch wegen illegalen Waffenbesitzes anzuklagen. Auf mein Drängen holte man das nach. Aber eigentlich verstand niemand, warum mir das so wichtig war und wieso ich meinte, die Geschworenen müßten informiert werden, um sich ein richtiges Bild vom Täter zu machen.

Der Verteidiger war kein Anfänger. Er sah, daß es zu viele Anklagepunkte gab und zu wenige Gegenargumente. Er sprach mich wegen eines Deals an. Ich fragte, wann er das letzte Mal beim Psychiater war. Aber er wollte ernsthaft mit mir reden.

Bei seinem Vorstrafenregister und als Wiederholungstäter konnte Harris zu fünfundzwanzig Jahren bis lebenslänglich verurteilt werden. Das Gesetz ließ dem Richter allerdings auch die Möglichkeit, ihn *nicht* als Wiederholungstäter einzustufen. Ich konnte wegen jeder der zweiundzwanzig Anklagen einen Extraprozeß anstrengen, und wenn ich Pech hatte, kam Harris trotzdem mit sechs bis zwölf Jahren davon. Das Strafrecht des Staates New York stellt es dem Richter grundsätzlich frei, gegen einen Vergewaltiger Milde walten zu lassen. Der Verteidiger sagte mir, der Angeklagte sei bereit, sich schuldig zu bekennen, wenn man ihm zwanzig Jahre bis lebenslänglich garantierte. Bei einem so hohen Strafmaß konnte ich einen Deal schlecht ablehnen.

Die Opfer, der Verteidiger und ich kamen zu einer Einigung. Der zuständige Ermittlungsrichter, Joseph Asserta, war sehr zufrieden mit der Absprache. Wir brauchten nur noch die Anklagen zusammenzufassen, dann war der Fall erledigt. Normalerweise wurden sämtliche Anklagen gegen einen Täter vor demselben Richter verhandelt, aber das war durchaus kein ehernes Gesetz.

Ehe die Akten bei Asserta ankamen, landeten sie bei Richter Decatur, der auch den Vorsitz im Prozeß gegen Johnny Washington geführt hatte. Der Verteidiger und ich erklärten ihm, daß wir uns mit Richter Asserta geeinigt hatten. Er möge die Vorgänge doch an ihn weiterleiten lassen. Decatur wollte wissen, wieso. Die Richter werden für die Menge und die Art der Deals, die sie vermitteln, prämiert. Als Decatur hörte, daß es bei Harris um zweiundzwanzig Anklagen wegen Schwerverbrechen ging, fragte er gar nicht mehr, wie die Anklagen im einzelnen lauteten; auch der Täter interessierte ihn nicht. Er erklärte dem Verteidiger kurzerhand, bei ihm bekäme Harris nicht zwanzig, sondern nur fünfzehn Jahre bis lebenslänglich. Die Verteidigung brauche ihm bloß alle Unterlagen zu schicken. Ich erhob – wie immer bei diesem Richter – Einspruch, der – wie immer – abgelehnt wurde. Meine Meinung zählte nicht. Das Gesetz ermächtigte ihn, seinen Deal auch gegen die Staatsanwaltschaft durchzusetzen.

Ich erzählte Asserta, was passiert war, und der versalzte Decatur prompt die Suppe, pochte auf sein Dienstalter und bestand darauf, sämtliche Anklagen zu verhandeln. Um den Verteidiger bei Laune zu halten, stimmte er allerdings dem Deal zu, den Decatur vorgeschlagen hatte. Ich ließ nicht locker, wandte mich sogar an Santuccis Ressortleiter für Prozesse und bat ihn einzugreifen, doch Asserta blieb stur. Pech für mich. Er konnte schalten und walten, wie es ihm paßte; er brauchte meine Einwilligung nicht. Offenbar war ihm die Prämie für den Deal wichtiger als die Chance, dem Ressortleiter Prozesse einen Gefallen zu tun, oder den »Verfolger« für weitere fünf Jahre hinter Schloß und Riegel zu bringen.

Ich kämpfte erbittert gegen den Deal. Ein Prozeß. Zweiundzwanzig Prozesse. Ich war bereit. Die Antwort hieß nein.

Ich konnte Asserta nicht das Handwerk legen, aber ich konnte ihm jede Menge Arbeit machen. Ich ließ den Angeklagten zu jeder einzelnen Anklage Punkt für Punkt Schuldbekenntnisse ablegen und war trotzdem nicht bereit, zu Protokoll zu geben, daß seine Bekenntnisse mich zufriedenstellten. Bei jedem Punkt argumentierte ich, bettelte, flehte den Richter an, sich die Sache noch einmal zu überlegen. Asserta war außer sich über meine Unnachgiebigkeit, aber er blieb eisern. Shelvie Harris bekam fünf Jahre weniger als die Mindeststrafe und damit die Chance auf Bewährung – als kleine Aufmerksamkeit von unserer wunderbaren Strafjustiz.

2

Ich lernte nicht nur, was Vergewaltiger sind. Ich lernte auch, wie unsere Justiz mit Sexualverbrechen umgeht. Die erste Lektion trug die Überschrift »Richter«.

Damals wurde die Anklageerhebung von einem sogenannten Komplexrichter durchgeführt, der auch alle weiteren Vorverhandlungen leitete, über Kautionsgesuche, Anträge und Dealangebote entschied und so lange den Vorsitz führte, bis beide Seiten für den Prozeß bereit waren. Danach ging der Fall nach dem Zufallsprinzip an irgendeinen gerade freien Richter in einer der drei Niederlassungen des Obersten Gerichts von Queens. Um das Chaos perfekt zu machen, lagen die drei Gerichtsgebäude kilometerweit auseinander.

Meistens hatte ich mit zwei bestimmten Komplexrichtern zu tun. Der eine war Asserta. Jedenfalls so lange, bis er sich den Vorsitz im Prozeß Shelvie Harris zurückerobert hatte. Er war schon damals ein barscher, starrsinniger alter Mann, aber ich kam ganz gut mit ihm aus. Seine Anerkennung zeigte er, indem er die anderen Staatsanwälte anschrie, sie sollten sich ein Beispiel an mir nehmen. Das war zu der Zeit, als er es noch schön fand, wenn ich ihm mit »bereit zum Prozeß« antwortete. Nachdem ich ihn allerdings im Fall Shelvie Harris bekämpft hatte, war er nicht mehr so von mir angetan.

Ein paar Tage nach Harris' Verurteilung ging der Ressortleiter Prozesse in einer anderen Angelegenheit zu Asserta. Dieser ließ ihn kurzerhand aus dem Gerichtssaal werfen und sagte, er solle sich nie wieder blicken lassen. »Das gilt auch für die da«, fügte er hinzu, und jeder wußte, daß er mich meinte.

Es dauerte volle sechs Monate, bevor ich wieder mit Asserta zu tun hatte. In diesem Fall wären wir fast um den Prozeß herumgekommen, denn der Angeklagte wollte sich schuldig bekennen, was mir sehr recht war. Das einzige Hindernis bestand darin, daß der erste Anklagepunkt unvollständig war und die Bezirksstaatsanwaltschaft mir aus unerfindlichen Gründen nicht erlauben wollte, ihn fallenzulassen. Wir mußten also die Formalitäten der Beweisaufnahme hinter uns bringen, und ich wartete die ganze Zeit auf das Donnerwetter, das Asserta mir angedroht hatte, falls ich ihm noch einmal im Gerichtssaal unter die Augen träte. Schließlich hatte der Richter keine andere Wahl, als den unvollständigen Anklagepunkt fallenzulassen. Daraufhin bot der Beklagte an, sich in allen übrigen Punkten schuldig zu bekennen. Asserta fragte, was ich davon hielte. Ich erinnerte ihn daran, daß er meine Einwilligung nicht brauchte. Er darauf: »Das weiß ich. Aber wenn ich ja sage und Ihnen das nicht paßt, dann machen Sie mir doch wieder die Hölle heiß.« Da wurde mir klar, daß er die ganze Zeit über noch mehr Angst vor mir gehabt hatte als ich vor ihm.

Nicht lange danach geriet Asserta durch eine rassistische Äußerung in die Schlagzeilen und mußte seinen Abschied nehmen. Bei dem Fall gab es zwei Täter, von denen aber nur einer festgenommen worden war. Der Angeklagte, ein Schwarzer, beteuerte bei seiner Verurteilung, allein gehandelt zu haben. Der Richter wollte ihm das nicht abnehmen. »Ich weiß genau, daß noch ein Nigger im Busch war«, sagte er. Als diese Äußerung durch die Presse ging, behauptete Asserta, er habe es nicht so gemeint.

Dagegen war mein zweiter Komplexrichter ein Ausbund an Würde und Höflichkeit. Er hatte weißes Haar, war äußerst charmant und ein Gentleman vom Scheitel bis zur Sohle. Und er wurde später wegen Korruption verurteilt und kam ins Gefängnis.

Irgendwie kam ich auch mit ihm zurecht. Aber mir war klar, daß das nicht ewig so bleiben würde. Der Mann war enorm milde in seinen Urteilen, und ich rechnete damit, daß wir uns früher oder später über ein Dealangebot von mir in die Wolle kriegen würden. Er überraschte mich.

Bei einer Besprechung am Richtertisch begriff ich, wie sehr ich mich geirrt hatte. Von den Mordanklagen und vom Vorwurf der Vergewaltigung war der Angeklagte bereits freigesprochen, da das Opfer nicht bereit gewesen war, gegen ihn auszusagen. Blieb nur noch eine Anklage wegen Raubüberfalls mit nur einem Zeugen, und selbst wenn es zur Verurteilung kam, war klar, daß er mit der Mindeststrafe davonkäme.

Egal, ob Deal oder Prozeß, ich wollte, daß der Angeklagte die Höchststrafe bekam und sagte es dem Richter. Er wußte, daß bei mir mit Vernunft nicht viel zu machen war. »Was für einen Deal schlagen Sie vor?« fragte er.

»Hören Sie«, sagte ich zu ihm, »der Kerl ist wirklich übel. Ich weiß, Sie können ihn Schuldbekenntnisse zu den einzelnen Anklagepunkten ablegen lassen und ihm einen viel besseren Deal geben, als ich anzubieten habe. Tun Sie das bitte nicht. Ich bin bereit zum Prozeß. Überlassen Sie mir den Kerl.« Der Richter willigte ein, den Fall in der ersten Instanz verhandeln zu lassen. Kein Deal. Prozeß. Verurteilung. Mehr Zeit, das Strafmaß auszuhandeln, als ich bei einem Deal gehabt hätte.

Als dieser Komplexrichter wegen Korruption angeklagt wurde, hoffte ich inständig, daß sich seine Unschuld erweisen werde.

Richter vermitteln nicht nur Deals, sie können auch Verdikte ändern. Da nach unserer Rechtsprechung das Verdikt einer Geschworenenjury die Grundbedingung für eine Verurteilung ist, die Geschworenen aber nicht selten in Vorurteilen befangen sind, entgehen viele Vergewaltiger ihrer gerechten Strafe. Jede Jury versucht, diese Vorwürfe ins Spiel zu bringen, und derjenige, an den sie sich dabei zu allererst wenden, ist natürlich der Richter.

Viele Richter signalisieren den Geschworenen auf die eine oder andere Weise, welche Meinung sie selber vertreten. Oder sie ergreifen im Prozeßverlauf so deutlich Partei gegen die Anklagevertretung, daß der Angeklagte trotz erwiesener Schuld nicht verurteilt wird. Da der Staatsanwalt nicht auf Freispruch plädieren darf, kann ein Richter, der sich voll auf die Seite der Verteidigung stellen will, dies sehr viel offener tun als einer, der auf Seiten der Anklage steht. Und dann gibt es natürlich noch Kollaborateure unter den Richtern.

Wenn ein schlechter Richter den Geschworenen bei einem Vergewaltigungsprozeß seine eigene Meinung signalisiert, geht das fast immer gegen das Opfer. In einem meiner Prozesse schüttelte die Richterin bei der Aussage des Opfers fortwährend ungläubig den Kopf. Das Opfer war ein blutjunges Mädchen, ein unglückliches Geschöpf, dessen altersbedingte Aufsässigkeit durch die schwierigen häuslichen Bedingungen noch verschärft wurde. Sie hatte den Angeklagten auf der Straße kennengelernt, abends mit ihm auf dem Schulhof rumgehangen. Es hatte über ein Jahr gedauert, bis der Fall zur Verhandlung kam. Zum Zeitpunkt ihrer Zeugenaussage war die Kleine im achten Monat schwanger. Man hatte sie in ein Heim für ledige Mütter gesteckt, und dank der Bemühungen der dortigen Sozialarbeiterin war sie gerade im Begriff, sich allmählich von den Depressionen zu befreien, in die die Vergewaltigung und ihre schwierige familiäre Situation sie gestürzt hatten. Zumindest hatte sie genug Selbstvertrauen, um vor Gericht zu erscheinen und den Geschworenen zu sagen, daß es ihr keinen Spaß gemacht hatte, vergewaltigt zu werden. Die Richterin, die hinter dem Opfer saß, gab den Geschworenen durch ihr Verhalten zu verstehen, daß sie dem Mädchen nicht glaubte.

Die Kleine sagte aus, sie habe den Angeklagten am Tatabend getroffen und sich eine Weile mit ihm unterhalten. Sie seien spazierengegangen und schließlich auf einem verlassenen Schulhof gelandet. Sie habe ihm von ihren Problemen erzählt und ihn in ihre Geheimnisse eingeweiht. Im Prozeß hat er diese Informationen dann übrigens gegen sie benutzt, aber an jenem Abend fühlte sie sich von ihm verstanden. All das hatte sich geändert, als er Sex wollte und sie nicht. Sie hatte geschrien. Irgendwer hatte die Polizei gerufen, doch bis der Streifenwagen kam, war es schon passiert.

Ich war diejenige, die der Klägerin sagen mußte, daß die Jury »nicht schuldig« gestimmt hatte. Am nächsten Tag rief mich die Sozialarbeiterin aus dem Heim an, das Mädchen sei weggelaufen. Ob ich vielleicht wüßte, wo sie stecken könnte.

Manchmal wünsche ich mir, daß nicht nur Ankläger, sondern auch Richter solche Anrufe bekämen. Dann hätte diese Richterin sich vielleicht ihr höhnisches Kopfschütteln während der Zeugenaussage verkniffen. Aber das ist eine Illusion. Sie bekam den Anruf, den solche Richter in der Regel kriegen: Sie ist jetzt nicht mehr bei der

Strafkammer, sondern am Appellationsgericht. Ihre Berufung wurde gefeiert als ein Schritt vorwärts für Frauen im Justizwesen.

Strafrichter werden entweder (vom Bürgermeister oder Gouverneur) berufen oder sie werden gewählt. Bei der Berufung hat die Öffentlichkeit kein Mitspracherecht. Theoretisch stehen die gewählten Richter eine Stufe höher als die berufenen und sind der Öffentlichkeit Rechenschaft schuldig. Die Nominierung ist jedoch von so vielem abhängig, daß man zumindest in Queens davon ausgehen kann, daß gewählt wird, wer die Billigung der Kreisorganisation der Demokratischen Partei hat. In den Medien wurde immer wieder berichtet, daß bei der Wahl von Richtern die reinste Vereinsmeierei herrscht, aber das System ist bis heute nicht reformiert worden.

So kommt es, daß selbst Richter, die nicht gewählt sind, im Obersten Gericht sitzen und große Strafprozesse leiten. Einer davon war der Richter, der Johnny Washington verurteilt und im Fall Shelvie Harris den Deal unterboten hat.

In Queens gab es mehr schlechte Richter als in jedem anderen New Yorker Gerichtsbezirk. Vielleicht hing das damit zusammen, daß man den Richtern bei uns mehr Spielraum ließ als anderswo. Einmal beschwerte ich mich bei Santuccis Ressortleiter Prozesse über einen extrem unfähigen Richter. Der Ressortleiter bat mich, eine Aktennotiz zu schreiben. Meine Notiz wurde abgeheftet, und damit war die Sache erledigt. Ich begriff, daß ich derartige Probleme auf meine Weise regeln mußte.

Offen um einen bestimmten Richter zu feilschen ist den Anwälten nicht erlaubt. Doch es gibt genug Möglichkeiten, bei dem Vorsitzenden zu landen, den man sich wünscht.

Da ich mit den Komplexrichtern und ihren Mitarbeitern bei Gericht gut auskam, arbeiteten wir so gut es ging zusammen. Wenn ich bereits mit einem Prozeß beschäftigt war und einer meiner prozeßbereiten Fälle im Komplex erschien, wurden die entsprechenden Akten zur Information an den Strafrichter weitergeleitet, der den Vorsitz in meinem gerade verhandelten Prozeß innehatte, natürlich nur, wenn der Richter einverstanden war. Es dauerte nicht lange, und ich wußte, was ich zu tun hatte, um bei dem Richter zu bleiben, den ich wollte. Ich mußte nur einen guten, fleißigen Richter finden und dann versuchen, eine ganze Kette von Fällen nacheinander zu führen.

So geriet ich an die Richterin Julie Soleil. Sie saß meistens in Long Island City in einem schönen alten Gerichtsgebäude, das häufig als Kulisse für historische Filme diente. Hohe Korridore und Verhandlungssäle, weiße Wände mit Mahagonypaneelen, Marmorfußböden. Das oberste Stockwerk, wo Richterin Soleil saß, hatte sogar ein großes bleiverglastes Kuppeldach. Der Bau war wirklich hübsch, trotzdem hätte ich mich normalerweise nicht darum gerissen, dorthin zu fahren. Das Gericht lag nicht besonders verkehrsgünstig, war schlecht gesichert und gefährlich. Nach Einbruch der Dunkelheit war die Gegend wie ausgestorben, und im angrenzenden Gefängnis kam es immer wieder zu Ausbrüchen. Doch für eine gute Richterin nahm ich all das gern in Kauf.

Julie Soleil war eine Dame. Unter der Robe trug sie Spitzenkragen und Perlenkette. Mit sanfter Stimme verkündete sie die schwersten Freiheitsstrafen und hielt dabei den Kopf gesenkt, als täte sie das nur ungern.

An Richterin Soleil gefiel mir, daß sie für juristische Argumente offen war und sich bei ihren Entscheidungen stets im Rahmen des Gesetzes bewegte. Eigentlich sollte das das mindeste sein, was man von einem Richter erwarten kann, aber leider sind bei weitem nicht alle so.

Der Prozeß, bei dem Julie Soleil den Vorsitz führte, wäre in so manchem anderen Gericht in Queens durch einen vorab verordneten Freispruch umgangen worden. Das Opfer war ein dickes, reizloses, unsympathisches junges Mädchen. Alle Frauen, die ich kenne, fanden sich als Teenager plump und häßlich, aber dieses Mädchen war es wirklich. Sie war in einen allseits umschwärmten Jungen verknallt, einen hübschen sportlichen Burschen; er hatte alles, was sie nicht hatte und gern haben wollte. Eines Abends begegnete sie ihm zufällig in ihrer Nachbarschaft. Sie hätte mit Freuden getan, was er wollte; er hätte sie nur bitten müssen. Statt dessen zwang er sie zum Geschlechtsverkehr – mit ihm und mit seinem Freund. Es war gewissermaßen eine Gelegenheitsvergewaltigung. Er tat es, weil er Lust dazu hatte, die Gelegenheit günstig war, und warum schließlich nicht?

Die Familie des Opfers scherte sich tatsächlich nicht um ihn. Die Kleine wurde von ihren Brüdern beschimpft, weil sie sich hatte vergewaltigen lassen. Die Mutter unterbrach nicht einmal ihren Bowlingabend, um mit ihr zur Polizei zu gehen.

Das Opfer ging allein zur Polizei. Einer der beiden Vergewaltiger, der Freund des Jungen, wurde verhaftet. Er kam vor Gericht und hatte seinen eigenen Verteidiger. Die Geschworenen mochten die Klägerin nicht. Sie war auch nicht sehr liebenswert, hatte kein Talent, Mitgefühl zu erwecken. Im Kreuzverhör beantwortete sie nicht einmal die einfachsten Fragen des Verteidigers und rechnete nicht damit, daß die Geschworenen ihr glaubten. Sie war vor Gericht gegangen, weil das für sie selbst wichtig war. Daß dieses Mädchen keinen Anspruch auf Gerechtigkeit haben sollte, machte mich wütend. Der ganze Fall machte mich wütend.

Das Verdikt der Geschworenen lautete »schuldig«. Hinterher erzählte mir einer von ihnen, er sei schon mal Geschworener in einem Mordprozeß gewesen und finde Vergewaltigung härter als Mord.

Es dauerte über ein Jahr, bis der Mittäter aufgespürt und festgenommen wurde. Ich setzte mich mit dem Opfer in Verbindung. Sie lebte inzwischen ihr eigenes Leben, hatte einen Mann gefunden und einen Sohn bekommen. Aber sie war noch immer bereit, den Vergewaltiger zu verklagen. Ich setzte eine Anklageschrift auf und drohte, der zweite Täter werde als Zeuge auftreten. Die Jury kam also nicht umhin, einen Schuldspruch zu fällen. Als ich der Klägerin mitteilte, daß *beide* Vergewaltiger hinter Gittern waren, staunte ich, wie sehr sie sich darüber freute. Wenn ihr Sohn älter sei, sagte sie, werde sie ihm die Geschichte erzählen.

Ich hätte dem Sohn gern erzählt, daß ich von seiner Mutter gelernt hatte, was es heißt, Mut zu haben.

Schon bevor ich anfing, mich mit dem Thema zu beschäftigen, hatte ich immer wieder gehört, daß Vergewaltigung praktisch jedem passieren kann. Daher hatte ich keine Mühe, die Opfer als Menschen zu sehen. Manche mochte ich mehr, andere weniger. Aber ganz gleich, ob berechnend, langweilig oder unsympathisch, jeder konnte zum Opfer werden.

Daß man als Anklägerin von Sexualverbrechen mit so vielen mutigen Menschen zu tun hat, das hatte ich nicht geahnt. Mut war das, was allen Opfern gemeinsam war, denen ich den Rücken stärken durfte, wenn sie vor Gericht schildern mußten, wie sie vergewaltigt worden waren.

Andere Ankläger hätten gern noch mehr Gemeinsamkeiten gehabt. Sie wollten alle Vergewaltigungsopfer in ein bestimmtes Schema pressen. Gerade bei Prozessen gegen Sexualverbrecher hängt der Spruch der Jury wesentlich davon ab, ob die Geschworenen das Opfer sympathisch finden. Darum wünscht sich jeder Ankläger »gute« Opfer.

In New York haben »gute« Opfer entweder einen ordentlichen Job (etwa Börsenmakler oder Buchhalterin) oder einen makellosen gesellschaftlichen Status (etwa Ehefrau eines Polizisten); sie sind gebildet und redegewandt und vor allem vorzeigbar, das heißt sie sind attraktiv, aber nicht zu attraktiv, und sie sind zurückhaltend, lassen sich aber nicht über den Mund fahren. Sie dürfen die Fassung verlieren, aber immer in den Grenzen des guten Geschmacks, und vor allem dürfen sie niemals hysterisch werden. Außerdem müssen sie dem Ankläger hundertprozentig vertrauen und sich auf alles einlassen, was der Staatsanwalt beschließt. Die Kriterien dafür, wie ein gutes Opfer zu sein hat, variieren von Region zu Region. So verlangt man zum Beispiel im Süden und im Mittleren Westen, wo es eher prüde zugeht, daß das Opfer eine gute Christin ist. Aber im Prinzip geht es immer um dieselben Dinge.

Solch eine Haltung ist nicht nur geschmacklos, sie ist regelrecht gespenstisch. Im Klartext heißt das nämlich, gegen Vergewaltigung an sich sei nichts einzuwenden, solange nicht die eigene Gesellschaftsschicht davon betroffen ist. Ein Ankläger, der Sexualverbrechen verfolgt, muß begreifen, daß man die Wölfe vor der eigenen Tür nicht mit einem anderen Köder loswerden kann. Die einzige wirksame Gegenwehr ist, sie zur Strecke zu bringen, sobald sie sich zum erstenmal nähern. Auch Vergewaltiger machen eine Entwicklung durch – oft vergewaltigen sie am Anfang Menschen, die sie kennen, und vergehen sich erst später an Fremden. Wenn sie beim ersten Opfer leichtes Spiel hatten, werden sie dreister. Dann glauben sie, wir alle seien leichte Beute.

Man sagt immer, vergewaltigt zu werden könne jedem passieren. Vergewaltiger, sagt man immer, machen keinen Unterschied. Es stimmt in der Tat, daß reiche Erbinnen und Nonnen ebenso vergewaltigt werden wie Urgroßmütter. Aber es geschieht auch Geisteskranken, Drogendealerinnen, Junkies, Huren, Diebinnen und Lügnerinnen. Vergewaltiger machen sehr wohl Unterschiede. Sie suchen sich mit Vorliebe Menschen aus, die sie für schwach halten, denen sie nicht zutrauen, daß sie die Täter vor Gericht bringen. Manchmal bedeutet das, daß sie ein Kind vergewaltigen, weil man in unserem Lande Kindern, die sagen, sie seien vergewaltigt worden, selten zu glauben scheint. Und manchmal versuchen sie uns weiszumachen, das, was sie getan haben, sei gar keine richtige Vergewaltigung gewesen. Wenn uns das Opfer unsympathisch ist, geht diese Taktik sehr oft auf.

Der Vergewaltiger ist wie ein Raubtier. Er sucht sich leichte Beute. Bei einem Vergewaltiger, der fremde Frauen überfällt, kann das bedeuten, daß er sich eine kleinwüchsige Frau aussucht oder eine, die blind oder betrunken oder sonst irgendwie wehrlos ist. So werden immer wieder Behinderte oder ältere Frauen, die in Pflegeheimen leben, Opfer sexueller Übergriffe. Selbst Kinderschänder (bei denen schon der Begriff sagt, daß sie sich Opfer aussuchen, die ihnen unterlegen sind) machen Unterschiede. Sie stürzen sich besonders gern auf lernschwache oder sehr kleine Kinder oder auf solche, die emotional besonders dünnhäutig sind. Im Vertrauen auf den in der amerikanischen Justiz herrschenden Rassismus suchen sich viele weiße Pädophile farbige Opfer. Vergewaltiger vertrauen darauf, daß die bestehenden Vorurteile sie schützen. »Sie hat es nicht anders verdient«, heißt ihre Formel, und sie können ziemlich sicher sein, daß die Kollaborateure diesen Satz nicht als »Sie war zu schwach« interpretieren, sondern daraus hören: »Sie war zu sexy.«

Vergewaltiger neigen eher als alle anderen Verbrecher dazu, es auf einen Prozeß ankommen zu lassen, weil sie im Grunde ihres Herzens davon überzeugt sind, daß alle Männer, auch die auf der Geschworenenbank, Frauen vergewaltigen würden, wenn sie nur den Mut dazu hätten. Nur allzu oft werden sie in dieser Annahme durch Verteidiger bestärkt, die vor Gericht versuchen, das Opfer zum Schuldigen zu machen.

Ich habe gelernt, daß es möglich ist, Vergewaltiger vom Gegenteil zu überzeugen. Das lehrten mich zwei Täter, die zusammen mit ihrer Gang die beste Leichtathletin einer High School in unserem

County sexuell belästigt hatten und festgenommen wurden. Weil das Opfer unmittelbar vor dem Übergriff mit ihnen zusammen eine Party gefeiert hatte, wurde die Tat nicht als Vergewaltigung angesehen, und die beiden wurden auf Kaution entlassen. Sie lachten sich ins Fäustchen, weil das Gericht sich immer wieder vertagte und sie auf diese Weise die Freiheit vor dem Prozeß um so länger genießen konnten. Kurz vor Prozeßbeginn wurden sie erneut festgenommen, weil sie abermals mit einer Gang eine Frau gekidnappt und in ihrem Wohnwagen vergewaltigt hatten. Dieser Fall sorgte für Schlagzeilen, weil die Täter verschiedenen Rassen angehörten und außerordentlich brutal vorgegangen waren. Obwohl die Kaution annulliert wurde, bestanden beide Täter auf einem Prozeß.

Der Wohnwagenfall wurde einem Staatsanwalt der Abteilung Kapitalverbrechen übertragen, während ich den Fall der Leichtathletin betreute. Die beiden Angeklagten weideten ich daran, wie ihre Verteidiger das junge Mädchen schikanierten. Sie hatte getrunken. Und sie war schwarz, genau wie die Täter. Auf der Geschworenenbank saßen größtenteils Männer. Die Angeklagten waren unverhohlen arrogant und von einem enormen Selbstbewußtsein, sie lachten das Opfer sogar aus, als es den Zeugenstand verließ. Als die Jury sie schuldig sprach, waren sie sichtlich verblüfft. Damit hatten sie nicht gerechnet. Kurz darauf bekannten sie sich im Wohnwagenfall schuldig.

Es ist sehr wichtig, sich nicht vom Wesentlichen ablenken zu lassen. Und gerade, wenn es um die Opfer geht, lassen sich die Geschworenen nur allzu oft ablenken.

Selbst die Bezeichnung für Opfer, die die Täter verklagen, ist umstritten. Ich nenne die Klägerinnen nicht »Überlebende«, sondern »Opfer«, kann aber gut verstehen, daß Frauen, die vergewaltigt wurden, sich nicht allein aufgrund dieser Tatsache neu definieren wollen. Wenn sie jedoch vor einer Jury stehen, sind sie allesamt Opfer. Der Begriff ermöglicht die Konzentration auf das Wesentliche.

Richter, die sich zu Komplizen der Verteidigung machen und zulassen, daß dem Opfer beim Prozeß die Schuld in die Schuhe geschoben wird, können so die Gerechtigkeit aus ihrem Gerichtssaal aussperren. Manchmal besteht die Komplizenschaft – leider übrigens auch bei Staatsanwälten – einfach darin, daß ein Verteidiger nicht rechtzeitig ermahnt wird. Die Richter und Staatsanwälte haben viel mehr Möglichkeiten als die Verteidigung, Verrat am Opfer zu begehen, aber die Opfer fürchten vor allem die Verteidiger.

Ich gebe zu, ich habe große Hochachtung vor Rechtsanwälten, die sich weigern, Vergewaltiger und Menschen, die Kinder mißbraucht haben, zu verteidigen. Auch ein Pflichtverteidiger muß nicht jeden Fall übernehmen. Erfahrene Verteidiger haben das Recht und vielleicht sogar die Pflicht, nach ethischen Grundsätzen abzuwägen, welche Mandanten sie unterstützen. Die Verteidiger genießen keinen besonders guten Ruf. Trotzdem hatte ich sehr oft das Glück, auf anständige Anwälte zu treffen.

Achtung habe ich auch vor Anwälten, die Sexualverbrecher erfolgreich vertreten und die Haltung ihrer Mandanten gegenüber den Opfern teilen und *nicht* versuchen, vor Gericht das Opfer zum Schuldigen zu machen.

Aber es gibt auch Verteidiger, die sich mit den Vergewaltigern, die sie verteidigen, identifizieren und sichtlich daran weiden, eine Frau im Kreuzverhör zu demütigen. Solch einen Verteidiger habe ich im Gerichtssaal von Richterin Soleil erlebt.

Das war eines der wenigen Male, daß ich diese Richterin richtig wütend erlebt habe, aber ihre Wut richtete sich im Gegensatz zu meiner *nicht* gegen den Verteidiger.

Der Angeklagte Wendell Nance hatte sich im Gefängnis einer Sekte angeschlossen, die sich *Black Jews* (Schwarze Juden – A.d.Ü.) oder *Black Hebrew Israelite* nannte und Jahwe als ihren Gott verehrte. Später änderte sie ihren Namen in *Yahwehs.* Sie rekrutierte ihre Mitglieder unter den Insassen der Gefängnisse von Queens, und etliche Vergewaltiger waren ihr beigetreten. Offenbar wurde dieses Verbrechen von der Sekte akzeptiert.

Am ersten Prozeßtag waren an die zwanzig *Yahwehs* im Gerichtssaal. Sie trugen weiße Turbane und islamische Gewänder, was natürlich als Provokation an die Adresse der *Black Muslims* zu verstehen war.

Die *Yahwehs* veranstalteten einen ziemlichen Lärm. Vor allem brüllten sie in regelmäßigen Abständen irgendwelche Gebetsformeln provozierend in den Saal. Immer wenn die Staatsanwaltschaft ermahnt wurde, schrien sie zigmal hintereinander »Gelobt sei der Schöpfer!« Die Richterin war darüber sehr viel wütender als ich. Ich konnte mir vorstellen, daß die Geschworenen wenig Verständnis für das Benehmen der Sektenbrüder haben würden. (Viele Jahre später stellte sich heraus, daß ich recht hatte, und zwar in einem Prozeß, in dem Mitglieder *Yahwehs* wegen Kindesmißhandlung vor Gericht standen.)

Nachdem wir die endlosen Präliminarien hinter uns gebracht hatten und Wendell Nance wieder in seiner Zelle saß, rief Richterin Soleil die Sektenmitglieder zu sich und erklärte ihnen, daß sie gern im Gerichtssaal bleiben dürften (die Verfassung garantiert jedem Angeklagten das Recht auf einen öffentlichen Prozeß), doch wenn die Geschworenen da seien, müßten sie sich ruhig verhalten. Darauf erwiderten die Männer, sie hätten »die Pflicht, Gott zu loben«. Das nahm ihnen die Richterin nicht ab. Ein Wort gab das andere, und die Sektenmitglieder machten den Fehler, den höflichen Ton, in dem Julie Soleil mit ihnen redete, für Schwäche zu halten. Sie glaubten, sie könnten die Richterin einschüchtern, diese hingegen meinte, sie mit vernünftigen Argumenten zur Räson bringen zu können. Beide Seiten irrten sich. Am Ende warf Julie Soleil sie aus dem Saal und schloß sie für die gesamte Dauer des Prozesses aus.

Aber so leicht gaben die *Yahwehs* sich nicht geschlagen. Während des gesamten Prozesses hielten sie täglich im und vor dem Gerichtsgebäude von Long Island City ihre Gottesdienste ab. Ein paar davon habe ich selbst miterlebt, von den meisten habe ich nur durch Dritte erfahren.

Schließlich bekam ich für die Dauer des Prozesses polizeilichen Geleitschutz und mußte meine Zeugen durch die Hintertür in den Saal schleusen – als wären die Opfer nicht so schon verängstigt genug gewesen. Zu guter Letzt zelebrierte die Sekte im Park vor dem Gerichtsgebäude eine »Messe«, bei der sie nicht nur die Richterin und mich, sondern auch das Gebäude selbst mit einem Fluch belegte. Danach verschwanden die *Yahwehs*, angeblich weil sie nicht in Reichweite sein wollten, wenn der Zorn ihres Gottes uns traf. Ich hatte meine eigenen Vorstellungen davon, wie Gott sich den Ausgang dieses Prozesses wünschte.

Als die Sekte noch täglich ihre »Gottesdienste« abgehalten hatte, verletzte der Verteidiger eines von Nances Opfern mit so gezielter Grausamkeit, daß mir die *Yahwehs* darüber vollkommen unwichtig wurden.

Antoinette war ein junges Mädchen, fast noch ein Kind, und von ihrer Familie verwöhnt und verhätschelt. Der Prozeß machte ihr schwer zu schaffen. Hätte Daisy Bayard, die Mutter der Kleinen, ihr nicht den Rücken gestärkt, wäre Antoinette niemals in der Lage gewesen, Nance zu verklagen. Daisy Bayard war eine zupackende, lebhafte Mittvierzigerin mit beträchtlichem Sexappeal, eine Frau, die sich nicht die Butter vom Brot nehmen ließ. Sie liebte schöne Dinge und Spaß, mehr als alles andere aber liebte sie ihre Tochter. Doch trotz aller Zärtlichkeit und Ermutigung, die Antoinette von ihrer Mutter bekam, war schwer zu sagen, ob das Mädchen die Kraft haben würde, den Prozeß durchzustehen.

Es gibt Menschen, die diese Kraft einfach nicht haben. Ich kannte einmal eine Krankenschwester, die so um die Fünfzig war und fest davon überzeugt, daß eine Frau ihres Alters vor Vergewaltigung sicher sei. Sie mußte erleben, daß das nicht stimmt – eine Erfahrung, an der diese einstmals starke Frau zerbrach. Sie hatte immer gesagt, daß sie es nicht ertragen könne, vor Gericht auszusagen. Der vorherige Staatsanwalt hatte ihr versprochen, daß sie das auch nicht müsse. Ich überredete sie, es zumindest in der Vorverhandlung zu versuchen; vielleicht würde sie es ja weniger schrecklich finden als erwartet. Nach einer Viertelstunde brach sie zusammen. Der Richter wies die Klage ab, und der Täter verließ das Gericht als freier Mann. Der Verteidiger glaubte, er hätte gewonnen, und der Angeklagte war der Meinung, etwas wichtiges gelernt zu haben: Er brauchte das Opfer nur richtig kaputtzumachen, dann ging er straffrei aus. Er brauchte nur ein Opfer, das schwach genug war oder das er mit seinem Verbrechen genügend zerstörte, dann konnte er machen, was er wollte. Dieser Fall ist mir als einer der bittersten meiner Laufbahn in Erinnerung geblieben.

Nances Verteidiger wollte sehen, wie schwer Antoinette durch die Tat geschädigt war.

Wir waren gerade bei den Eröffnungsformalitäten, und ich sagte: »Die Anklage ruft Antoinette Bayard als Zeugin auf«. Sie kam bleich und verängstigt in den riesigen Gerichtssaal und wirkte noch kleiner, als sie so schon war. Auf dem Weg zum Zeugenstand mußte sie an den Geschworenen und am Verteidiger vorbei, und dann saß sie endlich auf dem hohen Lederstuhl. Als sie vereidigt werden sollte, stand sie sofort auf und schwor, die Wahrheit zu sagen, dann setzte sie sich wieder. Die steife Atmosphäre des Gerichtssaals schien sie von Minute zu Minute mehr einzuschüchtern.

Ich konnte gerade noch ihren Vornamen aussprechen, da erhob der Verteidiger Einspruch. Er sprang auf, fing wieder von Sachen an, die längst erledigt waren, wollte Zeit schinden, genoß es sichtlich, daß er die Aufmerksamkeit des Gerichts fesseln und Antoinette auf die Probe stellen konnte.

Als er endlich Ruhe gab, saß die Kleine ganz in sich verkrochen auf ihrem Stuhl. Sie war total am Ende. Jetzt ging es nur noch darum, die Sache schnell durchzuziehen. Ich verzichtete auf die üblichen Fragen zur Person, denn mir war klar, daß ich sie damit auch nicht mehr beruhigen konnte. Also probierte ich es ein bißchen anders:

– **Wie alt bist du, Antoinette?**
– **Vierzehn.**

Die Richterin bat sie, lauter zu sprechen, und sie wiederholte:

– **Vierzehn.**

Ich merkte an ihrer Stimme, daß sie beim besten Willen nicht lauter reden konnte. Also weiter.

– **Warst du am 25. Oktober 1981 daheim?**
– **Ja.**
– **Kannst du uns erzählen, was an dem Abend passiert ist?**
– **Ja, ich hab' gehört, wie jemand an die Tür geklopft hat . . .**

Und dann wurde ihr schlagartig klar, was sie jetzt aussprechen mußte und wie schwer das sein würde. Sie tat, was kleine Mädchen tun, wenn sie sich einer Situation nicht gewachsen fühlen:

– **Mir ist schlecht.**

Wir unterbrachen. Antoinette sah kreidebleich aus, war völlig verkrampft und wirkte so katatonisch, wie sie kurz nach der Vergewaltigung gewesen war. Sie brach zusammen. Sie weinte. Ihre Mutter nahm sie in den Arm und streichelte sie. Daisy ließ ihrer Tochter Zeit, doch nach einer Weile faßte sie Antoinette bei den Händen, schaute ihr fest in die Augen und sagte: »Du kannst das, ich weiß, daß du das kannst. Du hast die Kraft. Das weiß ich.« Und wiederholte immer wieder: »Ich liebe dich. Ich glaube an dich. Ich weiß, du kannst es, mein Schatz. Sag einfach die Wahrheit.«

Manchmal ist Kraft förmlich sichtbar, besonders wenn sie von einem Menschen in einen anderen strömt. Daisy schaffte es, Antoinette wieder so weit auf die Beine zu bringen, daß sie in den Zeugenstand zurückkehrte und es noch einmal versuchen konnte.

Was Antoinette zu berichten hatte, war der Alptraum jedes kleinen Mädchens. Diesmal gelang es ihr, alles zu erzählen.

Sie war allein zu Hause gewesen. Zigmal war ihr eingeschärft worden, was sie tun sollte, wenn ihre Mutter Nachtschicht hatte und sie allein in der Wohnung bleiben mußte. Sie wollte sich an diese Regeln halten. Es klopfte. Sie nahm ihren kleinen Hund mit und ging zur Tür. Sie fragte, wer da sei. Der Mann draußen brummte irgendwas. Sie hielt ihn für den Freund der Mutter. Sie machte die Tür auf und sah einen Fremden vor sich.

Sie wollte die Tür zuschlagen, aber er hatte schon den Fuß dazwischen. Sie drückte und schob, der kleine Hund biß ihn ins Fußgelenk, aber der Mann war viel größer und stärker als beide zusammen. Er drängte sich durch die Tür.

Er hatte ein Buschmesser. Er vergewaltigte sie mehrmals in verschiedenen Stellungen und an verschiedenen Orten in der Wohnung. Sie blutete stark. Dann zwang er sie, die Wohnung nach Wertsachen abzusuchen und den Schmuck auseinanderzusortieren nach Modeschmuck und echten Stücken. Danach mußte sie sich neben ihm aufs Bett legen – sie verging fast vor Angst. Er schaltete den Fernseher ein und wartete auf Antoinettes Mutter. Als sie Daisy an der Tür hörten, schloß er das Mädchen im Schlafzimmerschrank ein.

Im Zeugenstand erinnerte sich Antoinette nach und nach an ihren Alptraum.

An der Wahrheit ihrer Aussagen bestand nicht der geringste Zweifel. Die Frage war einzig und allein, ob sie es über sich brachte, diese

Wahrheit tatsächlich auszusprechen. Die Geschworenen wußten, sie war von einem wahren Ungeheuer vaginal und anal vergewaltigt, gefangengehalten, ausgeraubt, mißhandelt und eingeschüchtert worden. Es ging nur noch um den Beweis, daß Wendell Nance dieses Ungeheuer war.

Die Einzelheiten hatten fast den ganzen Vormittag in Anspruch genommen.

Nach der Mittagspause wurde im Gerichtssaal ein Mikrophon installiert, so daß Antoinette flüstern konnte und trotzdem gut zu hören war. Inzwischen hatte sie sich wieder etwas erholt.

- **Antoinette, du hast uns erzählt, daß der Mann dich in den Schrank gesperrt hat, stimmt das?**
- **Ja.**
- **Was hat er zu dir gesagt, welche Worte hat er benutzt?**
- **Er hat mir ganz häßlich gesagt, daß ich in den Schrank gehen soll.**

Ich bat Antoinette, zu erklären, was sie unter »häßlich« verstand, aber woher soll ein Mensch, der erst so kurze Zeit auf der Welt ist, die rechten Worte haben, um eine Todesdrohung wiederzugeben? Ich wechselte das Thema.

- **Als er gesagt hat, du sollst in den Schrank gehen, kannst du uns beschreiben, wie das Schlafzimmer zu diesem Zeitpunkt aussah?**
- **Das Bett war zerwühlt, alles voll Blut. Es war ... mein Gott. Es sah aus wie nach einem Überfall.**

Ich probierte, ob ich mit dem Wort »Überfall« mehr Glück hätte.

- **Kannst du erklären, wieso es wie nach einem Überfall aussah?**
- **Das Bett war zerwühlt, alles war durcheinander, auf dem Fußboden lagen Kleider.**
- **Was waren das für Kleider?**
- **Na, meine.**

– **Und woher kam das Blut? Weißt du das?**
– **Von hier.**

Antoinette zeigte auf ihren Körper. Als ich sie nochmals fragte, deutete sie vage auf ihren Unterleib. Ihr Schamgefühl verbot ihr, noch deutlicher zu werden.

– **Wann hast du geblutet?**
– **Nach der Sache im Wohnzimmer (dort war sie zum erstenmal vergewaltigt worden).**
– **Heißt das, als du (Stunden später) (auf) dem Bett lagst, hast du immer noch geblutet?**
– **Ja.**

Jetzt war der rechte Zeitpunkt gekommen. Antoinette hatte den Geschworenen die Situation beschrieben, so gut sie konnte.

– **Und dieser Mann, mit dem du geredet hast (während er dich gefangenhielt), der dir all das angetan hat – siehst du diesen Mann heute hier im Saal?**

Wir hielten den Atem an. Die Richterin, die Geschworenen, ich, die beiden Verteidiger – wir alle. Das war der entscheidende Augenblick. Jetzt kam es darauf an, ob sie den Mut fand.

– **Ja.**
– **Kannst du ihn uns zeigen?**

Sie stand auf. Sie sah so klein, so zerbrechlich aus wie nie zuvor. Sie drehte sich mit dem ganzen Körper zum Angeklagten um, hob den Arm und deutete langsam und mit zitterndem Zeigefinger in seine Richtung. Ehe sie sprach, wandte sie das Gesicht ab und kniff die Augen zu:

– **Dort.**

Von da an war alles leichter. Antoinette schilderte noch einige Einzelheiten, erzählte, wann sie ihn angesehen hatte, beschrieb die Lichtverhältnisse und was Anwälte sonst noch wissen wollen, um, wie es im nüchternen Fachjargon heißt, einschätzen zu können, wie weit das Opfer Gelegenheit zur Beobachtung hatte. Dann fuhr sie fort.

- **Antoinette, als du im Schrank warst, was hast du da noch gesehen und gehört?**
- **Meine Mutter hat geschrien.**
- **Wie lange warst du da schon im Schrank?**
- **Ein paar Minuten.**
- **Hast du sonst noch etwas gesehen oder gehört?**
- **Ja. Er hat die Tür aufgemacht, damit meine Mutter mich sehen konnte. Sie hatte gefragt, wo ich bin, und da hat er es ihr gezeigt.**
- **Und als er die Tür aufgemacht hat, hast du ihn und deine Mutter da gesehen?**
- **Ja.**
- **War das Licht im Schlafzimmer an?**
- **Ja.**
- **Konntest du, während du im Schrank warst, etwas sehen oder hören?**
- **Ich hab gehört, wie meine Mutter nach dem Hund gerufen hat, und dann hat er gesagt, sie soll sich ausziehen, und da ist sie hysterisch geworden.**

Jetzt redete Antoinette, ohne zu stocken. Sie berichtete Dinge, die sie mir vorher nie erzählt hatte. Sie zeichnete ein Bild von ihrer Mutter, das Daisy viel schwächer und hilfloser erscheinen ließ, als sie sich anderen darstellte. Ich fragte:

- **Antoinette, hast du das wirklich gehört?**
- **Ja, und sie hat gefragt, wo ich bin. Und da hat er ihr gezeigt, wo ich bin.**
- **Und weiter, hast du noch etwas gehört, nachdem er ihr gezeigt hatte, wo du bist?**
- **Nein, danach hat meine Mutter den Schrank aufgemacht und gesagt, ich soll mich anziehen. Das war, als er weg war.**

Die Vernehmung ging noch eine ganze Weile so weiter; anschließend mußte Antoinette das Kreuzverhör über sich ergehen lassen. Sie blieb bei ihrer Darstellung des Tathergangs, aber das Kreuzverhör machte mich wütend.

Für Antoinette war die Vernehmung das reinste Marathon. Und je näher die Ziellinie kam, desto stärker wurde sie. Der Verteidiger gab sich alle Mühe, sie zu entmutigen.

Er wußte, daß es Antoinette am schwersten fiel, über die Sexualverbrechen zu sprechen, und er vermittelte ihr bewußt den Eindruck, das Thema sei vom Tisch. Sowie sie etwas gelöster war, überrumpelte er sie mit einer Frage, die die Vergewaltigung betraf. Natürlich verlor sie die Fassung, und in dem Moment fragte er sie, ob sie den Täter im Saal identifizieren könne. Das war seine Methode. Er wiederholte sie jedesmal, wenn Antoinette sich gefaßt hatte. Für das Mädchen war es eine Qual, doch sie hielt durch und blieb bei ihrer Darstellung. Der Verteidiger konnte ihre Gefühle verletzen. An ihrer Glaubwürdigkeit kratzen konnte er nicht. Seine Grausamkeit war wohlkalkuliert. Nance dürfte seine helle Freude daran gehabt haben. Aber seine Methode funktionierte nicht.

Da das Kreuzverhör weder chronologisch aufgebaut war noch sonst einem System folgte, endete es ziemlich abrupt. Antoinette hatte sich tapfer geschlagen, es war vorbei. Ich hatte keine weiteren Fragen und wollte dem Verteidiger nicht nochmal Gelegenheit geben, sie in die Enge zu treiben. Plötzlich war die Zeugenvernehmung, die den ganzen Tag gedauert hatte, zu Ende.

Ich sagte Antoinettes Mutter, die Kleine müsse am nächsten Tag nicht noch einmal vor Gericht erscheinen. Antoinette hatte es ein für allemal hinter sich.

Als Daisy Bayard am zweiten Prozeßtag in den Gerichtssaal kam, war sie viel gefaßter. Ich glaube, das ist Liebe: Antoinette leiden zu sehen war für Daisy schwerer, als selbst zu leiden.

Ich muß leider sagen, daß die meisten Staatsanwälte lieber eine weniger gefaßte Daisy gesehen hätten. Sie war nicht konventionell genug, zu sexy, zu exzentrisch, zu melodramatisch, zu trotzig, und weit davon entfernt, ein »gutes« Opfer zu sein.

Für mich war Daisy die klassische Überlebenskünstlerin. Sie wollte sich um keinen Preis anmerken lassen, was sie durchgemacht hatte.

Antoinette hatte angedeutet, daß ihre Mutter durchaus die Beherrschung verlieren und verzweifelt reagieren konnte, Daisy selbst offenbarte uns diese Seite ihres Wesens nicht. Sie wollte, daß wir sie als die Frau sahen, die ein buschmesserschwingendes Ungeheuer davon abgehalten hatte, sie und ihre Tochter umzubringen. Niemand sollte wissen, wie verletzbar sie war, niemand sollte ihre Angst sehen. Es wäre leichter gewesen, wenn sie diese Seite von sich hätte zeigen können, aber so war Daisy nun einmal nicht. Und ich wollte sie nicht umkrempeln. Was sie zu sagen hatte, war die Wahrheit, und die mußte sie auf ihre ureigene Art sagen.

Trotzdem habe ich alles getan, um Daisy davor zu bewahren, daß sie sich in die Nesseln setzte. Zum Beispiel habe ich ihr, bevor sie in den Zeugenstand mußte, die Bluse von oben bis unten zugenäht, weil ich ahnte, daß die Geschworenen nicht gerade entzückt wären, wenn ihr jedesmal, wenn sie tief Luft holte, sämtliche Knöpfe aufsprangen.

Ich wollte, daß die Geschworenen eine Ahnung davon bekamen, was Daisy für ein Mensch war und was sie durchgemacht hatte. Ich wollte ihnen zeigen, daß diese Frau auf ihre Weise eine Heldin war. Jedenfalls in meinen Augen.

Die Barfrau Daisy Bayard war in jener Nacht von der Arbeit nach Hause gekommen, in eine Wohnung, die sie für sicher hielt, in eine Leben, das sie im Griff zu haben glaubte. Statt dessen fand sie ein Chaos vor: die Möbel standen nicht mehr an ihrem Platz, auf der Couch im Wohnzimmer war Blut, das Schlafzimmer völlig verwüstet, der Schmuck lag umher, Blut auf den zerknitterten Laken – und ihre Tochter nicht da. Ein Mann mit einem meterlangen Buschmesser überfiel sie von hinten und sagte, er habe sie beobachtet und auf sie gewartet. Sie schrie: »Meine Kleine, meine Kleine, wo ist meine Kleine?«

Er machte die Schranktür auf. Antoinette kauerte wie ein Embryo unten im Schrank und sah mit leerem Blick hoch zu ihrer Mutter; sie schien sie nicht zu erkennen. Er schloß die Schranktür wieder.

Da faßte Daisy einen Entschluß. Das einzige, worauf es jetzt ankam, für sie selbst und für ihre Tochter, war überleben. Sie tat so, als gefiele ihr der Kerl. Sie streichelte ihn und schmeichelte ihm. Sie zog Reizwäsche an und ließ zu, daß er mit ihr schlief. Sie versprach ihm mehr. Sie versprach ihm, sich in der nächsten Nacht wieder mit ihm zu treffen, alles zu tun, was er wollte. Aber jetzt müsse er wirklich gehen, denn ihr Freund käme gleich nach Hause. Und er solle sie und ihre Tochter bitte nicht töten.

Als er sich genommen hatte, was er wollte, ging er fort. Daisy rief erst ihren Freund und dann ihren Schwager an, der Soldat der Nationalgarde war. Sie half Antoinette, sich wieder anzuziehen. Irgendwer holte die Polizei. Eine Streife kam, stellte Fragen, sicherte Fingerabdrücke und brachte Antoinette und Daisy zur Untersuchung ins Krankenhaus. Daisy versuchte Antoinette Kraft zu geben, ihr Mut zu machen, damit sie durchhielt.

Daisy wird daran gedacht haben, den Vergewaltiger ihrer Tochter zu töten. Sie wird an vieles gedacht haben. Irgendwann in dieser Nacht hatte sie vielleicht sogar Zeit, daran zu denken, daß sie selbst vergewaltigt worden war. Aber nicht viel Zeit.

Ich weiß nicht, was Daisy mit ihrem Freund oder ihrer Familie besprochen hat. Ich habe sie nie danach gefragt. Ich weiß, worum es ihr ging. Als sie bei der Polizei ihre Anzeige machte, hat sie nicht gesagt, daß sie den Täter aus der Nachbarschaft kannte. Vielleicht aus Angst. Oder vielleicht hatte sie andere Pläne mit ihm. Irgendwann auf dem Heimweg vom Krankenhaus hat sie beschlossen, der Polizei mitzuteilen, daß sie den Mann kannte, daß er nicht, wie sie zuerst gesagt hatte, ein Fremder war. Sie bat ihren Freund, noch einmal mit ihr aufs Revier zu fahren.

Durch das, was sie selbst bereits wußte und von den Nachbarn erfahren hatte, war Daisy ein paar Tage später in der Lage, der Polizei eine Straße, eine Adresse, einen richtigen Namen und die Kneipen zu nennen, in denen Nance verkehrte – mehr als genug, um ihn zu finden. Sechs lange Monate vergingen. Endlich wurden Mutter und Tochter zu einer Gegenüberstellung geladen. Er war es.

Das alles erzählte Daisy den Geschworenen. Ich glaubte ihr jedes Wort. Ob die Geschworenen ihr auch glaubten, wußte ich nicht. Die Geschworenen wünschen sich ein Opfer, das auch dann kämpft, wenn die einzige Möglichkeit, am Leben zu bleiben, darin besteht, sich nicht zu wehren. Dieses Verbrechen paßte so wenig in ihr Raster wie dieses Opfer.

In manchem war Daisys »ureigene Art« durchaus problematisch. Sie war außerstande, eine klare Frage, die ich ihr stellte, ohne Umschweife zu beantworten. Sie sagte die Dinge auf ihre Weise, die mit den Verhaltensregeln vor Gericht wenig gemein hatte. So kam es, daß ihre Aussage unbeholfen und wirr wirkte.

Ich fragte Daisy, ob sie den Angeklagten vor der Tat gekannt habe:

– **Mrs. Bayard, Sie sagten, Sie haben den Angeklagten wiedererkannt. Woher kannten Sie ihn?**
– **Hier aus dem Viertel. Er war ja dauernd um das Lokal rum, wo ich arbeite. Andauernd. Manchmal kommt er rein und bestellt sich ein Bier, aber draußen rumstehen tut er andauernd. Dieses ganze junge Gemüse steht ständig draußen an der Ecke rum im Sommer. Die sagen, das ist ihr Treffpunkt. Also jedenfalls kenne ich ihn hier aus dem Viertel. Wie er heißt, hab ich nicht gewußt; ich kannte sein Gesicht. Ist immer jede Menge junges Gemüse da. Die Namen weiß ich wirklich nicht ...**

Hier erhob der Verteidiger Einspruch, und die Richterin ermahnte Daisy zum ich weiß nicht wievielten Mal, einfach die Frage zu beantworten.

Im Kreuzverhör stellte die Verteidigung die gleiche Frage:

– **Sie kannten Mr. Nance aus dem Lokal, ist das richtig?**

Der Anwalt hatte schon vorher keine Gelegenheit ausgelassen, um darauf hinzuweisen, daß Daisy in einem Lokal als Barfrau arbeitete – ganz so, als ob diese Tätigkeit eine Vergewaltigung moralisch rechtfertige.

– **Ja. Da hab ich ihn rumstehen sehen.**
– **Und im Lokal haben Sie ihn auch bedient?**
– **Ja, da hab ich ihn bedient. Viel trinken tut er ja nicht; kam sehr selten vor, daß der mal ein Bier bestellt hat. Verkauft so dies und das. Meistens guckt er bloß zum Fenster rein. Kommt auf dem Rad vorbei und guckt zum Fenster rein.**
– **Ist er der einzige, der zum Fenster reinguckt?**
– **Nein.**

- **Andere machen das auch?**
- **Ja doch.**

Daisy merkte, daß der Verteidiger sie aufs Glatteis führen wollte. Sein Ton war mehr als ironisch. Und hier zeigte sie eines der wenigen Male während ihrer Aussage eine gewisse Ungeduld. Sie war bereit, ihr Bestes zu tun, aber Gemeinheiten seitens der Verteidigung ließ sie sich nicht gefallen.

- **Seit wie vielen Jahren kennen Sie ihn?**
- **Seit er hier im Viertel verkehrt.**
- **Würden Sie sagen, Sie kennen ihn schon vier Jahre?**
- **Viele Jahre, er verkehrt ja schon viele Jahre hier im Viertel. Ich habe das Gesicht hier im Viertel gesehen. Ich hätte Mr. Nance fast umgebracht hier im Viertel.**

Der Verteidiger beherrschte sein Handwerk gut genug, um mit seiner nächsten Frage sofort nachzuhaken, obwohl er keine Ahnung hatte, wovon Daisy redete. Später griff er dann zu der üblichen Verteidigerpraxis und versuchte Kapital daraus zu schlagen, daß Daisy ihn mißverstanden und geglaubt hatte, er habe nicht *viele*, sondern *vier* Jahre gesagt. Aber erst einmal kam:

- **Sie hätten Mr. Nance in ihrem Wohnviertel fast umgebracht?**
- **Ja.**
- **Haben Sie das schon einmal jemandem erzählt?**
- **Das hat doch jeder gesehen.**
- **Danach habe ich Sie nicht gefragt. Haben Sie . . .**
- **Ja.**
- **. . .das schon einmal jemandem erzählt?**
- **Aber sicher.**
- **Daß Sie Mr. Nance fast umgebracht hätten?**

Und da wurde endlich klar, daß Daisy das nicht so gemeint hatte, daß sie sich einfach nur immer ein bißchen um die Ecke auszudrücken pflegte.

– **Aus Versehen. Er ist mir beinah in den Wagen gelaufen, aber dann hat ihn ein anderes Auto überfahren, nicht meins. Ich hab getan, was ich konnte. Hab sofort gebremst (damit ich ihn nicht auf noch) überfahre.**

Der Verteidiger hatte daraufhin jede Menge Fragen, und auch ich mußte ihr nach dem Kreuzverhör noch etliche Fragen stellen, damit die Geschworenen wirklich begriffen, daß der Angeklagte Jahre vor der Tat von einem Wagen überrollt worden war, der vor dem von Daisy Bayard fuhr, und daß sie gerade noch rechtzeitig gebremst hatte. Ich wollte, daß Daisy sich so gab, wie sie war; mir war nur nicht ganz wohl, als ich sah, in welche Richtung das ging.

Nach Daisys Zeugenaussage verkündete ich etwas emphatischer als sonst: »Fürs erste, Euer Ehren, verzichtet die Staatsanwaltschaft auf weitere Zeugen.« Ich muß sagen, ich habe es genossen, die ungläubigen Blicke der Verteidiger zu sehen.

Gemeinhin hält sich die Anklagevertretung an die Devise »Die Polizei, dein Freund und Helfer« und ruft Polizeizeugen auf. So sichert sie sich mit Billigung von Polizei und Staat ab und schindet bei den Geschworenen mit der Staatsmacht Eindruck. Ein Problem bei dieser Strategie besteht darin, daß man mit der Staatsmacht, zumindest bei uns in Queens, keinen großen Staat machen kann. Die meisten Geschworenen haben nämlich nicht vergessen, daß hier der Bezirksstaatsanwalt, der Oberste Verwaltungsrichter und fast alle Beamten eines Polizeireviers wegen Verbrechen wie Korruption, Meineid und Körperverletzung angeklagt und verurteilt wurden. Die Losung »Die Polizei, dein Freund und Helfer« stammt aus einer Zeit, als zwar so mancher bereits seine Zweifel an der Staatsmacht hatte, die Geschworenen aber noch zögerten, diese Zweifel offen zuzugeben. Die Devise konnte in den meisten meiner Fälle nicht funktionieren.

In diesem Fall hatte die Polizei eine wichtige Rolle gespielt. Wenn ich die Aussagen der Opfer mit einer Parade weiterer Zeugen hätte aufwerten wollen, so hätte daran sicherlich kein Mangel geherrscht. Das Problem war nur, daß ich damit auch der Verteidigung in die Hände gearbeitet hätte.

Die Spurensicherung hatte »unvollständige Fingerabdrücke« festgestellt, die nicht zu denen von Nance paßten und auch keiner der anderen am Tatort anwesenden Personen gehörten. Monate später wurde festzustellen versucht, wem sie gehörten. Leider ohne Erfolg.

Hinzu kam, daß die Polizei, als die Fahndung nach Nance lief, einmal versehentlich dessen Bruder (der denselben Decknamen benutzte) festgenommen und ihn, als sie den Irrtum bemerkte, wieder freigelassen hatte. Man war sich nicht einmal sicher, ob Wendell Nance oder sein Deckname Wendell Williams der richtige Name des Angeklagten war.

Alles war erklärlich, aber genau das waren eben die kleinen Pannen, die die Verteidigung sich zunutze machen konnte, um einen »begründeten Zweifel« zu konstruieren. Sie hoffte, daß die Geschworenen Daisy nicht mögen würden, und sie wollte der Jury einen Vorwand liefern, den Angeklagten freizusprechen.

Wenn man Antoinette glaubte, lagen unbestreitbar Einbruch und Vergewaltigung vor, und wenn man Daisy glaubte, war Nance unbestreitbar der Täter. Daran konnten auch die Aussagen anderer Zeugen nichts ändern.

Es wäre natürlich eindrucksvoll gewesen, das blutige Bettzeug, das der Streifenpolizist gesehen hatte, als Beweisstück vorzulegen oder den Revierbeamten, dem Daisy Bayard gesagt hatte, daß sie den Vergewaltiger kannte, als Zeugen aufzurufen, aber das Problem mit Polizeizeugen ist, daß man sich nicht die besten aussuchen kann, sondern alle nehmen muß. So blieb mir nur die Wahl, entweder auch die problematische Aussage des Beamten, der Nance verhaftet hatte, in Kauf zu nehmen, oder mich auf die Zeugenaussagen der Opfer zu beschränken und den Geschworenen in meinem Plädoyer zu erklären, daß der Fall allein Antoinette und Daisy betraf.

Die Verteidigung zog das Verfahren endlos in die Länge. Tagelang ließ sie Zeugen aufrufen, die nur zu den unvollständigen Fingerabdrücken aussagten, die nicht mit denen von Nance übereinstimmten. Sie brauchte mehrere Stunden, um zu erläutern, was Fingerabdrücke sind und wie man Übereinstimmung feststellt, wann Fingerabdrücke übereinstimmen, was unvollständige Fingerabdrücke sind, wo diese Fingerabdrücke gefunden wurden und was der Begriff »Ausschluß von Übereinstimmung« heißt. Ich brauchte im Kreuzverhör fünf Minuten, um den Zeugen zu entlocken, daß die fraglichen Abdrücke unter Umständen schon seit Jahren dort waren und nicht unbedingt etwas mit dem Verbrechen zu tun haben mußten, beziehungsweise auch von den am Tatort ermittelnden Beamten stammen konnten, daß sie sich nicht an den Gegenständen befanden, die der Täter, soweit bekannt, berührt hatte, und daß diese unvollständigen Fingerabdrücke daher als Beweismittel unbrauchbar waren.

Die Liste von Zeugenaussagen und Indizien, die die Verteidigung zusammengetragen hatte, war lang, aber nicht überzeugend.

In der Regel erfahren die Anwälte bei einem Prozeß kaum, was in den Köpfen der Gegenpartei vor sich geht. Ich konnte also nur raten, aber als der Hauptverteidiger darauf verzichtete, das Plädoyer zu halten, sah ich darin ein Zeichen von Feigheit. Er hatte beide Klägerinnen ins Kreuzverhör genommen. Er war an *jedem* wichtigen Punkt der Verhandlung der Wortführer der Verteidigung gewesen. Und da er nicht gerade als großzügig bekannt war, nahm ich nicht an, daß er die Show, zu der so ein Plädoyer Gelegenheit bietet, aus reinem Altruismus einem jüngeren Kollegen überließ.

Als besagter junger Kollege aufstand und plädierte, dachte ich, die Sache stünde besser für uns, als erwartet. Ich hoffte, die Geschworenen würden die Schwächen seiner Beweisführung erkennen.

Damit will ich nicht gesagt haben, daß das Plädoyer der Verteidigung schlecht war. Alle Prozeßanwälte sehen das Plädoyer als *den* Teil des Verfahrens, bei dem sie ihre Kunst am eindrucksvollsten beweisen können. Damit haben sie sicher recht. Es gibt mitunter wirklich glänzende Plädoyers, ich weiß allerdings bis heute nicht, inwieweit sich die Geschworenen in ihrer Entscheidung davon beeinflussen lassen. Meistens aber ist selbst ein unfähiger Prozeßanwalt in der Lage, ein ganz anständiges Plädoyer zu halten. Ich möchte den sehen, dem bei unbegrenzter Redezeit und vor einem Publikum, das zum Dableiben verpflichtet ist, nicht wenigstens ein paar gute Argumente einfallen.

Mein Plädoyer war so, wie meine Plädoyers für gewöhnlich sind: emotional, kürzer als erwartet, und es zählte nicht noch einmal alle Beweise auf, sondern kommentierte das Wesen und die Folgen der Tat. Ich sagte: »Als diese Bestie aus dem Dunkel der Nacht in diese Wohnung kam, hatte sie einen Plan, und zwar nicht nur den Plan, diese gemeinen und perversen Dinge zu tun, sondern auch den Plan, Angst zu erzeugen und einzuschüchtern, ... damit niemand wagt ... zu sagen: ›Das ist er. Der war es.‹« Ich mußte den Geschworenen die Augen dafür öffnen, daß dieser Mann ein Ungeheuer war, mußte ihnen zeigen, welche Macht dieses Ungeheuer hatte. Als ich fertig war, wußte ich nicht, ob es mir gelungen war. Das weiß man nie.

Die Geschworenen blieben lange fort. Nachdem sie bereits einige Stunden beraten hatten, gaben sie eine Notiz in den Saal: »Die Zeit wird unsere Meinungsverschiedenheiten nicht lösen.« Die poetischste Mitteilung, die ich je von einer Jury gesehen habe, die zu keiner Entscheidung kommt.

Es war noch zu früh, um zu wissen, ob die Geschworenen an einem toten Punkt angelangt waren. Der Richter schickte sie über Nacht in ein Hotel und bat sie, die Beratung am nächsten Morgen fortzusetzen. Aber auch am folgenden Tag, einem Donnerstag, kamen sie nicht weiter. Der Freitagmorgen zog sich hin.

In Queens erklären die Richter meist den Prozeß für gescheitert, wenn die Jury nach drei Beratungstagen zu keiner Einigung gelangt ist. Normalerweise wird den Geschworenen nicht gestattet, das Wochenende über weiterzuberaten, es sei denn, sie bitten ausdrücklich darum. Und so war der dritte Tag von der trüben Vorstellung überschattet, daß Antoinette und Daisy Bayard womöglich noch einmal die Belastungen eines Prozesses über sich ergehen lassen mußten.

Der Obmann der Geschworenen, den ich sehr sympathisch fand und der sich bei mir für das Verdikt entschuldigt hat, erklärte mir später, wie er die Jury dazu gebrachte hatte, schließlich doch noch eine Entscheidung zu fällen.

Drei Tage hatte der Obmann, der von Beruf Verkäufer war, auf die Geschworenen eingeredet, daß sie den Angeklagten in allen Punkten schuldig sprechen müßten, aber es gab zu viele Gegenstimmen. Am Freitagmittag hatte er dann den Wasserkrug im Beratungszimmer genommen, sich ein Glas Wasser eingeschenkt und zu den Geschworenen gesagt: »Schauen Sie dieses Glas an; wir können jetzt bis in alle Ewigkeit darüber diskutieren, ob es halbvoll oder halbleer ist, aber darum geht es nicht. Wir haben zu entscheiden, ob das Wasser darin ausreicht – ob kein begründeter Zweifel an der Schuld des Angeklagten besteht.«

Hätte ich das doch nur in meinem Plädoyer gesagt. Aber nun war es zu spät. Außerdem hatte ich mir in den drei Beratungstagen der Jury schon genug das Hirn darüber zermartert, was ich hätte anders machen müssen.

Am Freitagnachmittag kam die Nachricht, daß die Jury zu einem Urteil gelangt war. Die Prozeßparteien waren im Saal, die Geschworenen kamen herein, und ich sah sofort, daß irgend etwas nicht stimmte. Sie wichen den Blicken der Verteidiger aus, und ihre ernsten Mienen konnten einen Schuldspruch bedeuten. So weit, so gut. Das Problem war nur, daß sie auch meinen Blicken auswichen.

Der Obmann stand auf, um das Verdikt zu verlesen. Punkt eins: hatte Wendell Nance Antoinette Bayard vergewaltigt? Ja. Gott sei Dank – egal, wie die anderen Punkte bewertet wurden, Nance würde auf jeden Fall wegen Vergewaltigung ins Gefängnis kommen. Die Verlesung des Verdikts ging weiter.

Die Geschworenen hatten sich auf einen Kompromiß geeinigt, der zwar letztendlich kaum Einfluß auf das Strafmaß gehabt haben dürfte, aber dennoch nur als pervers bezeichnet werden kann. Der Straftaten gegen Antoinette sprachen sie Nance schuldig, was die gegen Daisy Bayard betraf, so sprachen sie ihn nicht schuldig. Daisy war eben nicht das, was sie sich unter einem »guten« Opfer vorstellten.

Der Verteidiger stimmte der Jury zu. Als es um das Strafmaß ging, verlangte er wortreich ein mildes Urteil, versuchte, die Tat herunterzuspielen und verwies darauf, daß die Geschworenen Nance wegen der Verbrechen an Daisy nicht schuldig gesprochen hatten. Er bewarf Antoinettes Mutter mit Schmutz und sagte, auf ihn mache diese Frau nicht den Eindruck, als ob die Ereignisse sie besonders mitgenommen hätten.

Ich wollte bei meinem Antrag zum Strafmaß ausschließlich auf Nance eingehen. Schließlich hatte er einen Einbruch begangen und dabei ein wehrloses kleines Mädchen mit einem Buschmesser bedroht, vergewaltigt und ausgeraubt.

Ich war wütend auf den Verteidiger. Deshalb und nicht, um die Richterin zu überzeugen, ging ich auf seine Argumente ein. Ich erinnerte Richterin Soleil daran, wie Daisy in die Wohnung gekommen war, wie sie dort das Durcheinander und das Blut vorgefunden hatte und dann von einem fremden Mann mit einem Buschmesser in der Hand von hinten angegriffen wurde, wie sie gerufen hatte: »Meine Kleine, meine Kleine, wo ist meine Kleine?« und ihre Tochter blutend und regungslos im Schrank kauern sah.

Die Richterin gab mir mit einer ungeduldigen Handbewegung zu verstehen, daß ich ihr das alles nicht zu sagen brauchte. Sie war meiner Meinung, sie wollte nur nicht, daß ich die ganze Sache noch einmal ausbreitete. Der Spruch der Jury zwang sie, den Angeklagten nur wegen der Straftaten gegen Antoinette zu verurteilen. Sie wollte nicht, daß man aus dem Protokoll den Eindruck gewinnen konnte, sie habe bei der Urteilsfindung auch diejenigen Anklagepunkte in Erwägung gezogen, in denen Nance nicht schuldig gesprochen worden war. Die Justiz hatte keine Möglichkeit, die Abscheulichkeiten zu ahnden, die er Daisy Bayard angetan hatte.

Ich kam wieder auf meine ursprüngliche Argumentation zurück und wies darauf hin, daß es keine mildernden Umstände gab und keinen einzigen Grund, Gnade vor Recht ergehen zu lassen. Nur die Höchststrafe kam in Frage. Als wir uns unmittelbar nach dem Spruch der Jury über das Strafmaß unterhalten hatten, war die Beisitzerin so unvorsichtig gewesen, mich auf diese Idee zu bringen. »Was könnte schlimmer sein?« hatte sie spontan gefragt, und sie hatte recht. Oder sollte der Gesetzgeber, als er die Strafmaße für Vergewaltigung festlegte, an eine Tat gedacht haben, die niederträchtiger war als das, was man Antoinette angetan hatte?

Die Richterin verurteilte Nance zur Höchststrafe: acht Jahre, drei Monate bis fünfundzwanzig Jahre Gefängnis.

Bei der Urteilsverkündung tauchten die *Yahwehs* wieder auf, um »Gott zu loben«. Einer der Liebesdienste der Sekte war, daß sie zu den Strafprozessen ihrer Mitglieder kam. Als Jahre später bei uns in Queens bereits die meisten Sektenmitglieder verhaftet waren, fehlten die übriggebliebenen Anhänger bei keiner Gerichtsverhandlung. Vierzehn hatten sie (zu Anfang) im Zellenblock – genug also für eine Geschworenenjury –, und der Rest saß im Publikum; alle in weißen Gewändern, mit weißen Turbanen und empört, daß der Staat ihnen verbieten wollte, die eigenen Kinder zu steinigen oder auszupeitschen und ihnen Chilisauce in die Wunden zu gießen.

Nance stellte den Antrag, die Verteidiger für inkompetent zu erklären, und legte Revision ein. Ich hatte mich oft genug über das

Verhalten seines Rechtsbeistands geärgert, aber er hatte wahrhaftig alles für seinen Mandanten getan. Ihm Inkompetenz vorzuwerfen war nicht fair, aber so geht es nun einmal zu in unserem Justizsystem.

Allzu viele Verteidiger fühlen sich Vergewaltigern vor Gericht »auf Gedeih und Verderb verpflichtet«, obwohl sie viel zuwenig von ihren Mandanten wissen. Wenn man einen Verteidiger allein in einen dunklen Raum sperrt, wird er die Arme ausstrecken und blindlings tasten, um die Wände zu finden. Es ist ein existentielles Bedürfnis des Menschen, seine Grenzen kennenzulernen. Sperrt man einen Vergewaltiger allein in denselben dunklen Raum, so wird er nur sich selber streicheln und umarmen. Diese Menschen brauchen niemanden; sie genügen sich selbst.

Anwälte, die mit den Vergewaltigern gemeinsame Sache machen, sind schlichtweg Würmer. Ihre Mandanten sind Schlangen. Beide kriechen auf dem Bauch, aber Würmer sind bloß glitschig, Schlangen dagegen können tödlich sein.

3

Bei Vergewaltigung bleiben dem Angeklagten im Grunde nur drei Möglichkeiten der Verteidigung. Er kann behaupten:

1. Es war keine Vergewaltigung.
2. Die Frau war einverstanden.
3. Ich war es nicht.

Verteidiger wägen kühl ab, welche dieser drei Behauptungen im jeweiligen Fall am ehesten funktionieren könnte.

Wenn ein Verteidiger entscheiden muß, schaut er sich als erstes das Opfer an. Eine Frau, die morgens um halb fünf entführt und mit vorgehaltener Pistole vergewaltigt worden ist, wird er fragen, was sie um diese Zeit auf der Straße zu suchen hatte. Wenn diese Frau eine Krankenschwester auf dem Weg zur Frühschicht war, wird er ihr unterstellen, sie habe sich bei der Identifizierung des Täters geirrt. Ist sie jedoch eine Prostituierte, die ihrem Gewerbe nachging, wird er behaupten, der Geschlechtsverkehr sei mit ihrem Einverständnis geschehen.

Als nächstes untersucht die Verteidigung die forensischen Beweise.

In New York ist es Vorschrift, daß die Polizei Vergewaltigungsopfer in die Notaufnahme eines Krankenhauses bringen muß, wo sie flüchtig untersucht werden und ein sogenannter *Rape Kit* angelegt wird – ein kleiner Behälter, in dem alle möglichen Abstriche, Haut- und Haarproben sowie Proben von den Kleidungsstücken des Opfers gesammelt werden. Die New Yorker Polizeiarchive sind voll von unausgewerteten *Rape Kits*, denn das Labor befaßt sich nur dann mit diesen Dokumentationen, wenn es schriftlich von der Festnahme eines Verdächtigen informiert wird.

Enthalten die Abstriche Spermaspuren, wird es für die Verteidigung zwar schwieriger, aber keineswegs unmöglich, den Geschlechtsverkehr zu bestreiten. Weist der medizinische Befund Verletzungen nach, wird es problematisch, zu behaupten, das Opfer habe dem Verkehr zugestimmt. Wird die Identifizierung des Täters durch eine Blutgruppenbestimmung oder eine Analyse der Schamhaare erleichtert, kann die Verteidigung nicht ohne weiteres erklären, das Opfer habe sich geirrt. Das Ziel einer ordentlichen Ermittlungsarbeit besteht im wesentlichen darin, den Spielraum der Verteidigung so weit wie möglich einzuschränken.

Dieser Spielraum wiederum hängt von den Beweisen ab, die die Staatsanwaltschaft vorlegt. Entspricht die Klägerin nicht dem Typ »gutes« Opfer und gibt es außer ihrer Aussage keine Beweise für die Tat, wird die Verteidigung behaupten, die Vergewaltigung habe nicht stattgefunden. Sind Beweise für den Geschlechtsverkehr vorhanden, heißt es, sie sei einverstanden gewesen. Kann eine Gewaltanwendung nachgewiesen werden und sind Opfer und Täter einander fremd, wird die Verteidigung Zweifel an der Identifizierung des Täters durch das Opfer säen. Kannten sich beide bereits vor der Tat, wird sie das Einverständnis des Opfers behaupten und im übrigen versuchen, den Geschworenen weiszumachen, das Ganze sei nur ein Beischlaf der etwas härteren Gangart gewesen.

Oft versucht die Verteidigung auch nur – mit sehr durchsichtigen Methoden freilich – Vorurteile zu legitimieren. Genau das war die Strategie des Verteidigers von Nance gegenüber Daisy Bayard. Er wollte mit seiner Taktik die Geschworenen gegen das Opfer einnehmen. Er warf mit Begriffen wie Identität und Einverständnis um sich und suggerierte so einer ohnehin zum Freispruch tendierenden Jury, die vorgelegten Beweise würden nicht für einen Schuldspruch ausreichen. Eigentlich geht es dabei aber nicht darum, ob die Beweise genügen, sondern vielmehr darum, daß die Klägerin nicht den

Vorstellungen der Geschworenen von einem »guten« Opfer entspricht.

Es kommt allerdings auch vor, daß die Verteidigung aufrichtig an ihre Gegenargumente glaubt. Ich kann mich an einen Fall erinnern, bei dem alle außer mir und dem Opfer davon überzeugt waren, daß der Angeklagte nicht der Täter sein könne.

Ich hatte Mühe zu beweisen, daß er es doch war. Natürlich können sich Augenzeugen bei der Identifizierung irren. Das passiert nicht so häufig, wie in Fernsehberichten behauptet, aber immerhin oft genug, um die Sache nicht auf die leichte Schulter zu nehmen.

Die Tatsachen schlossen einen Irrtum bei der Identifizierung nicht aus. Die Vergewaltigung hatte in den frühen Morgenstunden stattgefunden. Das Opfer wurde in seinem eigenen Wohnhaus von einem mit einem Messer bewaffneten Unbekannten auf den obersten Treppenabsatz getrieben und dort in einem dunklen, einsamen Flur vergewaltigt. Ein halbes Jahr später sah die Frau den Angeklagten – ich will ihn Ronald nennen* – auf der Straße und rief die Polizei.

Ronald war lang und schlaksig. Er kam in einem ordentlichen, sauberen und frischgebügelten Anzug zur Gerichtsverhandlung, aber die Ärmel und Manschetten waren zu kurz. Er war noch nicht ausgewachsen, erst siebzehn, etwas zurückgeblieben und hatte bis dahin noch nie etwas mit der Polizei zu tun gehabt. Er war ein hochaufgeschossener junger Bursche, höflich, vorzeigbar und ganz verwirrt, weil er plötzlich vor Gericht stand.

Ronald wohnte weit entfernt vom Ort des Verbrechens. Er besuchte eine katholische Sonderschule und fuhr jeden Tag dieselbe Strecke zur Schule und wieder zurück. Mehrere Nonnen aus seiner Schule waren bereit zu bezeugen, was für ein prächtiger Junge er war.

Ronald war ein behütetes Kind. Er lebte mit Mutter und Großmutter zusammen, das Souterrain war extra für ihn ausgebaut worden. Wenn die beiden Frauen abends zu Bett gingen, schlossen sie ihn ein, so daß er nicht mehr hinaus konnte. Es gab nur diese eine Tür und ein kleines, mit Brettern vernageltes Fenster. Die Großmut-

---

* Bei diesem Angeklagten habe ich mich entschlossen, wegen anderer, seine Person betreffender Entscheidungen, die ich später fällte, den Namen zu ändern.

ter gab bei der Vernehmung an, sich genau zu erinnern, daß sie die Souterraintür am frühen Morgen des Tattages aufgeschlossen, ihren Enkel im Pyjama schlafend vorgefunden und absolut nichts Auffälliges bemerkt habe.

Ich teilte dem Verteidiger mit, daß ich selbst ermitteln wolle.

Es gab in dem Fall keinerlei forensische Beweise, keine Fingerabdrücke, keine Durchsuchungsbefehle, keine vergleichenden Analysen von Körperflüssigkeiten, kurzum, nichts außer der Aussage des Opfers. Selbst wenn Ermittlungen durchgeführt worden wären, heißt das nicht, daß sie etwas erbracht hätten, aber die alte Sonderabteilung hatte es nicht einmal versucht. Als ich den Fall übernahm, war es bereits zu spät.

Das Labor der Polizei erklärte, alle etwa vorhandenen Proben seien zu alt, um auch nur etwas so Unkompliziertes wie eine Blutgruppenbestimmung vornehmen zu können.

Ich war also auf die wenigen Informationen angewiesen, die ich hatte. Fang mit dem Opfer an, sagte ich mir, dann schau dir den Angeklagten an, dann die Tat. Sieh zu, ob daraus eine ordentliche Indizienkette entsteht. Wenn die ganze Sache wie ein Kartenhaus in sich zusammenfällt, kannst du auch nichts machen.

Das Opfer hieß Miriam und war eine ungewöhnliche Frau. Sie entsprach ganz und gar nicht der Vorstellung vom »guten« Opfer. Sie war nicht zahm genug. Und sie ließ sich schwer einordnen. Nach einiger Zeit wurde mir klar, daß sie nicht zeigen wollte, wie intelligent und gutherzig sie war. Sie wollte smart, weltgewandt und cool wirken. Ihr Lebensstil entsprach eher dem Bild, das sie von sich selber hatte, als dem Eindruck, den sie auf mich machte. Aber unter ihrer rauhen Schale steckte eine gute Beobachterin, eine Frau, die sich nicht mit einfachen Antworten zufriedengab. Sie hatte genau jene Mischung von Mut und Einfühlsamkeit, die ich an einem Menschen am meisten bewundere.

Miriam schilderte die Vergewaltigung in allen Einzelheiten. Sie erzählte, was sie vorher getan hatte, wann sie aus dem Restaurant, wo sie den Abend verbracht hatte, nach Hause gegangen war. Sie wohnte in Rochdale Village, einer Gegend von Queens, in der vor allem Leute mit kleinen und mittleren Einkommen leben. Dieses Viertel ist sehr gefährlich, es hat eine enorm hohe Kriminalitätsrate, und die dort tätigen Polizisten sind bei uns Staatsanwälten nicht allzu beliebt und werden nur ungern als Zeugen benannt.

Als Miriam ihr Haus betrat, hatte sie das Gefühl, jemand lauere ihr auf, sie glaubte, es bis in den Lift schaffen zu können. Der Täter erwischte sie jedoch vorher und trieb sie auf den bereits erwähnten Treppenabsatz. Er hatte ein Messer und redete viel. Sie hatte den Eindruck, daß er einen Akzent imitierte, damit man ihn für einen Jamaikaner beziehungsweise für jemanden mit karibischem Ursprung hielt. Während er sie vergewaltigte, sagte er: »Du sollst mich so lieben, wie du deine Freunde liebst.«

Nach der Tat rief sie die Polizei. Die Beamten entdeckten in der Nähe des Hauses einen Mann und führten ihn vor, aber er war nicht der Täter. Sie sagte der Polizei im wesentlichen das gleiche wie später auch mir. Sie sah die Fotos in der Verbrecherkartei mehrmals durch, ohne den Vergewaltiger zu finden. Etwa ein halbes Jahr später war sie in einem anderen Viertel von Queens mit ihrem Fahrrad einkaufen und entdeckte Ronald dort. Sie erkannte ihn sofort, wollte sich aber absolut sicher sein. Sie bat ihren Freund, ihn anzusprechen und nach dem Weg zu fragen. Als sie Ronalds Stimme hörte, hatte sie keinen Zweifel mehr. Zusammen mit ihrem Freund suchte sie nach einem Streifenpolizisten. Als der Beamte ihn verhaften wollte, wehrte sich Ronald so heftig, daß einer der Anklagepunkte Widerstand gegen die Staatsgewalt lautete.

Miriam hatte alle meine Fragen beantwortet – bis auf eine. Hatte sie wirklich den Täter identifiziert?

In den Akten fand ich einen Bericht, den ich abermals überprüfte. Das Gericht hatte schon zu Beginn des Verfahrens angeordnet, Ronald auf seine geistige Zurechnungsfähigkeit zu untersuchen. Er war als leicht retardiert, aber zurechnungsfähig eingeschätzt worden. Im psychiatrischen Gutachten fand ich einen Vermerk. In Streßsituationen, hieß es dort, falle der Angeklagte in einen karibischen Akzent, der allerdings deutlich als nachgeahmt zu erkennen sei. Nach dem Grund befragt, hatte Ronald erklärt, das sei nur eine Angewohnheit. Er stamme nicht aus der Karibik.

Schon Monate vor der psychiatrischen Untersuchung hatte Miriam der Polizei von dem »jamaikanischen« Akzent des Täters erzählt.

Ich überlegte, wieso Mutter und Großmutter Ronald nachts im Souterrain einsperrten.

Da war noch etwas. Das erste Mal hatte ich Miriam im Sommer in meinem Büro in Kew Gardens getroffen. Danach hatte ich mehrmals telefonisch, aber nie wieder persönlich mit ihr gesprochen. Im folgenden Winter hatte ich einen Prozeß in dem Gerichtsgebäude im Jamaicanerviertel. Draußen wütete ein Schneesturm. Ich hatte Mittagspause und ging die Straße entlang, als ich plötzlich meinen Namen rufen hörte. Ich war von Kopf bis Fuß dick eingemummelt, hatte aber trotzdem keine Lust, bei diesem Wetter stehenzubleiben. Als ich mich schließlich widerwillig umdrehte, sah ich eine hübsche junge, schneebedeckte Frau vor mir, die sich über meine Verwirrung amüsierte. Sie nannte ihren Namen. Es war Miriam. Später schaute ich in meinem Kalender nach. Unsere bis dahin einzige persönliche Begegnung lag ungefähr ein halbes Jahr zurück.

Da es keine forensischen Beweise gab, brauchte ich etwas, um Miriams Personengedächtnis einschätzen zu können. Wer nicht meint, daß *kein* Mensch in der Lage ist, einen anderen hundertprozentig zu identifizieren (was darauf hinausliefe, daß die meisten Fremdvergewaltiger straffrei ausgehen), muß Wege finden, um glaubhaft zu machen, daß das jeweilige Opfer durchaus fähig ist, Personen zu identifizieren. Daß Miriam mich nach dieser langen Zeit wiedererkannt hatte, überzeugte mich davon, daß sie sich auch bei Ronald nicht irrte.

Den Verteidiger überzeugte das nicht. Als ich mit Richter und Verteidiger am Richtertisch über die Probleme des Falls diskutierte, versuchte ich es mit der Frage: »Was glauben Sie wohl, warum der Junge jede Nacht im Souterrain eingesperrt wird? Was glauben Sie, wird aus der Sexualität eines retardierten jungen Mannes, der von weiblichen Verwandten und Nonnen umgeben ist, die ihre Augen vor den biologischen Tatsachen verschließen? Was ist, wenn er *doch* schuldig ist? Warum imitiert er, wenn er im Streß ist, einen karibischen Akzent? Könnte es nicht sein, daß er selbst als Kind von jemandem mit karibischer Herkunft vergewaltigt worden ist? Aber niemand wollte etwas davon wissen, daß Ronald schuldig sein könnte.

Trotzdem wurde über einen Deal verhandelt. Unsere Strafjustiz ist so unglaublich starr, daß die einmal in Gang gesetzten Mechanismen unaufhaltsam und unweigerlich ablaufen müssen. Weil Ronald jedoch permanent seine Unschuld beteuerte, liefen die Verhandlungen wenigstens nicht auf den üblichen Kuhhandel hinaus.

Ich hatte mit Miriam besprochen, was für einen Deal wir anbieten könnten. Ich mußte wissen, was sie wollte und ob das, was sie wollte, machbar war. Wenn ja, hatte sie ein Recht darauf, es zu bekommen.

Da der Angeklagte erst siebzehn war, galt er noch als »jugendlicher Straftäter«. Der Richter konnte ihn aber entweder auf Bewährung verurteilen oder aber den »Jugendbonus« nicht in Anschlag bringen und ihm eine Freiheitsstrafe zwischen acht Jahren, drei Monaten und fünfundzwanzig Jahren geben.

Miriam wollte, daß Ronald die Chance bekam, sich zu bewähren. Ich kenne etliche Vergewaltigungsopfer, die ähnlich denken. Ich reagiere auf so etwas immer mit sehr gemischten Gefühlen. Ein besonders schwer geschädigtes Opfer (eine Frau, die von Unmenschen, die jeden Augenblick ihrer Demütigung genüßlich ausgekostet haben, stundenlang in brutalster Weise gepeinigt worden war) hatte ein furchtbar schlechtes Gewissen, weil sie dafür »verantwortlich« sei, daß die Täter nun lebenslänglich im Gefängnis sitzen müßten. Das Verbrechen war in einem anderen Bundesstaat begangen worden. In New York geschieht es sehr selten, daß ein Vergewaltiger lebenslänglich kriegt. Nicht »verantwortlich« sein zu wollen war Teil des durch die Vergewaltigung bei ihr ausgelösten Schuldgefühls. Sie war unfähig, ihren Peinigern gegenüber Wut oder Haß zu empfinden, und das allein zeigt, wie schwer diese Frau durch die Tat seelisch geschädigt war.

Miriam begründete ihren Entschluß anders. Sie sagte: »Mir war klar, daß mit dem Burschen etwas nicht stimmte. Das heißt nicht, daß ich ihm verzeihe. Aber er wollte die ganze Zeit, daß ich so tue, als wäre ich seine Geliebte. Ich weiß nicht, wie ich das ausdrücken soll. Vielleicht ist so was irgendwie vorprogrammiert. Ich weiß nicht. Ich kenne eine Menge Leute, die ins Gefängnis gehören. Mein Cousin, zum Beispiel. Der ist einfach ein Dieb. Den kann man nicht daran hindern, daß er klaut, und helfen kann man ihm auch nicht. Der ist einfach ein Junkie, der klaut. Aber der Typ, mit dem hat was nicht gestimmt.«

Auch ich kenne eine Menge Leute, die ins Gefängnis gehören. Im allgemeinen sind das Vergewaltiger. Dieben kann ich verzeihen. Aber Miriam versuchte, mir etwas klarzumachen, und ich versuchte, genau zuzuhören.

Als Deal bot ich Ronald Bewährung für Schwerverbrechen (fünf Jahre) mit Therapie an. Der Verteidiger lehnte ab.

Staatsanwälte glauben gern, daß sich nur Menschen schuldig bekennen, die auch wirklich schuldig sind. Das ist Unsinn. Wenn man bedenkt, was auf dem Spiel steht, ist die Entscheidung, einem Deal zuzustimmen oder nicht, für einen Unschuldigen sehr viel schwerer als für einen Schuldigen. Der Unschuldige gibt die Chance auf, sich zu rechtfertigen. Ein Angeklagter, der schuldig ist, will einfach das günstigste Angebot herausholen. Sehr wenige Schuldige schlagen die Möglichkeit aus, um eine Freiheitsstrafe herumzukommen.

Als Ronald die Bewährung ablehnte, hatte ich die Qual der Wahl. Ich konnte versuchen, meine Vorgesetzten zu überreden, daß sie sich auf ein geringeres Angebot einließen, zum Beispiel auf Bewährung für leichtere Vergehen (drei Jahre); dann wäre er als »jugendlicher Straftäter« eingestuft worden. Oder ich konnte versuchen, eine Freilassung zu erwirken mit der Begründung, daß Ronald nach meiner Überzeugung nicht der Täter war.

Oder ich konnte es auf einen Prozeß ankommen lassen.

Ich war mir sicher, daß Miriam sich nicht irrte. Aber ich wußte, daß die Chancen für eine Verurteilung minimal waren. Mal davon abgesehen, daß Ronald über Nacht eingeschlossen war, gab es nur eine einzige Zeugin, und diese Zeugin hatte ihn erst volle sechs Monate nach der Tat identifiziert. Zudem hatten wir es mit einem Verbrechen zu tun, bei dem keine Jury so ohne weiteres einen Schuldspruch fällte. Wenn wir an den falschen Richter gerieten, war unsere Niederlage unausweichlich. Und selbst ein wohlwollender und fairer Vorsitzender würde von Miriam verlangen, daß sie das Verbrechen im Zeugenstand noch einmal durchlebte. Lohnte sich das wirklich? Bei einer Gewinnchance von eins zu hundert?

Vor der endgültigen Entscheidung sprach ich die Sache mit Miriam durch. Ein Polizeibeamter, vor dem ich große Achtung habe, hat mir einmal geschildert, woran man Mut erkennt: »Bitte sie, etwas Schwieriges zu tun, zum Beispiel zu einer Gegenüberstellung zu kommen, und du siehst, wie ihr Kinn zu zittern beginnt, wenn sie sich vorstellt, wie hart das für sie wird, und dann schaut sie dir ins Gesicht und sagt mit Tränen in den Augen, ja ich tu's.« Das Vergewaltigungsopfer, von dem dieser Beamte sprach, war nicht Miriam, aber was er sagte, traf auch auf sie zu. Sie wollte den Prozeß.

Ich hatte persönliche Gründe, sie darin zu bestärken. Einerseits fand ich, daß Miriam ein Recht darauf hatte, vor Gericht zu gehen, und andererseits grauste es mir bei der Vorstellung, daß die Lüge siegen und man Ronalds Unschuldsbeteuerungen glauben schenken könnte. Ich ahnte, daß dieser junge Mann kein Ungeheuer war, noch nicht . . .

Wenn ein Vergewaltiger alle Brücken hinter sich abgebrochen hatte, konnte ich nur noch versuchen, die Gesetze und unsere unzulängliche Rechtssprechung so zu nutzen, daß die Allgemeinheit vor diesem Menschen geschützt wurde. Bei Ronald aber gab es noch eine Chance. Was er getan hatte, war abscheulich, doch in einem Punkt unterschied sich seine Tat von ähnlichen Verbrechen dieser Art: es fehlte der Machtrausch, in den ein Vergewaltiger für gewöhnlich verfällt, wenn er sieht, daß er einen Schwächeren in seiner Gewalt hat. Und es fehlte die sexuelle Erregung daran, einen anderen Menschen zu demütigen und einzuschüchtern. Vielleicht habe ich mich zu sehr in Ronalds Psychogramm vertieft. Vielleicht bin ich einfach der Fährte gefolgt, auf die Miriam mich gesetzt hatte. Jedenfalls konnte ich nicht mitlügen. Ich konnte nicht so tun, als sei Ronald nicht der Täter, und abwarten, bis er das nächste Mal eine Frau vergewaltigte und es zu spät wäre, ihn zu ändern oder aufzuhalten.

Der Prozeß war also für beide Seiten notwendig.

Man teilte uns einen Richter zu, mit dem wir großes Glück hatten. Für uns war es von Vorteil, daß dieser Richter nicht sehr gefragt war. Die meisten Anwälte hatten Schwierigkeiten mit seiner Prozeßführung. Er pflegte sich Zeit zu lassen und ging besonnen vor. Aber er war auch neutral und unparteiisch. Wenn er Zweifel an meiner Argumentation hatte – und die *mußte* er haben –, so behielt er sie für sich.

So war er eben, doch das machte ihn in den Augen seiner Vorgesetzten nicht gerade beliebt; er war kein Richter, der Partei nahm.

Der Gerichtssaal, in den man uns steckte, war ein winziges Kabuff weitab vom Schuß in Borough Hall, direkt neben dem Standesamt.

Während der Zeugenvernehmung sah man durchs Fenster ständig jungvermählte Paare; gleichsam ein Kontrapunkt zu der Gewalt, um die es im Saal ging. Auf der Straße lag dermaßen viel Reis, daß die überfütterten Gerichtstauben nur noch behäbig umherwatscheln konnten.

An dem Tag, als Miriam in den Zeugenstand treten sollte, erschien sie mit einer Stunde Verspätung. Wann immer ich sie vorher gesehen hatte, sogar damals im Schneesturm, was sie perfekt gestylt und absolut gefaßt gewesen. Diesmal aber sah sie aus wie ein Putzlumpen. Ich rief im Gericht an und sagte, wir kämen später.

Wir führten ein langes Gespräch über das, was bei einer Zeugenaussage vor Gericht geschieht. »Das Schlimmste ist nicht das Kreuzverhör, sondern der Moment während Ihrer Aussage, wo Sie sich nicht nur daran erinnern, wie alles war, sondern es noch einmal durchleben«, sagte ich zur ihr. »Wenn Sie diesen Moment überstanden haben, wird es leichter. Sie müssen einfach Sie selber sein. Zeigen Sie den Geschworenen, wer Sie sind, dann werden sie Ihnen glauben. Keine Zeugenaussage kann so schrecklich sein wie das, was Sie schon überstanden haben.«

Miriam blickte auf, lächelte unsicher und sagte: »Das sind doch bloß Worte, oder?«

Ich bat sie, sich frischzumachen und zu schminken, und dann redeten wir weiter. Da vertraute sie mir an, daß ihr Freund ihr geraten hatte, kein Make-up aufzulegen. »Vielleicht mögen die Geschworenen es nicht, wenn ich geschminkt bin«, sagte sie.

»Ihr Freund ist ein Idiot«, erwiderte ich. Das war sicher nicht gerade taktvoll von mir, aber obwohl ich dem Burschen nie persönlich begegnet war, hatte ich diesen Eindruck schon seit einer ganzen Weile – genauer gesagt, seit er es abgelehnt hatte, beim Prozeß als Zeuge aufzutreten und Ronald zu identifizieren. Nachdem ich von Miriam erfahren hatte, daß ihr Freund ein Weißer war (sie selber ist schwarz) und die beiden sich Sorgen machten, wie die Geschworenen darauf reagieren würden, hatte ich beschlossen, den Mund zu halten. Diesmal aber konnte ich nicht ruhig bleiben.

Miriam machte ihre Sache ausgezeichnet. Natürlich ist es nicht in Ordnung, daß Leute, die intelligent sind und sich artikulieren können, eher Gerechtigkeit bekommen als andere, aber so sieht es nun eben einmal aus – meistens jedenfalls. Angesichts der Würde, die Miriam ausstrahlte, und angesichts der Tatsache, daß sie sich noch eineinhalb Jahre nach dem Verbrechen an so viele Einzelheiten erinnern konnte, fiel es den Geschworenen schwer, ihr nicht zu glauben. Und sie sagte aus, daß Ronald sie vergewaltigt habe.

Selbstverständlich ging bei Miriams Zeugenvernehmung nicht alles glatt. Es gibt keine Zeugenvernehmung, bei der alles glatt geht. Als sie in den Zeugenstand getreten war, wollte ich sie nach dem Tag des Schneesturms fragen, doch der Richter unterbrach mich. Dieser Vorfall war natürlich ein Beweis für etwas, aber leider nicht vor Gericht zulässig. Auch was der Psychiater über Ronalds Akzent bemerkt hatte, erfuhren die Geschworenen nicht, denn psychiatrische Gutachten sind vertraulich.

Ich wußte nicht recht, ob ich den Beamten, der Ronald verhaftet hatte, als Zeugen aufrufen sollte. Ich entschloß mich, es zu tun; meine Entscheidung sollte sich als Fehler entpuppen. In meinem Büro hatte der Polizist geschildert, wie Ronald gekämpft und gekreischt und um sich geschlagen hatte, als er ihm Handschellen anlegen wollte. Diese Aussage war gut. Ich wollte, daß die Geschworenen Ronald nicht nur als den schlaksigen, schüchtern dreinblickenden Jungen im grauen Anzug sahen, der hier auf der Anklagebank saß, sondern daß sie ihn sich vorstellen konnten, wenn er wütend war, wenn er durchdrehte. Im Zeugenstand sagte der Polizist lediglich, Ronald habe ein paarmal »gestöhnt«. Sonst nichts. Diese Zeugenaussage bewies nur eines, nämlich die Ressentiments des Polizeibeamten.

Der Verteidiger war ein ehemaliger Polizist. Vielleicht war das der Grund, weshalb der Beamte, der Ronald verhaftet hatte, mir gegenüber so zugeknöpft reagierte. Oder vielleicht paßte es ihm nicht, daß Miriam einen weißen Freund hatte. Oder vielleicht waren ihm die Opfer einfach unsympathisch, während Vergewaltiger seine Sympathie hatten. Er wäre nicht der erste Polizist gewesen, der so denkt.

Mir war klar, daß der Beamte mit seiner maßgeschneiderten Aussage die Geschworenen gegen Miriam eingenommen hatte. Ich mußte versuchen, diese Voreingenommenheit mit Hilfe der Zeugenaussage der Frau zu neutralisieren, der sich die Klägerin unmittelbar nach der Tat anvertraut hatte.

Im Staat New York hat die Staatsanwaltschaft das Recht, zu beweisen, daß das Opfer sofort nach dem Verbrechen mit jemandem über die Tat gesprochen hat, eine alte Tradition, mit der nachgewiesen werden soll, daß die Betreffende tatsächlich vergewaltigt wurde. Früher ließen die Gerichte sogar Expertengutachten zu, die erklärten, warum ein Opfer nicht gleich, sondern erst nach einiger Zeit über das an ihm begangene Sexualverbrechen gesprochen hat. Beiden Verfahrensweisen liegt die falsche Annahme zugrunde, daß ein Mensch, der etwas so Schreckliches wie eine Vergewaltigung erlebt hat, auf der Stelle mit jemandem darüber reden müßte. Ob jemand redet oder schweigt, kann so viele verschiedene Gründe haben, daß nicht der Zeitpunkt des Redens, sondern allein das Motiv an sich etwas über die Glaubwürdigkeit des Opfers aussagt.

Daran, daß Miriam vergewaltigt worden war, hatten die Geschworenen keinen Zweifel, soviel wußte ich. Aber ich wollte den Dingen, die sie der Jury erzählt hatte, einen persönlicheren Anstrich geben. Die Geschworenen sollten selber sehen und fühlen können, was man ihr angetan hatte; ich wollte das Eis brechen, wollte die Distanz aufheben, die es einer Jury ermöglicht, einen Angeklagten freizusprechen. Dazu benutzte ich die Aussage der Frau, mit der Miriam unmittelbar nach der Tat gesprochen hatte.

Miriam hatte ausgesagt, daß es kurz vor Sonnenaufgang war, als sie flüchten konnte. Sie war die Treppe hinuntergerannt, hatte an Türen geklopft und um Einlaß gebeten. Niemand hatte reagiert. Sie war noch eine Etage weiter nach unten gelaufen und hatte es auch dort versucht. Schließlich war sie bei Leuten gelandet, die sie kannten, und die ließen sie ein.

Miriams Nachbarin sagte aus, es sei eine friedliche Sommernacht gewesen . . . plötzlich hätten beängstigende Geräusche die Ruhe gestört. Sie habe ein Stockwerk höher eine Frau gehört, die an sämtliche Wohnungstüren geschlagen und um Hilfe gerufen habe, aber niemand habe reagiert. Dann sei auch bei ihr an die Tür gehämmert worden. Sie habe Angst gehabt, habe die Tür aber dennoch einen Spaltbreit geöffnet. Miriam habe sich hineingezwängt – sie sei in fürchterlicher Verfassung gewesen.

Miriam war durch die ganze Wohnung gestolpert bis ins hinterste Zimmer, in den hintersten Winkel. Die Nachbarin fragte, was passiert sei. Keine Antwort. Miriam lehnte an der Wand, sie sackte zu

Boden, kauerte mit angezogenen Beinen da und umklammerte ihre Knie; sie zitterte am ganzen Leibe. Sie fing an zu weinen und versuchte zu sprechen. Was sie sagte, klang wie das Wimmern eines Tieres. Schließlich stieß sie unter Schluchzen hervor, sie sei vergewaltigt worden. Die Nachbarin und ihre Tochter riefen die Polizei. Mehr konnten sie nicht tun, und doch hatten sie damit weit mehr getan als alle anderen Hausbewohner.

Die Verteidigung ließ die angekündigten Zeugen aussagen. Sie hatte in diesem Fall ein sehr wertvolles As im Ärmel: der Anwalt, die Familie des Angeklagten und die Zeugen waren offenbar ehrlich von Ronalds Unschuld überzeugt. Das mußte natürlich auf die Geschworenen abfärben, und darin lag für die Anklage ein gewaltiger Nachteil.

Ich beriet mich mit meinen Mitarbeitern, ob ich die Nonnen ins Kreuzverhör nehmen sollte. Großes Augenverdrehen und viele Witzeleien; alle rieten mir einhellig davon ab. Eine katholisch erzogene Kollegin gab mir den nützlichen Tip, die Nonnen zu fragen, ob sie jemanden kennen, dem sie eine Vergewaltigung zutrauen würden. Da es Ordensschwestern nicht gestattet sei, schlecht über andere Menschen zu denken, müßten sie diese Frage verneinen, meinte sie. Ich bin mir nicht sicher, ob das so stimmt, wußte aber nun, was ich zu tun hatte, und es funktionierte. Das Kreuzverhör machte klar, daß Nonnen in der Frage, ob jemand einer Vergewaltigung fähig ist, nicht unbedingt als Expertinnen angesehen werden konnten.

Dank der Nonnen wurde den Geschworenen auch klar, daß Ronald ausschließlich von Frauen umgeben war, mit denen er ganz gewiß nicht über Sexualität reden konnte.

Im Zeugenstand fragte ich die Großmutter, warum sie Ronald nachts im Souterrain einschloß, aber sie ging auf diese Frage nicht recht ein. Die meisten Richter lassen Fragen, die mit »warum« anfangen gar nicht zu (sie verlangen, daß Gedankengänge dargelegt werden, nicht Fakten). Ich mußte also vorsichtig formulieren und hoffte, daß die Geschworenen sich ihr Teil denken würden. Die Verteidigung tat so, als sei es das Normalste von der Welt, jemanden nachts im Souterrain einzuschließen. Was es nicht ist.

Die Großmutter sagte auch aus, sie sei sich absolut sicher, daß Ronald es zeitlich gar nicht hätte schaffen können, die Vergewaltigung zu begehen, den langen Heimweg zurückzulegen und rechtzeitig wieder in seinem Zimmer im Bett zu liegen, als sie aufschloß. Aber den Zeitangaben von Zeugen, die sich ein volles halbes Jahr nach dem Ereignis erstmals exakt an die Uhrzeiten erinnern sollen, ist ohnehin nur begrenzt zu glauben.

Am stärksten reagierten die Geschworenen, als ich in meinem Plädoyer die Leute nannte, die Miriam *nicht* identifiziert hatte, nämlich den Burschen, den man ihr auf der Polizeistation von Rochdale vorgeführt hatte, und die Fotos aus der Verbrecherkartei, die sie sich ansehen mußte. Ich erklärte, daß Miriam nicht einfach irgendwen herauspicken, sondern den wirklichen Täter zur Verantwortung gezogen sehen wollte. Und daß sie sich so lange Zeit gelassen hatte, bis sie den, *der es war*, gefunden hatte.

Wir warteten gespannt auf den Beschluß der Jury. Eine der Geschworenen sagte mir später, sie habe buchstäblich sehen können, wie mein Herz klopfte, als der Obmann aufstand und das Verdikt verlas. Und wirklich, ich hatte in diesem Moment das Gefühl, mein Brustkasten würde zerspringen.

Die Beratungen der Jury dauerten drei Tage. Keiner meiner Kollegen glaubte daran, daß ich den Prozeß gewinnen könnte. Ich sollte mich freuen, daß die Geschworenen einer Anklage, die auf so wackligen Füßen stand, so viel Zeit widmeten, hieß es.

Den ganzen Vormittag des dritten Beratungstages warteten wir darauf, daß die Geschworenen noch irgendwelche Fragen hätten, aber nichts dergleichen.

Ich traute mich nicht, das Gerichtsgebäude zu verlassen, falls die Jury etwas von uns wollte, und hatte keine Ahnung, wann ich zum letztenmal etwas gegessen hatte. Am Nachmittag lief ich schließlich kurz hinaus auf die Straße und holte mir ein Hot Dog. Ich war gerade dabei, ihn auszuwickeln, als der Gerichtsdiener anrief, die Jury hätte einen Spruch gefällt. Ich rannte los, obwohl ich genau wußte, daß es noch ein Weilchen dauern würde, bis der Richter, der Verteidiger, die Gerichtsstenographin und der Angeklagte wieder im Saal waren.

Die letzten fünfundzwanzig Minuten waren schier endlos. Ich ging zwischen Gerichtssaal und Korridor hin und her. Wartete. Die Beamten waren distanziert und zugeknöpft, aber keineswegs kalt. Sie glaubten nicht daran, daß Ronald verurteilt würde, und sie wollten mir keine Hoffnungen machen.

Ich konnte mich nicht beschweren. Wenn die Geschworenen den Angeklagten freisprachen, war das ganz allein meine Schuld.

Nein, das stimmte nicht. Es war auch die Schuld der Geschworenen. Vielleicht irrte ich mich ja auch, und die anderen hatten recht – die Identifizierung war in der Tat ein Problem. Aber wenn es sich hier nicht um ein Sexualverbrechen gehandelt hätte, wäre sich niemand so sicher gewesen, daß das Urteil der Jury »nicht schuldig« lauten würde.

Ich sah noch einmal nach, ob ich Miriams Telefonnummer bei mir hatte. Sobald ich den Spruch kannte, mußte ich sie anrufen. Ich hatte ihr nicht gesagt, wann die Beratungen begonnen hatten, wann wir Klarheit hätten. Ich wollte Miriam das Warten ersparen.

Als Ronald in den Gerichtssaal zurückkam, war er wie immer von einer aufgescheuchten Schar weiblicher Verwandter umgeben, die ihn bemutterten. Gegen meinen Willen mußte ich mir eingestehen, daß er nicht wie ein Vergewaltiger aussah.

Die Gerichtsstenographin stand abrufbereit und wartete nur darauf, daß man ihr Bescheid gab, wenn die Verhandlung wieder aufgenommen würde. Der Verteidiger fehlte noch. Jemand rief in seinem Büro an.

Kein Wunder, daß er uns warten ließ. Das paßt zu ihm.

Ich wußte, daß ich unfair war. Die Verteidigung hatte sich während des ganzen Prozesses sehr anständig benommen. Aber der Mann hatte halt den Gestus des ehemaligen Polizisten an sich, der noch immer die Privilegien eines »Polizeibeamten im Einsatz« für sich in Anspruch nahm. Zum Beispiel parkte er seinen Wagen auf dem für die Bezirksstaatsanwaltschaft reservierten Parkplatz.

Bei der Bezirksstaatsanwaltschaft gab es jede Menge Leute, die sich als Quasi-Polizisten fühlten. Ich gehöre nicht zu den Staatsanwälten, die die Polizei kritiklos bewundern. (Diese Staatsanwälte machten mich eher mißtrauisch; ich wollte nicht quasi irgendwas sein, sondern eine Staatsanwältin, die Sexualverbrechen zur Anklage bringt.) Im Grunde hatte ich nichts gegen Polizisten, aber dieser Prozeß hatte alle meine Vorurteile bestätigt.

Ich versuchte mir auszumalen, was im Geschworenenzimmer vor

sich gegangen war. Am Abend vorher hatte ich zufällig einen Zettel gesehen, auf dem eine der Geschworenen einen Gerichtsdiener bat, ihrer Familie Bescheid zu geben, daß sie über Nacht nicht nach Hause kommen könne. Zwei Nächte in einem Hotel isoliert zu sein war ziemlich hart. Aber schließlich kam es nur darauf an, daß die Jury richtig entschied.

Endlich erschien der Verteidiger. Er sah nervös aus; offenbar war es ihm peinlich, daß er sich verspätet hatte. Der Gerichtsdiener rief die Stenographin an; sie sei gerade nicht an ihrem Schreibtisch, hieß es. Sowie sie zurück sei, werde man sie herschicken.

Ich versuchte aus der Miene des Verteidigers zu erraten, ob er sich tatsächlich Sorgen machte. Solange der Richter den Spruch der Jury nicht formal angenommen hatte, konnte Ronald sich immer noch schuldig bekennen. In diesem späten Stadium käme es mir normalerweise nicht in den Sinn, noch einen Deal vorzuschlagen, aber bei Ronald war das etwas anderes.

Der Verteidiger redete nicht mit mir. Ich hatte keine andere Wahl gehabt, als den Prozeß zu führen. Wenn es jetzt einen Freispruch gab, dann wäre die Entscheidung der Verteidigung gerechtfertigt, aber an meiner eigenen hätte das nichts geändert.

Wenn das Verdikt »nicht schuldig« lautete, würde ich Miriam irgendwie begreiflich machen müssen, daß die Zweifel der Geschworenen nicht ihrer Darstellung des Tathergangs galten, sondern nur der Identität des Angeklagten.

Zwei weitere Gerichtspolizisten betraten den Saal. Der Gerichtsdiener hatte offenbar Verstärkung angefordert. Das war so üblich, wenn ein Freispruch erwartet wurde.

Die Stenographin erschien, setzte sich. Dann kam der Richter aus seinem Dienstzimmer.

Endlich ging es los. Der Obmann stand auf und stellte sich mit dem Gesicht zum Angeklagten. Der Angeklagte erhob sich ebenfalls und schaute den Obmann an. Der Verteidiger hatte wenigstens genug Stil, um zusammen mit seinem Mandanten aufzustehen.

Der Gerichtsdiener fragte, ob sich die Geschworenen auf einen Spruch geeinigt hätten. Ja, das hatten sie. Ob sie den Angeklagten im ersten Anklagepunkt, also dem der schweren Vergewaltigung, schuldig oder unschuldig fänden.

Schuldig.

Der Angeklagte fing an zu weinen. Die wirklich bösen, die unverbesserlichen Täter zeigen nie eine Reaktion; ihre Gesichter sind versteinert, sie bleiben vollkommen verschlossen. Allenfalls nicken sie kurz, das ist schon das äußerste. Aber Ronald war ja noch ein halbes Kind. Der Verteidiger, die Mutter, die Nonnen und die Großmutter hatten ihm so oft eingeredet, er sei unschuldig, daß er es schon beinahe selber geglaubt hatte – bis zu diesem Urteilsspruch.

Meine Sympathie mit diesem Vergewaltiger war beunruhigend, aber Ronald brauchte die Wahrheit, mit der das Verdikt der Jury ihn konfrontierte, fast ebenso notwendig wie das Opfer.

Das Gericht vertagte sich bis zur Urteilsverkündung. Ronald war so erschüttert, daß er nicht einmal die Fragen zur Person: Adresse, Namen und Geburtsdatum beantworten konnte. Dabei standen ihm noch etliche Amtshandlungen und Entscheidungen bevor.

Von einem Gerichtstelefon aus rief ich Miriam an. Auch sie fing an zu weinen. Sie war auf das Schlimmste gefaßt gewesen.

Später sprach ich mit den Geschworenen. Es war ihnen nicht leichtgefallen, Ronald im Gerichtsaal zusammenbrechen zu sehen. Ich erzählte ihnen von dem nachgeahmten Akzent und dem Tag des Schneesturms. Sie hatten hart um ihre Entscheidung gerungen, und ich wollte ihnen klarmachen, daß sie das Richtige getan hatten.

Die Geschworenen hatten das Bedürfnis, mit mir zu reden. Sie fürchteten, ich könnte verärgert sein, weil sie bei der Anklage wegen Widerstands gegen die Staatsgewalt »nicht schuldig« votiert hatten. Aber das nahm ich ihnen nicht übel.

Sie erzählten mir auch, wie sehr sie das Argument der Verteidigung beschäftigt hatte, daß Ronald nachts immer eingeschlossen war. Im Kreuzverhör hatte ich die Großmutter nach der Zuverlässigkeit der Schlösser gefragt, aber die alte Dame hatte sich nicht aufs Glatteis führen lasen. Jeder Geschworene hatte seine eigene Theorie, wie der Junge entwischen konnte. Das Ganze erinnerte an einen Krimi aus der guten alten Zeit. Aber am Ende hatten sie sich darüber geeinigt, daß ein junger Bursche, der so oft alleingelassen wurde und entsprechend motiviert war, durchaus einen Weg finden konnte, sich aus dem Staube zu machen. Das war schließlich nicht die entscheidende Frage, sondern eher ein Randproblem, mit dem man sich sozusagen zur Zerstreuung befaßt hatte, wenn die Beratungen an einem toten Punkt angelangt waren.

Natürlich folgten die (in diesem Fall) unvermeidlichen Revisionsanträge, basierend auf der Unschuldsbehauptung. Ich weiß, es war naiv von mir, aber ich hatte geglaubt, nach diesem Verdikt müsse die Familie endlich der Wahrheit ins Auge sehen. Weit gefehlt – die Leute nahmen sich lediglich einen anderen Anwalt.

Miriam war noch immer für Bewährung, wollte die Entscheidung darüber jedoch mir überlassen. Das war nicht leicht.

Da Ronald als jugendlicher Straftäter eingestuft werden mußte, hatte der Richter auch nach dem Schuldspruch der Jury beim Strafmaß vollkommen freie Hand. Es gab ein ungeschriebenes Gesetz: Prozeß gleich Gefängnis. Der Richter schien Ronald nicht ohne meine Empfehlung auf Bewährung verurteilen zu wollen. Ich gab sie ihm unter der Bedingung, daß der Junge eine gründliche Therapie machte. Ich war mehr denn je der festen Überzeugung, daß Ronald therapiefähig war.

Ich weiß, daß ich mit dieser Empfehlung, ganz gleich, ob mit oder ohne Therapiebindung, gegen die Prinzipien der Bezirksstaatsanwaltschaft von Queens verstieß. Schließlich stand in nahezu allen einschlägigen Gerichtsberichten, die während Santuccis Amtszeit in der Presse erschienen, der Satz: »Bezirksstaatsanwalt John J. Santucci beantragt die Höchststrafe.« Dieser Satz stand übrigens wirklich in Computerschrift auf dem Formblatt der amtlichen Pressemitteilungen und sollte den Eindruck vermitteln, daß der Bezirksstaatsanwalt bei sämtlichen Prozessen zugegen sei. Außerdem sollte das die Legende untermauern, Santucci sei gnadenlos gegenüber Verbrechern. (Wenn ich mich recht erinnere, hat Santucci nur ein einziges Mal persönlich eine Empfehlung zum Strafmaß ausgesprochen. Das war, als er beantragte, einen korrupten Lokalpolitiker aus dem County Nassau nicht ins Gefängnis zu schicken, sondern ihn auf Bewährung zu verurteilen.)

Nirgendwo stand geschrieben, daß die Staatsanwaltschaft die Höchststrafe fordern muß. Vielleicht hatte Santucci eine solche Anweisung einfach nicht für notwendig erachtet. Egal wie, hier ging es um meinen Angeklagten. Ich hatte das Recht, darüber zu befinden, wie der Gerechtigkeit gedient werden konnte. Der Richter entschied auf Bewährung und Therapie. Was aus Ronald geworden ist, weiß ich nicht. Ich erfahre immer nur, wenn jemand erneut festgenommen worden ist. Das war bei ihm nicht der Fall.

4

Ronald hatte eine Grenze verletzt, deren Existenz ihm nicht bewußt war. Andere Vergewaltiger überschreiten diese Grenze mit Vorbedacht. Viele Menschen glauben, zu einer Vergewaltigung kommt es dann, wenn einen Mann ein so starkes sexuelles Verlangen nach einer Frau packt, daß er sich einfach nicht mehr beherrschen kann. Bei den Verbrechen, die ich zur Anklage gebracht habe, konnte ich diesen Aspekt nicht erkennen. Das Problem der Täter war nicht ihr Geschlechtstrieb; in der Regel fiel es ihnen außerordentlich schwer, eine Erektion zu haben oder zu behalten beziehungsweise zum Orgasmus zu gelangen. So viele Prostituierte haben ihr Leben verloren, weil sie sich genau darüber lustiggemacht haben. Verbrechen dieser Art werden nicht durch einen aus den Fugen geratenen Hormonhaushalt ausgelöst, sondern einzig und allein durch die Lust, Gewalt auszuüben und einen anderen Menschen zu beherrschen.

Letztendlich verdanke ich diese Einsicht meinem Rottweiler und dem Verhalten, das ich an ihm beobachtete, als er geschlechtsreif wurde. Als Bruiser noch klein war, ließ ich ihn immer ohne Leine im Forest Park herumtoben. Mein Mann hat mich gewarnt; er meinte, der Hund sei allmählich zu alt für diese Spiele, aber ich hörte nicht hin. Bis es zu spät war. Der Park war von einer fast zwei Meter hohen Steinmauer umgeben. Was sollte schon passieren?

Just zu der Zeit, als bei Bruiser die Hormone zu rumoren begannen, roch er eine Dobermannhündin, die auf der anderen Seite der Mauer lebte. Seine Nase sagte ihm, daß sie heiß war. Bruiser ging auf Freiersfüßen, d. h. er schoß wie eine Rakete über die Steinmauer und landete auf einer ahnungslosen dänischen Dogge männlichen Geschlechts. Der Rüde war völlig verdutzt, aber dann roch auch er die Hundedame. Die einzige, die Bruisers Vorstellung amüsant fand, war die Dobermannhündin von gegenüber. Für sie war der Junge ein echter Komiker. Die Idee war ja richtig; in freier Wildbahn hätte er mit den anderen jungen Kerlen darum raufen müssen, wer die Hündin besteigen darf. Nur hatte sein gutgemeinter Raketenangriff mitten im Frieden eben das Ziel verfehlt.

Bruiser hatte sich eindeutig animalisch verhalten, aber er war nicht gemein. Er hatte nicht im Dunkeln gelauert. Er war kein Sexualverbrecher. Weil er sich von seinen Hormonen derart hatte aus der Fassung bringen lassen, beschloß ich, als ich mir einige Zeit später einen Pitbull anschaffte, darauf zu achten, daß das Tier eine Hündin war (sie heißt Honey). Bruiser hatte ich nicht weniger gern. Er war schließlich einfach seiner Hundenatur gefolgt.

Die Fälle, mit denen ich bei Gericht zu tun hatte, waren anders. Hier geschah etwas *gegen* die Natur, etwas, dem ein Riegel vorgeschoben werden mußte. Unter den Vergewaltigern, denen ich als Anklägerin begegnet bin, waren Zahnärzte und Straßenjungs, Halbwüchsige und Frauen mittleren Alters. All diese Menschen haben eins gemeinsam. Sie haben etwas in sich, das weder mit Kultur noch Ökonomie zu tun hat. Und doch scheint das, was sie gemeinsam haben, nur unserer Gattung eigen zu sein.

Bei den sogenannten Serienvergewaltigern, die immer nach demselben Schema vorgehen, war die schwarze Seite dieser Spezies am deutlichsten auszumachen.

Nach Shelvie Harris' Schuldbekenntnis vergingen mehrere Jahre, bis ich abermals Gelegenheit hatte, einen Serienvergewaltiger zur Strecke zu bringen.

In New York City redet man dann von einem Serientäter, wenn die Polizei (durch Übereinstimmung der Fakten, des Tathergangs und der Gegend sowie aufgrund ihrer sonstigen Ermittlungen) zu dem Schluß gelangt, daß drei oder mehr Vergewaltigungen von ein und derselben Person begangen wurden. Eric Barnes erfüllte diese

Kriterien nur knapp. In seinem Fall waren drei Vergewaltigungsopfer bekannt.

Meiner Meinung nach erkennt man diesen Tätertyp eher an der ritualisierten, immer nach demselben bestialischen Schema ablaufenden Art, wie er seine Verbrechen begeht, als an einer willkürlich festgesetzten Zahl von Opfern. In meinen Augen war Barnes durchaus prototypisch. Er war gerade aus der Armee entlassen worden und erst wenige Monate in New York, als er als Serientäter verhaftet wurde. In der Zwischenzeit hatte er sich in den Straßen von Briarwood – einem kleinen Mittelschichtviertel von Queens, das gleich hinter dem Gerichtsgebäude von Kew Gardens liegt, herumgetrieben und auf der Lauer gelegen.

Shelvie Harris hatte jede Frau angefallen, die ihm über den Weg lief. Seine Opfer umfaßten alle Altersgruppen und jeden Typ. Eric Barnes hingegen interessierte sich nur für Frauen von Anfang Zwanzig, die landläufig hübsch waren und in der Nähe wohnten. Wenn Barnes sich ein Opfer ausgesucht hatte, beobachtete er es sorgfältig, studierte seine Gewohnheiten und schlug dann zu. Die Pirsch war für ihn Teil des Machtrausches.

Ich denke, anfangs war Barnes einfach ein Spanner. Das kann ich nicht beweisen, aber nach allem, was ich später erfahren habe, liegt dieser Schluß nahe.

Zum erstenmal war Barnes im Frühsommer 1983 verhaftet worden, als er versucht hatte, in eine Wohnung einzusteigen. Der Besitzer war in das dunkle Wohnzimmer gekommen, um es für die Nacht zu sichern, und hatte Barnes entdeckt. Barnes flüchtete aufs Dach und wurde dort von einem jungen Beamten festgenommen, der vom medizinischen Notdienst der Polizei kam und erst seit kurzem Streifenpolizist war.

Diesem Neuling gelang es übrigens auch, Barnes als Serientäter zu entlarven. Als er dem Verhafteten den Grund seiner Festnahme mitgeteilt hatte, hatte dieser lachend gesagt: »Ich bin doch kein Einbrecher.« Der Wohnungsinhaber hatte dem jungen Polizisten erklärt, was ihn bei der Sache am meisten beunruhigte: Der Einbrecher mußte gewußt haben, daß jemand zu Hause war, meinte der Mann, denn seine Frau habe unmittelbar vor der Tat – offenbar allein – am Fenster gestanden.

Die Strafverfolgungsbehörden hatten keine Zeit für derart subtile Wahrnehmungen. Barnes wurde ohne Kaution freigelassen. Niemand dachte daran, den Vorfall als versuchten Einbruch zu behandeln. Für die Justiz war es ein Bagatelldelikt, außerdem war der Mann ein gerade entlassener Soldat und zum erstenmal festgenommen worden. Der Fall war schon so gut wie zu den Akten gelegt.

Barnes nahm die Festnahme ernster. Bei seinen nächsten Opfern kundschaftete er, bevor er zuschlug, genau aus, wer in der Wohnung war.

Er konnte nicht wissen, daß in Nassau zu dieser Zeit gerade eine Bande von Kriminellen für Aufregung sorgte. Bis zum Frühjahr 1983 war ein wenig bekanntes Gesetz in Kraft gewesen, dem zufolge ein Täter, der eine Serie von schweren Vergewaltigungen begangen hatte, nicht länger als fünfzehn bis dreißig Jahre in Haft blieb. Dann war eine mit Schrotflinten bewaffnete Bande von Halbwüchsigen in ein Restaurant im County Nassau eingedrungen und hatte ein Dutzend Stammgäste vergewaltigt und beraubt. Als die Täter gefaßt waren, empörte sich die Öffentlichkeit, daß sie bald wieder freikommen sollten. Daraufhin wurde die Höchststrafe auf fünfundzwanzig bis fünfzig Jahre erhöht (das heißt, daß der Häftling frühestens nach fünfundzwanzig Jahren einen Antrag auf Bewährung stellen konnte, dafür aber die Garantie hatte, nach fünfzig nicht sehr erfreulichen Jahren unter allen Umständen entlassen zu werden). Das neue Gesetz trat am 31. Mai 1983 in Kraft.

Anfang Juni hatte sich Barnes zwei Studentinnen ausgeguckt, die gemeinsam im Erdgeschoß des neben dem College gelegenen Hauses wohnten. Da die Gegend sicher war, machte ihnen die Parterrelage keine Sorgen. Doch nach knapp zwei Wochen verspürten sie plötzlich ein Unbehagen. Sie hatten das Gefühl, daß jemand ihnen nachschlich.

Am Abend vor der Tat hatte die eine mit ihrem Vater den Vatertag gefeiert, die andere war mit ihrem Bruder und ihrer Schwägerin bei einer Cousine zur Hochzeit gewesen; beide waren von ihren Verwandten nach Hause gebracht worden. Nachdem diese sich verabschiedet hatten, wuschen sich die beiden und gingen schlafen – jede in ihrem Zimmer. Ein paar Minuten, nachdem in der Wohnung die letzte Lampe ausgegangen war, stand Barnes mit einem Messer in der Hand vor der einen und sagte: »Wenn du schreist, bringe ich dich um.« Er setzte ihr das Messer an die Kehle und vergewaltigte sie.

Als er fertig war, fragte er, wer außer ihr in der Wohnung sei, und erzählte, daß er sie beobachtet hatte. Er mußte also Bescheid wissen. Sie hatte Angst vor dem Messer, davor, daß er sie verstümmelte oder tötete, und war bereit alles zu tun, was er von ihr verlangte. Sie mußte ihm die Unterhose wieder hochziehen und ihn zu ihrer Mitbewohnerin führen.

Barnes hatte das erste Mädchen so sehr erschreckt, daß es auf dem Bett liegenblieb, während er das zweite vergewaltigte. Da die zweite sich weigerte, ihm zu gehorchen, behandelte er sie noch brutaler als die erste. Beide hatten das Gefühl, sie würden ihn nie wieder los, aber als er genug hatte, machte er sich davon.

Nichts passierte. Niemand kam in jener Nacht, um ihn zu verhaften. Sie hatten ihn nicht angezeigt.

Bald darauf stieg Barnes wieder einer jungen Frau nach. Barbara bewohnte ein Apartment, das an demselben von vier Blocks gebildeten Innenhof lag wie das der beiden Studentinnen, nur gegenüber. Auch das Ehepaar, bei dem Barnes ein paar Wochen zuvor hatte durchs Fenster klettern wollen, wohnte an diesem Hof, seinem Jagdrevier.

An einem heißen Augustabend bekam Barbara überraschend Besuch von einem Nachbarn. Nachdem er gegangen war, beschloß sie, ein Bad zu nehmen. Als sie später aus dem Badezimmer kam, um Scheuerpulver zu holen, stand Barnes in ihrem Wohnzimmer. Sie versuchte wegzulaufen, aber er packte sie, nahm ein Küchenmesser und erzählte, daß er sie beobachtet hatte. Er bedrohte sie, brüstete sich damit, daß er schon bei zwei anderen Frauen im Viertel durchs Fenster eingestiegen war und sie vergewaltigt hatte.

Sie versuchte mit ihm zu reden. »Hast du denn keine Frau oder Freundin, mit der du so was machen kannst?« fragte sie ihn. »Ich mag es lieber so. So macht es mir mehr Spaß«, war seine Antwort, dann hatte er sie ausgeraubt und vergewaltigt und dabei befohlen: »Sag, daß ich ein Mann bin, sag, daß mein Schwanz riesig ist, sag, daß du riesige Schwänze toll findest.«

Während Barnes nach neuen Opfern Ausschau hielt, machte schon der nächste Serienvergewaltiger Schlagzeilen. Der Vergewaltiger vom Flushing Meadow Park machte mit vorgehaltener Pistole die Wege unsicher, auf denen die Liebespärchen nachts spazierengingen, raubte sie aus und entführte und vergewaltigte die Mädchen. Ein junger Mann, der seine Freundin beschützen wollte, wurde von dem bewaffneten Täter niedergeschossen und kam nur knapp mit dem Leben davon. Die Polizei bewachte jeden Winkel des Parks, aber der Vergewaltiger trieb weiter sein Unwesen.

Die Polizei von Queens, besonders das Dezernat Sexualverbrechen, stand enorm unter Druck, den Vergewaltiger vom Flushing Meadow Park zu fassen. Der Frauenschänder von Briarwood kam in der Presse kaum noch vor.

Dem jungen Streifenpolizisten, der Barnes festgenommen hatte, ging der Mann nicht aus dem Kopf. Er überprüfte sämtliche Anzeigen über Vergewaltigungen in seinem Revier. Er wandte sich mehrmals an das Dezernat Sexualverbrechen, wollte den Kollegen von Barnes' Versuch, in die Wohnung des Ehepaars einzudringen, berichten und ihnen mitteilen, was Hausherr und Täter gesagt hatten. Bei seinen ersten beiden Anläufen stieß der Beamte auf taube Ohren. Beim dritten Mal behauptete er, Informationen über den Vergewaltiger vom Flushing Meadow Park zu haben und geriet an einen Kollegen, der für beide Serien, Flushing Meadow und Briarwood, zuständig war.

Am selben Vormittag hatte dieser Kollege das letzte Opfer aus Briarwood ins Archiv geschickt, um die Fotos in der Verbrecherkartei durchzusehen. Während er mit dem jungen Streifenpolizisten telefonierte, landete eine Notiz auf seinem Schreibtisch. Barbara hatte den Mann auf einem Foto wiedererkannt. Er bat den Streifenpolizisten, den Namen des Einbrechers zu wiederholen. Ja. Der Name war in beiden Fällen Eric Barnes.

Der Beamte zeigte den zwei Studentinnen mehrere Fotos, darunter das von Barnes. Dann holte er Barnes zu einer Gegenüberstellung. Barbara und die eine Studentin erkannten ihn. Die andere deutete auf einen Unbeteiligten. Trotzdem reichten die Beweise aus, um Barnes zu verhaften. Es stand außer Frage, daß alle drei Frauen von ein und demselben Täter vergewaltigt worden waren.

Im Fall der zwei Studentinnen war die Anklage in großen Schwierigkeiten. Die beiden waren durch das Geschehene so traumatisiert, daß sie erhebliche Gedächtnislücken hatten und sich in der Schilderung des Tathergangs immer wieder in Widersprüche verwickelten. Die Fakten, an die sie sich erinnerten, würden keiner Jury ausreichen. Hinzu kam, daß die eine bei der Gegenüberstellung den Falschen als Täter identifiziert hatte. Die andere hatte ihn in fast völliger Dunkelheit gesehen, nur von einer Straßenlaterne beleuchtet, die durch die geschlossene Jalousien ins Zimmer schien.

Barbara, das dritte Opfer von Barnes, war eine weitaus stärkere Zeugin. Sie war übrigens auch die Frau, die der Beamte gemeint hatte, als er über Mut sprach. Die Staatsanwaltschaft ging nicht gerade zimperlich mit ihr um, aber sie blieb standhaft. Zudem war sie das Bindeglied zwischen den beiden Fällen. Barnes hatte ihr erzählt, daß er bereits zwei andere Frauen vergewaltigt hatte. Das und ihre eigene Glaubwürdigkeit stützte die Hypothese von der Serientäterschaft des Angeklagten.

Mir war noch aus einem anderen Grund daran gelegen, daß die drei Fälle gemeinsam verhandelt wurden. New York erlebte in jenem Sommer 1983 eine besonders heftige Welle von Rassenhaß. Die Verteidigergilde wollte daraus Kapital schlagen und brachte immer wieder die Rassenfrage ins Gespräch, besonders wenn es um Sexualverbrechen ging und die Identifizierung des Täters nicht eindeutig war. Barbara war eine Schwarze. Wenn ich die drei Fälle als Serie vor Gericht bringen konnte, brauchte ich mir weniger Sorgen um die schwarzen Geschworenen zu machen, die womöglich die Identifizierung des Täters durch eine Weiße angezweifelt hätten. Und da die beiden Studentinnen weiß waren, brauchte ich keine Angst zu haben, daß die weißen Geschworenen eine Vergewaltigung unter Schwarzen nicht richtig ernst nahmen. Es wäre besser gewesen, wenn diese Dinge keine Rolle gespielt hätten, aber ich mußte einen Vergewaltiger zur Strecke bringen und wollte vermeiden, daß mir dabei rassistische Vorurteile in die Quere kamen.

Unter der alten Ägide wurde in der Sonderabteilung die Statistik frisiert und jede Tat getrennt zur Anklage gebracht. Das trieb die Zahl der Anklageerhebungen in die Höhe. Ich beantragte, im Fall Barnes alle drei Fälle zusammenzufassen. Der Richter entschied sich für einen Kompromiß. Bei Barnes gab er meinem Antrag statt, lehnte dagegen in einem anderen, juristisch völlig identischen Fall ab.

Das hatte zur Folge, daß beide Prozesse höchst unterschiedlich endeten.

Im Frühjahr 1984 bereitete ich beide Prozesse vor. Im zweiten Fall kam ich nicht weiter, weil eines der Opfer außer Landes war. Der Fall stagnierte also, bis die Frau eingeflogen werden konnte, um ihre Zeugenaussage zu machen. Für den Fall Barnes war unterdessen nicht mehr der alte Kompromißler zuständig, sondern ein Richter, der entschieden mehr Rückgrat hatte. Zu jener Zeit wollte man das System der Strafverfolgung reformieren, und die erfahrenen Staatsanwälte wurden bestimmten Richtern zugeteilt.

Als über Barnes' Kautionsantrag verhandelt wurde, bekam ich einen Eindruck davon, aus welchem Holz der neue Richter geschnitzt war. Die Kaution war hoch: fünfzigtausend Dollar. Der Vorsitzende des amerikanischen Bürgerrechtskomitees bat das Gericht, Barnes auf freien Fuß zu setzen; er wollte ihn zu sich nehmen, weil Barnes angeblich sein Cousin sei. Der neue Richter lehnte den Antrag ab. Er ließ sich nicht von großen Namen einschüchtern, nicht wenn es um Vergewaltigung ging.

Der Prozeß gegen Barnes begann fast ein Jahr, nachdem er seine Karriere als Einbrecher und Vergewaltiger angefangen hatte.

Im Sommer 1984 hatten die Gerichte nicht viel zu tun. Der Barnes-Prozeß war eines der wenigen Strafverfahren, die ich in Kew Gardens zu führen hatte, wo sich auch mein Büro befand. Die verkehrsgünstige Lage des Gerichtsgebäudes, der Mangel an Konkurrenz und das Interesse, das die Öffentlichkeit gemeinhin an Serienvergewaltigungen nimmt, sorgten dafür, daß zu diesem Prozeß viel mehr Zuschauer erschienen als üblich.

Das Publikum bestand größtenteils aus jungen Staatsanwälten und Anwälten von der Rechtshilfevereinigung (die die Verteidigung des Täters übernommen hatte). Dazu ein paar Rentner, für die Gerichtsverhandlungen eine Art Zeitvertreib waren. Die übrigen Zuschauer waren Jurastudenten, die in den Semesterferien ihr Praktikum in der Bezirksstaatsanwaltschaft absolvierten.

Einige dieser Praktikanten waren Frauen, die nicht nur zuschauen wollten, sondern die Vergewaltigungsopfer während ihrer Zeugenaussagen begleiteten und unterstützten. Barnes machte sich ein Vergnügen daraus, diese Frauen, sobald die Geschworenen nicht hinguckten, anzustarren, bis sie verlegen wurden. Sie waren nicht darin geübt, dem Blick eines Vergewaltigers standzuhalten. Barnes ging aus diesen Duellen jedesmal als Sieger hervor.

Dieses Spiel machte ihm einen solchen Spaß, daß er es mit sämtlichen Zuschauern trieb. Einmal suchte er sich einen Referendar aus. Der junge Mann starrte zurück, und die beiden ließen sich nicht aus den Augen. Schließlich hob der Referendar den Zeigefinger und führte ihn über seine Kehle mit der typischen Bewegung: »Du bist ein toter Mann.« Für mich war das einer der schönsten Augenblicke des ganzen Prozesses. Noch mehr hätte ich mich allerdings gefreut, wenn diese Geste von einer Referendarin gekommen wäre.

Die Zeugenaussagen der Opfer verliefen wie erwartet. Die zwei Studentinnen waren problematisch. In der Zeit bis zum Prozeßbeginn hatten sie sich offenbar zerstritten. Das blieb zwar unausgesprochen, doch die Atmosphäre zwischen ihnen war spannungsgeladen. Diejenige, die als erste vergewaltigt worden war, hatte Barnes richtig identifiziert. Sie hatte sich schon immer als die »Stärkere« gefühlt und diese Rolle gegenüber der Freundin von Anfang an konsequent durchgehalten. Diese begriff nicht, wieso die erste als die »Stärkere« den Vergewaltiger zu ihr geführt hatte. Barnes hatte sich beiden gegenüber unterschiedlich verhalten und die zweite erheblich brutaler behandelt als die erste. Die Mädchen konnten sich das nicht erklären, waren aber auch nicht fähig, die Sache auf sich beruhen zu lassen. Beide hatte das, was Barnes ihnen angetan hatte, so aus der Bahn geworfen, daß sie außerstande waren, Mitleid miteinander zu haben.

Mir machte vor allem die »Stärkere« Sorgen. Ich hatte sie noch kein einziges Mal weinen sehen, und soweit mir bekannt war, hat sie tatsächlich nie geweint. Die einzige Emotion, die sie bei der Schilderung des Tathergangs zeigte, war Zorn. Ich bin der festen Überzeugung, daß gerechter Zorn einen Menschen stärker macht, aber dieser Zorn hatte etwas Selbstzerstörerisches.

Ich wollte die »Stärkere« auf ihre Zeugenaussage vorbereiten. Anders als die meisten Vergewaltigungsopfer war sie nicht bereit, die Formulierung »Er hat mich vergewaltigt« zu benutzen oder zu sagen »Er hat seinen Penis in meine Vagina gesteckt.« Sie bestand auf dem Satz »Er hat mich gefickt.« Wir sprachen darüber. Ich erklärte ihr, wie die Geschworenen auf diesen Ausdruck reagieren würden. Sie sagte, sie verstehe, was ich meine, benutzte dann aber im Zeugenstand doch das Wort »ficken«. Ihr war das wichtig, aber die Geschworenen reagierten genau so, wie ich gefürchtet hatte.

Ihre Mitbewohnerin schlug sich etwas besser als erwartet. Im Kreuzverhör verwickelte sie sich zwar mehrfach in Widersprüche, aber da sie Barnes bei der Gegenüberstellung nicht erkannt hatte, konnte sie sowieso nicht viel falsch machen.

Ich hatte die Geschworenen von vornherein darauf vorbereitet, daß ihnen die Opfer nicht gefallen würden. Und das nicht nur, weil die beiden Studentinnen problematisch waren, sondern weil ich das immer tat. Bei der Wahl der Geschworenen hatte ich allen Kandidaten folgende Fragen gestellt: »Haben Sie eine Vorstellung davon, wie das Opfer in diesem Prozeß aussieht? Oder wie es sich verhalten wird? Ich will Ihnen jetzt nichts über das Opfer erzählen, aber nehmen wir einmal an, die Frau kommt in den Saal, und Sie denken: ›Mein Gott, ist die aber häßlich‹, wäre dann ihr nächster Gedanke: ›So eine vergewaltigt doch keiner‹? Oder Sie finden das Opfer ausgesprochen hübsch, würden Sie sich dann sagen: ›Die hat das doch herausgefordert‹? Ist Ihnen klar, daß Vergewaltigung etwas ist, was jede Frau treffen kann? Angenommen, Sie werden in diese Jury gewählt und hören sämtliche Zeugenaussagen und kommen dann zu dem Schluß, daß Sie das Opfer einfach nicht ausstehen können, aber von der Schuld des Angeklagten überzeugt sind. Glauben Sie, daß Sie ihn trotz aller Antipathie für das Opfer schuldig sprechen würden?«

Ich hatte schon genug Probleme mit dem Fall. Ich konnte den Geschworenen nicht erlauben, ihre Vorurteile mit ins Beratungszimmer zu schleppen. Wahrscheinlich habe ich übertrieben. Bei der Wahl der Jury habe ich das Thema dermaßen ausgewalzt, daß die Geschworenen, als sie die beiden Studentinnen dann im Zeugenstand erlebten, überrascht zu sein schienen, daß es mit ihren Aussagen nicht mehr Probleme gab.

Die Überzeugungskraft des dritten Opfers entsprach ganz und gar meinen Erwartungen. Barbara war stark und glaubwürdig, und sie war sich sicher, daß Barnes der Täter war. Als ich sie befragte, ging alles hervorragend. Die Bemerkung, die Barnes ihr gegenüber zu den beiden vorherigen Opfern hatte fallen lassen, war das Bindeglied zwischen den Fällen.

Doch dann traf der Richter eine Entscheidung, die alles, was ich aufgebaut hatte, zunichte machte.

Ich weiß nicht, warum; vermute aber, daß er Rassismus befürchtete, jedenfalls ließ er nicht zu, daß Barbara vor Gericht wiederholte, was Barnes während der Tat zu ihr gesagt hatte, nämlich daß er bei zwei weißen Mädchen eingestiegen war und sie vergewaltigt hatte. Juristisch gab es keinen Grund, diese Aussage nicht zuzulassen. Der Richter begründete seine Entscheidung damit, daß sie »zu nachteilig« sei. Auf diese Weise erfuhren die Geschworenen nicht, daß alle drei Vergewaltigungen *zweifelsfrei* von ein und demselben Täter begangen worden waren. Und ich stand da mit nur einer Zeugin, die die Identität des Angeklagten bestätigte, und mußte versuchen, den anderen Fall, bei dem nur *ein* Opfer den Täter wiedererkannt hatte, irgendwie mit unterzubringen.

Ich gab mir Mühe, das Ergebnis der Gegenüberstellung nach allen Seiten abzustützen und auszubauen.

Während der Ermittlungen vor dem Prozeß hatte ich die *Rape Kits* ins Polizeilabor geschickt. (Die Abstriche und Hautproben aus den *Rape Kits* werden automatisch dort untersucht, wenn die Serologie von einer Festnahme erfährt. Proben von Kopf- und Schamhaaren hingegen werden nur auf speziellen Antrag bei der Kripo getestet.)

Ich hatte Glück. Eines der Schamhaare in Barbaras *Rape Kit* stammte offensichtlich nicht von Barbara. Ich bat sie, eine weitere Schamhaarprobe abzugeben und erwirkte einen Gerichtsbeschluß, daß auch von Barnes eine entsprechende Probe genommen werden durfte. Das Labor war sich nicht hundertprozentig sicher, meinte aber, das betreffende Haar könnte von Barnes stammen. Viel war das nicht, aber immerhin etwas.

Die Geschworenen geben sich in der Regel nicht allein mit dem Resultat einer Gegenüberstellung zufrieden. Sie wollen weitere Beweise.

Ich forderte die drei Opfer auf, im Gerichtssaal Barnes' Stimme zu identifizieren. Der Studentin gegenüber, die ihn nicht wiedererkannt hatte, weigerte er sich anfangs, etwas zu sagen, und verstellte dann seine Stimme. Die Weigerung und sein Täuschungsmanöver wogen schwerer als die Aussage des Opfers, die ihn der Tat beschuldigte.

Ich ließ den Vater der einen Studentin in den Zeugenstand rufen. Nach der Vergewaltigung hatte das junge Mädchen zu Hause angerufen. Der Vater wollte nicht, daß seine Frau so spät noch gestört wurde, und hatte beim zweiten Klingeln den Hörer abgenommen. Er war zusammengezuckt, noch ehe er die tränenerstickte Stimme seiner Tochter hörte: »Daddy, Daddy –« Er hatte atemlos gewartet. »Ich bin vergewaltigt worden.«

Als ich ihn auf seine Zeugenaussage vorbereitete und er mir das Telefongespräch wiedergab, brach der Vater in Tränen aus. Er werde diesen Anruf sein Lebtag nicht vergessen, sagte er. Er sorgte dafür, daß es den Geschworenen genauso ging.

Die Aussagen der Opfer waren sehr emotional gewesen. Die des Vaters bewegte die Jury kaum weniger. Ein Prozeßbeobachter gab mir den freundschaftlichen Rat, nicht zu übertreiben. Ich fand zwar nicht, daß ich das getan hatte, folgte aber seiner Empfehlung und kürzte die Vernehmung der anderen Zeugen, denen sich die Opfer unmittelbar nach der Tat anvertraut hatten, ab. Es war genug.

Ich setzte den Beamten, der bei den Gegenüberstellungen dabei gewesen war, auf die Liste der Zeugen und erledigte die Kleinarbeit.

Die Verteidigung ließ den Unbeteiligten als Zeugen aussagen, den die eine Studentin bei der Gegenüberstellung wiedererkannt zu haben meinte. Ganz gleich, was der Zweck der Übung war, sie ging gründlich schief. Auf dem Foto der Gegenüberstellung war keine große Ähnlichkeit zu erkennen, doch als er leibhaftig vor uns stand, sah der Mann Barnes verblüffend ähnlich, und den Geschworenen war sofort klar, wie es zu dem Irrtum kommen konnte.

Die Verteidigung stützte sich bei ihrer Beweisführung primär darauf, die Identität des Täters mit dem Angeklagten in Zweifel zu ziehen. Meine Angst war eine ganz andere.

Dies war der erste Prozeß, bei dem ich mein Plädoyer halten würde, ohne auf meine Notizen zurückzugreifen. Es ging nicht anders. Gleich zu Anfang sagte ich den Geschworenen, daß ich getippt hatte, was ich sagen wollte. Ich hielt die Seiten hoch, um sie ihnen zu zeigen. Dann legte ich sie mit der Schrift nach unten auf den Tisch und erklärte, daß ich meine Notizen nicht benutzen wollte. Wenn der Spruch der Jury von meiner Wortmächtigkeit abhinge, sagte ich, dann sei etwas faul in unserem Strafverfolgungssystem.

Mit dieser theatralischen Geste wollte ich die Aufmerksamkeit der Geschworenen gewinnen. Mir schoß durch den Kopf: du lieber Himmel, und was machst du, wenn dir jetzt nichts einfällt?

Doch das ging vorüber. Mir fiel etwas ein.

Sie kennen die Opfer in diesem Fall.

Ich zählte sie noch einmal auf.

Sie haben ausgesagt, daß sie in ihren Wohnungen überfallen und ausgeraubt wurden, daß sie vaginal und anal vergewaltigt worden sind. Und sie haben ausgesagt, daß er (ich zeigte auf Barnes) der Täter ist. Wenn *sie* Sie nicht überzeugt haben, Ladies und Gentlemen, dann kann auch *ich* nichts sagen, was Sie überzeugen könnte. Ich möchte gern, daß Sie sich fragen: Was wollen Sie? Wollen Sie, daß dieser Angeklagte mit einem schwarzen Hut auf dem Kopf und gefletschten Zähnen in den Gerichtssaal kommt und jedesmal, wenn Sie sein Gesicht sehen, dramatische Musik einsetzt? Das wird nicht passieren. Sie können nicht nach dem äußeren Schein gehen.

Der Schein trog. Barnes saß sauber gewaschen und gekämmt und mit lammfrommem Blick auf der Anklagebank und wartete nur darauf, daß man ihn laufenließ und er wieder auf Pirsch gehen konnte.

Da ich gerade beim Thema Schein war, thematisierte ich noch etwas, das mich den ganzen Prozeß hindurch beschäftigt hatte. Barnes wurde von einer Frau verteidigt. Mich ärgerte, daß die Tatsache, daß eine Frau diesen Vergewaltiger vor Gericht vertrat, ihn glaubwürdiger machte. Der Anwältin mußte das alles doch ebensolche Angst machen wie mir, wie jeder Frau – dieser Alptraum: du schläfst allein, es ist dunkel, und plötzlich wachst du auf, und ein Unbekannter steht vor dir, hat ein Messer in der Hand und will dich vergewaltigen. Dadurch daß sie neben ihm saß, gab die Verteidigerin den Geschworenen zu verstehen: »Seht her, vor diesem Mann braucht niemand Angst zu haben.« Ich wollte diese stumme Botschaft Lügen strafen.

Als ich noch Rechtsanwältin war, hat mir ein alter, mit allen Wassern gewaschener Pflichtverteidiger einmal die Verteidigungsstrategie Marke *»Life Savers«* geschildert. (Life Saver bedeutet eigentlich Rettungsring, aber so werden in Amerika auch die bunten Bonbons mit dem Loch in der Mitte genannt, die ein bißchen wie Rettungsringe aussehen – A. d. Ü.) Man sitzt den ganzen Prozeß über neben dem Angeklagten, erklärte er uns, und immer, wenn die Geschworenen im Saal sind, füttert man ihn mit *Life Savers.* Dann denken die Geschworenen, man mag den Kerl, und haben weniger Angst vor ihm. Im ersten Moment fand ich diese Taktik witzig und clever, aber mitanzusehen, wie eine Verteidigerin sie mit einem Vergewaltiger demonstrierte, war überhaupt nicht mehr lustig.

Ich hatte den Sicherheitskräften im Saal vorher gesagt, was ich tun wollte, damit sie die Stühle entsprechend aufstellen und dafür sorgen konnten, daß nichts schief geht. Jetzt ging ich auf Barnes zu, legte ihm die Hand auf die Schulter, gab mir Mühe, keine Miene zu verziehen, und sagte:

Ladies and Gentlemen, daß die Verteidigerin nichts dabei findet, zu Eric Barnes zu gehen und sich so, wie ich es jetzt tue, neben ihn zu setzen, Ladies and Gentlemen, das sollte Sie nicht zu dem Schluß verleiten, er sei vielleicht kein Vergewaltiger.

Barnes zuckte zusammen, als ich ihn berührte. Mir ging es ebenso.

Ob jemand ein Vergewaltiger ist oder nicht, darüber entscheidet in diesem Lande nicht sein Auftreten im Gerichtssaal. Darüber entscheiden einzig und allein die Beweise. Und die Beweise, die wir in diesem Fall haben, sind die Aussagen der Opfer.

Was wollen Sie? Was sollen die Zeugen Ihnen noch sagen, außer daß dieser Mann der Täter ist? Soll jedes Vergewaltigungsopfer während der Tat eine Polaroidkamera dabei haben, damit es Ihnen ein Foto zeigen kann – vom Vergewaltiger? Oder sind Sie bereit, dem Wort der Opfer zu vertrauen? Sie haben die Beweisführung in diesem Fall gehört; können Sie sagen: »Und wenn nun aber ...« Wenn und Aber gibt es immer ... Doch ich möchte, daß Sie genau überlegen, ob Sie jetzt noch begründete Zweifel haben.

Dann ging ich sämtliche Punkte, die die Verteidigung angeführt hatte, einzeln durch und erörterte, warum keiner davon einen Zweifel rechtfertigte. Eine Jury von Außenstehenden, die dasitzt und sich den Prozeß ansieht wie eine Fernsehshow, kann leicht Argumente für begründete Zweifel konstruieren. Besonders wenn die Verteidigung sich auf die Behauptung stützt, die Opfer hätten den Angeklagten nicht zweifelsfrei identifiziert. Niemand will glauben, daß er einen leibhaftigen Vergewaltiger vor sich hat. Das bereitet Unbehagen, sogar wenn die Begegnung im Gerichtsaal stattfindet, wo es von Sicherheitsbeamten wimmelt.

Am meisten Sorgen machten mir wie immer die Punkte, die die Verteidigung zwar nicht ausdrücklich benannt, aber angetippt hatte. Viel gefährlicher als der Verbrecher selbst ist nämlich die Bereitschaft der anderen, einen Vergewaltiger zu rechtfertigen und ihm mit Sympathie und Toleranz zu begegnen. Diese Haltung war mein Gegner.

Als endlich das Verdikt verkündet werden sollte, war der Saal voll. Die Zuschauer spekulierten wild, welche Entscheidung die Jury wohl gefällt hatte. Obwohl niemand bezweifelte, daß Barnes schuldig war, war man skeptisch, ob die Geschworenen ihn auch schuldig sprechen würden. Endlich verlas der Obmann den Spruch: Schuldig. Schuldig in allen Anklagepunkten.

Bei der Urteilsverkündung war der Andrang deutlich geringer. Die Opfer waren anwesend. Sie wollten es so. Die Verteidigerin und ich, wir übertrumpften uns gegenseitig mit leidenschaftlichen Erklärungen, denn schließlich stand einiges auf dem Spiel. Meines Wissens war Barnes der erste Angeklagte im Staat New York, der zu der damals gerade neu festgesetzten Höchststrafe verurteilt werden konnte. Er war Anfang Zwanzig. Selbst mit dieser neuen Höchststrafe, konnte er mit Mitte Vierzig einen Antrag auf Bewährung stellen. Eine Strafe unterhalb der Höchstgrenze war undenkbar. Ich erinnerte den Richter schriftlich daran, wie nach dem neuen Gesetz Konsekutivurteile (die Verurteilung zu mehreren nacheinander zu verbüßenden Freiheitsstrafen) zu handhaben sind. Der Richter war dafür bekannt, daß er harte Urteile fällte. Ich wollte ihm bestätigen, daß er das Gesetz hinter sich hatte.

Nach den Anwälten sprach der Richter. Er redete langsam und

bedächtig und mit großer Würde. »Ich bin nicht gewillt, Ihnen zu verzeihen«, sagte er zu dem Angeklagten und verhängte eine Freiheitsstrafe zwischen dreißig und neunzig Jahren. Ich wußte natürlich, daß das in der Praxis auf fünfundzwanzig bis fünfzig Jahre hinauslief. Trotzdem, es klang verdammt gut.

Bei der Urteilsverkündung begann die eine Studentin, die »Stärkere«, plötzlich zu weinen. Anfangs schluchzte sie nur leise, aber dann verlor sie vollkommen die Beherrschung. Jetzt, wo es endlich vorbei war, brachen all die Tränen hervor, die sie sich seit der Vergewaltigung verboten hatte.

Ich hätte wahrscheinlich nach dem Barnes-Prozeß eine Pause machen sollen. Doch Eitelkeit und übersteigerter Ehrgeiz waren schuld, daß ich mich sozusagen nahtlos in den nächsten Prozeß gegen einen Serienvergewaltiger stürzte, obwohl zwischen den beiden Prozessen nur ein Wochenende lag und ich wußte, daß der Richter ein Mann ohne Rückgrat war. Aber ich hatte die Klägerin extra aus Israel einfliegen lassen und ihr und dem Richter versprochen, daß wir die Anhörung (bei der ihre Aussage gebraucht wurde) beenden und gleich anschließend prozessieren würden. Es ging nicht nur um einen »festen Prozeßtermin« (der immer nur so fest ist wie der Richter). Ich hatte mein Wort gegeben und mußte es halten.

Der Grad der Antipathie zwischen Verteidiger und Staatsanwalt ist von Prozeß zu Prozeß verschieden. Ein Staatsanwalt muß lernen, seine Arbeit zu machen, ohne sich von Animositäten beeindrucken zu lassen. Ich habe das auf sehr harte Weise lernen müssen.

Der Richter ließ beiden Seiten freie Hand, was so lange okay ist, wie beide Seiten fair bleiben. Doch wenn die eine Partei zu schmutzigen Tricks greift, kann das ein ernsthaftes Handikap werden. Der Verteidiger kam von der Rechtshilfevereinigung und war einer von denen, die verlangen, daß bei jedem Vergewaltigungsprozeß der gesamte *Rape Kit* vor Gericht ausgepackt wird. Einer seiner Kollegen soll nämlich einmal in einem *Rape Kit* Reizwäsche gefunden, sie den Geschworenen unter die Nase gehalten und seinen Mandanten damit rausgepaukt haben.

Ich ließ den Verteidiger keine Sekunde aus den Augen. Seine miesen Methoden machten mich wütend, doch daß der Richter ihn einfach gewähren ließ, war noch schlimmer. Wir kriegten uns ständig in die Haare, sogar bei der Wahl der Geschworenen.

Allmählich wurde mir klar, daß ich zuviel Energie auf den Verteidiger verschwendete und mich zu sehr vom eigentlichen Prozeß ablenken ließ. Der Mann machte mich rasend, aber den Luxus von Zornausbrüchen konnte ich mir nicht leisten. Ich sagte mir, daß das *mein* Gerichtssaal war. Ich durfte mir die Fäden nicht aus der Hand nehmen lassen. Der Fall hatte es in sich, weil das Opfer die einzige Augenzeugin war. Ich mußte mich aufs Wesentliche konzentrieren.

Die Aussage der Klägerin war sehr beeindruckend. Anfangs fürchtete ich, sie könnte nicht emotional genug sein. Sie wollte stark erscheinen, besonders gegenüber dem Angeklagten, und ihre Gefühle nicht zur Schau tragen. Das haben die Geschworenen nicht gern. Sie wollen das Vergewaltigungsopfer weinen sehen; eine vergewaltigte Frau, die nicht weint, ist in ihren Augen unglaubwürdig. Ich rate den Opfern nicht, zu weinen, aber ich sage ihnen, daß sie ihren Gefühlen freien Lauf lassen sollen, und erkläre ihnen, daß es sehr viel Kraft kostet, den Geschworenen zu zeigen, wie das Opfer sich in seinem tiefsten Innern fühlt, welche psychischen Schäden die Vergewaltigung angerichtet hat. Ich fand, daß diese Frau genau das getan hatte. Ein Sicherheitsbeamter sagte nach dem Verdikt der Jury zu mir, sie sei im Zeugenstand einfach »zu gut« gewesen. Was erwarten die Leute eigentlich von einem Vergewaltigungsopfer?

Der Verteidiger tat, als wäre der Prozeß eine Schachpartie. In seinem Plädoyer zitierte er aus meinem Schlußwort im Fall Barnes und prophezeite, ich würde diesmal wieder dasselbe sagen. Dieser Idiot.

Als ich schließlich mit meinem Plädoyer an der Reihe war, passierte mir etwas Peinliches. Ich erklärte der Jury, der Angeklagte habe seinen Spaß gehabt dort oben auf dem Dach, er habe seine Macht genossen, sich daran geweidet, aber jetzt sei der Spaß für ihn vorbei. Bei den letzten Sätzen fing ich an zu weinen. Ich war offenbar echt überarbeitet; diese ständigen nahtlosen Übergänge von einem Prozeß zum nächsten forderten ihren Tribut. Mein einziger, wenn auch schwacher Trost war, daß der Verteidiger mir unterstelle, meine Tränen seien nur Mache.

Die Geschworenen berieten lange. Sie verbrachten die Nacht im Hotel.

Als ich nächsten Morgen aufwachte, bekam ich die Augen nicht mehr auf. Mein Mann brachte mich zum Arzt. Die Diagnose lautete: akuter Erschöpfungszustand, dazu eine Allergie. Ich bekam Medikamente, aber trotzdem tränten mir den ganzen Tag die Augen. Meine Sorge war, daß die Geschworenen mich bei der Verlesung der Zeugenaussagen für schwach, überempfindlich und nicht selbstsicher genug halten könnten.

Am zweiten Beratungsnachmittag brachte ich das Opfer mit, um die Geschworenen stillschweigend an die Gefühle zu erinnern, die die Aussage der Klägerin bei ihnen ausgelöst hatte. Normalerweise spare ich mir solche Effekte, aber die Fragen, die die Geschworenen stellten, gefielen mir nicht, und es war den Versuch wert.

Doch nichts half. Nach drei Beratungstagen, die bei meinen Prozessen offenbar mittlerweile die Norm waren, sprach die Jury den Angeklagten frei. Die Anklage basierte für sie auf der Aussage einer einzigen Zeugin (von den anderen Fällen der Serie hatten die Geschworenen nichts erfahren). Auch die fünf Alibi-Zeugen hatte nichts genützt. Und trotzdem machte ich mir Sorgen, daß die Animositäten zwischen dem Verteidiger und mir das Verdikt ungünstig beeinflußt hatten.

Ich fragte die Geschworenen danach. Sie sagten, nein, nein, sie wüßten ja, im Gerichtssaal hätten wir uns bekriegt, aber nach dem Prozeß wären wir wieder Freunde. Ich erklärte ihnen, daß das nicht stimmte. Sie glaubten mir nicht. Es dauerte Jahre, bis ich akzeptieren konnte, daß das Argument, mit dem sie den Freispruch begründet hatten, aufrichtig war. Sie waren sich tatsächlich unsicher, ob der Angeklagte der Täter war.

Jeder Freispruch hat etwas von einem Alptraum. Auch nach einer Verurteilung wachte ich manchmal mitten in der Nacht auf und verfluchte mich für Fehler, die ich gemacht hatte. Bei Freisprüchen sind die Selbstzweifel, die man als Staatsanwalt hat, noch stärker. Wenn ich daheim erzählte, wie das Verdikt lautete, sagte ich entweder: »Die Jury hat ihn schuldig gesprochen« oder: »Ich habe verloren.« Mein Mann machte mich auf diese Formulierungen aufmerksam. Ich wußte, daß er recht hatte. Staatsanwälte, die ihre Qualitäten nur daran messen, wie ihr letzter Prozeß ausgegangen ist, haben in diesem Beruf wenig Chancen, es sie denn, sie überlegen sich vorher ganz genau, welche Fälle sie zur Anklage bringen.

Bei den Fällen, mit denen ich zu tun hatte, waren Freisprüche eher die Regel. Die Gründe, derentwegen die Geschworenen sich für »nicht schuldig« entschieden, waren meistens ziemlich fadenscheinig. Mitanzusehen, wie ein Vergewaltiger von einer Jury freigesprochen wird, nur weil das Opfer eine Hispano-Amerikanerin ist oder man einem Burschen von siebzehn, achtzehn Jahren doch nicht übelnehmen kann, daß er sich über ein junges Mädchen hermacht, das ihn besucht, ist einfach entmutigend. Wer zu oft entmutigt wird, verliert leicht den Mut. Bei der Strafverfolgung von Sexualverbrechen sind Niederlagen vorprogrammiert, aber das gibt einem nicht das Recht, zu kapitulieren.

Entscheidend ist für mich nach wie vor nicht das einzelne Verdikt, sondern das Recht der Öffentlichkeit auf einen Ankläger, der sich nicht unterkriegen läßt und die Flinte *nicht* ins Korn wirft.

5

Diesmal übernahm ich nicht gleich nach dem Freispruch den nächsten Prozeß. Ich brauchte eine Pause, ich mußte neue Kräfte sammeln. Mein Job bei der Bezirksstaatsanwaltschaft Queens befriedigte mich immer weniger. Im Januar sollte mein Dreijahresvertrag ablaufen, und ich hatte das Gefühl, beruflich in einer Sackgasse zu stecken.

Egal welche Illusionen ich mir bei meinem Dienstantritt gemacht hatte, angesichts der harten Realität des täglichen Kampfes gegen die Großstadtkriminalität hatte ich sie verloren.

Überall regierte nur der schöne Schein. Santucci behauptete, das berufliche Fortkommen seiner Mitarbeiter hänge allein von deren »Produktivität« ab. Seine Leute durften dem Fußvolk erklären, wie das zu verstehen war: Produktivität bedeutete Verurteilungsrate. Unter den Juristen wurde Santucci heftig kritisiert, aber dennoch verkündete sein Ressortleiter Prozesse alle Jahre wieder, statistisch gesehen stehe Queens von allen New Yorker Stadtbezirken am besten da.

Statistiken sind selten ehrlich. Nimmt man zu den Schuldsprüchen noch die (mitunter unverschämt großzügigen) Deals hinzu, dann steht praktisch jeder Staatsanwalt als gnadenloser Rächer und Kämpfer für Recht und Ordnung da.

Unklare Bestimmungen zum Strafmaß und die Faulheit der Gerichtsstenographen tun ein übriges, um die Öffentlichkeit in die Irre zu führen. Die verhängten Freiheitsstrafen sind viel kürzer, als sie klingen. »Lebenslänglich« ist nicht dasselbe wie »lebenslänglich ohne Recht auf Bewährung«, und die meisten Lebenslänglichen sitzen weniger als fünfzehn Jahre ein. Fünf Urteile à zehn Jahre hören sich an wie fünfzig Jahre, aber wenn der Richter entscheidet, daß die Strafen gleichzeitig zu verbüßen sind, ist der Verurteilte nach zehn Jahren wieder frei. Und selbst wenn die Strafen nacheinander zu verbüßen sind, ist nicht gesagt, daß nicht irgendein obskures Gesetz die tatsächlich abzusitzende Zeit auf weit unter fünfzig Jahre reduziert. In New York sind Urteile noch verwirrender, weil der Richter hier ein Mindest- und ein Höchststrafmaß verhängt, so daß jemand beispielsweise zu einer Freiheitsstrafe von sechs bis sechzehn oder zehn bis zwanzig Jahren verurteilt werden kann. Auch diese Zahlen halten nicht, was sie versprechen, denn von der Mindeststrafe geht die Untersuchungshaft ab und von der Höchststrafe die Zeit, die dem Häftling wegen guter Führung erlassen wird. Im Endeffekt wird der Öffentlichkeit vorgetäuscht, die Verbrecher säßen jahrzehntelang im Gefängnis, was aber in Wirklichkeit gar nicht der Fall ist.

So belügen die Bezirksstaatsanwälte die Öffentlichkeit, um ihr Ansehen aufzupolieren. Aber Betrug ist nicht einmal das Schlimmste. Viel schlimmer ist, daß der Fetisch Statistik das Verhalten der Ankläger beeinflußt und diejenigen Staatsanwälte belohnt werden, die hohe Verurteilungsquoten vorweisen können, auch wenn die Urteile moralisch so gut wie folgenlos bleiben und nur den persönlichen Ehrgeiz des jeweiligen Anklägers befriedigen. Ein Bezirksstaatsanwalt ist nicht verpflichtet, jede Anzeige, die ein Bürger bei der Polizei erstattet, zu verfolgen. Ermittlungen werden oft äußerst nachlässig geführt und unterbleiben nicht selten ganz. Niemand außer den Opfern erfährt, welche Fälle niedergeschlagen werden, und die wenigsten Opfer sind in der Lage, sich ihr Recht zu erkämpfen. Schlagzeilen machen allenfalls die verpfuschten Prozesse. Von denen, die gar nicht erst stattgefunden haben, erfährt kein Mensch.

So hatte die Bezirksstaatsanwaltschaft Queens beispielsweise mit Blick auf ihre Statistik kein Interesse daran, William Porter zur Strecke zu bringen. Ein Staatsanwalt, dem es nur um seine Verurteilungsquote gegangen wäre, hätte Laurie sofort wieder weggeschickt und einen Vergewaltiger ungeschoren davonkommen lassen. Vor allem aber hätte das für Laurie den Tod bedeuten können. So etwas taucht natürlich in keiner Statistik auf.

Staatsanwälte, die alle Fälle ablehnen, bei denen keine unanfechtbaren Beweise vorliegen, haben eine Verurteilungsquote, die weit über neunzig Prozent liegt. Und weil man bei Geschworenenprozessen nicht sicher sein kann, wie die Jury entscheidet (es sei denn, man hätte die Geschworenen bestochen), streben die Bezirksstaatsanwälte von vornherein keine hundert Prozent an. Für einen Ankläger, den allein die Wahrscheinlichkeit einer Verurteilung interessiert, sind die Gefährlichkeit des Täters und die Brutalität der Tat natürlich zweitrangig.

Doch selbst die Staatsanwälte, die sich bei der Auswahl ihrer Fälle an derart unmoralische Kriterien halten, müssen kompetent genug sein, zu erkennen, wann eine Verurteilung wahrscheinlich ist. Der ehemaligen Leiterin der Sonderabteilung wurde vor allem vorgeworfen, sie sei unfähig, eine Tat richtig einzuschätzen. Ihre Abteilung brachte unbeweisbare Fälle zur Anklage und schlug andere nieder, in denen Anklage hätte erhoben werden müssen. Ein paar Jahre später führte ich einen Prozeß gegen einen gewissen George Chavis, der beschuldigt war, einen dreijährigen Jungen totgeschlagen zu haben. Das war nicht seine erste Straftat. Chavis hatte schon einmal ein dreijähriges Kind krankenhausreif geschlagen, ihm ein X auf die Stirn geritzt, es für tot gehalten und einfach liegen gelassen. Die alte Sonderabteilung hatte den Fall »im Interesse der Gerechtigkeit« niedergeschlagen.

Immer wieder erschienen in der Presse Berichte über skandalöse Praktiken der Abteilung. Vom Tage meiner Einstellung an hörte ich gerüchteweise, die Leiterin solle demnächst zur Richterin berufen werden (soll heißen, sie verfügte über genug politische Beziehungen, um vom Bürgermeister als Strafrichterin eingesetzt zu werden). Santucci war unzufrieden mit ihr, und diese Unzufriedenheit wuchs offenbar permanent; er soll sogar erwogen haben, sie zu degradieren, falls sie nicht freiwillig aus dem Amt ausschied. Aber nichts geschah.

Bei meinem Einstellungsgespräch hatte ich Santucci gefragt, ob er mir je die Leitung der Sonderabteilung übertragen würde. Das müsse ich mir verdienen, hatte er geantwortet. Damit war ich einverstanden, aber egal was ich tat, nichts schien mich meinem Ziel näherzubringen. Ich war noch immer in der Abteilung Allgemeine Prozesse, in der ich angefangen hatte, war dort die einzige Frau und wurde wie ein Maskottchen behandelt.

Ich wollte mit Santucci reden, aber er gab mir keinen Termin. Er ließ mich durch seinen Ressortleiter Prozesse fragen, was ich auf dem Herzen hätte. Der Ressortleiter erklärte mir, eine Versetzung zur Abteilung Kapitalverbrechen sei keine Beförderung.

Meine Lage besserte sich nicht, sie wurde schlimmer.

Ich bekam es wieder einmal mit einer Richterin zu tun, die berüchtigt war für ihre unüberlegten Entscheidungen und ihre Inkompetenz. Sie hatte die Angewohnheit, alles zu Protokoll zu nehmen, sogar die Verhandlungspausen, in denen sie einkaufen oder zum Friseur ging. Einmal unterbrach sie mich bei einer sehr wichtigen Dealverhandlung, um mir zu sagen, daß meine Augen aber sehr grün seien. Ihr ganzes Verhalten war dermaßen merkwürdig, daß ich das bei jedem Dealangebot, das ich machte, mit in Betracht ziehen mußte. Bei einer so sonderbaren Richterin wollte ich keine Vergewaltigungsprozesse riskieren. So ließ ich den Löwenanteil meiner Fälle in Kew Gardens und bemühte mich bei den anderen, die unter ihrem Vorsitz liefen, die besten Deals auszuhandeln. Bei Verbrechen, bei denen keine Gewalttätigkeit im Spiel war, machte ich so großzügige Angebote, daß die Richterin einmal (natürlich wieder mal mitten in einer Dealverhandlung) zu mir sagte: »Sie sind doch gar nicht hart. Die Leute behaupten immer, Sie wären hart, aber Sie sind überhaupt nicht hart. Sie haben ja richtige Sammetpfötchen.« Wo steht geschrieben, daß jemand, der leise spricht, auch ein Leisetreter ist?

Wiederholt beschwerte ich mich beim Ressortleiter Prozesse darüber, daß man mich für Long Island City eingeteilt hatte; er erklärte, er sei auf meiner Seite und habe dem Bezirksstaatsanwalt schon mehrmals gesagt, daß er mich befördern und entweder in die Abteilung Kapitalverbrechen versetzen oder mir die Leitung der Sonderabteilung übertragen solle, aber der Bezirksstaatsanwalt sei der Meinung, ich sei noch nicht so weit.

Beim zweiten Prozeß gegen den zweiten Serienvergewaltiger hatte ich einen anderen Richter. Auf der Verteidigerbank saß wieder der schmierige Typ, den ich noch aus dem vorigen Prozeß kannte. Das Opfer hatte den Täter nur im Schein einer Streichholzflamme gesehen, als dieser sich nach der Vergewaltigung eine Zigarette ansteckte. Trotzdem war sie hundertprozentig sicher, daß der Angeklagte der Täter war. Und dem Verteidiger und dem Richter zum Trotz sprachen die Geschworenen ihn schuldig.

Danach hatte ich ein langes Gespräch mit dem Opfer. Die Frau war der Überzeugung, sie müsse künftig nur allen Schwarzen aus dem Weg gehen, dann könne ihr nichts mehr passieren. (Der Täter war ein Schwarzer.) Ich versuchte ihr klarzumachen, daß sie sich dieses Vorurteil nicht leisten könne. Schließlich konnte sie von Männern jeder anderer Hautfarbe ebenso vergewaltigt werden. Ich zeigte ihr die Festnahmefotos in meinen Akten. Sie sollte sehen, daß jeder Typ, jede Hautfarbe, jede Rasse und jeder soziale Status vertreten war. Sie durfte nicht nach Äußerlichkeiten gehen, sondern mußte sich auf andere Weise schützen. Ich weiß nicht, ob mein Reden etwas genützt hat. Sie hat sich für meine Mühe bedankt.

Endlich kam doch ein (zumindest anfangs) ermutigendes Zeichen von Santucci. In unserem Bundesstaat sollte zum erstenmal die Zeugenaussage eines Kindes für die Anklagejury auf Video aufgezeichnet werden. Santucci bat mich, die Vernehmung zu leiten.

Im November 1984 wurden die Gesetze des Staates New York in mehreren Punkten geändert, um die Strafverfolgung von Sexualverbrechen an Kindern zu erleichtern. Grundsätzlich kann im Staat New York nur dann Anklage erhoben werden, wenn das Opfer vor der Anklagejury aussagt. Nun gab es ein Gesetz, das es dem Ankläger gestattete, Kinder nicht persönlich vor der Anklagejury auftreten zu lassen, sondern ihre Aussage per Videoaufzeichnung vorzulegen. Im Prozeß mußten die Kinder zwar auch weiterhin persönlich aussagen, aber dieses neue Gesetz war zumindest ein Anfang.

Allerdings war das Gesetz nicht sofort wirksam. Einen Monat vor seinem Inkraftreten wurde ein vierjähriges Mädchen entführt und vergewaltigt. Das Verbrechen machte Schlagzeilen, und es meldeten sich etliche Zeugen. Wie sich herausstellte, hatte der Täter zunächst versucht, eine einunddreißigjährige Frau zu vergewaltigen, die aber entkommen konnte. Dann hatte er es bei einem jungen Mädchen versucht, das jedoch an einer roten Ampel aus dem Wagen springen konnte. Schließlich fand er die Vierjährige, die auf einem Hof spielte. Nur für ein paar Sekunden war ihre Mutter nicht in der Nähe.

Das Kind war zu klein zum Weglaufen. Als er mit ihr fertig war, war die Kleine ein Fall für die plastische Chirurgie.

Danach rief er seine Freundin an, die im selben Krankenhaus war, und prahlte lachend: »Ich hab grade eine in den Arsch gefickt, du, die war vielleicht eng.«

Als man den Dreckskerl endlich geschnappt hatte, stellte sich heraus, daß er bereits von vielen verschiedenen Strafverfolgungsbehörden gesucht wurde. Weder eine Kaution noch die normalerweise geltende Bestimmung, die die Zeit zwischen Festnahme und Anklageerhebung einschränkt, standen zur Debatte. Der Mann saß hinter Gittern. Santucci hatte sich in den Kopf gesetzt, seine Bezirksstaatsanwaltschaft sollte die erste sein, die von dem neuen Videogesetz Gebrauch machte. Der Fall kam ihm wie gerufen.

Ich beschäftigte mich gründlich mit dem Gesetz, lernte es regelrecht auswendig. Dann teilte ich der Technik mit, was wir brauchten, und bekam die Zusage, daß alles bereitgestellt würde. Natürlich kein Problem, wo doch der Bezirksstaatsanwalt höchstpersönlich diese Auszeichnung haben wollte.

Ich setzte mich mit einer der führenden New Yorker Expertinnen für Kindesmißbrauch in Verbindung. Sie gab mir genaue Informationen, wie ich das Kind behandeln, was ich zu ihm sagen, wie ich mich verhalten, wie ich die Gespräche aufbauen und was für Spielzeug ich dabei benutzen sollte. Die Kleine war nicht das erste Opfer im Kindesalter, mit dem ich zu tun hatte, aber sie war das erste Kind, mit dem ich von Anfang an arbeiten würde. Ich wollte alles richtig machen.

Ich hielt mich haargenau an ihre Vorschläge. Bei meiner ersten Begegnung mit dem Mädchen ging es nur darum, daß wir uns miteinander bekanntmachten. Ich zeigte ihr die Spielsachen, die ich mitgebracht hatte. Wir spielten ein bißchen und redeten. Ich erklärte ihr, was wir bei unserem nächsten Treffen tun würden. Sie wußte jedesmal vorher Bescheid, ob sie über die Tat reden sollte und worum es bei unserem Termin ging. Ich habe meine Versprechen immer gehalten. Nach jedem Treffen rief ich meine Expertin an und ging mit ihr jeden einzelnen Punkt durch.

Die Kleine machte mir die Arbeit leicht. Sie war sehr gescheit und hatte Geduld mit mir, wenn ich mich dumm anstellte. Als ich ihr stark vereinfacht und keineswegs sachkundig erklären wollte, was ein Video ist, unterbrach sie mich, sie sei schon einmal im Fernsehen gewesen. Ich fragte sie, wann das war, und sie sagte, bei der Hochzeit ihres Onkels – als Blumenmädchen. Sie war nachsichtig und hatte Verständnis dafür, daß Videos für Erwachsene immer noch eine hochkomplizierte technische Angelegenheit sind.

Am Vormittag des 1. November 1984 trat das Gesetz in Kraft, und wir konnten anfangen. Die Kleine war bedrückt, weil sie über die Tat reden sollte, hatte aber keine Angst, und es waren keine Fremden zugegen. Ich hatte mich vorher vergewissert, daß sie sich von mir in den Arm nehmen ließ, und als alles vorbei war, drückte ich sie fest an mich und sagte ihr, wie fabelhaft sie ihre Sache gemacht hatte. Einen Augenblick lang strahlte sie mich stolz an, doch dann wurde ihr Gesicht wieder ernst, und sie fragte: »Warum hat der böse Mann das mit mir gemacht?«

Ich hatte keine Antwort parat. Im ersten Moment verfluchte ich mich, weil ich vergessen hatte, meine Expertin zu fragen, was ich sagen sollte, falls diese Frage kam, aber das kleine Gesicht schaute noch immer erwartungsvoll zu mir hoch, und da sagte ich einfach: »Weil der Mann böse war.« Wenn sie wolle, könnten wir noch länger darüber reden, aber sie wollte nicht. Vielleicht hat sie begriffen, daß ich keine bessere Antwort wußte.

Ich war stolz auf dieses Video, aber meine Karriere hatte das keinen Schritt weitergebracht. Während der Aufnahmen hatte ich einen heftigen Zusammenstoß mit dem Leiter der Ermittlungsabteilung gehabt. Sicher, mir war es wichtiger, meine Arbeit ordentlich zu machen, als um die Gunst hoher Tiere zu buhlen, aber irgendwie kam ich nicht damit zurecht, daß ich bei der Bezirksstaatsanwaltschaft Queens offenbar immer wieder vor die Wahl gestellt wurde, *entweder* das eine *oder* das andere zu tun.

Ich wartete. Ich sprach noch einmal beim Ressortleiter Prozesse vor. Nichts.

Endlich, ein paar Monate vor Ablauf meines dritten Jahres, wurde eine Versetzungsliste ausgehängt, auf der mein Name stand. Ich wurde der Abteilung Kapitalverbrechen zugeteilt.

Während ich darauf wartete, mein neues Amt anzutreten, kam David Finkel, ein rechtes Glückskind, und fragte mich, ob ich nicht zwei Serienvergewaltiger übernehmen wolle. Er habe einen einträglicheren Job gefunden und scheide demnächst bei uns aus. Ich sagte ja.

Der erste war Robert Mitchell, der Vergewaltiger vom Flushing Meadow Park, der Mann also, der den Fall Eric Barnes aus den Schlagzeilen verdrängt hatte. Er war mit großen Trara festgenommen worden; die Beweislage war hervorragend gewesen, aber als ich den Fall übernahm, war davon nicht mehr viel übrig. Die Ergebnisse der Gegenüberstellungen waren größtenteils nicht vor Gericht verwertbar, so daß ich davon beim Prozeß keinen Gebrauch machen konnte. Einige Opfer waren nicht mehr auffindbar. Zwei der Fälle waren bereits verhandelt worden (einer sogar zweimal). Zweimal war die Jury zu keinem Spruch gekommen, ein Prozeß war gescheitert. Ich hatte einen Saustall übernommen.

Der andere Serienvergewaltiger war Emanuel Santana, der sogenannte Astoria-Vergewaltiger. Santana war zumindest in einer Hinsicht eine Chance für mich. Durch seinen Fall konnte ich womöglich lernen, wie man einem vierjährigen Kind erklärt, was ein böser Mann ist.

Das Verhalten von Vergewaltigern zu studieren war für mich kein bloßer Zeitvertreib, sondern eine Möglichkeit, Versäumnisse bei den Ermittlungen aufzuarbeiten. Und es war nicht selten der einzige Weg, ein Verbrechen zu erfassen.

Ein Paradebeispiel für den Ermittlungsstil der alten Sonderabteilung war der Fall eines jungen Mädchens, das angab, von einem Mann, in dessen Haus sie regelmäßig als Babysitter arbeitete, begrabscht worden zu sein. Die Begleitumstände deuteten eigentlich nicht auf ein Verbrechen hin, aber die Mutter des Mädchens, die eine starke Persönlichkeit war, überredete die Abteilung, Anklage zu erheben.

Das junge Mädchen wartete mit allen möglichen Einzelheiten auf, unter anderem beschrieb sie den Ort, wo der Angeklagte die Schußwaffe aufbewahrte, die er angeblich benutzt hatte. Wäre ein Durchsuchungsbefehl ausgestellt worden, dann hätte man überprüfen können, ob hier tatsächlich ein Verbrechen vorlag. So hatte ich nichts außer nagenden Zweifeln.

Das junge Mädchen hatte anfangs Gründe gehabt zu lügen, und

bei ihrem Hintergrund war es durchaus denkbar, daß sie die Geschichte erfunden hatte. An einer Lüge festzuhalten war schon etwas anderes, aber auch dafür mochte es Gründe geben. Bevor sie Anzeige wegen sexuellen Mißbrauchs erstattet hatte, war ihre Beziehung zu ihrer Mutter eher durchwachsen gewesen, wie das eben bei jungen Mädchen so ist. Seit der Anzeige jedoch konnte sie ihre Mutter regelrecht um den Finger wickeln. Die Frau war liebevoll, half ihrer Tochter, wo sie konnte, und stellte sich demonstrativ und lautstark hinter sie. Sollte die Kleine es darauf abgesehen haben, daß ihre Mutter zu ihr hielt, dann hatte sie zwar ihr Ziel erreicht, konnte aber ihre Geschichte jetzt natürlich nicht so einfach widerrufen.

Ich sprach mit dem Mädchen, überprüfte die Fakten bis ins kleinste Detail und war mir trotzdem nicht sicher, ob sie die Wahrheit sagte.

Beim nächsten Gespräch fragte ich sie nach dem Angeklagten. Sie erklärte, er sei nicht der distinguierte Geschäftsmann, für den man ihn halte, gab mir die Adresse einer Bar, in der er Stammgast war, und nannte mir auch Orte, an denen er angeblich mit Drogen handelte. Ich schickte einen Beamten los. In der Bar war der Mann offenbar unbekannt. Die Plätze, wo er gedealt haben sollte, galten beim Rauschgiftdezernat als drogenfrei. Dennoch setzte man einen verdeckten Ermittler ein, der versuchen sollte, an den genannten Stellen Drogen zu kaufen. Nichts. Sie schienen so ziemlich die drogenfreiesten von ganz New York zu sein.

Ich beklagte mich bei einem Polizeibeamten über meine mangelnden Ermittlungserfahrungen. Er konnte mir zwar keine Tips geben, verhalf mir aber zu einer Einsicht. Wenn man trotz gründlicher Suche nichts gefunden hat, erklärte er mir, dann hat man doch etwas gefunden, nämlich daß da einfach nichts zu finden ist.

Ich berichtete dem jungen Mädchen, was bei meinen Ermittlungen herausgekommen war. Sie sagte, die Polizei wüßte halt nicht, wen sie fragen müßte. Das konnte wahr oder falsch sein – wie alles, was sie mir erzählt hatte.

Ich weiß bis heute nicht, ob ich mich bei diesem Fall richtig verhalten habe. Ich ließ es zum Prozeß kommen. Die Geschworenen behandelten die Sache zumindest mit angemessenem Ernst, sprachen den Angeklagten aber frei. Die Mutter des Mädchens gab mir daran die Schuld, weil ich den Glauben an den Fall verloren hätte. Tatsächlich hatte die Jury den Mann freigesprochen, weil seine Erklärung, warum das Mädchen log, sehr viel plausibler war als ihre, warum sie die Wahrheit sagte. Aber die Worte der Mutter hatten mich so tief getroffen, daß ich die Ermittlungen wiederaufnahm, und diesmal sogar auf einer noch höheren Stufe, weil ich das für meine Pflicht als Anklägerin hielt.

Trotz all der Fernsehserien mit Polizeibeamten und trotz all der Sonntagsreden von Staatsanwälten, die angeblich ihre Schulaufgaben machen, wird das Ermittlungsverfahren als solches in unserem Strafverfolgungssystem nach wie vor stiefmütterlich behandelt. Die Leute wollen *action*, alles andere interessiert nicht.

Ich mußte feststellen, daß sich die für Sexualverbrechen zuständigen Ermittler nicht wesentlich von anderen Polizisten unterschieden. Es gab dumme und talentierte, solche, die mit den Opfern sympathisierten, und solche, die mit den Tätern kollaborierten. Die meisten waren fleißig und tüchtig, aber ein paar waren auch erschreckend faul und brüsteten sich obendrein noch damit. Der einzige Unterschied bestand darin, daß sich bei Sexualverbrechen jeder Ermittlungsfehler noch grausamer rächte als bei anderen Straftaten.

Die Arbeit bestand zum größten Teil aus reiner Routine. Die Anzeige mußte aufgenommen werden. Das Opfer bekam die Fotos in der Verbrecherkartei gezeigt. Wenn es jemanden wiedererkannte, mußte die letzte bekannte Adresse des Betreffenden ermittelt werden. Dann kam die Gegenüberstellung, schließlich die Festnahme und zu guter Letzt der Abschlußbericht.

Mit den Jahren lernte ich, was nach solchen Festnahmen zu tun war: es mußten Zeugen gefunden werden, die das Opfer in den ersten Tagen nach dem Verbrechen gesehen und eventuell Verletzungen bemerkt hatten, die im notärztlichen Befund nicht erfaßt waren; die Tonbandaufzeichnungen der Notrufzentrale mußten überprüft und die Nachbarn ermittelt werden, die angerufen und Schreie auf dem Spielplatz gemeldet hatten. Manchmal kam ich nicht umhin, einen Beweis zu opfern, um einen anderen zu retten. Es gab Ermittlungsbeamte, die all diese Dinge schon im Vorfeld der Festnahme von sich aus taten und stets bereit waren, auch die viele keineswegs aufsehenerregende Kleinarbeit auf sich zu nehmen und immer mehr

Beweise zusammmenzutragen. Vor diesen Kollegen hatte ich den größten Respekt.

Aber es gibt noch eine grundsätzlichere Form der Ermittlung; eine, bei der es nicht um eine Festnahme oder die Zeugenliste für einen Prozeß geht. Mancher Fall kann nur gelöst, mancher Prozeß nur gewonnen werden, wenn am Anfang aller Ermittlungen die Suche nach der Wahrheit steht.

Leider ist die Justiz in der Regel so unter Zeitdruck, daß Ermittlungen dieser Art eher selten vorkommen. Oft ist das Maß an Wahrheit, das man finden kann oder finden muß, begrenzt. Wie im Fall Eric Barnes. Ich wußte zwar, *wie* dieser Mann war, aber nicht, *wodurch* er so geworden war. Die wenigen Mosaiksteinchen, die ich in diesem Fall zusammentragen konnte, ließen Barnes als braven Bürger erscheinen, der urplötzlich zum Vergewaltiger geworden war. Das ließ mir keine Ruhe. Ich wußte, daß das nicht stimmen konnte, fand aber nichts, um das Bild zu ergänzen. Ich wandte mich an die Armee, bat um Unterlagen – nichts. Niemand konnte mir sagen, wo und wie Barnes aufgewachsen war und was er vor dem Sommer getan hatte, in dem er anfing, in Briarwood sein Unwesen zu treiben. Aus meinen Gesprächen mit dem jungen Streifenpolizisten kannte ich Barnes' Werdegang zumindest so weit, daß ich keinen Zweifel an seiner Täterschaft hatte, aber *verstehen* konnte ich ihn deshalb noch lange nicht.

Bei Emanuel Santana hatte ich eine neue Chance. Über sein Leben gab es ganze Stapel von Gefängnisakten. Er blickte auf eine jahrelange Verbrecherlaufbahn zurück und hatte seinen Opfern das Leben zur Hölle gemacht. Vielleicht konnte ich diesmal die Gründe verstehen. Ich war entschlossen, ganz genau hinzuschauen.

Ich begann mit dem Polizeibeamten George Greene. Er haßte Santana. Ich wollte wissen, warum.

Greene und ich kannten uns schon seit einer Ewigkeit. Mit manchen Beamten arbeitete ich so oft zusammen, daß sich ein locker freundschaftliches Verhältnis ergab. Zu Greene war das Verhältnis eher verkrampft freundlich. Ich wußte nie so recht, woran ich bei ihm war, ob er Spaß machte oder es ernst meinte. Trotzdem hatte ich große Achtung vor Greene. Er hatte bei vielen meiner Fälle die Festnahmen durchgeführt, und ich kannte seine aufrichtige Sympathie mit den Opfern von Sexualverbrechen und seinen Haß auf Vergewaltiger. Außerdem hatte er im Laufe der Jahre immer wieder ausgesprochen kreative Arbeit geleistet.

Einer unserer gemeinsamen Fälle betraf einen aggressiven Pädophilen, der sich auf der Toilette eines McDonald's-Restaurants einem kleinen Jungen genähert und ihn oral und anal mißbraucht hatte. Danach hatte er ihm eine Dollarnote hingeworfen und ihm befohlen, mit niemandem darüber zu reden. Der Junge hatte sofort seiner Familie erzählt, was passiert war, die Verwandten rannten aus dem Restaurant, verfolgten den Kinderschänder und hielten einen Streifenwagen an. Die Polizisten nahmen den Mann fest und brachten ihn zum Dezernat Sexualverbrechen beim Polizeipräsidium von Queens.

Greene las dem Kerl seine Rechte vor, und der sagte darauf: »Ja, ich möchte eine Erklärung abgeben; ich hab nichts gemacht; Sie haben den Falschen festgenommen.«

Greene überhörte das geflissentlich, nahm dem Mann die Fingerabdrücke ab und erledigte den nötigen Papierkram.

Nach einer Weile legte er den Kugelschreiber weg und holte eine Dollarnote aus der Tasche. Dann öffnete er seelenruhig einen Plastikbeutel, tat den Geldschein hinein, gab etwas Babypuder dazu, verschloß den Beutel, schüttelte ihn kurz und machte ihn wieder auf. Er zog die Dollarnote heraus und legte sie auf den Schreibtisch neben die Karteikarte mit den Fingerabdrücken des Festgenommenen. Er nahm eine Lupe und betrachtete Karteikarte und Geldschein. Dann blickte er hoch zu seinem Kollegen und sagte: »Sieht ganz so aus, als ob die Abdrücke übereinstimmen.«

Da machte der Kerl den Mund auf: »Okay, okay, okay!« sagte er. »Ich war's, ich bin's gewesen, ich hab's getan! Tut mir leid! Ich brauche Hilfe!«

Dank dieses Geständnisses gewannen wir die Vorverhandlungen (obwohl der Richter sich endlos bei der Frage aufhielt, ob die Dollarnote dieselbe war, die der Mann dem Kind zugeworfen hatte, oder nicht). Unserem Klagebegehren wurde stattgegeben; der Fall wurde an die nächsthöhere Instanz verwiesen. Dort war man sich darüber im klaren, daß der Polizeibeamte den Angeklagten in eine Falle gelockt hatte, entschied, daß es zwar nicht zulässig sei, einen Angeklagten unter Vorspiegelung falscher Tatsachen zum Verzicht auf sein

Schweigerecht zu bewegen, aber durchaus erlaubt, einen Angeklagten, der bereits eine Erklärung abgegeben hat, so auszutricksen, daß er die Wahrheit sagt. Die Geschworenen kümmerten sich nicht um diese juristischen Spitzfindigkeiten. Ihnen genügte das Geständnis. Sie sprachen den Mann schuldig.

Aber George Greene und ich blieben nicht immer Sieger. Ich erinnere mich an einen Fall, der während des Prozesses von Julie Soleil, der Richterin aus Long Island City, mit der ich so gern zusammenarbeitete, niedergeschlagen wurde. Das war zu der Zeit, als die Gesetze des Staates New York noch verlangten, daß Kinder, die Opfer von Sexualverbrechen geworden waren, persönlich in den Zeugenstand traten. Die Richterin übertrug mir die gesamte Anklage, gab mir aber, bevor ich das damals fünfjährige Opfer als Zeugin aufrief, zu bedenken, daß meine gerichtlich verwertbaren Beweise möglicherweise nicht ausreichten. Die Eltern, Greene und ich beschlossen, es trotzdem zu riskieren. Die Kleine machte ihre Sache gut; sie erzählte den Geschworenen, was ihr passiert war. Beim Kreuzverhör ließ sie sich allerdings durch Fragen wie »Hatte er einen Schnauzbart?« irritieren, weil sie das Wort Schnauzbart nicht kannte. Ihre Aussage brachte die Richterin zu dem Schluß, daß der Fall nicht hinreichend erhärtet war. Sie stellte das Verfahren ein. Ich weiß, daß Julie Soleil es sich mit dieser Entscheidung nicht leichtgemacht und ihre Lesart der Gesetze zugrundegelegt hat. Trotzdem meine ich, daß ihr damals ein Irrtum unterlaufen ist.

Lange Zeit habe ich geglaubt, daß Greene mir die Schuld an der Einstellung dieses Verfahrens gab. Vielleicht habe ich die Vorwürfe, die ich mir selber machte, einfach auf ihn projiziert. Doch das alles war jetzt nicht mehr wichtig. Jetzt wollte ich wissen, was Greene über Emanuel Santana in Erfahrung gebracht hatte, und er erzählte mir, was er wußte.

Im Herbst 1983 trieben in Astoria zwei Serienvergewaltiger ihr Unwesen. Die Polizei vermutete, daß der eine ein Hispano-Amerikaner und der andere griechischer Abstammung war. Die Beschreibungen der beiden ähnelten sich, nicht aber das Muster, nach dem sie vorgingen: der eine schlug seine Opfer nieder, bevor er sie vergewaltigte, der andere hatte ein Messer und benutzte grundsätzlich nie die Fäuste.

In beiden Fällen war Greene mit den polizeilichen Ermittlungen beauftragt. Solange nicht einer der Täter oder beide festgenommen waren, konnten wir nicht sicher sagen, ob es wirklich zwei waren. Eines der Opfer war sich ganz sicher, was die Nationalität des Vergewaltigers anging. Die Beamten vertrauten ihrer Wahrnehmung, weil sie selbst Hispano-Amerikanerin war. Der Mann, den sie bei einer Gegenüberstellung identifizierte, wurde überprüft. Er kam nicht als Täter in Frage. Daraufhin wurde der Fall abgetrennt, doch Greene war und blieb der Überzeugung, daß der Mann einer der beiden Serientäter war.

Die Vergewaltigungen gingen den ganzen Herbst 1983 hindurch weiter. Wegen dieser Häufung von Gewaltverbrechen wurde im Viertel die Polizeipräsenz verstärkt. Anfang Dezember ging wenige Minuten nach einer Vergewaltigung ein Anruf bei der Polizei ein. Das halbe Revier stürzte los. Ein Sergeant und sein Fahrer durchkämmten das Gelände und fanden einen Mann, auf den die Beschreibung paßte. Er gab ein Alibi an, das aber nicht stichhaltig war. Sie fuhren mit ihm zum Tatort, wo das Opfer ihn identifizierte. Der Mann hieß Santana.

Der Täter wurde festgenommen und aufs Revier gebracht, wo der Sergeant das Dezernat Sexualverbrechen verständigte. Greene hatte frei. Der Beamte, der den Anruf entgegennahm, war Spezialist für Serienvergewaltiger. Allen war klar, daß die gerade angezeigte Vergewaltigung wahrscheinlich keine von den vorherigen losgelöste Tat sein konnte, doch war man sich anfangs nicht sicher, ob die Beweise ausreichten.

Der Beamte überprüfte Santanas Vorstrafenregister: der Mann hatte rund sechs Jahre wegen eines in Manhattan begangenen Überfalls in Tateinheit mit schwerer Vergewaltigung im Gefängnis gesessen und war erst wenige Wochen vor Beginn der Serie in Astoria entlassen worden.

Santana gab eine Erklärung ab. Diese Erklärung und sein Vorstrafenregister sorgten dafür, daß der diensthabende Beamte Greene verständigte.

Santana sagte aus, er habe zwei Arbeitsstellen. Von neun bis siebzehn Uhr arbeite er in Queens in einem Recyclingbetrieb, abends als Nachtwächter in einer Grundschule in Manhattan. (Diese Tatsache läßt mir bis heute keine Ruhe. Als Nachtwächter hatte Santana zwar keinen Kontakt mit den Kindern, aber trotzdem ist mir unbegreiflich, wie die Schulverwaltung einen Vergewaltiger auf Bewährung einstellen konnte. Immerhin waren oft genug Nachtwächter von New Yorker Schulen in die Schlagzeilen geraten; die Schulbehörde hätte wissen müssen, daß Vergewaltiger eine besondere Vorliebe für diesen Job haben.) Am fraglichen Tag hatte Santana zuerst im Betrieb und dann in der Schule gearbeitet. Zwischendurch hatte er seine Frau im Krankenhaus besucht. Gegen zweiundzwanzig Uhr dreißig war er in Astoria, seinem Wohnviertel, angekommen, hatte sich ein paar Minuten in seiner Wohnung aufgehalten und war dann in ein nahegelegenes Lokal gegangen. Dort wollte er sich mit einer Frau treffen, die aber nicht kam. Er wartete eine Weile, ging nach Hause und kam kurz darauf noch einmal in das Lokal. Als er es das zweite Mal verließ, wurde er von der Polizei angehalten.

Bis Santana seine Aussage unterschrieben hatte, war Greene angekommen und über die Einzelheiten unterrichtet worden. Er verhörte Santana nochmals und bekam im wesentlichen die gleichen Informationen. Diesmal weigerte sich Santana, seine Aussage zu unterschreiben. Das war der Anfang der Feindschaft zwischen den beiden Männern.

Santana hatte eine neutrale Aussage machen wollen, aus der nichts Wesentliches zu entnehmen war, aber dabei war ihm ein Fehler unterlaufen. Er hatte sich damit gebrüstet, was für ein fleißiger Arbeiter er war, und in diesem Zusammenhang auch von seinem Job in der Schule gesprochen. Dieses Detail konnte der Schlüssel zu dem ganzen Fall sein.

Das Schema war offensichtlich. Zwischen den einzelnen Vergewaltigungen lag jeweils etwa ein Monat. Lediglich der November schien eine Ausnahme zu bilden, denn in diesem Zeitraum war kein Verbrechen angezeigt worden, das in das Schema paßte. Allerdings hatte man nur wenige Häuserblocks von dem Areal entfernt, wo die anderen Verbrechen verübt worden waren, eine Frau halbtot in ihrem Wagen gefunden. Das Auto war voller Blut – man hatte ihr die Kehle durchgeschnitten. Sie wurde ins Krankenhaus gebracht und überlebte.

Später schilderte sie der Polizei, was sie wußte. Sie war zu ihrem

Wagen gegangen, der in Manhattan auf einem Parkplatz stand. Sie war allein und hatte gerade den Schlüssel ins Schloß gesteckt, als sie jemand von hinten anfiel. Sie wehrte sich, aber der Mann setzte ihr ein Messer an die Kehle. Er zwang sie, ins Auto zu steigen. Sie schlug um sich, denn ihr war inzwischen klar, was er vorhatte. Da schnitt er ihr die Kehle durch.

Was danach passiert war, konnte sie nicht mehr mit Sicherheit sagen. Sie erinnerte sich, daß er sie auf den Beifahrersitz schob und losfuhr. Irgendwann überquerten sie eine Brücke. Sie war wohl einige Zeit bewußtlos. Als er endlich anhielt, wußte sie, daß sie nicht mehr die Kraft hatte, sich gegen ihn zu wehren. Aber sein Interesse an ihr war sowieso erlahmt. Er ließ sie hilflos im Wagen liegen und verschwand.

Als Santana von seinem Nachtwächterjob in Manhattan erzählte, wurde die Polizei hellhörig und überprüfte die Details. Alles paßte zusammen. Die Schule lag unweit des Parkplatzes. Santana hatte früh genug Dienstschluß gehabt. Es war sogar möglich, daß er eine Mitfahrgelegenheit nach Astoria gesucht hatte. Der Wagen der Frau war wenige Blocks von Santanas Haus entfernt gefunden worden. Wenn man Anstand und Moral außer acht ließ, war das Verbrechen beinahe »logisch«.

Unverständlich war nur, daß er die Frau nicht vergewaltigt hatte. Diese Frage wollten die Beamten ihm stellen, falls es ihnen gelang, ihn zum Reden zu bringen.

Das Dezernat Sexualverbrechen arrangierte mehrere Gegenüberstellungen. Greene wußte natürlich, daß es unorthodox war, die Frau, die bereits einmal einen anderen Täter identifiziert hatte, dazuzuholen, aber ungewöhnliches Vorgehen war ja gerade seine Stärke. Die Opfer erkannten Santana wieder, und Greene teilte ihm das mit.

Santana wollte einen Deal. Er bot an, die gewaltsamen Überfälle zuzugeben, wenn die Anklagen wegen Vergewaltigung fallengelassen würden. Man könne ihm nichts versprechen, hieß es. Daraufhin wollte er genau wissen, welche Taten ihm zur Last gelegt wurden, und erweiterte sein Angebot: er war bereit, auch den schweren Raub zuzugeben, nicht aber die Sexualverbrechen.

Greene wollte nicht verhandeln, er wollte ein Geständnis. Zuerst einmal mußte Santana seine Taten gestehen. Er gab zu, daß er der

Täter war. Er habe Frauen vergewaltigt, nicht nur die von letzter Nacht, sondern auch eine »große Weiße« und eine »kleine Hispano-Amerikanerin«. Die Frau aus Manhattan? Ja, das war er auch. Er habe sie vergewaltigen wollen, aber sie habe so elend geblutet, daß ihm die Lust vergangen sei.

Greene hatte große Mühe, ruhig zu bleiben. Daß Santana angesichts eines Menschen, der am Verbluten war, nur »die Lust verging«, erfüllte ihn mit Abscheu, aber er unterdrückte seine Gefühle. Er wollte, daß Santana redete. Die Verurteilung, die juristische wie die moralische, hatte Zeit. Zuerst einmal ging es darum, den Mann zum Reden zu bringen, denn nur so gab es eine Chance, daß er für seine Taten bestraft wurde.

Emanuel Santana zeigte sich überaus kooperativ. Er konnte ein reizender Bursche sein, wenn er wollte. Darüber war man sich einig. Der Verteidiger sagte einmal zu mir, wenn Manny, wie er seinen Mandanten nannte, nicht gerade Frauen vergewaltige, sei er so ziemlich der liebenswerteste Mensch, der ihm je begegnet sei.

Greene nutzte Santanas Redefreude und fragte, was aus dem Schmuck geworden sei, den er den Opfern geraubt hatte. Santana erzählte ihm eine lange Geschichte von einem Hehler namens Edgar, der irgendwo in Brooklyn wohne, Adresse und Familienname unbekannt. Er bot an, Informationen über Morde und bewaffnete Einbrüche preiszugeben, bei denen große Beträge erbeutet worden seien. Greene hörte sich das an. Die Ermittlungen bestätigten Santanas Aussagen nicht.

Wieder fragte Greene nach dem Schmuck und den anderen gestohlenen Dingen. Santana behauptete, das Portemonnaie von letzter Nacht in eine Mülltonne geworfen zu haben. In welche? Er beschrieb den Ort. Greene wollte die Mülltonne untersuchen lassen, aber sie war inzwischen geleert worden.

Santana gestand, daß ein Teil des Schmucks noch in seiner Wohnung sei; er nannte die Verstecke, und Greene besorgte sich einen Durchsuchungsbefehl. Alle Schmuckstücke und übrigen Gegenstände, die Santana seinen Opfern geraubt hatte, außerdem einige Dinge, die der Beamte keinem der bekannten Verbrechen zuordnen konnte, tauchten auf. Er fragte Santana, aber der hatte inzwischen keine Lust mehr, den netten Jungen von nebenan zu spielen.

Greene hatte, was er wollte. Für eine Anklage reichten die Beweise allemal. Er machte die Unterlagen für die Staatsanwaltschaft fertig. Als er seinen Mann im Zentralen Untersuchungsgefängnis ablieferte, erklärte Santana selbstbewußt, er werden nicht einen Tag im Knast sitzen.

Greene bat mich, Santanas Opfer unter meine Fittiche zu nehmen, besonders Maria, die sehr zart sei. Als ich sie zum erstenmal sah, verstand ich, warum Greene so besorgt war. Um Maria konnte man sich wirklich Sorgen machen.

Santanas Opfer waren so verschieden, wie Frauen nur sein können. Beth war groß, schlank, elegant und außerordentlich sachlich. Sie stellte eine Menge Fragen und wurde von den anderen stillschweigend als Wortführerin akzeptiert. Trotzdem war gerade sie es, die mir das größte Kopfzerbrechen bereitete. Sie war so methodisch, so vernünftig, daß ich befürchtete, sie würde eines Tages losschreien und nie mehr aufhören können.

Kerri war das ganze Gegenteil von Beth, sehr offen und unkompliziert. In ihrem Leben war kein Platz für Schmerz und Kummer, und als ihr beides zugefügt wurde, wußte sie nicht, wie sie damit umgehen sollte. Sie, die Filmtechnikerin, die Videos von Rockgruppen drehte, wollte nicht hier bei mir im Büro sitzen und erzählen, wie sie vergewaltigt worden war. Sie sehnte sich zurück in ihre Welt, in der sich alles um den neuesten Strubbelschnitt, Markenjeans und ein geiles Outfit drehte und wo sie ihren Spaß hatte.

Maria war zart gebaut, hatte eine leise Stimme, ein feines, exotisch anmutendes Gesicht und war scheu und sanft. Sie war sich nicht sicher, ob sie die Kraft hätte, einen Prozeß durchzustehen.

Wenn man mit einer Gruppe von Opfern arbeitet, die von ein und demselben Täter vergewaltigt wurden, hat man das Gefühl, all diese Frauen haben dieselbe Fratze des Bösen gesehen. Je länger ich ihnen zuhörte, desto deutlicher sah auch ich diese Fratze. Die Verteidigung hat sich später alle Mühe gegeben, mir einzureden, ich würde Emanuel Santana einfach nicht verstehen. Ich glaube, ich kannte ihn besser als irgend jemand sonst.

Als ich Beth, Kerri und Maria zum erstenmal traf, fühlten sie sich von der Justiz verraten. Ich versuchte mit ihnen darüber zu reden, erklärte ihnen, wo ich herkam und weshalb ich mich seit einigen Jahren auf die Verfolgung von Sexualverbrechen spezialisiert hatte. Ich erzählte ihnen, daß der Staatsanwalt, der vorher mit ihrem Fall befaßt gewesen war, mich persönlich gebeten hatte, den Vorgang zu übernehmen, weil er ihm sehr wichtig war. Nach und nach entspannten sie sich ein wenig, aber ich mußte ihnen versprechen, daß sie nicht noch einmal an einen anderen Staatsanwalt verwiesen würden. Als ich dieses Versprechen gab, glaubte ich noch, der Prozeß stehe unmittelbar bevor. Das war ein Irrtum.

Santana war zu schlau. Er hatte jahrelang Übung darin, die Justiz zu übertölpeln. In seinen Strafakten stand alles sauber aufgelistet, angefangen von seiner ersten Verurteilung wegen Vergewaltigung.

Die Gefängnisakten enthielten nur wenige Information über dieses erste Verbrechen. Das Opfer war eine Frau gewesen, die Santana durch ihren Freund kennengelernt hatte. Er hatte sich Zutritt zu ihrer Wohnung verschafft mit der Behauptung, ihr Freund sei in Schwierigkeiten. Sie vertraute ihm, bis er sie mit einer Eisenstange niederschlug, vergewaltigte und ausraubte. Beim Prozeß produzierte er ein Alibi und phantasierte eine wilde Geschichte zusammen, warum die Frau angeblich Grund hatte, Lügen über ihn zu verbreiten.

Die Tat muß noch gemeiner gewesen sein, als sie in den Akten erschien. Santana bekam fast die Höchststrafe, und sein erster Bewährungsantrag wurde abgelehnt. (In Manhattan fallen die Urteile meist milder aus als in den anderen New Yorker Stadtbezirken, besonders bei Tätern, die zum erstenmal straffällig geworden sind. Hinzu kommt das Vorurteil, daß es, wenn Opfer und Täter sich vor der Tat kannten, keine »richtige« Vergewaltigung sei.)

Santana nutzte seine Zeit im Gefängnis. Er belegte Kurse in Jura und Psychiatrie und nahm die obligatorischen Termine beim Anstaltstherapeuten wahr. Er wußte, daß der Bewährungsausschuß ein Zeichen der Reue von ihm erwartete. Er gab den Raub zu, bestritt aber die Vergewaltigung.

Santana war trotz seiner demonstrativ zur Schau getragenen Kooperationsbereitschaft ein problematischer Häftling, der häufig die Gefängnisordnung übertrat. Aus den Akten ging hervor, daß er andere zu manipulieren versuchte und immer wieder Ärger mit dem

Leiter der Haftanstalt bekam. Die psychiatrischen Kliniken, in denen er später behandelt wurde, bestätigen das. Ständig führte er irgend etwas im Schilde und spielte Leute gegeneinander aus. Er war einfach nicht offen. Sogar in seinem psychiatrischen Gutachten ist sein berechnender Umgang mit anderen dokumentiert. Wenn Santana sah, daß nichts mehr zu retten war, reagierte er nur noch mit Trotz. Zu einem Psychiater, der ihm etwas abschlug, sagte er einmal: »Machen Sie doch, was Sie wollen, ich weiß schon, was ich zu tun habe.« Der Psychiater vermerkte diesen Satz in seinem Bericht. Das war Santana, wie er leibt und lebt.

Geschworene lassen sich von so vielen Skrupeln leiten, wenn sie einen Sexualverbrecher schuldig sprechen sollen, daß es keinen einfachen Vergewaltigungsprozeß gibt. Aber bei kaum einem Serientäter lag der Fall im Augenblick der Festnahme so klar wie bei Santana. Die Standardargumente der Verteidigung konnten hier unmöglich ziehen. Die Opfer waren durchweg anständige Frauen, die sich artikulieren konnten, aus der Mittelschicht stammten und vorzeigbar waren, alle hatten den Täter vorher nicht gekannt und waren aussagewillig. Bessere Klägerinnen hätte ein Staatsanwalt sich nicht wünschen können. Für den Tatbestand der Vergewaltigung gab es eine Vielzahl forensischer Beweise. In jedem Fall war Sperma nachgewiesen worden. Der Angeklagte hatte eine Waffe benutzt. Die Frau, der er die Kehle durchgeschnitten hatte, wäre um ein Haar gestorben. Er hatte sämtliche Opfer ausgeraubt. Freiwilliger Beischlaf war ausgeschlossen. Er war bei den Gegenüberstellungen identifiziert worden, die Beute war sichergestellt, seine Alibis waren nachweislich falsch, seine Angaben widersprüchlich, und schließlich hatte er gestanden. Die Verteidigung konnte die Identität von Angeklagtem und Täter schwerlich bestreiten.

Maria hatte zwar bei der Gegenüberstellung einen anderen Mann identifiziert, der auch, bevor man Santana festgenommen hatte, angeklagt worden war. (Daran habe ich später immer wieder gedacht, wenn ich in Fällen ermittelte, wo die Verteidigung auf Irrtum bei der Identifizierung abhob.) Aber Santana hatte gestanden, die »kleine Hispano-Amerikanerin« vergewaltigt zu haben. Ihr Schmuck war in seiner Wohnung gefunden worden. Und als sie ihn bei der zweiten Gegenüberstellung sah, wußte sie, daß sie sich beim ersten Mal geirrt hatte: er war der Täter. An ihrem anfänglichen Irrtum würde man sich beim Prozeß ein wenig stoßen, aber das konnte die Beweisführung der Anklage nicht ins Wanken bringen. Es war erklärlich.

Eigentlich sprach alles dafür, daß wir im Fall Santana auf der Siegesstraße waren. Solche sicheren Sachen zogen in unserer Abteilung immer die Glückskinder an Land. Diesmal war das Glückskind eben jener David Finkel, der mich schließlich bat, den Fall zu übernehmen, allerdings erst zu einem Zeitpunkt, als vieles schiefgegangen war.

Das erste Geschenk bekam Santana vom Richter des Obersten Gerichts bei der Anklageerhebung. Nachdem Dealabsprachen gescheitert waren, weil die Staatsanwaltschaft sich zuviel Zeit ließ, schlug der Richter die Anklage wegen versuchten Mordes mit der Begründung nieder, für diesen Punkt sei allein New York zuständig (wo die Verbrechensserie begonnen hatte) – eine Auslegung der Zuständigkeit, mit der ich nie einverstanden war. (Wahrlich nicht das einzige Mal, daß ich in einem Vergewaltigungsfall anderer Meinung war als dieser Richter. Er hatte auch versucht, den Deal im Fall Shelvie Harris herunterzuhandeln, und bei Johnny Washington den Vorsitz der Anklagejury innegehabt.)

Wenn ich damals mit dem Fall Santana befaßt gewesen wäre, hätte ich versucht, die Niederschlagung der Anklage wegen versuchten Mordes zu verhindern. Finkel hatte die Sache einfach nach Manhattan weitergeleitet, und dort war dann Anklage erhoben worden.

Santana war jedes Mittel recht, um günstig aus der Sache herauszukommen und Staatsanwaltschaft und Verteidigung gegeneinander auszuspielen. Als er schließlich in zwei verschiedenen Stadtbezirken angeklagt wurde, glaubte er, den richtigen Weg gefunden zu haben – und beinahe hätte er recht behalten.

Santana wartete bis nach der Verhandlung, als er wußte, womit er beim Prozeß zu rechnen hatte. Die meisten Beweise gegen ihn waren so, daß sie vor Gericht zugelassen werden mußten. Da waren (zumindest in Marias Fall) die bei der Wohnungsdurchsuchung sichergestellte Beute, dazu die Identifizierungen und sein Geständnis.

Abermals versuchte Santana, einen Deal auszuhandeln. Da er innerhalb der vergangenen zehn Jahre wegen einer ähnlichen Straftat verurteilt worden war, galt er als einschlägig vorbestraft, d. h. seine

Strafe würde höher als normal ausfallen. Außerdem war seine Bewährungsfrist von der ersten Vergewaltigung noch nicht abgelaufen. Falls er in Manhattan keine allzu hohe Strafe bekam, wollte er in Queens einen möglichst guten Deal aushandeln. Mit dieser Taktik versuchte er eine Weile, die beiden Bezirke gegeneinander auszuspielen, aber bei dem Strafmaß, das er zu erwarten hatte, funktionierte sein Spiel nicht.

Da die drei Standardargumente der Verteidigung in seinem Fall nicht greifen würden, entschied sich Santana für eine vierte und äußerst radikale Variante – er beschloß, daß er verrückt sei – »nicht schuldig wegen geistiger Unzurechnungsfähigkeit«. Wenn ihm das eine Jury abnahm, würde er anstatt ins Gefängnis in die Psychiatrie kommen, wo es immer noch angenehmer war als im Knast. Die Entscheidung, über den Termin seiner Entlassung lag dann nicht beim Bewährungsausschuß, sondern bei den Ärzten.

Die Verteidigung besorgte einen Psychiater, der folgende Diagnose stellte: Santana hat vergewaltigt, weil er nicht anders konnte. »Verminderte Impulskontrolle« machte nach Meinung des Gutachters Santana zum Vergewaltiger. Das Problem war nur, daß diese Diagnose im Staat New York bei Vergewaltigung nicht als Klageerwiderung anerkannt wurde, denn sie traf mehr oder minder auf jeden Vergewaltiger zu. Die von manchen Psychiatern behauptete Theorie, der Vergewaltiger handele zwanghaft, erhärtet die allgemeine Vorstellung, Vergewaltiger seien krank und könnten ergo durch Therapie geheilt werden. Allerdings haben bislang weder der Verband der Psychiater noch die Gerichte den sogenannten »Vergewaltigungsdrang« als Geisteskrankheit anerkannt.

Er ist auch nicht im *Diagnostic and Statistical Manual*, dem Handbuch der anerkannten psychiatrischen Diagnosen, verzeichnet. Doch da das Handbuch ein politisches Dokument ist, das gesellschaftliche Haltungen zu Fragen wie etwa der Homosexualität reflektieren soll, kann das in künftigen Auflagen durchaus anders sein.

Santana mochte nach den Kriterien seines Leibpsychiaters durchaus verrückt sein, aber nicht verrückt genug, um ungeschoren davonzukommen. Er versuchte, wegen seines Geisteszustandes für verhandlungsunfähig erklärt zu werden, da er geistig nicht in der Lage sei, seine Interessen zu vertreten. Wenn es ihm gelang, die Gerichte davon zu überzeugen, war er zwar nicht aus dem Schneider, hatte aber zumindest Zeit gewonnen – und sich unter Umständen eine Menge Unannehmlichkeiten erspart. Seine Anwälte beantragten sowohl in Manhattan als auch in Queens, den Angeklagten per Gerichtsbeschluß auf seinen Geisteszustand untersuchen zu lassen. Die Psychiater konnten sich nicht einigen. Die Richter ordneten Anhörungen an. Santana trat in Hungerstreik. Die Psychiater in Manhattan bescheinigten ihm geistige Unzurechnungsfähigkeit. Santana aß wieder.

Als die Psychiater dem Gericht in Manhattan mitteilten, der Hungerstreik sei ihrer Meinung nach eine Finte gewesen, und Queens Manhattan informierte, daß man Santana in Queens für zurechnungsfähig befunden hatte, wurde das Verfahren in Manhattan wiederaufgenommen.

Die Prozeßtermine rückten immer näher. Santana, der seine Felle davonschwimmen sah, schluckte eine Rasierklinge. Das ist ein alter Knasttrick. Man feilt die Schneiden stumpf, reibt die Klinge mit Vaseline ein und verschluckt sie. Auf der Röntgenaufnahme ist sie dann zu sehen. Es funktionierte.

Das Gericht von Manhattan blieb bei seiner ursprünglichen Haltung. Das von Queens ordnete weitere Anhörungen an und vollzog eine Kehrtwende. Der dortige Richter erklärte, Santana sei von der Aussicht, so viele Jahre hinter Gittern verbringen zu müssen, so deprimiert, daß er aus lauter Niedergeschlagenheit nicht für seine Interessen eintreten könne. Santana hatte sein Ziel erreicht: beide Gerichte hatten ihn für verhandlungsunfähig erklärt.

Ich hatte den Fall kurz vor der Geschichte mit der Rasierklinge übernommen. Die Bezirksstaatsanwaltschaft Queens hatte festgelegt, daß Untersuchungen des Angeklagten auf seinen Geisteszustand von der Gerichtsmedizin durchzuführen seien. Dort hieß es, ich solle mir keine Sorgen machen; kein Richter werde Depressionen als Grund für Verhandlungsunfähigkeit anerkennen. Ich fragte immer wieder, wann der Prozeß beginnen sollte, denn das Warten setzte den Opfern hart zu.

Die Gerichtsmedizin mußte ständig gemahnt werden. Bei Gericht dreht sich alles ständig um Santana. Die Menschen, die er mit seinen Verbrechen traumatisiert hatte, gerieten darüber in Vergessenheit.

Mir fiel die Aufgabe zu, Beth, Kerri und Maria zu informieren, daß Santana als verhandlungsunfähig galt. Es ist nicht leicht, jemandem mitzuteilen, daß es in seinem Fall nicht vorwärtsgeht und alles davon abhängt, wie irgendwelche Provinzpsychiater entscheiden. Sollte Santana irgendwann für verhandlungsfähig erklärt werden, würde ich nach wie vor ihre Zeugenaussagen brauchen, um einen Schuldspruch zu erreichen. Ich tat mein Bestes. Den dreien gefiel die Sache nicht. Was Wunder? Trotzdem waren sie bereit, als Zeuginnen aufzutreten, falls es doch noch zum Prozeß käme.

Das war eine mutige Geste. Ich legte die Akten einstweilen beiseite.

Später frage ich mich, ob ich nicht mehr versprochen hatte, als ich halten konnte. Meine Zukunft bei der Bezirksstaatsanwaltschaft Queens war keineswegs sicher. Falls ich wegging, wie sollte ich Beth, Kerri und Maria das erklären? Andererseits hatten sie schon genug Ungewißheit zu ertragen. Ich beschloß, sie nicht noch weiter zu verunsichern.

Meine Versetzung zur Abteilung Kapitalverbrechen war eine Beförderung, aber auch ein Rückschritt. Ich hatte jetzt nur noch sehr wenig mit Sexualverbrechen zu tun, und die paar einschlägigen Fälle, die mir geblieben waren, etwa den des Vergewaltigers vom Flushing Meadow Park und den Fall Santana, hatte ich größtenteils mitgebracht. In der Abteilung Kapitalverbrechen spielte es bei den meisten Fällen keine Rolle, welcher Staatsanwalt sie führte. Hier war die Menge der Beweise entweder so erdrückend, daß selbst der größte Idiot eine Verurteilung zustande bekam, oder aber es wurde trotz eklatanten Mangels an Beweisen Anklage erhoben, einfach wegen des langen Vorstrafenregisters des Beschuldigten.

Die Abteilung bestand aus mehreren Teams von je zwei Staatsanwälten, die gemeinsam für die ihnen zugeteilten Fälle verantwortlich waren. Mein neuer »Partner« sahnte die aussichtsreichen Sachen ab und meldete sich bei den problematischen grundsätzlich krank. Er brüstete sich mit einer Verurteilungsquote von hundert Prozent. Gescheiterte Prozesse und Deals zur Umgehung einer Gerichtsverhandlung erschienen in seiner Statistik nicht als Freisprüche. Sein entscheidender Vorteil aber war: er sprach fließend Italienisch. Es ging das Gerücht, daß Santucci sich von ihm jeden Brief übersetzen ließ, den er aus der alten Heimat erhielt. Ich bekam Santucci nur zu sehen, wenn er meinem Partner über mich ausrichten ließ, daß er ihn sprechen wollte.

Ich hatten einen Prozeß wegen unerlaubten Waffenbesitzes zu führen. Die Beschuldigten hatten eine ganze Menge Gewalttaten auf dem Kerbholz. Der Streifenpolizist behauptete gesehen zu haben, wie der eine dem anderen die Pistole verkauft habe. Mein neuer Partner oder einer seiner Assistenten hatte die Anhörung geleitet. Laut Protokoll hatte der Polizist Dinge gesehen, die er gar nicht gesehen haben konnte. Beim Prozeß schlug die Verteidigung daraus Kapital. Den Geschworenen war das nicht weiter wichtig, sie hatten ohnehin den Eindruck, an dem ganzen Fall sei nichts dran. Von den vielen Vorstrafen der Beschuldigten wurden sie nicht unterrichtet. Und was ist in New York schon ein Fall mehr oder weniger von unerlaubtem Waffenbesitz? Ich hatte Angst, daß sie sich aus purem Desinteresse auf »nicht schuldig« einigen würden.

An dem Tag, als ich mein Plädoyer halten sollte, prüfte ich im Beisein des Sicherheitsdienstes die Waffe und vergewisserte mich, daß sie nicht geladen war. Dann begann ich mit den Worten: »Der Fall liegt ganz einfach. Die Staatsanwaltschaft behauptet, daß diese Pistole (ich nahm die Waffe zur Hand) im Besitz (ich ging zur Verteidigerbank) dieser Beschuldigten gewesen sei. (Ich legte die Waffe auf den Tisch der Verteidigung.) Das ist ein Verbrechen.«

Ich ging an meinen Platz zurück, und die Hölle brach los. Der Richter ging hinter seinem Tisch in Deckung und schrie: »Nehmen Sie das Ding weg, nehmen Sie das weg!« Die Verteidiger verschwanden ebenfalls unter ihrem Tisch. Sämtliche Beamte kamen angerannt und umdrängten die Beschuldigten, die einfach dasaßen und vor Verblüffung überhaupt nicht reagierten. Die Geschworenen begriffen, daß es nicht gleichgültig war, ob diese Angeklagten eine Waffe hatten. Sie sprachen sie schuldig.

Der Richter in diesem Prozeß war dafür bekannt, daß er bei Vergewaltigungsverfahren, bei denen Täter und Opfer sich kannten, grundsätzlich nicht an eine Vergewaltigung glaubte. Den Geschworenen gegenüber (die ihn unerklärlicherweise mochten) machte er kein Hehl aus seinen Ansichten. Ich habe das zweimal bitter zu spüren bekommen (beide Male waren die Opfer junge Mädchen aus dem

Umfeld von Straßengangs, die ich überredet hatte, dem Staat wenigstens einmal zu vertrauen). Daher war es mir eine Genugtuung, als der Richter mich anbrüllte, ich hätte »die Sicherheit in seinem Gerichtssaal gefährdet«. Ich erklärte, ich hätte mich vor den Augen der Sicherheitsbeamten vergewissert, daß die Waffe nicht geladen war. Diese bestätigten das. Der Richter mußte sich mit einer Verwarnung begnügen; ich solle das ja nicht noch einmal machen, drohte er.

Die Angeklagten waren wirklich gefährlich, es waren schwere Jungs, und natürlich war der Schuldspruch der Jury eine gewisse Befriedigung für mich. Aber das reichte mir nicht. Meinen Job als Strafverteidigerin hatte ich aufgegeben, als ich aufhörte, an das zu glauben, was ich tat. Als Staatsanwältin sollte es mir nicht eines Tages genauso gehen.

Als mein Dreijahresvertrag bei der Bezirksstaatsanwaltschaft auslief, beschloß ich, das Justizsystem auf die Probe zu stellen. Ich hatte immer gehört, um Richter zu werden, müsse man, besonders im Bezirk Queens, über politische Beziehungen verfügen. Es gab damals Leute in der Behörde, zum Beispiel die Leiterin der Sonderabteilung, die ständig von »ihrem« Richteramt redeten wie von einem Geburtsrecht und nur darauf warteten, daß der Bürgermeister sie endlich in dieses Amt berief. Ich beschloß, mir vom Büro des Bürgermeisters die Bewerbungsformulare für das Richteramt kommen zu lassen.

Man mußte eine zehnjährige Berufserfahrung als Anwalt vor Gericht nachweisen können. Das war die einzige Vorbedingung für eine Berufung, und die erfüllte ich. Ich war Pflichtverteidigerin gewesen, hatte in einer privaten Kanzlei gearbeitet und war Staatsanwältin gewesen. Ich hatte an die hundert Prozesse wegen schwerer Straftaten geführt. Auf dem Papier war ich mindestens so qualifiziert wie jeder andere, erheblich qualifizierter jedenfalls als die Leute in der Bezirksstaatsanwaltschaft, die darauf warteten, daß man ihnen gab, was sie für ihr gutes Recht hielten. Vielleicht konnte ich mit meiner Bewerbung wenigstens erreichen, daß Unqualifizierte nicht ganz so reibungslos berufen wurden. Vielleicht hatte ich ja wirklich eine Chance, selbst Richterin zu werden. Und vielleicht, ganz vielleicht, konnte ich Santucci auf diese Weise doch noch dazu bringen, mich zur Leiterin der Sonderabteilung zu ernennen.

Eine Stunde, nachdem ich meine Unterlagen beim Büro des Bürgermeisters eingereicht hatte, wurde mir telefonisch mitgeteilt, Santucci wünsche mich zu sprechen.

Es dauerte ein paar Tage, bis wir einen Termin gefunden hatten, der beiden paßte. Ich entschuldigte mich bei Santucci für die Verzögerung. Ich hatte alle Hände voll mit dem Prozeß gegen den Vergewaltiger vom Flushing Meadow Park zu tun (der zweite Serienvergewaltiger-Fall, den Finkel mir abgetreten hatte; bereits drei Anläufe waren ohne Schuldspruch zu Ende gegangen).

Santucci bot mir an, die Leitung der Sonderabteilung zu übernehmen. Er hätte das gern schon viel früher getan, sagte er, aber der Ressortleiter Prozesse habe immer gemeint, ich sei noch nicht so weit. Santucci erklärte, er wolle die Abteilung zum Modell für die gesamten Vereinigten Staaten machen. Ob er das damals ernst gemeint hat, weiß ich nicht. Ich weiß nur, daß es mir bitter ernst war, als ich ihm versprach, mich mit ganzer Kraft dafür einzusetzen.

Ende Januar 1985: ich hatte endlich den Job bekommen, den ich mir erträumt hatte; die Verurteilung des Vergewaltigers vom Flushing Meadow Park stand vor der Tür, und mein Mann hatte seinen ersten Roman veröffentlicht. Was für eine Woche!

DIE SONDERABTEILUNG

Copyright 1989 *New York Newsday* / Richard Lee

Dieses Foto wurde zusammen mit einem am 12. November 1989 im *New York Newsday* erschienenen Artikel abgedruckt, der die Überschrift »Der beste Freund einer Staatsanwältin« trug.

1

Als ich die Sonderabteilung zum erstenmal als Chefin betrat, meinte ich zu wissen, wieviel Arbeit mich erwartete. Ich hatte keine Ahnung! Bis dahin kannte ich ja immer nur das Endergebnis: ich hatte die Kastanien aus dem Feuer geholt, wenn bei der Anklageerhebung geschludert worden war, hatte Monate nach dem Verbrechen (und nachdem die Opfer bereits auf ihre Aussagen vor der Anklagejury festgelegt waren) ermitteln müssen, weil diese Abteilung ihre Aufgaben nicht erfüllt hatte.

Mit einem aber hatte ich nicht gerechnet: daß die Sonderabteilung bei ihrer Organisationsstruktur überhaupt funktionierte, war ein reines Wunder. Die Fälle wurden nicht verteilt; auf jedem halbwegs freien Schreibtisch türmten sich Hefter mit Festnahmeprotokollen, und die Staatsanwälte griffen sich einfach die Sachen heraus, zu denen sie Lust hatten. Den Rest erledigte eine Frau, die mehrmals durch ihre Zulassungsprüfung als Anwältin gefallen und als einfache Gerichtssekretärin angestellt war. Ich fand ein schwebendes Ermittlungsverfahren vor, nach dem kein Hahn krähte. Es gab einen einzigen Ermittler, und auch der hatte nur eine Halbtagsstelle. Ausbildung, Kompetenz und Zuverlässigkeit waren Fremdworte.

Ich berief eine Sitzung ein und teilte den Angestellten mit, daß wir die Abteilung von Grund auf umkrempeln würden. Nur der Name solle bleiben, aber selbst der stehe zur Disposition, falls jemand einen besseren Vorschlag hätte. Eisiges Schweigen. Viel später erzählte mir ein Kollege, daß alle Angst vor mir hatten. Ich glaubte damals, sie lägen in einer Art Koma.

Ich fing am Punkt Null an, erarbeitete Systeme, Formulare, vermittelte den Leuten die Grundlagen. Professionalität in die Abteilung zu bringen war nur der erste Schritt.

Santucci und ich waren uns einig, daß die Sonderabteilung von Grund auf verändert werden mußte. Santucci hatte mir die Leitung übertragen, weil er wollte, daß die Abteilung künftig Sexualverbrechen nicht mehr nur zur Anklage, sondern auch zum Prozeß brachte. Ich hatte mir den Posten gewünscht, weil ich glaubte, bessere Arbeit leisten zu können als meine Vorgängerin.

Es ging nicht nur um Sexualverbrechen. Meine Prämisse war, daß die traditionellen Methoden der Strafverfolgung bei den Verbrechen, mit denen wir es in dieser Abteilung zu tun hatten, nicht funktionieren konnten. Ursprünglich hatte sich die Abteilung mit sechs Arten von Straftaten befaßt: sexuelle Übergriffe, Gewalt in der Familie, Vergehen an Kindern und älteren Menschen sowie solche in Schulen und religiösen Einrichtungen. Später blieben nur noch die ersten vier Kategorien, aber auch das war noch eine gewaltige Herausforderung. Wenn ich wollte, daß die Abteilung wirklich funktionierte, mußte ich mir etwas einfallen lassen.

Ich beschloß, jeden Tag mindestens einen Punkt zu verbessern, und das so lange, bis die Abteilung so war, wie ich sie mir wünschte. Etwa ein halbes Jahr später schraubte ich das Versprechen runter auf eine wesentliche Verbesserung pro Woche.

Mir war klar, daß einiges von dem, was ich tat, gegen die Prinzipien der Bezirksstaatsanwaltschaft verstieß. Zum Beispiel sagte ich den Staatsanwälten, sie sollten die Verurteilungsquoten vergessen. In der neuen Sonderabteilung gab es zwei Regeln: ermitteln und die Beweislage sondieren. Und wenn klar ist, daß man es mit einem schweren Jungen zu tun hat, dann muß aus allen Rohren geschossen werden.

Um den Staatsanwälten klarzumachen, was damit gemeint war, mußten Beispiele her. Die Prozeßstrategie bot sich an: Eine Staatsanwältin hatte Schwierigkeiten, sich den Geschworenen verständlich zu machen; sie neigte dazu, sich zu intellektuell auszudrücken. Sie hatte das Herz am rechten Fleck, war aber nicht erfolgreich. Ich sagte ihr, sie solle am Beginn ihrer Plädoyers aufstehen und sich vorstellen, daß die Jury gerade »nicht schuldig« gestimmt hatte. Sie solle nun den Geschworenen genau erklären, was sie als Anklägerin von diesem Verdikt hielt und wozu es führen konnte.

Eine andere Kollegin brauchte solche Belehrungen nicht. Bei ihrem ersten Prozeß hatten die Geschworenen einen Therapeuten freigesprochen, der beschuldigt wurde, einen geistig behinderten Schüler sexuell belästigt zu haben. Der Junge war nicht besonders wortgewandt, der Therapeut hingegen aalglatt. Als die Staatsanwältin mir den Spruch der Jury mitteilte, fragte ich, ob sie aufgestanden sei. Sie darauf: »O Gott, hätte ich etwa aufstehen müssen, als der Obmann sein »nicht schuldig« sagte? Ich bat sie, mir zu erzählen, was sie getan hatte. »Ich bin auf den Angeklagten zugegangen, habe mit dem Finger auf ihn gezeigt und gesagt: ›Wir sehen uns wieder.‹« Kein Grund zur Sorge: sie war aufgestanden.

Ich konnte mich aber nicht darauf verlassen, daß alle Staatsanwälte so waren wie sie. Die Abteilung entwickelte sich mehr und mehr zum Sprungbrett für Ehrgeizlinge, die eine Abkürzung zum Posten eines Staatsanwaltes am Obersten Gericht suchten. Das war mir egal. Wenn jemand aus dem falschen Grund das Richtige tut, habe ich damit kein Problem. Ich mußte nur dafür sorgen, daß keine Prinzipien dem persönlichen Ehrgeiz geopfert wurden. Die Abteilung zu leiten und dabei einerseits zur Kreativität zu ermuntern und andererseits auf Kompetenz zu pochen war ein schwieriger Balanceakt. Wann konnte man seinen Mitarbeitern zutrauen, daß sie wußten, was das Richtige war – und es auch taten? Das zu entscheiden war nicht einfach.

Ich war so sehr in dieses Bergaufgestrampel vertieft, daß erst ein Hurrikan kommen mußte, damit ich begriff, daß es tatsächlich vorwärtsging.

An jenem Morgen hatte es schon, als ich von zu Hause wegging, heftig gestürmt. Ich nahm den Bus, anstatt wie sonst zu Fuß zu gehen, und mußte mich auf dem kurzen Weg von der Haltestelle bis zum Gerichtsgebäude mächtig gegen den Wind stemmen. Ich meinte, ein paar Stunden in Ruhe arbeiten zu können – wer außer mir wäre schon so dumm, um diese Zeit und bei dem Wetter im Büro zu sein? Offiziell war das Gericht an jenem Tag nicht geschlossen. Das Gebäude war offen, aber leer. Keine Durchsuchungsbefehle wurden beantragt; sogar die Angeklagten waren wegen des Wetters entschuldigt. Als die reguläre Arbeitszeit begann, hatte der Hurrikan seinen Höhepunkt erreicht: nach und nach kamen fast alle Staatsanwälte der Sonderabteilung.

Eine Kollegin hatte Plätzchen mitgebracht; wir kochten den Kakao, den wir für die Kinder, die als Opfer zu uns kamen, im Haus hatten. Wir lauschten dem Wind und hörten uns die Wetterberichte im Radio an. Nach einer Weile war die ganze Abteilung bei mir im Büro versammelt. Einige gingen ein, zwei Stunden in ihre Zimmer, arbeiteten und kamen dann wieder. Wir redeten vor allem über unsere Arbeit, die Fälle und ein wenig auch über uns. Ich gab mein lustigstes Erlebnis vor Gericht zum besten.

Das war bei einem meiner Prozesse als Pflichtverteidigerin gewesen. Der Staatsanwalt war ein überheblicher, aufgeblasener Angeber und nur darauf aus, sich in der Bezirksstaatsanwaltschaft von Manhattan einen Namen zu machen. Bei der Wahl der Geschworenen sagte er wortwörtlich zu den Kandidaten: »Ich bin vielleicht nur ein kleiner Staatsanwalt, aber glauben Sie ja nicht, ich ziehe mir die Hosen mit der Kneifzange an.«

Es ging um einen ganz normalen Raubüberfall mit jeder Menge Beweisen. Der einzige Grund, weshalb der Staatsanwalt einen Deal abgelehnt und auf dem Prozeß bestanden hatte, war, daß er unbedingt etwas für seine Verurteilungsquote tun wollte. Der Überfall war während eines Wirbelsturms auf der Wall Street verübt worden; jede Menge ehrbare Bürger hatten sich als Augenzeugen gemeldet und waren bereit, auszusagen. Sie hatten den Täter mit dem Diebesgut gestellt; der Mann hatte gestanden und angeboten, die Beute zurückzugeben. Selbst dem Richter war klar, warum es in diesem Fall zum Prozeß kam und wer sich hier profilieren wollte.

Die Sache nahm kein Ende. Als endlich die Plädoyers gehalten werden sollten (vier Wochen nach dem ersten Verhandlungstag, und das in einem Prozeß, den man in einer Woche hätte durchziehen können), hatte ich unterdessen meinen Kampf mit der Gewerkschaft der Rechtshilfevereinigung verloren, und mein Mandant war erledigt, aber wenigstens gingen wir beide mit ordentlichem Theaterdonner unter.

Inzwischen war der ganze Saal einschließlich des Richters wütend auf den Staatsanwalt.

Die Geschworenen hatten sich zur Beratung zurückgezogen. Bei der Beweislage hätten sie damit in etwa sechs Minuten fertig sein müssen, doch da auch sie auf den Staatsanwalt schlecht zu sprechen waren, debattierten sie volle sechs Stunden, bis sie endlich einsehen mußten, daß sie keine Chance hatten, dem Ankläger eins auszuwischen.

Während die Jury noch beriet, stürzte der Staatsanwalt mit hochrotem Kopf in den Saal, schrie, man solle sofort einen Richter und einen Stenographen holen, er habe etwas »zu Protokoll« zu geben. Als alle da waren, verkündete er: »Ich war draußen im Gang und habe gehört, wie zwei Sicherheitsbeamte sich unterhalten haben und der Ausdruck ›dieser scheiß Staatsanwalt‹ fiel. Die beiden haben über mich geredet! Ich erhebe Einspruch! Ich erhebe entschieden Einspruch! Es waren zwar keine Geschworenen in der Nähe (das Beratungszimmer lag in einer anderen Etage!), aber es hätten welche dasein können. Und, Herr Vorsitzender, ich verlange, daß Sie den beiden Beamten eine Rüge erteilen, und daß diese Rüge in ihre Personalakten eingeht. So etwas ist wirklich eine Schande!«

Während er so kläffte, standen hinter ihm ein paar Sicherheitsbeamte und spielten mit ihren Pistolen herum. Daß er diese Drohung gar nicht bemerkte, bewies einmal mehr, wie ungeheuer feinfühlig er war.

Ich stand auf und bat, mich zu dem Vorfall äußern zu dürfen, was der Richter mir gestattete. »Euer Ehren, ich bin die ganze Zeit hier gewesen und habe alle Unterhaltungen gehört, die man mitanhören konnte. Und ich habe nicht gehört, daß hier irgend jemand die Worte ›dieser scheiß Staatsanwalt‹ gesagt hat. Ich habe niemanden ›dieses blöde Arschloch‹ oder ›dieser Drecksack‹ sagen hören und genauso wenig ›dieser verdammte Jammerlappen‹ oder irgend etwas in der Art. Ich habe niemanden sagen hören . . .«

Auf diese Weise gab ich sämtliche Schimpfworte zu Protokoll, die mir in meinem Leben zu Ohren gekommen waren. Der Richter konnte sich nicht mehr halten vor Lachen und verließ den Saal. Inzwischen hatten die Sicherheitsbeamten (unter Zuhilfenahme ihrer Walkie-talkies, um ja kein Wort zu verpassen) alle Kollegen herbeigeholt, und ich bekam Szenenapplaus. Dann kehrte der Richter zurück, hatte sichtlich Mühe, ernst zu bleiben, und sagte: »Sie haben beide Ihre Meinung zu Protokoll gegeben. Ich denke, das genügt, um ähnlichen Vorfällen vorzubeugen.«

Der Staatsanwalt hat sich mit einer gemeinen Bemerkung an mir gerächt, nachdem die Jury sich widerstrebend zu einem Schuldspruch durchgerungen hatte. Was er gesagt hat, habe ich längst vergessen. Ich weiß nur noch, daß ich aufsprang, mein Mann, der mir beim Warten Gesellschaft geleistet hatte, mich am Ellbogen festhielt und ich gebettelt habe, er soll mich loslassen, damit ich dem Staatsanwalt wenigstens einmal eine runterhauen kann. Jahre später habe ich ihn gefragt, warum er mich damals daran gehindert hat, und er meinte: »Weil der Kerl dich verklagt hätte.«

Die Staatsanwälte der Sonderabteilung waren es nicht gewohnt, die Perspektive der Verteidigung zu hören oder von der Abteilungsleiterin Prozeßanekdoten erzählt zu bekommen. Ich war noch neu auf meinem Posten und mußte das Terrain sondieren. Aber diesmal hatte ich offenbar den richtigen Riecher gehabt.

Durch das Hurrikanerlebnis begriff ich, daß wir am selben Strang zogen. Mein Vertrauen zu meinen Mitarbeitern wuchs. Um dies unter Beweis zu stellen, führte ich die Sitte ein, einmal im Jahr ein Fest zu geben, bei dem Kollegen für ihre Leistungen geehrt wurden. Die Vorschläge für diese Auszeichnung kamen von den Mitarbeitern selbst, und die Anerkennung sah jedes Jahr etwas anders aus, bestand aber stets aus einem Stern. Egal, ob als Anhänger an einer silbernen Halskette oder in Form einer goldenen Anstecknadel überreicht, der Stern war ein Ehrenzeichen, ein Zeichen unseres gemeinsamen Stolzes.

Inzwischen beherrschten Enthusiasmus und Engagement die Arbeit der Abteilung. Selbst das äußere Erscheinungsbild hatte sich verändert.

Wir hatten neue Räume im Erdgeschoß der Bezirksstaatsanwaltschaft in Kew Gardens bezogen. Dort gab es zwar Ratten und Kakerlaken, und regelmäßig kam Wasser aus dem Stockwerk über uns, aber im Vergleich zu unserem alten Quartier war es trotzdem eine deutliche Verbesserung.

Ich brachte die Administration dazu, Kammerjäger zu schicken.

Die Ratten verzogen sich in gastlichere Teile des Gerichtsgebäudes, doch dafür kamen die Mäuse, und die blieben. Die Stadtverwaltung riet uns, Leimfallen aufzustellen. Ich lehnte ab. Ich wollte nicht, daß unsere Diensträume von den Todesschreien geleimter Mäuse widerhallten. Die Mäuse dankten es mir, indem sie sich zurückhielten. Die Kakerlaken gediehen prächtig unter den Insektensprays, die die Stadt von Billiganbietern kaufte und uns zur Verfügung stellte. Wir besorgten uns die bekannten Marken, bezahlten sie aus eigener Tasche und rückten der Plage selbst zu Leibe.

Ich redete mit der Stadt wegen der feuchten Stellen. Wir hatten vier Etagen über uns, und das Zeug, das bei uns durch die Decke lief, konnte unmöglich Regenwasser sein. Die Abteilung Öffentliche Dienste erklärte uns (inoffiziell), die Abteilung Strafvollzug sei schuld. Die Bezirksstaatsanwaltschaft lag zwischen der Männerstrafanstalt von Queens und der Strafkammer. Direkt über uns gab es einen Korridor, durch den die Gefangenen vom Gericht in ihre Zellen gebracht wurden und an dem auch die Duschräume und Toiletten lagen. Die Häftlinge verstopften die Toiletten, diese liefen über, und die ganze Brühe floß in die Sonderabteilung.

Die Vollzugsabteilung erklärte uns (inoffiziell), dagegen sei nichts zu machen, Häftlinge seien nun einmal Häftlinge.

Ich rief das Gesundheitsamt an. Dort kam man zu dem Schluß, daß kein Gesundheitsrisiko und folglich auch kein »Handlungsbedarf« bestand.

Es lief immer schlimmer durch. Wir wagten uns nur noch mit Schirm über die Korridore. Überall standen Wassereimer, randvoll mit einer Flüssigkeit, deren Zusammensetzung wir nur zu genau kannten und deren ekelhafter Gestank keine Fragen offenließ.

Wir wußten, daß es im Erdgeschoß schon seit Jahren durchlief, aber wir dachten nicht daran, vor den Bürokraten der Stadtverwaltung die Waffen zu strecken.

Ermittler fotografierten die undichten Stellen und schrieben Berichte. Die Abteilung Zivilrecht prüfte, ob wir Klage einreichen konnten, und Santucci war einverstanden, die Abteilung Strafvollzug zu verklagen, sollte sie das Problem nicht lösen. Einer der Stellvertreter des Bezirksstaatsanwalts beschwerte sich schriftlich beim Leiter der Abteilung Öffentliche Dienste. Ich schrieb eine Beschwerde an das Gesundheitsamt, drohte, mich entweder an die Medien zu wenden oder eine Klage loszulassen und schickte dem Bürgermeister, dem Gefängnisdirektor und den Leitern der verschiedenen Behörden Kopien des Schreibens.

Das Gesundheitsamt verdonnerte die Haftanstalt, etwas zu unternehmen. Die Abteilung Öffentliche Dienste stellte Geld bereit und versprach, die Schäden reparieren zu lassen. Der Gefängnisdirektor rief an und fragte, warum ich mich nicht direkt an ihn gewandt hätte. Er sei gern bereit, uns zu helfen. Die Gefangenen wurden auf einem anderen Weg ins Gericht gebracht.

Es tropfte nicht mehr von der Decke. Nach einiger Zeit trat das Problem erneut auf, zunächst alle paar Monate und dann einmal im Jahr. Schließlich hatten wir mehrere Jahre hintereinander Ruhe.

Wir suchten uns das schönste Zimmer aus, das einzige, in dem keine Wasserschäden waren, und machten es zum Spielzimmer, denn in der Abteilung waren aus verschiedenen Gründen immer eine Menge Kinder. Manche waren da, weil sie entweder mißbraucht oder mißhandelt oder vernachlässigt worden waren. Manche kamen als Zeugen für Gewalt in der Familie. Viele waren einfach deshalb bei uns, weil die Zuständigkeiten der Abteilung es mit sich brachten, daß wir vorwiegend mit geschädigten Frauen zu tun hatten, die ihre Kinder natürlich mitbrachten, wenn sie zu uns kamen.

Unter der alten Ägide mußten Kinder schon von den äußerlichen Bedingungen her das Gefühl haben, hier nicht gern gesehen zu sein. Wir ließen das Spielzimmer mit einem Teppichboden auslegen und stellten Regale auf. Wir bekamen vom Staat einen kleinen Zuschuß zu unserer Arbeit. Diese Summe, die eigentlich für ein ganzes Jahr reichen sollte, nahmen wir und kauften davon neues Spielzeug.

Wir ließen den Raum offen. Anfangs hatten wir Sorge, die Spielsachen könnten gestohlen werden, doch das passierte nicht. Statt dessen erlebten wir morgens regelmäßig erfreuliche Überraschungen: mal eine Kiste mit nagelneuen Kinderbüchern, mal eine Babypuppe mit selbstgenähten Anziehsachen; mal mehrere handgemachte Malbücher. Wir hatten heimliche Verbündete, die uns diese Dinge unbemerkt hinterließen. Einen habe ich einmal erwischt. Der Mann arbeitete in unserer Poststelle und wollte gerade einen riesigen Teddy einschmuggeln. Der Teddy hat ihn verraten.

Gut eine Woche lang sah unser Spielzimmer wunderschön aus. Dann kamen zwei sehr schlimm mißbrauchte und schwer gestörte kleine Jungen mit der Erwachsenen, in deren zeitweiliger Obhut sie waren. Die Zeitungen hatten geschrieben, die beiden seien aus dem Fenster gesprungen, weil sie wie Superman fliegen wollten. Die Wahrheit war weniger sensationell. Sie waren gesprungen, um einem erneuten Mißbrauch zu entgehen. Als sie zu uns kamen, waren sie völlig verstört und ungeheuer aggressiv. In weniger als einer Stunde hatten sie den Raum vollkommen verwüstet. Sie beschmierten alles mit ihren Namen. Sie rissen von sämtlichen Spielsachen die beweglichen Teile ab. Sie zertrampelten jeden Pastellstift und jedes Stück Kreide, das sie finden konnten, auf unserem schönen Teppichboden. Und als sie damit fertig waren, fingen sie richtig an zu wüten.

Eine Art ausgleichender Gerechtigkeit ließ denjenigen, der sie mißbraucht hatte und aus dem Polizeigewahrsam entkommen war, später ebenfalls aus dem Fenster springen, um sich der erneuten Festnahme zu entziehen. Der Mann war danach auch ganz schön verstört – und er landete im Gefängnis.

Wir zogen daraus die Lehre, daß wir das Spielzimmer nicht unbeaufsichtigt lassen durften. Mißbrauchte Kinder sind durchaus nicht immer passive, verwundete Lämmchen, wie uns das Fernsehen weismachen will. Manche sind im Gegenteil unerhört aggressiv und haben Mittel und Wege, ihrem Zorn Luft zu machen.

Santucci genehmigte uns eine Aufsicht für das Spielzimmer. Einer von unseren Anwaltsgehilfen kannte eine Frau, deren Kinder schon groß waren und nicht mehr rund um die Uhr betreut werden mußten. An ihrem ersten Arbeitstag machten wir beide klar Schiff. Wir warfen alle beschädigten Dinge weg und ersetzten sie durch Spielsachen aus unserem Vorrat, die uns zunächst zu empfindlich gewesen waren, um sie unbeaufsichtigt zu lassen.

Von da an hielt die Frau das Spielzimmer tadellos in Ordnung und sorgte dafür, daß immer von allem genug da war. Sie klebte Zeichnungen, die die Kinder in diesem Raum gemacht hatten, mit Tesaband an die Fenster. Ursprünglich wollte sie die Kinder damit vor den neugierigen Blicken der Passanten schützen, aber es dauerte nicht lange, und alle Wände waren voller Kinderzeichnungen. Diese Frau verwandelte mit ihrer mütterlichen Art unser Spielzimmer in ein wahres Kinderparadies. Aber das bescherte uns ein neues Problem: Die Kinder wollten nicht wieder weg.

Da die Sonderabteilung für das Spielzimmer auf ehrenamtliche Mitarbeiter angewiesen war, holten wir uns die Leute unter anderem von einer Arbeitsvermittlung für Behinderte. Diese Agentur hatte uns eine Blinde geschickt. Ihre Behinderung war nicht das Problem. Die Schwierigkeit bestand darin, daß sie Angst vor Kindern hatte. Als sie uns verließ, um eine andere Stelle anzutreten, waren alle traurig, daß ihr Blindenhund nicht mehr da war. Das brachte mich auf eine Idee.

Springmäuse und Goldfische hatte ich mir von unseren Sekretärinnen ausreden lassen: zuviel Arbeit, Dreck und Gestank, und wer sollte sich denn um die Tiere kümmern? Ich hatte in einem Artikel gelesen, daß der Blindenverband Hunde zur Adoption freigab, und zwar sowohl Jungtiere (liebevoll aufgezogen, aber nicht für den Einsatz als Blindenhunde geeignet) als auch sogenannte Veteranen, die ihren Dienst geleistet hatten und nun zehn Jahre alt waren und durch jüngere, gesündere Tiere ersetzt wurden. Ich wandte mich also an den Blindenverband und ließ mich auf die Warteliste setzen. Ich wollte einen Veteranen.

Man sagte mir, daß Veteranen selten abgegeben würden. Im allgemeinen bäte man die Blinden, die diese Hunde gehabt hätten, ihnen ein neues Zuhause zu suchen. Nur wenn das nicht gelang, nahm der Verband die Hunde zurück. Ich war bereit zu warten. Ein paar Monate vergingen.

Eine Woche vor Weihnachten rief der Blindenverband an. Man habe jetzt eine Veteranin, einen Schäferhundmischling, ob ich das Tier haben wolle. Ich sagte ja. Am Heiligen Abend fuhr ich raus nach New Jersey.

Als ich Sheba zum erstenmal sah, war sie eine ziemlich klägliche Töle. Sie kam angetrottet wie eine alte, müde Wölfin mit glanzlosem Fell und blinzelte mich durch die weißen Wimpern mit gleichgültigen, vom grauen Star getrübten Augen an. Ein anderer Hund bellte sie an. Sie warf ihm einen verächtlichen Blick zu und verkroch sich unter dem Tisch. Man gab mir die Leine, und ich ging mit ihr spazieren. Sie wartete ab, was ich von ihr wollte.

Auf dem Rückweg standen wir lange im Stau. Die Hündin reagierte nicht. Sie schlief so reglos auf dem Rücksitz, daß ich mich alle paar Minuten umdrehte, um zu sehen, ob sie noch am Leben war.

Ich dachte, bei mir zu Hause würde Sheba munterer werden, aber das war ein Irrtum. Mein Wohnzimmer wurde damals gerade renoviert, und Sheba ließ sich sofort auf ein paar alten Vorhängen nieder, die in der Ecke lagen. Sie sah so unglücklich, so niedergeschlagen aus, daß ich ihr ein paar Scheiben Roastbeef aus dem Kühlschrank holte. In dem Augenblick gab sie die ersten Lebenszeichen von sich. Sie fraß, was ich ihr hinhielt, schneller als ich es für möglich gehalten hätte, und seufzte wohlwollend, als ob ihr dämmerte, daß sie es vielleicht gar nicht so schlecht getroffen hatte.

Ich ging mit ihr in den Garten und warf einen Ball. Sie rannte hin, schnupperte, und sah mich enttäuscht an. Das Ding war kein Fressen.

Ich hatte die Weihnachtswoche über frei und nutzte die Zeit, um Sheba wieder zum Leben zu erwecken. Sie wollte nur fressen, schlafen und gestreichelt werden. Ich tat ihr den Gefallen. Ich sah die veterinärmedizinischen Befunde durch, die mir der Blindenverband mitgegeben hatte. Sheba war die letzten sechs Monate an der Kette gehalten worden. Warum, wollte mir keiner sagen, und auch sonst war außer den Befunden nichts über sie zu erfahren. Es sah ganz so aus, als wäre ihr der lebenslange Dienst als Blindenhund sehr schäbig vergolten worden. Höchste Zeit also für eine zweite Karriere.

Nach Neujahr nahm ich Sheba mit in die Sonderabteilung. Als wir am ersten Tag zur Arbeit gingen, waren unterwegs überall vereiste Pfützen. Sheba schob mich ständig beiseite. Ich durfte nicht in Pfützen treten.

Sheba hatte mich bereits als ihren Menschen adoptiert, also ließ ich sie nicht im Spielzimmer, sondern nahm sie mit in mein Büro. Sie suchte sich ein Eckchen und legte sich schlafen, eine friedliche, stille Gestalt. Eine Angestellte, die etwas von mir wollte, trat versehentlich auf sie. (Dies war, wie sich bald herausstellen sollte, das einzige Problem mit Sheba: sie war so ruhig, daß oft jemand auf sie trat.) Die Sozialarbeiterin rannte über die Straße und kaufte ihr ein paar Leckerbissen. Damit konnte Sheba leben. Für einen anständigen Imbiß ließ sie sich gern einmal treten.

Am ersten Tag machte sich Sheba mit meinen Mitarbeitern bekannt und stromerte ein bißchen in der Abteilung herum. Das war ganz schön anstrengend für die alte Lady. Sie war froh, als wir nach Hause kamen. Und neugierig, was es zum Abendbrot gab.

Am nächsten Morgen hatte sie schon Routine. Sie hatte sich den Weg zur Arbeit gemerkt. Wenn ich unbedingt dorthin wollte, bitte, dann würde sie mich eben hinführen. Sie war sauer, daß ich stehenblieb, bis die Ampel auf Grün umsprang, und nicht einfach losrannte, wenn der Verkehr einen Moment lang weniger wurde. Sie lief vor mir her, als wollte sie sagen: »Aus dem Weg, Leute – hinter mir kommt jemand, der sehr wichtig ist.«

Am zweiten Tag sagte ich den Staatsanwälten, sie könnten ruhig Kinder in mein Büro bringen und ihnen Sheba zeigen. Die Kinder, die daheim selbst Hunde hatten, schlossen schneller Freundschaft mit Sheba als die anderen, aber eigentlich kamen alle bald mit ihr klar. Sie gingen zu ihr, und wenn Sheba einfach still dalag, streichelten sie ihr vorsichtig den Kopf. Sheba schenkte ihnen einen würdevollen Blick. Es dauerte gar nicht lange, und die Kinder erzählten ihr, was sie erlebt hatten. Sie war eine gute Zuhörerin.

Außerdem war Sheba eine ausgezeichnete Diagnostikerin. Die meisten mißbrauchten Kinder, die sie kennenlernte, waren zwar ver-, aber nicht gestört. Mitunter hatten wir Kinder, denen Sheba nicht über den Weg traute. Dann trottete sie zu mir, setzte sich neben meinen Stuhl und beobachtete. Jedesmal, wenn der Instinkt ihr sagte, daß sie mich vor einem Kind beschützen mußte, zeigte sich später, daß dieses Kind dringend eine Psychotherapie brauchte.

Als Sheba zum erstenmal richtig aggressiv wurde, stellte ich fest, daß ihre diagnostischen Fähigkeiten nicht auf Kinder beschränkt waren. Ein Fremder hatte mich auf der Straße angesprochen und nach Sheba gefragt. Das kam oft vor. Ich erklärte ihm, wie ich es immer zu tun pflegte, daß sie eine Blindenhündin im Ruhestand war. Der Mann grinste anzüglich. »Solche Hunde werden verdammt hart abgerichtet, was?« fragte er. Es war offensichtlich, daß ihm diese Vorstellung Vergnügen machte, und ebenso offensichtlich war es, daß Sheba dem Kerl mit Vergnügen sämtliche Knochen gebrochen hätte. Es hat mich einige Überwindung gekostet, ihr das auszureden.

Am Anfang (bevor Sheba zu viele Fans hatte und sich das einfach nicht mehr machen ließ) stand meine Bürotür den ganzen Tag offen.

Sheba ging nirgendwohin. Leute kamen vorbei, sahen sie und stutzten. Ein Hund in einem Dienstzimmer der Bezirksstaatsanwaltschaft war etwas unerwartet. Immer wieder wurde ich gefragt, ob Sheba ausgestopft sei. Sie war nie gekränkt. Solchen Unsinn verschlief sie einfach.

Ursprünglich hatte ich den ehemaligen Blindenhund ausschließlich den Kindern zuliebe gewollt, die in die Spezialabteilung kamen. Daß auch Erwachsene Sheba brauchten, war mir nicht in den Sinn gekommen.

Die vielen verstörten Menschen, die zu mir kamen, merkten schnell, daß Sheba wunderbar trösten konnte, wenn jemand das brauchte. Von dem Tier ging eine solche Ruhe, eine so sanfte Gelassenheit aus, daß diese Menschen sich gleich etwas wohler fühlten. Von den meisten erbettelte sie sich nicht einmal Leckerbissen, obwohl sie durchaus zu verstehen gab, daß sie Dankbarkeit zu schätzen wußte. Ihr Vorrat an Leckereien wuchs so schnell, daß sie gar nicht hinterherkam.

Sheba wurde sogar auf Video aufgenommen. Ein kleines Mädchen, das vor laufender Kamera aussagen sollte, bestand darauf. Sie wollte nur reden, wenn Sheba bei ihr war. Das Team hatte den Raum entsprechend den gesetzlichen Bestimmungen zur Videoaufzeichnung von Zeugenaussagen für die Anklagejury hergerichtet. Wir öffneten die Verbindungstür zwischen dem Videoraum und meinem Büro, und Sheba setzte sich so, daß die Kleine sie sehen konnte. Sheba gab ihr die Sicherheit, die sie brauchte, um schildern zu können, was man ihr angetan hatte. Andere Kinder kamen auf denselben Gedanken. Sheba wurde ein Blindenhund ganz anderer Art, sie führte die Kinder durch eine Finsternis, die manchmal noch schrecklicher war als Blindheit.

Sheba war nicht die einzige Neuerung, die wir bei unseren Aufnahmen einführten. Das Verfahren war ja damals noch ganz neu: wir lernten viel über Kreativität und fanden oft ganz unerwartete Verbündete.

Es gab ein Aufnahmeteam, das regelmäßig für die Bezirksstaatsanwaltschaft arbeitete – Techniker, die eine zweckmäßige und entsprechend mobile Ausrüstung besaßen, die sie überall aufbauen konnten, und die zu jeder Tages- und Nachtzeit kamen, wenn man sie rief, ganz gleich, wohin. Normalerweise nahmen sie die Geständnisse von Angeklagten auf. Als wir merkten, wie nett sie zu Kindern waren, borgten wir uns dieses Team aus, wenn die Aussagen von Kindern für die Anklagejury aufgezeichnet werden mußten.

Von allen Seiten gab es unerwarteten Widerstand dagegen, daß die Sonderabteilung so häufig Video benutzte. Bei der Anklagejury war dieses Verfahren alles andere als beliebt. Die Stenographen beschwerten sich, es sei zu zeitaufwendig, die Bänder abzutippen, die Abteilungsleiter stöhnten, bei der Anklagejury ginge es zu hektisch zu, als daß man seine kostbare Zeit mit solchen Spielereien vergeuden könne. Auch einige Staatsanwälte unserer Abteilung wollten die Kinder lieber persönlich aussagen lassen, weil sie meinten, wenn die Geschworenen so ein kleines, zartes Opfer leibhaftig vor sich sähen, seien sie eher bereit, Anklage zu erheben.

Nach und nach lernte ich auch meine sogenannten »Pendants« kennen, die Frauen, die in den anderen New Yorker Stadtbezirken der Sonderabteilung vergleichbare Einrichtungen leiteten. (Damals übertrug die Stadt diesen Job grundsätzlich nur Frauen.) Ich fragte meine Kolleginnen, in welchen Fällen sie Videoaufnahmen machten. Eine tat es nur, wenn die Eltern von dem Gesetz gehört hatten und es verlangten. Die anderen hatten auch keine gescheiteren Vorschläge parat. Also benutzte Queens weiterhin so oft als möglich die Videokamera.

Ein paar Monate, bevor ich die Abteilung übernahm, hatte es im Staat New York eine weitere Gesetzesänderung gegeben, die die Strafverfolgung von sexuellem Kindesmißbrauch drastisch veränderte. Die alte Klausel wurde abgeschafft, der zufolge Anzeigen dieser Art grundsätzlich durch einen weiteren Zeugen erhärtet werden mußten, um Anklage erheben zu können. Diese Erhärtungsklausel hatte es den Staatsanwälten leichtgemacht. Niemand konnte ihnen einen Strick daraus drehen, wenn sie einen Täter nicht vor Gericht brachten – das Gesetz war schuld. Mir war klar, daß die Staatsanwälte jetzt, da das Gesetz geändert war, erst einmal lernen mußten, ihre Arbeit richtig zu machen.

Dazu gab es reichlich Gelegenheit. Seit 1985 waren an den New Yorker Familiengerichten sogenannte »Bestätigungszeugen« zugelassen. Den Boden dafür hatte mein Mann mit einem Präzedenzfall geschaffen. Anhand von Tests konnten Sachverständige feststellen, ob ein Mißbrauch vorlag. Wenn Verdacht auf innerfamiliären Kindesmißbrauch bestand, verglich der oder die Sachverständige die Symptome, die das betreffende Kind aufwies, mit denen, die anerkanntermaßen bei mißbrauchten Kindern anzutreffen sind, und suchte nach Übereinstimmungen. Diese Symptome waren so etwas wie ein psychologischer Fingerabdruck am Opfer. Das Ganze ist keine Zauberformel und ersetzt auch keine Ermittlungen, konnte uns aber, ähnlich wie eine sachkundige medizinische Untersuchung, zu Informationen verhelfen, die wir dringend brauchten.

Queens wurde der erste New Yorker Bezirk, in dem die polizeilichen Ermittlungen obligatorisch eine Befragung solcher Bestätigungszeugen einschlossen. Diese Veränderung war ungeheuer wichtig, aber nur eine von vielen. Dank unserer Ermittlungsarbeit gewann die Sonderabteilung an Glaubwürdigkeit. Allmählich begriffen Richter und Verteidiger, daß wir es ernst meinten, wenn wir Kindesmißbrauch vor Gericht brachten.

Noch etwas wurde uns im Zusammenhang mit Kindesmißbrauch klar. Ich war lange der Überzeugung gewesen, daß das Selbstbewußtsein vieler erwachsener Opfer von Sexualverbrechen allein dadurch, daß sie vor Gericht gingen, Auftrieb bekam, ganz gleich, wie der Prozeß endete. So, als sagten die Betreffenden: »Ich bin kein Opfer mehr.« Daß das für Kinder genauso zutraf, damit hatte ich nicht gerechnet. Aber viele dieser Kinder wollten sich wehren; für sie war das Gericht der Ort, wo weder ihre Körpergröße noch ihr Alter sie daran hinderte, es zu versuchen.

Die einzige Ausnahme bildeten ältere Frauen, die Opfer einer Vergewaltigung geworden waren. Ich habe die Erfahrung gemacht, daß viele ältere Leute enorme Angst davor haben, vor Gericht zu gehen. Bei einem so traumatischen Verbrechen wie einer Vergewaltigung können die meisten Älteren ihre Ängste einfach nicht überwinden. Die Folge ist, daß solche Fälle selten zur Anklage gelangen und man deshalb fälschlicherweise glaubt, sie kämen selten vor.

Manchmal habe ich das Gefühl, die Gruppe, die am häufigsten vergewaltigt wird und am wenigsten Aussicht auf Gerechtigkeit hat, sind die Teenager. Oft erstatten sie nicht einmal Anzeige, weil sie das, was ihnen angetan wurde, nicht als Vergewaltigung erkennen.

Und wenn sie zur Polizei gehen, glaubt man ihnen nicht. Erwachsene neigen dazu, Jugendlichen in allem, was Sexualität betrifft, zu mißtrauen, und oft mißtrauen die Jugendlichen sich in diesem Punkt selber.

Jugendliche sind auch am stärksten dem Risiko ausgesetzt, vergewaltigt zu werden. Ich habe sehr früh gelernt, wie ich in solchen Fällen mit den Geschworenen umgehen mußte. Wenn das Opfer ein Teenager war, fragte ich die Kandidaten bei der Wahl der Geschworenen grundsätzlich: »Haben Sie jemals etwas richtig Dummes gemacht, als Sie jung waren? Etwas, wodurch Sie in eine gefährliche Situation geraten sind?«

Die »Das geschieht ihr recht«-Haltung auszuräumen, ist so schon schwer genug, aber viele Teenager machen die Sache noch schwieriger, weil sie anfangs nicht wahrheitsgemäß erzählen, wie sie in die bewußte Situation hineingeraten sind. Die Behauptung, sie seien vergewaltigt worden, mag absolut gerechtfertigt sein, doch anstatt zuzugeben, daß sie freiwillig in die Wohnung des Beschuldigten gegangen ist, sagt das Opfer: »Er hat mich am hellichten Tag auf der Straße geschnappt, sechs Häuserblocks weiter gezerrt, dann fünf Treppen raufgeschleppt, vorbei an seiner Familie, nach hinten in sein Zimmer, und ich hab die ganze Zeit gestrampelt und geschrien.« Eine Geschworenenjury dazu zu bringen, daß sie über die Story hinwegsieht und sich auf den sexuellen Übergriff konzentriert, ist so gut wie unmöglich.

Egal wie: Teenager haben es vor Gericht schwerer als andere. Einmal hatte ich eine Zeitungsbotin. Ein Kunde hatte versucht, sich an ihr zu vergehen. Als sie ihre Zeugenaussage machte, war sie von einer sanften, geradezu atemberaubenden Schönheit. Die Geschworenen glaubten ihr zwar, waren aber durch ihr Äußeres verunsichert. Sie sprachen den Angeklagten schuldig, doch nicht wegen der versuchten Vergewaltigung, sondern nur in den weniger schwerwiegenden Anklagepunkten.

Aus einer Studie geht hervor, daß entgegen der weitverbreiteten Meinung, viele Leute Kindern, die behaupten, sexuell mißbraucht worden zu sein, viel eher glauben als Teenagern.

Wir erwogen, eine Mitarbeiterin abzustellen, die ausschließlich für jugendliche Opfer zuständig sein, traumatische Symptome untersuchen und die Befragungen durchführen sollte. Schließlich überließen wir die Betreuung der jugendlichen Opfer jedoch denselben Sachverständigen, die sich auch mit den erwachsenen Vergewaltigungsopfern beschäftigten. Wir hatten den Eindruck, daß das Thema sexuelle Übergriffe auf Teenager zumindest vorläufig noch keiner eigenen Experten bedurfte.

Wir mußten uns klar werden, nach welchen Kriterien wir unsere Sachverständigen auswählten und wann wir sie einsetzten. Für die Ermittlungen oder wenn es darum ging, einer Jury das Verhalten eines Opfer zu erklären, konnte ein Sachverständigengutachten enorme Überzeugungskraft haben. Doch auch unter den Sachverständigen gab es inkompetente Leute und geborene Apologeten, und beide waren für die Sache gleichermaßen gefährlich. Ein sogenannter Bestätigungszeuge schärfte den Kindern beispielsweise vorher ein, was sie sagen sollten. Man möchte meinen, die Sachverständigen auf diesem Gebiet hängen zwei verschiedenen Glaubensrichtungen an; die einen glauben, daß Kinder niemals lügen, und die anderen, daß Kinder in puncto sexuellem Mißbrauch grundsätzlich nicht die Wahrheit sagen. Einen wirklich neutralen Gutachter zu finden war sehr schwierig. Sogar unter den Sachverständigen, die ausschließlich mit Erwachsenen arbeiten, neigen manche zu Extrempositionen und wollen die Anforderungen, die gemeinhin an das Verhalten der Opfer gestellt werden, ad absurdum führen. In ihrem Übereifer tun sie so, als seien Anschuldigungen, die eine Klägerin erhebt, grundsätzlich über jeden Zweifel erhaben. Mitunter kam es vor, daß sich unsere Abteilung trotz hervorragender Ermittlungen entschloß, einen Fall nicht zur Anklage zu bringen. Hier hätte uns ein guter Sachverständiger mit Zusatzinformationen weiterhelfen und uns die Entscheidung erleichtern können.

Neben den Vergewaltigungsopfern, die wir auf etwaige Traumata untersuchen ließen, hatten wir auch geistig behinderte Menschen, bei denen festgestellt werden mußte, ob sie zu sexueller »Selbstbestimmung« in der Lage waren. Wir fanden Ärzte, die die sexuell mißbrauchten Kinder entsprechend medizinisch untersuchen konnten. Wir fanden Experten für Gewalt in der Familie und für ein Phänomen, das damals gerade erst ins Blickfeld geriet – den sogenannten »Mißbrauch an älteren Menschen«.

Die Sachverständige für den Mißbrauch an älteren Menschen stellten wir als neue Sozialarbeiterin ein. Santucci hatte die Stelle kurz vor meiner Ernennung zur Abteilungsleiterin eingerichtet. Die Vorgängerin der neuen Kraft war Expertin für Kindesmißbrauch gewesen. Unsere Sonderabteilung war ein für Sozialarbeiter ungewöhnlicher Arbeitsplatz, und ich brauchte jemanden mit außergewöhnlichen Fähigkeiten, eine Frau, die sich in ein Team von Staatsanwälten einpassen konnte. Ich habe Gespräche mit dreiundvierzig Bewerberinnen geführt, bevor ich die Expertin für Mißbrauch an älteren Menschen gefunden hatte. Immerhin war mir nach den dreiundvierzig vergeblichen Gesprächen klar, daß ich keinen Zweifel an meiner Aufgabe lassen durfte, Vergewaltiger hinter Gitter zu bringen. Wem das nicht behagte, der hatte in der Sonderabteilung nichts verloren.

Die neue Sozialarbeiterin empfand es nicht als Widerspruch, einerseits Sympathie mit den Opfern zu haben und andererseits dazu beizutragen, Täter hinter Gitter zu bringen. Und wir haben von ihr eine Menge über Mißbrauch an älteren Menschen gelernt. In New York begann man sich gerade der permanent mißhandelten älteren Menschen bewußt zu werden. Die Polizei konnte das Problem nur zu leicht übersehen. Die Verletzungen, die man älteren Menschen zufügen kann, sind so vielfältig, daß ein Ermittler, der diese Verletzungen sieht und dabei nicht den Mißbrauch an älteren Menschen im Auge behält, gar keinen Verdacht schöpft. Bei uns in der Abteilung jedoch häuften sich die einschlägigen Fälle. Queens war eindeutig der richtige Stadtbezirk, für diese Art der Arbeit. Hier leben zwar nur zwanzig Prozent der Gesamtbevölkerung der Stadt, aber dreißig Prozent aller älteren New Yorker.

Die ersten Leute, die sich von Berufs wegen um den Mißbrauch an älteren Menschen kümmerten, machten einen schwerwiegenden Fehler. Sie setzten dieses Phänomen mit dem Kindesmißbrauch gleich und kamen zu dem Schluß, daß mißbrauchte Kinder als Erwachsene ihre Eltern mißbrauchen. Diese Theorie mag zwar eine gewisse innere Logik haben, wird aber durch die Realität keinesfalls bestätigt. Vielmehr ist der Mißbrauch an älteren Menschen offenbar eine Form der Gewalt in der Familie, die häufig zwischen Ehegatten auftritt, noch häufiger aber von Kindern, Enkelkindern und Pflegekräften (die Symptome von Geisteskrankheiten aufweisen) ausgeübt wird. Wie alle innerfamiliäre Gewalt ist er potentiell tödlich, und die Opfer neigen dazu, ihn aus Scham zu verheimlichen.

Die Liste der positiven Neuerungen in der Sonderabteilung ist lang. Unter anderem brachten wir als erste Einrichtung im Staat New York einen Fall vor Gericht, bei dem der Vergewaltiger anhand seiner DNS identifiziert wurde. Dafür, daß das nicht nur möglich, sondern sogar notwendig wurde, sorgten ein Polizeichef und zwei Serienvergewaltiger.

Unter der alten Ägide hatte man in der Sonderabteilung bei der Verwendung forensischer Beweise zur Identifizierung von Vergewaltigern dermaßen gepfuscht, daß solche Tests nur allzu oft eher der Verteidigung in die Hände arbeiteten. Immer wieder fragten Verteidiger die Geschworenen, warum die Staatsanwaltschaft z. B. keine Elektrophorese (das damals übliche Verfahren zur Identifizierung von Spermarückständen) hatte vornehmen lasen. Ein solches Versäumnis konnte der prozeßführende Staatsanwalt nicht mehr wettmachen, denn die Elektrophorese mußte kurz nach der Tat durchgeführt werden.

Subtile Ermittlungsmethoden sind ein gewaltiger Vorteil, vorausgesetzt, Polizei und Anklagebehörde haben Zugang zu diesen Methoden, benutzen sie in angemessener Weise und sind auch bereit, der Öffentlichkeit (und den Geschworenen) zu erklären, warum sie in vielen Fällen nicht zum Erfolg führen. Wenn solche Techniken nur angewendet werden, weil sie gerade Mode sind, dann richten sie mehr Schaden als Nutzen an.

In einem der Fälle, die mir die alte Sonderabteilung übertragen hatte und bei denen eine Elektrophorese vorgenommen worden war, stand die Identität überhaupt nicht zur Debatte. Das Opfer hatte den Vergewaltiger in einer Kneipe kennengelernt, und es war zunächst tatsächlich nicht ganz klar, ob sie ihn identifizieren konnte. Aber die Hälfte der Gäste kannte den Beschuldigten seit Jahren und war (auf mein Befragen) bereit auszusagen, daß die Frau an dem betreffenden Abend die Kneipe in seiner Begleitung verlassen hatte. Die Frau wußte, daß der Mann, mit dem sie die Kneipe verlassen hatte, der Vergewaltiger war. Die Sonderabteilung verschleppte den Fall fast ein halbes Jahr, ordnete Blutproben und Speichelanalysen an und stoppelte einen riesigen *Rape Kit* zusammen, obwohl die Identität des Täters überhaupt kein Thema war. Nachdem ich dem Verteidiger von den Zeugen in der Kneipe erzählt hatte – und bevor er dem Beklagten zu einem Schuldbekenntnis riet –, hatte die Verteidigung sich von falscher Identifikation auf Einverständnis des Opfers verlegt.

So stand ganz oben auf der Liste der Dinge, die ich verändern wollte, die Art und Weise, wie in der Sonderabteilung mit forensischen Testverfahren umgegangen wurde. Wir setzten die Elektrophorese tatsächlich gezielter und wirkungsvoller ein, aber das Verfahren blieb schwerfällig und sehr oft nicht praktikabel. Durch die DNS-Analyse hingegen wurde unsere Abteilung auf ihrem Gebiet führend.

Die DNS-Tests, mit denen sich das Geheimnis der menschlichen Gene erschließen läßt, gab es schon lange genug, um die medizinische Forschung zu revolutionieren. Als das Verfahren den Kinderschuhen entwachsen war, fing die Wissenschaft an, nach neuen Anwendungsgebieten Ausschau zu halten. Erst vor kurzem war es Forschern gelungen, eine bereits vorhandene Methode zur Identifizierung von Personen anhand der Chromosomen in ihrer Körperflüssigkeit zu vervollkommnen.

Lifecodes, das führende private Forschungsinstitut, das sich nicht nur einen Namen, sondern auch einen Haufen Geld machen konnte, wenn das Verfahren generell von der Strafjustiz übernommen wurde, startete eine Kampagne, um den sogenannten genetischen Fingerabdruck öffentlich zu propagieren. Als der Vergewaltiger von Forest Hills in die Schlagzeilen geriet, sahen die Leute von *Lifecodes* darin eine Chance, ihr Ziel zu erreichen.

Die Zeitungen berichteten von einer Serie sexueller Übergriffe in Forest Hills, einem der exklusivsten Viertel von Queens. Auf Vergewaltigungen in Forest Hills wurde erheblich mehr Druckerschwärze verwendet als auf gleiche Taten anderswo. Natürlich sprangen auch die Politiker auf diesen Zug auf und veranstalteten Protestkundgebungen gegen den Vergewaltiger, als könnten sie ihn so außer Gefecht setzen.

Tatsächlich hatten wir es den Vorgehensweisen und den Personenbeschreibungen nach mit *zwei* Serientätern zu tun, die unabhängig voneinander aktiv waren. Sie gehörten unterschiedlichen Rassen an, näherten sich ihren Opfern auf unterschiedliche Weise, benutzten unterschiedliche Waffen und sagten unterschiedliche Worte.

Diese Häufung von Vergewaltigungen und die Tatsache, daß in einem Viertel, das gemeinhin als eines der sichersten galt, gleich zwei Serientäter am Werk waren, versetzte ganz New York in Angst und Schrecken. Der eine Vergewaltiger brach bisweilen in Häuser ein, überfiel aber genauso auch Passantinnen – beides nachts. Der andere schlug am hellichten Tag auf den Parkplätzen der großen Einkaufszentren zu. Und die Schlagzeilen schrien: *Jede* Frau kann *jederzeit* vergewaltigt werden.

Ich weiß nicht, ob der Polizeichef sich von der Pressekonferenz, die er einberief, eine Beruhigung der Öffentlichkeit versprach. Ich erfuhr von mehreren Ermittlungsbeamten, daß er es für überflüssig hielt, sich über die Fälle im einzelnen unterrichten zu lassen, bevor er in den Medien verkündete, es gäbe nur einen Vergewaltiger von Forest Hills.

Tags darauf erhielt die Bezirksstaatsanwaltschaft Queens von *Lifecodes* das Angebot, die *Rape Kits* der Opfer von Forest Hills zu analysieren. Wenn die Tests Erfolg hätten, erklärte das Institut, dann könnte geklärt werden, ob es in diesem Fall mehr als einen Täter gab. Die Angelegenheit wurde auf dem Dienstweg entschieden. Wir schickten sämtliche *Rape Kits* ins *Lifecodes*-Labor.

Beide Vergewaltiger wurden schließlich gefaßt. Der Prozeß gegen den einen, einen gewissen Victor Lopez, war der erste Fall im Staat New York, bei dem die Geschworenen erfuhren, daß ein Täter anhand seiner DNS überführt worden war. Die Aussage des Sachverständigen von *Lifecodes* erregte das Interesse der Öffentlichkeit. Santucci hielt Pressekonferenzen ab, bei denen er sein Abiturwissen in Naturwissenschaften zum besten gab und sich im übrigen auf einen Phantasiebericht stützte, wonach der genetische Fingerabdruck angeblich in England erfunden worden sei.

Die Medien waren so fasziniert von der DNS, daß viele noch offene Fragen in ihren Berichten einfach unter den Tisch fielen. An meiner Haltung konnte das alles wenig ändern. Der DNS-Test ist eine sehr nützliche Ermittlungsmethode, aber eben nur eine unter mehreren: sehr überzeugend, aber nicht das heißersehnte Wundermittel, der todsichere Vergewaltigungsnachweis, der Einheitstest, mit dem sich alle Sexualverbrechen aufklären lassen und der jede Geschworenenjury überzeugt.

Alles braucht seine Zeit. Wenn die Sonderabteilung ihre Arbeit anständig machen, wenn ich meine Träume verwirklichen wollte, dann brauchte ich hervorragende Mitarbeiter. Da wir die Staatsanwälte zugeteilt bekamen und ich sie nicht selber aussuchen konnte, blieb mir nichts übrig, als meinen Leuten einzureden, daß sie hervorragend waren.

Und bis zu einem gewissen Grade waren sie das auch.

2

Schon beim ersten Fall, den ich Jim Jeffers übertrug – das Opfer war ein Kind –, ahnte ich, daß er ein guter Staatsanwalt für unsere Abteilung werden würde. Es ging um Entführung durch einen Elternteil. Der Vater hatte seine zweijährige asthmakranke Tochter gekidnappt, die bei der Mutter lebte. Die Mutter wollte wissen, ob es ihrem Kind gutging. Der Vater weigerte sich, den Aufenthaltsort der Tochter preiszugeben. Wir erfuhren von dem Fall durch die Polizei, an die sich die Mutter gewandt hatte.

Jim gelang es, Mutter und Tochter wieder zu vereinen. Ein paar Minuten nachdem er das geschafft hatte, ging ich zum ihm ins Büro. Die Klägerin und das Kind lagen sich draußen auf dem Flur in den Armen und weinten vor Freude. Jim tat so, als müsse er dringend irgendwelchen Papierkram erledigen, und hatte die beiden einen Augenblick allein gelassen. Ich fragte ihn, wie er sich fühlte, und er antwortete wie aus der Pistole geschossen: »Wie im siebten Himmel.« Später hat er diese Worte übrigens hartnäckig geleugnet. Sie paßten wohl nicht zu dem Image, das er sich gern geben wollte.

Jim war groß, sah gut aus und avancierte binnen kürzester Zeit zum begehrtesten Junggesellen der Abteilung. Er hatte ständig Verabredungen mit Kolleginnen aus unserer Behörde – nicht selten mit mehreren gleichzeitig –, was dem Klima nicht unbedingt zuträglich war. Allerdings reagierten die betroffenen Frauen ihre Wut immer aneinander ab; auf Jim ließen sie nichts kommen. Er war so charmant und machte so unumwunden klar, daß er nicht die Absicht hatte, sich mit einer einzigen Frau zu begnügen. Die Damen konnten ihm einfach nicht böse sein.

Für mich war es wichtig, jemanden wie Jim in der Abteilung zu haben. Ankläger, die sich auf Sexualverbrechen spezialisiert haben, sind häufig ein ganz bestimmter Typus, und in Einrichtungen wie der Sonderabteilung arbeiten normalerweise neben ein paar weißen Alibisofties vorwiegend Frauen aus unterschiedlichen ethnischen Gruppen. Jim war schwarz, hatte keine Probleme mit seiner Männerrolle und wurde jedesmal verlegen, wenn er seine Gefühle zu offen gezeigt hatte: genau der Mann, den ich brauchte.

In Jims erstem großen Fall ging es um die Sekte, die den Prozeß gegen Wendell Nance gestört hatte. Die *Yahwehs* hatten sich inzwischen fest in Queens etabliert, besaßen zwei Tempel und waren optisch sehr präsent. Wie wir bald erfahren sollten, gehörten Folterrituale an Kindern zu ihrem Kult.

Freitags ging es in der Sonderabteilung im allgemeinen besonders hektisch zu. Niemand entspannte sich und dachte ans Wochenende, bevor die Freitagnachmittagskrise nicht vorbei war. Deshalb fand ich es irgendwie ganz normal, daß der erste Anruf wegen der *Yahwehs* ausgerechnet an einem Freitag kam. Daß der Fall, um den es dabei ging, bereits zweieinhalb Wochen zurücklag, empfand ich allerdings als Beleidigung.

Der Anruf kam von einer leitenden Sozialarbeiterin der Außenstelle des »Amtes für besondere Hilfeleistungen gegenüber Kindern«, wie es sich damals gerade nannte. (Jedesmal, wenn die Arbeit der Kinderschutzbehörde von New York City negative Schlagzeilen machte, was häufig genug vorkam, wechselte die Behörde kurzerhand ihren Namen. Inzwischen nennt sie sich zwar Verwaltung für Kinderwohlfahrt, heißt aber im Volksmund schlicht Jugendhilfe.)

Die Sozialarbeiterin hatte sich zunächst an die Juristen ihres Amtes gewandt, zu guter Letzt aber doch die Polizei von der Beschwerde informiert, die bei der Jugendhilfe eingegangen war: Zwei kleine Jungen waren von einer Sekte in Queens fortgelaufen und hatten sich zu ihrem Vater nach Brooklyn geflüchtet. Sie erzählten ihm, sie seien im Tempel geschlagen worden und hätten nichts zu essen bekommen. Der Vater brachte seine Söhne sofort in ein Krankenhaus in Brooklyn, wo die Ärzte bei beiden Unterernährung feststellten und überall am Körper der Kinder Prügelstriemen und Narben fanden. Das Krankenhaus meldete den Fall umgehend an die Hotline für Kindesmißbrauch weiter.

Eine Mitarbeiterin der Jugendhilfe ging zum Tempel, traf dort aber niemanden an. Sie versuchte mehrmals ihr Glück, jedesmal vergeblich. Nach einigen Wochen konnte sie eines Tages von außen deutlich erkennen, daß Leute im Tempel waren, stand aber auch diesmal vor verschlossener Tür. Ihr Vorgesetzter beauftragte schließlich die Anwälte der Behörde, einen Gerichtsbeschluß zu beantragen, mit dem sie sich Zutritt zu dem Tempel verschaffen konnten. Diese Juristen hielten es auch für ratsam, die Polizei einzuschalten, und dort empfahl man der Sozialarbeiterin, sich an mich zu wenden.

Anzeigen, die über die Hotline der New Yorker Beratungsstelle für Kindesmißbrauch eingehen, sollen von den Kinderschutzbeauftragten der jeweiligen Stadtbezirke an die zuständige Bezirksstaatsanwaltschaft weitergeleitet werden, damit sowohl die Polizei als auch die Sozialarbeiter den Fall untersuchen. Zuerst wird die Anzeige von der Jugendhilfe geprüft. Dort gibt es eine Liste von Merkmalen, die ein Fall aufweisen muß, um weitergemeldet zu werden. Als die Anzeige wegen der Folterpraktiken der Sekte einging, umfaßte diese Liste sexuellen Mißbrauch und eine ganze Reihe von Verletzungen. Übrigens hatte der New Yorker Bürgermeister Koch später die Stirn, die Untätigkeit der Jugendhilfe mit dem Argument zu verteidigen, daß Chilisauce auf frische Prügelstriemen auf der Meldeliste nicht vorkam.

Ich stellte der Anruferin Fragen und vergewisserte mich, daß die Sache ernst war. Dann übertrug ich Jim den Fall und gab ihm einen unserer gewissenhaftesten Staatsanwälte zur Seite. Schließlich schaltete ich das Dezernat Sexualverbrechen bei der Kriminalpolizei von Queens ein. Die beiden Ausreißer wurden zusammen mit ihrem Vater, der zuständigen Sozialarbeiterin und deren Vorgesetzter vorgeladen. Wir bereiteten die Anträge für die Durchsuchungs- und Haftbefehle vor. Irgendwer verständigte Santucci. Der Bezirksstaatsanwalt rief mich an und riet mir, den Richter vom Nachtdienst zu informieren, damit er die Befehle sofort ausstellte. Der Optimist

Santucci hatte leider keine Vorstellung davon, wieviel Zeit es kostete, die erforderlichen Informationen zusammenzutragen und die Anklage vorzubereiten.

Gegen Mitternacht hatten wir die Papiere. So lange hatte es gedauert, Zeugenaussagen zu protokollieren. Die beiden kleinen Jungen berichteten, daß es in der Sekte gang und gäbe sei, Kinder zu foltern. Ihre Mutter war selbst Sektenmitglied. Alles, was diesen beiden und den anderen Kindern im Tempel angetan wurde, geschah mit Billigung der Mütter.

Die Kinder wurden auf die Straße geschickt, um für die Sekte zu betteln. Wenn sie ein paar Cents für sich behielten, weil sie sich etwas zu essen kaufen wollten, und dabei erwischt wurden, gab es verschiedene Formen der »Bestrafung«. Die mildeste war, daß sie stundenlang mit erhobenen Armen auf einem Stuhl stehen mußten. Weinen half nichts. Ihre Hilferufe verhallten ungehört. Wenn der »Zuchtmeister« sich für eine bestimmte »Behandlung« entschieden hatte, konnte ihn nichts mehr davon abbringen.

Im Wiederholungsfall wurden die Delinquenten »gesteinigt«: alle Sektenmitglieder versammelten sich und bewarfen die beschuldigten Kinder mit Schuhen und anderen Gegenständen. Dies war Teil des Gottesdienstes. Wer Lebensmittel gestohlen hatte, wurde ausgepeitscht, manchmal mit geweihten Ruten, meistens aber mit gewöhnlichen Zweigen. Damit die Kinder die Bestrafung nicht vergaßen, wurden ihnen die Striemen mit Chilisauce eingerieben. An diesen Handlungen nahm die ganze Sekte teil, wobei diejenigen, die nicht selbst mit Hand anlegten, zuschauten und applaudierten.

Die Kinder bekamen extrem wenig zu essen, in der Regel nur eine kleine Mahlzeit am späten Abend. Sie hatten permanent Hunger. Deshalb stahlen sie häufig Lebensmittel und wurden dafür immer wieder ausgepeitscht.

Offenbar beschränkten sich diese Praktiken auf die beiden Tempel in Queens. Die bundesweite Organisation der *Yahwehs* befürwortete diese Behandlung der Kinder nicht. Überhaupt hielt sich die Sekte als solche mit Empfehlung zur Kindererziehung vornehm zurück. Bevor die amtierenden Führer die beiden Tempel in Queens übernommen hatten, war es den Kindern besser gegangen.

Was die Ausreißer uns erzählten, klang unglaublich. Aber die

Krankenhausakten bestätigten ihre Aussagen bis ins kleinste Detail, und der Vater, der bei dem Versuch, seine Söhne aus der Gewalt der Mutter zu befreien, seine Erfahrungen mit der Sekte gemacht hatte, erhärtete ihre Berichte. Er war mit Todesdrohungen davor gewarnt worden, sich in die Aktivitäten der Sekte einzumischen. Die Sozialarbeiterin bestätigte die Aussagen der Kinder, soweit ihr das nach ihrer Beobachtung der Tempel möglich war.

Unsere Strafverfolgungsbehörden haben zwar unumstößliche Vorurteile, was die Glaubwürdigkeit von Kindern angeht, doch diesmal reichten die Erkenntnisse. Wir bekamen sowohl die Durchsuchungs- als auch die Haftbefehle. (Gegen diese wurde später durch sämtliche Instanzen hindurch bis hin zum Obersten Gericht des Staates New York, Berufung eingelegt, doch das Oberste Gericht lobte uns für die Arbeit jener Nacht.)

Santucci, der mich bis nachts um zwei fortwährend angerufen hatte, um sich über den Stand der Dinge zu informieren, meldete sich bereits morgens gegen sieben Uhr wieder und erklärte, ich solle bei der Pressekonferenz zu diesen Fall auftreten.

Santucci war dafür bekannt, daß er keine Medienstars in seiner Behörde haben wollte und todunglücklich war, wenn in einem Bericht über die Bezirksstaatsanwaltschaft jemand außer ihm selbst namentlich erwähnt wurde. Ich war mir nicht sicher, ob er gerade einen seiner seltenen großzügigen Augenblicke hatte, oder sich einfach den Samstag nicht verderben lassen wollte. Vielleicht hat er auch das Interesse der Medien an diesem Fall unterschätzt.

Ratschläge konnte mir Santucci für die Pressekonferenz zwar nicht mit auf den Weg geben, wohl aber eine Anweisung. Ich sollte erklären, daß wir ein Ermittlungsverfahren gegen die Jugendhilfe einleiten würden, weil der Fall erst so spät an die Polizei weitergemeldet worden war. (Dieses Ermittlungsverfahren wurde einer anderen Abteilung innerhalb der Bezirksstaatsanwaltschaft übertragen und verlief im Sande.)

Noch vor dem Morgengrauen erschien die Polizei in beiden Tempeln und vollstreckte die Durchsuchungs- und Haftbefehle. Im Fernsehen wurde später gezeigt, wie Polizisten mit versteinerten Gesichtern Sektenmitglieder in weißen Gewändern und mit weißen Turbanen in die wartenden Polizeiwagen schoben. Die Kameras hielten auch die Sicherstellung der von den Ausreißern beschriebenen Ruten und anderen Folterinstrumente fest. Keine schlechten Bilder für einen Samstag, an dem wenig los ist. Entsprechend gut besucht war dann auch die Pressekonferenz, die das New Yorker Polizeipräsidium und die Bezirksstaatsanwaltschaft Queens abhielt.

Da dies meine erste Pressekonferenz war, trafen mich die Unerbittlichkeit der Fragen und das allgemeine Chaos absolut unvorbereitet. Was mich rettete, war zum einen, daß ich in der Nacht davor kaum geschlafen hatte und deshalb viel zu müde war, um Lampenfieber zu haben. Zum anderen war es mein Mann, der die Gabe besitzt, vor der Kamera absolut ungezwungen zu bleiben. Im Auto gab er mir den Rat, die Kameras einfach zu ignorieren.

Als ich beim Sender ankam, war man dort noch mit Aufbauen beschäftigt. Gleichzeitig lief auf dem Polizeirevier eine neue Schlacht gegen die *Yahwehs*, und das hatte Vorrang. (Bei der Sonderabteilung lernt man schnell, Prioritäten zu setzen.)

Die Beamten hatten sämtliche weißgewandeten Sektenmitglieder festgenommen, die sich im Tempel aufhielten; dabei hatten sie auch ein paar Kinder mit eingesammelt, die dort waren. Auf dem Revier mußte geklärt werden, wer von den Festgenommenen unter Tatverdacht stand und wer nicht, die Kinder mußten von den Erwachsenen getrennt und ärztlich untersucht werden. Damit das in Ruhe geschehen konnte, brachte man die Männer in einer Zelle unter, die Frauen und Kinder in einer anderen.

Es stelle sich heraus, daß eine der aufgegriffenen Frauen nur Gast war und offenbar nichts mit den Verbrechen zu tun hatte. Sie hatte die Sektenmitglieder von einer Reise nach Florida zurückbegleitet. (Zwar wurde allgemein vermutet, daß diese Reise durch die erfolgreiche Flucht der beiden Ausreißer ausgelöst war, doch hat keines der Sektenmitglieder das jemals offiziell zugegeben.) Zwei der Kinder gehörten dieser Frau, das dritte war ein Säugling. Der Gesundheitszustand aller drei war einwandfrei. Die Beamten beschlossen nach einigem Zögern, die Frau und die drei Kinder laufenzulassen.

Nachdem diese Entscheidung gefallen war, wollte man die einzelnen Sektenmitglieder voneinander trennen, sie in Ruhe vernehmen und prüfen, ob sich ihre Aussagen mit denen der Ausreißer deckten, ob weitere Fälle von Mißbrauch ans Licht kämen, wer sich aktiv an den Folterungen beteiligt hatte und wie die Gruppendynamik in der Sekte funktionierte. Inzwischen wartete man darauf, daß der Sozialarbeiter vom Notdienst (der Abteilung der Jugendhilfe, die nachts und am Wochenende besetzt ist) kam und den Beschluß, die Kinder zu entlassen, absegnete.

Als der Sozialarbeiter endlich eintraf, hatte er eine, wie er meinte, bessere Idee. Vielleicht hatte er einfach einen Machtkoller, weil seine »Klienten« hinter Gittern waren und er glaubte, mit ihnen umspringen zu können, wie er wollte. Vielleicht hielt er sich auch bloß an die Richtlinien der Jugendhilfe, ohne darüber nachzudenken, was in der gegebenen Situation das beste war. Jedenfalls stürzte er in den Zellenblock und verkündete: »Okay. Wir nehmen euch eure Kinder weg. Ich lese euch jetzt eure Rechte vor.«

Leute, die beruflich mit Kindesmißbrauch zu tun haben, reden gern von einem »interdisziplinären Vorgehen«, bei dem die Polizei mit den Sozialarbeitern, Ärzten und allen anderen einschlägigen Kräften gemeinsam ermittelt und daran arbeitet, einen Fall von Kindesmißbrauch zur Anklage zu bringen. Alle sind sich darin einig, daß dies die ideale Methode wäre, aber der Weg zur Umsetzung dieses Ideals in die Praxis ist weit. Polizisten haben jede Menge Horrorstories wie die eben geschilderte auf Lage. Und Sozialarbeiter erzählen ähnliche Horrorstories über Polizeibeamte, die ihnen die Unterstützung verweigern, wenn es gilt, ein Kind aus einer Gefahrensituation zu retten.

Wie nicht anders zu erwarten, reagierten die Sektenmitglieder auf diese Ankündigung des Sozialarbeiters mit den wildesten Drohungen. Mit einem Handstreich hatte der Mann jede Chance zunichte gemacht, mit den Leuten nach dem Prinzip »divide et impera« zu verfahren. Die Polizei mußte sich eine völlig neue Taktik einfallen lassen und ihre Ziele auf das absolute Minimum herunterschrauben, damit es nicht zur Katastrophe kam. Jetzt standen die Sektenmitglieder wie ein Mann gegen den gemeinsamen Feind, der drohte, ihnen ihre Kinder wegzunehmen.

Die Situation war so angespannt, daß nicht einmal das Abnehmen der Fingerabdrücke und die anderen Formalitäten der Festnahme mehr reibungslos liefen. Außerdem standen die Polizisten jetzt unter Zeitdruck. Je länger es dauerte, diese Beschuldigten in Untersuchungshaft und vor Gericht zu bringen, desto mehr spitzte die Lage sich zu. Schließlich wollte niemand riskieren, daß es, sobald die Zellengitter aufgeschlossen wurden, zu Handgreiflichkeiten mit aufgebrachten Sektenmitgliedern und ihren Kindern kam.

Jim, der andere Staatsanwalt, die anwesenden Polizeibeamten, der Lieutenant und ich mußten schnellstens eine Entscheidung fällen: anhand der Täter- und Tatbeschreibungen der beiden Ausreißer feststellen, wem welche Taten zur Last gelegt werden konnten und die passiven Beobachter von den aktiven Tätern trennen. Einer der brutalsten Folterer war nicht aus Florida heimgekehrt. Auch einige Kinder, die nach den Aussagen der Ausreißer mißbraucht worden waren, hatte die Sekte in Florida zurückgelassen. Das ohnehin schwierige Prozedere wurde noch dadurch erschwert, daß sämtliche Sektenmitglieder den Nachnamen Israel benutzten. Santucci riet uns per Telefon, jedes Sektenmitglied aller Straftaten zu beschuldigen.

Als wir ein paar der wichtigsten Fragen entschieden hatten, war auch das Fernsehen soweit und erwartete uns zur Pressekonferenz. Ich fragte den Lieutenant, ob er als erster sprechen wollte. Er sah mich an, als ob ich nicht alle Tassen im Schrank hätte, und schüttelte den Kopf. Irgendein hohes Tier gab eine kurze Erklärung ab, dann berichtete ich ein paar Einzelheiten über die Verbrechen und wurde von sämtlichen Reportern gleichzeitig mit Fragen bestürmt.

Über die Verbrechen und die Pressekonferenz wurde in den Medien ziemlich groß berichtet. Sämtliche überregionalen und regionalen Sender zeigten Aufnahmen von der Verhaftung der Sektenmitglieder, man sah, wie die Polizisten die Ruten in die Wagen trugen, und man sah mich, wie ich die Fragen der Journalisten beantwortete. CNN brachte das Ganze als Endlosschleife. Das Verbrechen erregte die Gemüter der Nation, und den Nachrichtenmoderatoren in den Studios schien mein empörtes, aufgewühltes Gesicht zu gefallen.

Durch die starke Medienpräsenz bekamen wir eine Flut von Informationen über die *Yahwehs*. Beim Prozeß gegen Wendell Nance hatte ich per Modem bei der NEXIS-Agentur nachgefragt und mir einen Computerausdruck sämtlicher Veröffentlichungen über die Sekte kommen lassen. Als die leitende Sozialarbeiterin mich nun wegen des Kindesmißbrauchs anrief, zog ich diesen Ausdruck aus meinen Akten. Am Montag nach der Pressekonferenz fragte ich nochmals bei NEXIS nach und aktualisierte die Liste zusätzlich mit den Angaben, die mir von den anderen Gerichtsbezirken telefonisch durchgesagt wurden.

Die *Yahwehs* (auch bekannt als *Black Jews*) waren eine über die gesamten Vereinigten Staaten verbreitete Sekte, die gelegentlich behauptete, der versprengte Stamm der Juden aus dem Alten Testament zu sein. Sie hatten versucht, sich in Israel anzusiedeln, waren aber wegen ihrer Gewaltrituale des Landes verwiesen worden. Ihr Haupttempel befand sich in Miami, doch in zahlreichen Großstädten des ganzen Landes gab es immer wieder Zeitungsberichte über sie. In Michigan hatte es ein Ermittlungsverfahren gegen die Sekte wegen Mißbrauchs und Vernachlässigung von Kindern gegeben, nachdem ein Kind an den Folgen ihrer »Züchtigung« gestorben war. Die Mutter dieses Kindes wurde des Mordes angeklagt, und sechsundsechzig weitere Kinder wurden der Sekte weggenommen. Überall häuften sich Gerüchte und Berichte über die wachsende Gewalttätigkeit der Sekte. Außerdem liefen gegen etliche Sektenmitglieder Strafverfahren wegen verschiedener Betrugsdelikte. Zu dem Fall in Queens bestand kein direkter Zusammenhang, doch ließ sich schlußfolgern, daß wir es mit einer mächtigen, straff organisierten und überaus gefährlichen Vereinigung zu tun hatten. Als Jahre später der Führer der Sekte, Yahweh ben Yahweh, wegen Mordes verurteilt wurde, sollte sich dieser Eindruck bestätigen.

Wir waren mit größter Vorsicht vorgegangen. Noch vor der Vollstreckung der Durchsuchungs- und Haftbefehle hatten wir unsere Zeugen an einen sicheren Ort gebracht. Dennoch hatten wir während des Prozesses, der sich über viele Monate hinzog, ständig Angst vor Überfällen.

Ich machte mir Sorgen, daß der Fall Jim Jeffers über den Kopf wachsen könnte. Die Staatsanwälte der Sonderabteilung waren zu unerfahren für solch einen Fall, und mir blieb oft nichts anderes übrig, als unter lauter Anfängern den Gescheitesten auszusuchen. Doch dann stellte ich zu meiner Erleichterung fest, daß Jim mit seinen Aufgaben wuchs.

Die Schuld der einzelnen Beklagten war sehr unterschiedlich. Nach den Anklageerhebungen und Anhörungen bekamen einige der weniger verstrickten Sektenmitglieder die Chance, sich entsprechend dem Ausmaß ihrer Tatbeteiligung schuldig zu bekennen. Um diese Regelung führten Jim und ich harte Auseinandersetzungen. Ich war grundsätzlich dagegen, bei ihnen Milde walten zu lassen, doch Jim überzeugte mich in jedem einzelnen Fall, daß er für diese weniger verstrickten Angeklagten jeweils genau den richtigen Deal ausgearbeitet hatte.

Zwei Sektenmitglieder hatten die Folterungen in ihrem Tempel hauptsächlich zu verantworten. Der eine ist nie gefaßt worden. Dem anderen mußte der Prozeß gemacht werden. Wir wollten ihn für so viele Jahre hinter Gitter bringe, wie es das Gesetz nur zuließ. Da die Kinder überlebt hatten, würde das nicht sonderlich lang sein.

Im Staat New York fällt Kindesmißbrauch unter das gleiche Gesetz wie gewalttätige Übergriffe im allgemeinen. Das bedeutet, daß die Schwere der Anklage fast ausschließlich von der Schwere der Verletzung abhängig ist. Mit Knochenbrüchen und Verletzungen der Weichteile halten sich die Gerichte nicht lange auf; wie häufig das Opfer mißbraucht worden ist und wie gemein die Methoden waren, spielt überhaupt keine Rolle. Der Staat New York hat bis heute kein Gesetz, das dem Verbrechen des Kindesmißbrauchs gerecht wird. Unser Ziel ist es, das Strafmaß für rituelle Folterpraktiken wesentlich zu erhöhen.

Die ersten Reaktionen auf den Fall entsprachen meinen Erwartungen. Nicht erwartet hatte ich allerdings die deutlich spürbare allgemeine Enttäuschung darüber, daß unsere Kronzeugen zwei entlaufene kleine Jungen waren. Wenn es uns nicht gelang, noch weitere Kinder zum Reden zu bringen, würden wir beim Prozeß mit den enttäuschten Gschworenen außerordentliche Probleme bekommen.

Das Kind, das am meisten wußte und uns die Vorgänge im Tempel am genauesten schildern konnte, war der Sohn des Priesters, ein Junge im Grundschulalter. Im Gegensatz zu den anderen Kindern hatte er ständig im Tempel gewohnt und alles miterlebt. Der Junge, er hieß Israel, war zudem das klügste und älteste der Kinder. Aber er wollte nicht reden.

Jim konnte wunderbar mit Israel umgehen. Als Israels Pflegemutter den Jungen zum erstenmal zu uns brachte, war er verängstigt. Außerdem hatte er Hunger. Jim stopfte ihn so lange mit Keksen voll, bis er sich entspannte (und beinahe platzte). Israel lernte rasch zu feilschen. Wie viele Informationen er uns gab, hing davon ab, wieviel wir ihm zu essen gaben. Aber er hatte große Angst. Jim drängte ihn nicht; er ließ ihm Zeit. Der Junge sollte begreifen, daß ihm nichts passieren konnte.

Jim traf sich regelmäßig mit Israel, versuchte, ihn kennenzulernen und sein Vertrauen zu gewinnen. Israel ließ ab und zu eine Bemerkung fallen, aus der Jim entnehmen konnte, daß die beiden Ausreißer die Wahrheit gesagt hatten. Aber er beschränkte sich stets auf Andeutungen. Israel hatte sich strikte Grenzen gesetzt: Er war bereit, das Terrain zu sondieren, nicht aber, sein Mißtrauen abzulegen.

Die Pflegemutter war eine Wohltat. Ihre größte Sorge war, daß Israel einfach nicht aufhören könnte zu essen. (Diese Sorge war umso verständlicher, als die Jugendhilfe sie nicht von Israels Vorgeschichte unterrichtet hatte.) Nachdem der Junge in den ersten Tagen Angst gehabt hatte, zu essen, war er inzwischen der reinste Nimmersatt. Sobald er begriffen hatte, daß ihn niemand bestrafte, wenn er das Essen, das man ihm anbot, nahm, stopfte er in sich hinein, was er kriegen konnte. Er war mager, aber nicht bedrohlich unterernährt. Sein Hunger saß nicht im Magen, sondern in der Seele.

Der Fall schleppte sich hin. Da jeder der vierzehn Beklagten seinen eigenen Verteidiger hatte, dauerten die Anhörungen ewig. Einige Deals und Regelungen mußten warten, bis wir bewiesen hatten, daß der schlimmste Täter, der oberste »Zuchtmeister« des Tempels, ein Mann, der sich Yeshir Israel nannte, verurteilt werden würde.

Eines Tages kam Jim völlig aufgelöst zu mir ins Büro. Er sah so enttäuscht aus, daß es weh tat. Das Familiengericht hatte beschlossen, Israels Verwandte väterlicherseits zu seinen Pflegeeltern zu bestimmen – die Familie des Priesters also. Wenn diese Leute den Kleinen dazu bringen konnten, daß er schwieg, würde der Priester straffrei ausgehen. Jim wollte wissen, ob wir nicht irgend etwas tun könnten, um das zu verhindern. Ich riet ihm, mit den Juristen von der Jugendhilfe zu reden, mit Israels gesetzlichem Vertreter (dem vom Gericht bestellten Anwalt, der das Kind vor dem Familiengericht vertrat) und mit dem Richter am Familiengericht, falls er bereit war, mit uns zu sprechen. Aber ich machte mir keine großen Hoffnungen. Die gesetzlichen Vertreter sind in New York Rechtsanwälte der Rechtshilfevereinigung und verstehen unter gesetzlicher Vertretung, dem Kind jeden Wunsch zu erfüllen, den es »zum Ausdruck bringt«, auch wenn das bedeutet, das Kind wieder in die Familie zu lassen, in der es mißbraucht wurde. Die Jugendhilfe und das Familiengericht hatten eine ausgesprochene Vorliebe dafür, Pflegekinder zu ihren Blutsverwandten zu geben. (Diese Vorliebe wurde im Staat New York später sogar zum Gesetz erhoben.) Im Unterschied zu uns fanden diese Leute offenbar nichts dabei, wenn Kinder in den Interessenkonflikten der Erwachsenen zerrieben wurden.

Israel wurde zu seinen Verwandten väterlicherseits gegeben, und bei den wenigen Malen, wo es Jim überhaupt noch gelang, ihn in sein Büro zu holen, ließ er das Visier bald ganz und gar herunter. Bevor man Israel von seiner Pflegemutter getrennt hatte, war Jim nicht klargewesen, daß die Justiz, die doch, wie schon der Name sagt, Gerechtigkeit herstellen soll, Kinder einfach kaputtmachen kann. Jetzt hatte er es begriffen, und es verbitterte ihn.

Für die Anklage bedeutete das, daß beim Prozeß alles von den beiden Ausreißern abhing, weil Israel nicht aussagen würde. Die anderen Kinder waren entweder zu klein oder nicht auffindbar oder einfach zu verängstigt. Zudem war offensichtlich eines von ihnen dem Mißbrauch sogar ganz entgangen. Die »Züchtigungen« hatten nur in einem der beiden Tempel stattgefunden. Der andere war wohl in der Hauptsache als Wohnhaus benutzt worden. Wenn eine Mutter ihr Kind beschützen wollte, konnte ihr das bei entsprechend umsichtigem Vorgehen gelingen. Als ich das erfuhr, wuchs mein Zorn auf die Mütter, die dem Mißbrauch zugestimmt hatten, um so mehr.

Der Prozeß war schwierig. Im Saal saßen jede Menge weißgewandete Sektenanhänger. Die Ausreißer hatten Angst. Die Wahrheit war zu schwer, als daß zwei kleine Jungen sie erzählen konnten. Jim schaffte es trotzdem, daß die Schuldigen verurteilt wurden.

Nachdem alle Strafverfahren abgeschlossen waren, zogen die restlichen *Yahwehs* nach Brooklyn. Jahre später rief mich die Bezirksstaatsanwaltschaft in King's County wegen Ermittlungen zur Kindesvernachlässigung in der Sekte an. Wir können das Verbrechen nicht ausrotten. Aber wenn die Strafmaße heraufgesetzt werden, kann man es manchmal vertreiben und ein begrenztes Areal ein wenig sicherer machen.

Daß die *Yahwehs* aus Queens fortzogen, mag Zufall gewesen sein, vielleicht zeigte es aber auch, daß die Sonderabteilung doch etwas bewirkt hatte. Ein anderer »Zufall« war die Sache mit dem Pädophilen, der auf Kaution frei war und sich in zwei verschiedenen Gerichtsbezirken zu verantworten hatte. Kein Problem – bis sein Anwalt ihm sagte, er werde im Gericht von Ermittlungsbeamten des Dezernats Sexualverbrechen erwartet, die ihn festnehmen und nach Queens bringen wollten. In der Verhandlungspause verschwand der Pädophile; er ließ lieber die Kaution sausen, als in Queens vor Gericht zu erscheinen. Vielleicht hatte er von John German gehört.

Nach dem *Yahweh*-Fall war ich so sehr von Jim Jeffers' Fähigkeiten überzeugt, daß ich ihn, als der Fall John German sich am Horizont abzeichnete und klar war, welche Dimensionen er annehmen würde, mit der Anklagevertretung betraute.

3

Zugegeben, man hatte mich vor der Verhaftung von John German gewarnt, aber das meiste, was in diesem Fall passierte, traf mich dennoch unvorbereitet. In New York City gab es eine Einsatzgruppe Pädophilie, die zu gleichen Teilen aus Mitarbeitern des FBI und gewöhnlichen Polizisten bestand. Immer, wenn diese Einsatzgruppe einen großen Fisch an der Angel hatte, gab sie mir Bescheid. John German war so ein großer Fisch. Er war in Queens zum Mann des Jahres gewählt worden und leitete den *Flushing Boys Club*, den er, wenn man der Presse glauben durfte, buchstäblich aus dem Boden gestampft und zu einem äußerst effektiven und finanziell abgesicherten Sozial- und Bildungszentrum für Knaben gemacht hatte. German war wortgewandt und gebildet, hatte breite Schultern, ein offenes, redliches Gesicht und strahlte Vertrauen aus. Er war genau der Mann, mit dem sich Politiker gern für eine »gute Sache« fotografieren lassen. (Als das FBI seine Fotosammlung beschlagnahmte, lag ganz oben ein Bild, das German mit der grinsenden Geraldine Ferraro zeigte. German hatte auf dieser Aufnahme zwei Knaben im Arm, die später, als gegen ihn Anklage erhoben wurde, auf der Liste der Opfer standen.) Seine Arbeit im Club war einwandfrei. Seine Verbrechen beging er im verborgenen.

German war ein Pädophiler. Der *Flushing Boys Club* war für ihn das perfekte Ambiente. Hier konnte er mit halbwüchsigen Knaben zusammen sein, sie in aller Ruhe beobachten und sich die schwächsten herausgreifen, diejenigen, die sich so sehr nach Liebe sehnten, daß sie bereit waren, für das, was er ihnen als Liebe ausgab, mit Sex zu bezahlen.

Ein Mitarbeiter des Clubs brachte den Fall schließlich an die Öffentlichkeit. Der Mann hatte große Angst vor German, und er hatte Angst vor den Folgen. Aber er handelte trotzdem. German hatte einen anderen jungen Mitarbeiter dazu bringen wollen, ihn beim Geschlechtsverkehr mit einigen der Knaben, die im Club Hilfe suchten, zu fotografieren. Der junge Mitarbeiter ging zu dem einzigen Menschen im Club, der offenbar den Mut hatte, etwas gegen German zu unternehmen. Dieser Mann ging zur Polizei. So geriet die Einsatzgruppe Pädophilie an den Fall.

Haft- und Durchsuchungsbefehl waren vollstreckt. Kisten voller Fotos (darunter Bilder von mehreren Kindern aus dem Club in sexuell aufreizenden Posen) waren beschlagnahmt. German war sowohl vor dem Bundesgericht als auch vor dem Gericht von Queens County angeklagt (mit einigen der Knaben hatte er Ausflüge in andere Bundesstaaten unternommen, doch die meisten Fälle lagen in der Zuständigkeit der Gerichte von Queens). Der Fall geriet in die Schlagzeilen.

An dem Tag, als die Geschichte an die Öffentlichkeit kam, war ich gerade im Rathaus bei einer Sitzung. Die Kommunalpolitiker, der Ratspräsident und seine Mitarbeiter waren kreidebleich. Seit dem letzten Skandal, der den Stadtrat fast aus den Angeln gehoben hätten, war noch nicht einmal ein Jahr vergangen. Damals war Donald Manes, der führende Kommunalpolitiker, verdächtigt worden. Er hatte daraufhin versucht, sich umzubringen, was ihm aber mißglückte. Einige Zeit später starb er. (Angeblich war es Selbstmord.) Seine Stellung (und damit auch die unsauberen Geschäfte, die die Kommunalpolitik beherrschten, seit er und Santucci ihre Laufbahn als junge Staatsanwälte begonnen hatten) war in unvorstellbarer Weise ins Wanken geraten. Mit Germans Verhaftung wurde der Schatten, den Manes' Tod über die Politik von Queens geworfen hatte, noch bedrohlicher. German, eines ihrer Hätschelkinder, saß nun wegen abscheulicher Verbrechen hinter Gittern.

Daß Germans Verhaftung so enorme Wellen schlug, hatte zum Teil politische Gründe, hing aber auch mit den Verhältnissen in unserem Kreis zusammen. German war ein typischer Vertreter jener Spezies von Pädophilen, die Vertrauen und Betrug als Waffen einsetzen; nicht nur gegenüber den Kindern, an denen sie sich vergehen, sondern auch gegenüber den Eltern, Lehrern und gleichaltrigen Freunden dieser Kinder. Ganz gleich, ob der Kinderschänder Basketballtrainer an einer Privatschule, Gemeindepfarrer oder der Zahnarzt von nebenan war: die Sonderabteilung erlebte immer wieder, daß die Verhaftung eines Pädophilen Entsetzen, Ungläubigkeit und Wut hervorrief. (Wenn der Fall eine Gelegenheit bot, den Opfern die Schuld in die Schuhe zu schieben oder an ihren Aussagen zu zweifeln, dann schlug das Entsetzen tatsächlich in Ungläubigkeit um.)

Die Beweise gegen John German waren so erdrückend, daß niemand daran zweifeln konnte: der »Mann des Jahres« war ein Ungeheuer. Die Ungläubigkeit schlug um in Wut.

German nahm sich einen aus der Boulevardpresse bekannten Anwalt aus Queens, der in dem Ruf stand, vor Gericht sehr erfolgreich zu sein. Der Anwalt kam zu mir. Er wisse ja, daß German eine Weile sitzen müsse, erklärte er, aber ob wir nicht einen Deal aushandeln könnten. German wolle es den Opfern »ersparen«, vor der Anklagejury auszusagen. Wie großzügig von ihm. Ich nannte ein paar Zahlen. Der Anwalt fand sie zu hoch. Also kein Deal. Ich gab den Fall an Jim weiter und bat ihn, sowohl die Anklageerhebung als auch die Anklagevertretung vor dem Obersten Gericht zu übernehmen.

An dem Tag, als der Fall vor der Anklagejury verhandelt werden sollte, kam Jim zu mir. Er war nicht recht glücklich mit den Opfern. Das seien nicht etwa süße kleine Jungen in der Frühpubertät, sondern ausgesprochen aufsässige Jugendliche. Ob ich das verstünde?

Ich weiß, daß ich Teenagern gegenüber toleranter bin als die meisten anderen Menschen, also versuchte ich, Jim zu erklären, daß man doch bei einem Pädophilen, der so gerissen ist wie John German, gar nichts anderes erwarten könne. Solche Leute suchen sich immer die aus, die unbeliebt sind, bockig und einsam.

Ich wollte Jim motivieren, wechselte darum das Thema und sprach davon, wie leid einem diese Jungen tun konnten, deren Verlangen nach väterlicher Liebe so groß war, daß sie sich auf den Teufelspakt einließen, den German ihnen anbot. Dann erinnerte ich Jim an die Beweise, die wir hatten, die Fotos, die Ermittlungsergebnisse, die wir der Einsatzgruppe Pädophilie verdankten, die Aussage des Clubmitarbeiters, den German zu seinem Helfershelfer machen wollte.

Er habe mir nur noch einmal klarmachen wollen, was das für Opfer seien, erklärte Jim. Das hatte ich auch so gewußt. Außerdem wollte er mir sagen, wie alt die Opfer waren. In New York richtet sich das Strafmaß für Sexualverbrechen an Kindern nach dem Alter der Opfer. Die beiden entscheidenden Altersgrenzen liegen bei elf und vierzehn Jahren. Die Jungen, mit denen wir es zu tun hatten, waren zu alt, als daß wir eine Chance gehabt hätten, die Höchststrafe für German zu erreichen. Die Verbrechen waren in einer Atmosphäre begangen worden, wo der Zwang eher psychischer als physischer Natur gewesen war. Es würde schwierig werden, die »Gewalt« nachzuweisen, die Teil des sexuellen Mißbrauchs ist. Wenn der Richter wollte, konnte er German auf Bewährung verurteilen.

Jim fand die Strafmaße, die ich nannte, enorm hochgegriffen. Nicht, daß German das nicht verdient hätte, aber ich stünde vielleicht nicht ganz auf dem Boden der Realität.

Ich erklärte Jim, daß die Einsatzgruppe Pädophilie im Vorfeld der Verhaftung zwar gründlich ermittelt hatte, dann aber leider etwas zu früh zuschlagen mußte. Man hatte German festgenommen und gleich darauf den Durchsuchungsbefehl vollstreckt, denn es bestand die Gefahr, daß German, wenn man länger gewartet hätte, womöglich einen Tip bekommen hätte. Wir wußten noch so vieles nicht; wenn Jim wollte, konnte er mehr aus dem Fall herausholen. Wahrscheinlich gab es noch weitere mißbrauchte Knaben und Straftaten. Und wenn es uns gelang, jüngere Opfer aufzuspüren, kam kein Richter umhin, den Angeklagten zu einer Freiheitsstrafe zu verurteilen.

Wenn nicht, das war mir klar, brauchten wir einen starken Richter, der bereit war, die Anklagepunkte konsekutiv abzuurteilen und die Strafen nacheinander verbüßen zu lassen. Die Beachtung, die der Fall in der Presse fand, würde uns helfen. Welcher Richter würde es wagen, einem Mann wie German pro forma zu ein paar Monaten zu verknacken, wenn die ganze Stadt zuschaute?

Jim erhob Anklage gegen John German, und der Fall wurde an

die mittlerweile zentralisierte Anklagebehörde verwiesen. Dort gab es einen neuen Richter namens Stephen O'Toole*. Ich kannte den Mann nicht, hatte aber gehört, er sei gut. Jim mußte inzwischen eine Menge Hintergrundarbeit leisten. Das Ermittlungsverfahren war noch immer nicht abgeschlossen.

Inzwischen betreute etwa die Hälfte der Staatsanwälte unserer Abteilung ihre Fälle vertikal, das heißt vom Ermittlungsverfahren bis hin zum Prozeß. Jim war einer von ihnen. Die permanente Unterbesetzung der Sonderabteilung brachte es mit sich, daß alle Staatsanwälte, besonders aber die vertikal arbeitenden, vollkommen überlastet waren. Ich versuchte mir einzureden, daß dies der Grund sei, weshalb Jim die letzten noch ausstehenden Ermittlungen im Fall John German so verschleppte.

Der Verteidiger ging zum Anklagerichter und unterbreitete ihm dasselbe Angebot, das er mir gemacht hatte. Ihm sei ja klar, daß es nicht gut aussähe für seinen Mandanten. Beim Bundesgericht sei man nicht abgeneigt, einen Deal auszuhandeln. Wenn das Strafmaß okay sei, könne man die Sache in Queens doch auch ohne Prozeß bereinigen. Also, reden wir darüber.

Bei der Anklagebehörde wurde der Fall daraufhin nach dem Motto »Reden wir darüber« verzögert. Der Ressortleiter Prozesse erklärte mir, in dieser neuen zentralisierten Behörde dürfe ein Fall nur höchstens dreimal erscheinen, danach werde er an eine normale Anklagejury verwiesen. Der Fall John German wurde nirgendwohin verwiesen; für diesen Mann galten keine Regeln. Ich glaube, das war das Besondere an ihm.

Ich sprach mit dem Bundesgericht. Jim tat das gleiche. Dort wollte man einen Deal vorschlagen, der mir viel zu niedrig vorkam, zumal German nach den Richtlinien des Bundesgerichts beste Aussichten hatte, auf Bewährung freizukommen. Man erwog, ihm vier Jahre zu geben, und machte dieses Angebot. Wenn ich mehr wolle, müsse ich halt zusehen, daß ich für den Fall German mehr heraushole.

---

* Dieser Name ist geändert. Ich war versucht, im Fall John German die wirklichen Namen der Beteiligten zu nennen, habe mich aber dann doch entschlossen, meiner ursprünglichen Entscheidung treu zu bleiben, weil es hier nicht um einzelne Personen geht, sondern darum, für welche Haltungen sie stehen.

Das hätte ich nur allzu gern getan, aber der Vorgang lag immer noch bei Richter O'Toole, und der rührte sich nicht. Warum nicht? Was war sein Problem bei der Sache?

Ich fragte Jim und erfuhr, daß der Richter mit dem Bundesgericht über eine gleichzeitig zu verbüßende Strafe verhandelte. Das Gesetz gab ihm die Möglichkeit, German auch gegen unsere Einwände ein Schuldbekenntnis ablegen zu lassen und ihn dann über unseren Kopf hinweg nach eigenem Gutdünken zu verurteilen. Uns blieb nichts weiter übrig, als zu kämpfen und weitere Opfer ausfindig zu machen, und das sagte ich Jim. Wenn wir O'Toole weitere Fälle brachten, würde er vielleicht begreifen, daß er ein höheres Strafmaß verhängen mußte.

Von der nächsten Gerichtssitzung kehrte Jim noch angewiderter als sonst zurück. O'Toole hatte eine neue Idee ausgepackt. German hinter Gitter zu bringen sei sinnlos, hatte er erklärt. Na schön, der Mann habe sich sexuell an Knaben vergangen, aber er habe seine Taten doch ausdrücklich bereut. Ob es nicht besser wäre, ihn zur Therapie zu schicken? Der Verteidiger solle sich die Sache einmal durch den Kopf gehen lassen. Ich sagte Jim, daß das meiner Meinung nach Wahnsinn sei. Jim sah es genauso.

Jim war felsenfest davon überzeugt, daß O'Toole ein anständiger Kerl war – zwar auf dem Holzweg, aber trotzdem anständig. Wenn Jim recht hatte, konnten wir den Richter vielleicht umstimmen. Wir konnten vorschlagen, daß es, bevor der Beschuldigte sich zu den Anklagen äußerte, noch ein Anhörung gab – konnten unsere Opfer einem Sachverständigen vorstellen und dem Gericht ein Gutachten über die ihnen zugefügten Schädigungen vorlegen. Wenn die Opfer dazu bereit waren, konnten wir sie sogar vorladen, damit sie O'Toole sagten, wie sie über German dachten. Wenn es der Begriff Pädophilie war, der dem Richter Sorgen machte, wenn er abwinkte, dann konnte man ihm vielleicht auf die Sprünge helfen. Jim probierte es, aber seine Bemühungen machten alles noch schlimmer.

O'Toole hatte sich in den Kopf gesetzt, daß German eine Therapie brauchte. Wenn er die erfolgreich abgeschlossen hatte, sollte er zusammen mit seinem Therapeuten durchs Land reisen und der Öffentlichkeit und den potentiellen Opfern Vorträge über Pädophilie halten. Der Richter konnte das zur Bedingung für eine Bewährungsstrafe machen – als ob German irgendeinen Grund gehabt hätte, sich dagegen zu sträuben.

Der Plan, einen Pädophilen auf Vortragsreise zu schicken, lief all meinen Bemühungen, Sexualverbrechern klarzumachen, daß ihr Handeln für sie selber Konsequenzen hatte, komplett zuwider. Aber das Gesetz räumte dem Richter diese Möglichkeit ein. Zuerst mußte der Beschuldigte zwar die Strafe verbüßen, die das Bundesgericht verhängte, aber das würde O'Toole nicht daran hindern, sein Vorhaben zu verwirklichen.

Ich erzählte Jim von Shelvie Harris und davon, wie Richter Asserta mich auf Lebenszeit aus seinem Gerichtssaal verbannt hatte, weil ich einen Deal nicht annehmen wollte. Vielleicht hatten wir wirklich keine Chance, John Germans Richter von seinem Plan abzubringen, aber wir konnten zumindest versuchen, ihm sein Vorhaben so schwer wie möglich zu machen. Dann wüßten wir wenigstens, daß wir alles in unseren Kräften Stehende getan hatten. Jim sah mich skeptisch an.

Ich ging selbst zu einem Gerichtstermin, um zu sehen, ob es vielleicht an Jim lag. Es lag wirklich nur an O'Toole. Die Geschichte war total verfahren. Ich konnte den Richter nicht davon überzeugen, daß seine Idee einfach idiotisch war. Er konnte mich nicht überzeugen, ihn zu unterstützen. O'Toole wollte mir sogar einreden, daß mein Mann seine Idee bestimmt begrüßen würde. Ich war außer mir, aber bei der Vorstellung, wie mein Mann aus der Haut gefahren wäre, wenn O'Toole die Dreistigkeit gehabt hätte, ihm das ins Gesicht zu sagen, mußte ich einfach lachen.

Schließlich schaffte ich es, O'Toole dazu zu bringen, daß er seine Entscheidung zumindest vorläufig aussetzte. Wir wollten abwarten, wie Germans Therapeutenteam seine Fortschritte einschätzte. In der Zwischenzeit wollte ich versuchen, alles zusammenzuholen, was helfen konnte, den Richter von seiner Meinung abzubringen.

Außerdem hatte ich bis dahin noch andere Dinge zu tun, die erst einmal Vorrang hatten. Die Gerichtsmedizin hatte mir nämlich mitgeteilt, daß Emanuel Santana wieder in Untersuchungshaft saß. Dreieinhalb Jahre nach seiner Verhaftung war er aus der Psychiatrie entlassen und für verhandlungsfähig erklärt worden. Der Prozeß gegen Santana konnte beginnen.

4

Als Santana zurückkam, wollte ich den Fall zuerst nicht wieder aufnehmen. Was mich schließlich bewog, es doch zu tun, war nicht nur mein Versprechen gegenüber Beth, Kerri und Maria, sondern auch die Person des Angeklagten.

In der Psychiatrie hatte Santana Zeit gehabt, sich eine zugkräftigere Strategie zu überlegen. Jetzt kam er uns mit dem Vietnamkriegstrauma. Er hatte also wieder etwas gefunden, was er für seine Verbrechen verantwortlich machen konnte. Santana ließ uns wissen, daß er sich wegen geistiger Unzurechnungsfähigkeit »nicht schuldig« bekennen werde. Meiner Meinung nach hatte er seine »Depressionen« dadurch überwunden, daß er sich eine neue Ausrede ausgedacht hatte.

Seit Jahren versuchte ich den Leuten klarzumachen, daß Vergewaltiger nicht krank sind, sondern böse. Jetzt hatte ich eine Chance, das zu beweisen.

Der Prozeß fand in dem Gerichtsgebäude im Jamaicanerviertel statt. Das Gerichtsgebäude ist nach allen Seiten abgesichert: hinten ein bewachter Parkplatz, rings um den Bau ein etwa sechs Meter hoher schmiedeeiserner Zaun; dazu eine mit Metalldetektoren ausgerüstete Schranke und innen, gleich am Eingang, martialisch dreinblickende Polizisten. Nach Einbruch der Dunkelheit werden die Vordereingänge versiegelt und die paar noch im Gebäude verbliebenen tapferen Seelen von bewaffneten Polizisten zum Hinterausgang eskortiert.

All diese Vorsichtsmaßnahmen sind notwendig, denn das Jamaicanerviertel ist berüchtigt für seine Straßenkriminalität, seine gewaltbereite Drogenszene und seine brutalen Jugendgangs. Erst kürzlich war wenige Blocks vom Gericht entfernt ein Polizist im Streifenwagen aus nächster Nähe durchs Fenster erschossen worden. Einen Rechtsanwalt hatte es auf den Stufen des Gerichtsgebäudes erwischt. Im Jamaicanerviertel war niemand seines Lebens sicher.

Das Innere des Bauwerks ist eher imposant als furchterregend – Marmortreppen, dunkle, holzgetäfelte Wände und Gerichtssäle, die so riesig sind, daß darin selbst der größte Wichtigtuer – zumindest optisch – zum Zwerg wird. Vor dieser Kulisse erscheint jeder klein und unbedeutend. Diesmal wirkten der Richter und der Verteidiger noch kleiner als sonst, Santana dagegen drohend und düster. Das lag nicht nur an seiner Körpergröße, sondern vor allem an seiner Willenskraft.

Santana bat darum, während der Vernehmung der Opfer nicht im Saal sein zu müssen. Er fühle sich der Erschütterung nicht gewachsen. Diese Haltung war immerhin etwas besser als die der Vergewaltiger, die sich daran weiden, wenn ihre Opfer im Zeugenstand die Verbrechen in allen Einzelheiten schildern. Aber sie offenbarte auch Santanas Soziopathie: Für ihn zählte nichts außer dem eigenen Schmerz.

Der Kompromiß, für den der Richter sich entschied, gefiel dem Angeklagten nicht: Er sollte nur so lange im Saal sein, daß die Opfer ihn vor Gericht identifizieren konnten. Daß die Opfer überhaupt aussagten, schmeckte ihm nicht, und noch unangenehmer war ihm die Vorstellung, daß sie vor den Augen der Geschworenen mit dem Finger auf ihn zeigen würden. Sein Verteidiger wiederholte das Angebot, sowohl seine Identität zuzugeben als auch sämtliche Schuldbeweise anzuerkennen. Nach Santanas Willen sollte der Richter den Geschworenen einfach mitteilen, der Angeklagte habe sich zu den Straftaten bekannt. Es ärgerte ihn, daß ich dabei auch noch ein Wörtchen mitzureden hatte. Schließlich bat er sogar, sich selbst an den Richter wenden zu dürfen:

Euer Ehren, ich habe meinem Anwalt diese Frage gestellt, und er hat mir darauf geantwortet, aber ich verstehe immer noch nicht, was eigentlich los ist. Ich bestreite nichts und ich leugne nichts von dem, was mir in der Anklageschrift vorgeworfen wird. Ich leugne das nicht und ich bestreite es auch nicht. Und ich will wissen, wieso sowohl die Klägerinnen als auch ich selber dieses Trauma noch einmal durchmachen müssen, diese Qual noch einmal durchmachen müssen, wo ich doch nichts bestreite, Euer Ehren?

Es kommt nicht oft vor, daß ein Angeklagter vor Gericht das Wort ergreift. Und wenn es doch geschieht, dann weder so wortgewandt noch so höflich. Der Richter erwiderte Santana, er solle sich nur auf seinen Anwalt verlassen, der wisse schon, was er tue. Ich ging dazwischen. Der Richter redete am Kern der Sache vorbei.

Immerhin waren wir hier in einem Gerichtssaal und nicht in irgendeiner dunklen Seitenstraße. Ich wollte, daß Santana begriff, wer hier die Macht und das Sagen hatte. Der Richter versuchte die Wogen zu glätten, also wiederholte ich: »Ich möchte eindeutig zu Protokoll geben, daß das meine Entscheidung war und ich es abgelehnt habe, (daß dem Antrag des Beklagten stattgegeben wird).«

Santana nickte und schickte sich in die neuen Spielregeln.

Die Staatsanwälte der Sonderabteilung konnten auswendig herunterbeten, welchen Geschworenentypus ich bei Prozessen gegen Sexualverbrecher bevorzugte: Männer zwischen vierzig und fünfzig, die behaupten, sie läsen die *New York Times*, in Wirklichkeit aber die *Daily News* lesen. Ich wollte Leute, die ein Mindestmaß an Wissen über sexuelle Vergehen haben, aber trotzdem auf gemeine Verbrechen aus dem Bauch heraus reagieren. Ich wollte Geschworene, die mit beiden Beinen auf der Erde stehen, mit der alltäglichen Großstadtkriminalität vertraut sind und nie und nimmer auf den Gedanken kämen, nachts in der U-Bahn einzuschlafen. Am liebsten waren mir Geschworene, die durch ihren Beruf Umgang mit Menschen haben, deren Menschenkenntnis tagtäglich auf dem Prüfstand ist. Zum Beispiel waren mir Busfahrer entschieden lieber als Hausfrauen. Und ich wollte Geschworene, die schon einmal einer Jury angehört haben. Weil sie mit den Abläufen bei Gericht vertraut waren. Das

Wichtigste aber war, ich wollte keine Kollaborateure, ich wollte niemanden auf der Geschworenenbank haben, dessen Toleranz gegenüber einem Vergewaltiger das Verdikt der gesamten Jury beeinflussen konnte.

Die Anwälte können sich noch so detailliert ausmalen, wie sie sich die Geschworenen wünschen; die Wahl der Jury ist und bleibt dennoch ein simples Ausschlußverfahren, bei dem jede Seite eine bestimmte Anzahl von Kandidaten ablehnen darf. Folglich versucht jeder Anwalt, die Leute auszuschalten, die für ihn am ungünstigsten sind. Diejenigen, die übrigbleiben, bilden dann die Jury.

Santana spielte vom ersten Prozeßtag an Theater. Er saß da und ließ den Kopf so tief hängen, daß er fast auf der Tischplatte lag. An manchen Tagen zitterte er stundenlang so heftig mit den Beinen, daß es im ganzen Saal zu hören war.

Ich besprach mit den drei Opfern, in welcher Reihenfolge sie in den Zeugenstand treten sollten. Wir einigten uns, daß Beth den Anfang machte. Beth wollte die Sache so schnell wie möglich hinter sich bringen, und mir lag daran, mit der Zeugin anzufangen, die sich am besten auszudrücken verstand. Die beiden anderen Frauen sahen in Beth so etwas wie eine Leitfigur. Aus heutiger Sicht bin ich mir nicht mehr so sicher, ob wir uns damals richtig entschieden haben und welche von den dreien die stärkste war. Ich habe drei ganz verschiedene Gesichter des Mutes zu sehen bekommen und könnte nicht sagen, welches das schönste war.

Ehe ich meine erste Zeugin aufrief, durfte Santana den Saal verlassen.

Beth erzählte den Geschworenen, wie sie, während sie den Schlüssel ins Schlüsselloch steckte, einen kurzen Blick über die Schulter geworfen und dabei einen Schatten bemerkt hatte. Das war in der Eingangshalle. Sie sagte zu dem Schatten, er habe sie erschreckt. Er brummte etwas und drückte auf einen Klingelknopf. Sie schloß auf, er schob sie durch die Tür und schlug sie nieder.

Während sie am Boden lag, schnappte er sich ihr Portemonnaie und untersuchte es. Dann packte er sie im Genick und drückte zu, um sie besser halten zu können, was blaue Flecken hinterließ. Er preßte ihr das Messer so heftig an die Kehle, daß unter ihrem Kinn ein Abdruck blieb, der bei der notärztlichen Untersuchung festgestellt und im Befund vermerkt wurde. Er zwang sie in einen Durchgang hinter dem Haus. Als sie versuchte, sich zu wehren, schob er sie weiter. Er wollte die Kellertür öffnen, war sichtlich überrascht, daß sie abgeschlossen war, drängte Beth noch tiefer ins Dunkel und zwang sie, sich auf allen vieren hinzukauern. Als er keine Erektion bekam, sagte er zu ihr: »Weiße Mädchen taugen nichts.« Dann drehte er sie herum und vergewaltigte sie. Sie sah sein Gesicht im Lichtschein der Kirche, die am Ende des Durchgangs lag.

Während Beth aussagte, stand ihr die Angst im Gesicht geschrieben, die diese Erinnerungen wachriefen. Sie schilderte alles präzise, detailliert und genau, aber das kostete sie eine enorme Willensanstrengung. Sie hatte sichtlich Mühe, ihren Schmerz und ihr Entsetzen zu beherrschen. Ihre Schilderung war so lebhaft, sie selbst wirkte so verletzt, daß die Geschworenen die ganze Niedertracht und Brutalität einer Vergewaltigung begreifen konnten. Sie sahen Santana jetzt mit Beths Augen: aggressiv, gewalttätig, kalt, berechnend – geistig absolut zurechnungsfähig.

Während Kerri darauf wartete, daß Beth mit ihrer Aussage zu Ende kam, wurde sie immer nervöser. Schon am Morgen hatte sie furchtbare Angst gehabt. Als sie in den Zeugenstand trat, war sie so verstört und verspannt, daß ich fürchtete, sie würde unter der Last dessen, was sie so dringend aussprechen wollte, zusammenbrechen. Doch wie sich zeigte, geriet ihre Aussage durch diese Anspannung nur um so überzeugender.

Es gibt im Staat New York eine Regelung, von der selten Gebrauch gemacht wird: Die Opfer können gefragt werden, in welcher geistigen Verfassung sie sich während der Vergewaltigung befanden. Normalerweise sind Zeugenaussagen, die den Geisteszustand betreffen, also eher die Gedanken als die Beobachtungen des Zeugen zum Inhalt haben, vor Gericht nicht zulässig. Doch da die Anklage beweisen muß, daß bei einer Vergewaltigung »gewaltsamer Zwang« ausgeübt wurde, daß die Angst den Willen des Opfers außer Kraft gesetzt hat, darf die Betroffene den Geschworenen erzählen, was sie bei der Tat empfand. In der Regel sagen die Opfer: »Ich dachte, er wird mir weh tun« oder »ich dachte, er bringt mich um«. Kerri dagegen sagte:

Ich hatte plötzlich dieses Bild vor Augen, wie ich dort sterbe, splitternackt auf dem Boden liege, in dem Haus, wo ich wohne. Ich hatte die Vision (daß) jemand meine Eltern anruft und ihnen sagt, wo man mich gefunden hat, und das konnte ich nicht zulassen, und ich wußte, wenn es irgendeinen Weg gab, das zu überstehen . . . ich würde einen Weg finden, dieser Mann würde mich nicht ungestraft vergewaltigen . . . und ich war ums Verrecken entschlossen, durchzukommen . . . darauf hab ich mich bei allem, was dann passiert ist, konzentriert.

Ich war fast mit Kerris Verhör fertig, da rief der Richter mich zu sich und erinnerte mich daran, daß es schon ziemlich spät sei. Santanas Forderung, während der Zeugenaussagen nicht im Saal sein zu müssen, war drauf und dran, ihm zu schaden.

Für die Geschworenen war das ein harter Tag gewesen. Von Beth hatten sie eine grauenhafte Geschichte gehört und sich eingestehen müssen, daß sie stimmte. Kerri hatte ihnen die Wunden gezeigt, die eine Vergewaltigung hinterläßt und die auch nach dreieinhalb Jahren noch nicht vernarbt sind. In der ganzen Zeit hatte der Mann, der für all das verantwortlich war, demonstrativ durch Abwesenheit geglänzt.

Der Richter schickte die Jury ins Geschworenenzimmer. Kerri und Beth wurden ins Richterzimmer geführt, und die Beamten brachten Santana in den Saal. Sie ließen ihn am Tisch der Verteidigung Platz nehmen, dann kamen auch die Anwälte beider Parteien zurück. Die Jury wurde wieder in den Saal geholt und Kerri erneut in den Zeugenstand gerufen. Sie stapfte durch den Saal, würdigte Santana keines Blickes und wappnete sich mit all ihrer Wut, um sich durch seine physische Gegenwart nicht aus dem Konzept bringen zu lassen. Als ich sie fragte, ob sie den Angeklagten identifizieren könne, schnellte ihr Arm wie eine Waffe nach vorn, und sie deutete auf Santana. Der Richter entließ Kerri bis zum nächsten Tag und rief Beth auf.

Auch Beth ging am Tisch der Verteidigung vorbei. Und obwohl sie von einem Sicherheitsbeamten begleitet wurde, zuckte sie zusammen, als sie in Santanas Nähe kam. Noch immer zitternd, trat sie in den Zeugenstand.

Der Richter erinnerte Beth daran, daß sie nach wie vor unter Eid stand. Dann fragte ich sie:

- **(Beth) Heute vormittag haben Sie uns von dem Mann erzählt, der Sie am 25. Oktober 1983 ausgeraubt und vergewaltigt hat.**
- **Ja.**
- **Ich möchte Sie jetzt bitten, aufzustehen, sich im Gerichtssaal umzuschauen und uns zu sagen, ob dieser Mann heute hier ist.**

Sie tat es, sie stand auf. Sie zögerte, schien sich nicht sicher zu sein, ob sie die Kraft hatte. Dann sagte sie im Flüsterton, mehr zu sich selbst als zu uns:

- **Okay. Ja, ich tu's.**
- **Können Sie ihn uns zeigen?**
- **Der Mann, der dort sitzt.**

Sie zeigte auf ihn, und dabei zitterte nicht nur ihre Hand, sondern ihr ganzer Arm, und bei den letzten Worten wandte sie das Gesicht ab, um Santana keine Sekunde länger anzusehen als unbedingt nötig. Aber sie hatte es getan. Darüber würden die Geschworenen nachdenken, als sie an jenem Abend nach Hause gingen.

Der Egozentriker Santana hatte derweil andere Dinge im Kopf. Nachdem die Jury für diesen Tag entlassen war, bat er darum, sich an den Richter wenden zu dürfen. Er redete eine Weile um den heißen Brei herum, dann brachte er seine Beschwerde vor:

Einer von den Polizeibeamten da draußen, der hat, als ich hier langgekommen bin, eine gemeine Bemerkung gemacht, und wo ich doch zu allen hier im Gerichtssaal und außerhalb des Gerichtssaales höflich gewesen bin, finde ich, der müßte auch ein bißchen höflich zu mir sein.

Nach den Zeugenaussagen, die wir an diesem Tag gehört hatten, fiel es selbst dem Richter schwer, Santanas Anliegen noch ernstzunehmen. Aber er reagierte höflich wie immer:

Na schön, Mr. Santana, wenn das, was Sie da sagen, stimmt,

und ich kann beim besten Willen nicht wissen, ob es zutrifft oder nicht, dann werde ich dafür sorgen, daß so etwas nicht wieder vorkommt, denn das gehört sich natürlich nicht.

Als die Geschworenen am nächsten Morgen wiederkamen, waren sie entschlossen, Santana schuldig zu sprechen. Ähnliches habe ich schon des öfteren erlebt. Ich bin immer wieder überrascht, wie leicht eine Jury dieses Gefühl im weiteren Verlauf des Prozesses vergißt. Und ich wußte so gut wie Santana, daß Ausreden sehr viel bewirken können.

Kerri trug ihr unbewältigtes Trauma als Sprengsatz mit sich herum. Es gelang mir, einer dieser Minen im Verhör auszuweichen. Santana hatte Kerri unter anderem ihren Walkman gestohlen. Normalerweise hätte ich sie gebeten, den Diebstahl zu schildern, aber Kerri hatte ein schlechtes Gewissen, weil sie auf dem Weg zur Haustür Kopfhörer aufgehabt und laute Rockmusik gehört hatte – als ob sie durch ihre Unaufmerksamkeit der Vergewaltigung Vorschub geleistet hätte.

Aber es war nicht der Walkman, der schließlich doch noch eine von Kerris Minen zur Explosion brachte.

Im Kreuzverhör bat der Verteidiger sie, die Jacke zu beschreiben, die sie angehabt hatte: »Eine kurze Jacke im Militärstil mit Schulterstücken.« Dieser Stil war damals in, und daß eines der Opfer eine Jacke getragen hatte, die irgendwie »militärisch« aussah, war durchaus nichts besonderes. Ich kam überhaupt nicht auf den Gedanken, daß die Jury das als Beweis ansehen könnte, daß Santana die junge Frau vergewaltigt hatte, weil sein Vietnam-Trauma wiedererwacht war. Aber der Anwalt war so entzückt, daß er Kerri nun aufforderte, detailliert zu schildern, wie sie sich ausgezogen hatte. Er fragte sie nach jedem einzelnen Kleidungsstück.

Als er bei Schuhen und Strümpfen angelangt war, wich Kerri aus. Er insistierte und trat damit eine Lawine los. Kerri versuchte zu erklären, redete wie ein Wasserfall immer eindringlicher. Sie habe doch keine andere Wahl gehabt, rief sie, Santana habe sie doch mit einem Messer bedroht, was hätte sie denn tun sollen, sie habe doch tun müssen, was er sagte, sie habe doch am Leben bleiben müssen, er hätte sie doch umgebracht.

Der Richter erlaubte mir, mit Kerri unter vier Augen zu reden. Ich fragte sie nicht nach ihren Schuhen und Strümpfen. Ich sagte nur, daß es überhaupt nicht auf diese Dinge ankam und jeder im Saal wußte, daß sie an dem, was ihr geschehen war, keine Schuld hatte.

Ich hatte mir inzwischen zusammengereimt, daß Santana Kerri gezwungen haben mußte, Schuhe und Strümpfe auszuziehen, und sie sich offenbar Vorwürfe machte, weil sie ihm gehorcht hatte. Jemand, der nicht weiß, was in einem Vergewaltigungsopfer vor sich geht, wird kaum begreifen können, daß Kerri sich Vorwürfe machte, weil sie, mit vorgehaltenem Messer dazu gezwungen, die Socken ausgezogen hatte. Der Verteidiger hatte keine Ahnung, was er angerichtet hatte. Frauen wie Kerri schleppen die Last der jahrhundertelangen Tradition mit sich herum, die stets dem Opfer die Schuld gibt.

In New York hat ein paar Tage lang der Fall einer Frau für Schlagzeilen gesorgt, die umgekommen war, als sie sich auf dem Dach eines Hauses gegen einen Vergewaltiger gewehrt hatte. Der Fall hatte vor allem deswegen Aufsehen erregt, weil die Leute aus den umliegenden Häusern die Schreie der Frau und die Kampfgeräusche gehört hatten. Als die Polizei kam, war es zu spät. Als die Krankenwagenfahrer sie auf die Trage legten, war sie mehr tot als lebendig. »Das war's nicht wert« (sich gegen die Vergewaltigung zu wehren), sagte sie und starb, bevor sie die Zeit hatte, ihre Meinung zu ändern.

Kerri machte sich Vorwürfe, weil sie nicht ihr Leben riskiert hatte, um sich gegen Santana zu wehren. Die andere Frau hatte sich Vorwürfe gemacht, weil sie Widerstand geleistet hatte. Ich mache nur einem Vorwürfe, weil es nur einen Schuldigen gibt – den Vergewaltiger.

Nach dem Kreuzverhör wirkten die Geschworenen wie vor den Kopf geschlagen. Vor Marias Aussage brauchten sie eine Pause.

Ich hatte eigentlich vorgehabt, die drei Opfer unmittelbar nacheinander aufzurufen. Ich wollte die Geschworenen überrollen, wollte, daß Santanas Verbrechen sie wirklich überwältigte. Aber diese Geschworenen waren zu zartbesaitet, als daß ich ihnen drei Zeugen hintereinander zumuten konnte. Das hätte sie überfordert. Also rief ich zunächst einen Polizeimechaniker und dann den Beamten auf, der die Verhaftung vorgenommen hatte. Dann war es an der Zeit.

Während Marias Zeugenaussage gab es einen Augenblick, den ich mein Lebtag nicht vergessen werde. Maria hatten von Anfang an gesagt, sie wisse nicht, ob sie die Kraft habe, den Prozeß durchzustehen. Als ich, nachdem Santana aus der Psychiatrie entlassen und seine Verhandlungsfähigkeit amtlich war, zum erstenmal mit ihr sprach, wiederholte sie diese Befürchtung. Sie hatte inzwischen den Freund geheiratet, mit dem sie sich in der Tatnacht gestritten hatte. Sie hatte ein Baby bekommen. Sie wollte die Vergewaltigung vergessen, nicht mehr an die Vergangenheit denken müssen.

Maria schaffte es, in den Zeugenstand zu treten; sie beantwortete die ersten Fragen zur Person. Dann begann sie die Situation zu schildern: wie sie wütend aus der Wohnung ihres Freundes gerannt war, die Straße, die Nacht, der Entschluß, den Freund anzurufen und sich bei ihm zu entschuldigen, die Telefonzelle, die Sekunden, bevor sie von hinten gepackt und ihr das Messer an die Kehle gesetzt wurde. Sie atmete schwer. Man merkte, wie die Erinnerung an das, was geschehen war, was sie beschreiben sollte, sie überwältigte. Sie rang nach Luft.

Der Richter ordnete eine Pause an. Ich ging mit Maria hinaus auf den Korridor. Sie schluchzte. Ich redete leise auf sie ein, die Vergewaltigung sei vorbei, sie habe überlebt, seitdem seien dreieinhalb Jahre vergangen. Sie empfand es nicht so.

Ich hatte für diesen Tag eine Psychologin von der Beratungsstelle für Vergewaltigungsopfer mitgebracht. Es half nichts. Wir waren beide zu weit weg, wir konnten sie nicht erreichen. Maria war genauso allein, wie sie es damals gewesen war.

Ungefähr sechs Meter entfernt befand sich die Tür zum Zellenblock. Dort saß Santana und konnte sich sicher fühlen.

Die Geschworenen warteten.

Maria wollte sich zusammenreißen, sie versuchte, aus ihrer ganz persönlichen Hölle ans Licht zu klettern. Ich wußte nicht, ob sie es schaffen würde.

Ich gab ihr die Wahl: Wenn es zu schwer ist, tu's nicht. Eindringlich redete ich auf sie ein: »Sie *müssen* nicht aussagen. Beth und Kerri haben es schon getan. Das reicht, um ihn fertigzumachen.« Das wiederholte ich so lange, bis sie zuhörte.

Sie fragte, welche Konsequenzen das für die Anklage hätte.

Ich sagte, die Klagen von Beth und Kerri müßten eigentlich genügen.

Was denn aus *ihrer* Klage würde.

Ich versuchte es ihr schonend beizubringen, sagte offen, wenn auch mit milden Worten, wie die Dinge lagen: Ihre Klage würde abgewiesen werden.

Sie zuckte zusammen. Ein Schaudern ging durch ihren zarten kleinen Körper. Und dann richtete sie sich auf, sah mir fest in die Augen und sagte: »Nein, ich schaffe das. Ich will das machen.«

Wer behauptet, Frauen können nicht kämpfen, der sollte sich mal ein Vergewaltigungsopfer im Zeugenstand ansehen.

Wir gingen wieder in den Gerichtssaal. Ich sagte dem Richter, daß wir bereit seien, die Geschworenen wurden gerufen. Maria trat in den Zeugenstand. Der Richter versuchte ihr zu helfen:

– **Also, Miss (Rosaro), Sie waren in der Telefonzelle, Sie wollten Ihren Freund anrufen, sich bei ihm entschuldigen und ihn bitten, Sie abzuholen. Und plötzlich hatten Sie ein Messer an der Kehle, war das Ihre Aussage?**
– **(geflüstert) Ja.**
– **Und dann haben Sie geschrien?**
– **(wieder geflüstert) Ja.**
– **Gut, dann wollen wir die nächste Frage hören.**
Als Sie geschrien und den Hörer fallengelassen haben – bitte erzählen Sie uns das Schritt für Schritt – was ist dann passiert?
– **(stockend, aber lauter) Er hat gedroht, mich umzubringen. Er hat gesagt, ich soll nicht schreien, dann hat er meinen Arm genommen, ihn sich um die Taille gelegt und ist mit mir über die Straße gegangen.**
– **Entschuldigen Sie, wenn ich kurz unterbreche, aber was hat er mit dem Telefon gemacht?**
– **(stärker) Er hat den Hörer genommen und ihn wieder aufgelegt.**
– **Er ist mit Ihnen über die Straße gegangen?**
– **Ja.**

Jetzt waren wir mittendrin. Maria schilderte, was Santana gemacht hatte, sie identifizierte den Schmuck, den er ihr gestohlen hatte und der in seiner Wohnung sichergestellt worden war. Sie identifizierte die Fotos von der Telefonzelle und dem Durchgang mit der Kirche, wo auch Beth vergewaltigt worden war. Maria markierte sogar die Stellen, wo die Dinge, die Santana ihr angetan hatte, im einzelnen passiert waren; auf mehreren Fotos zeichnete sie rote gestrichelte Linien ein, um den Weg zu markieren, den Santana mit ihr gegangen war.

Nach Marias Aussage kam das Wochenende. Die Geschworenen verließen das Gericht mit bedrückten Gesichtern, sie sahen nicht so aus, als könnten sie all das Leid verarbeiten, von dem sie in den letzten Tagen gehört hatten.

Am Montag kamen sie wieder, und diesmal sprach aus ihren Blicken nur der Wunsch, endlich zur Sache zu kommen. Jedenfalls war das mein Eindruck. Santana war wieder im Saal und gab sich alle Mühe, bestürzt zu wirken. Ich ließ die Ermittlungsbeamten aussagen, klärte die Geschworenen während der Zeugenvernehmung kurz darüber auf, daß Santana sich nur deshalb auf seine geistige Unzurechnungsfähigkeit herauszureden versuche, weil er keine andere Wahl habe. Dann erklärte ich die Beweisaufnahme seitens der Staatsanwaltschaft für abgeschlossen. Jetzt war Santana an der Reihe.

Die Verteidigung hatte uns bereits bei der Eröffnung des Prozesses einen Einblick in ihre Argumentation gegeben. Inzwischen hatte sie ihre Strategie ein wenig modifiziert. Ihre Hypothese, Santana sei infolge des Vietnamkrieges zum Vergewaltiger geworden, war jetzt erweitert um die Behauptung, er sei als Kind mißbraucht worden. Diese beiden Traumata sollten bei ihm zu einem sogenannten posttraumatischen Streßsyndrom geführt haben (das Kriegstrauma zahlreicher Vietnamveteranen gilt als eine Erscheinungsform dieses Syndroms). Nach Angaben der Verteidigung litt Santana so stark unter dieser krankhaften Störung, daß er, wenn er eine Frau vergewaltigte, nicht wußte, was er tat und sich nicht beherrschen konnte. Das war die Ausrede.

Mich als Staatsanwältin beunruhigten zwar einige Argumente der Verteidigung, aber gewiß nicht dieses. Das Vietnamkriegstrauma konnte vielleicht als Erklärung dienen, wenn es um eine Schießerei mit der Polizei ging, wo zumindest ein gewisser Zusammenhang zwischen der Kriegssituation und dem Verbrechen gegeben war. Aber die Behauptung, Santana vergewaltige, weil er mit seinen Erinnerungen an Vietnam nicht fertigwerden könne, war einfach skandalös. Im Grunde implizierte das, daß er früher Vietnamesinnen vergewaltigt hatte (was dieser Logik nach okay war) und sich, als er wieder zu Hause war, einfach nicht daran gewöhnen konnte, daß man Amerikanerinnen nicht vergewaltigen darf. Mich erinnert das an die Videoclips gewisser Rapgruppen, in denen sich sexuelle Gewalt grundsätzlich gegen Asiatinnen richtet.

Santana war sicher nicht durch den Krieg zum Vergewaltiger geworden.

Beunruhigender war dagegen die Theorie, Santana vergewaltige, weil er als Kind mißbraucht worden sei. Ich wußte natürlich, daß mißbrauchte Kinder Schäden davontragen und sexuell mißbrauchte Kinder unter Umständen ihre Peiniger nachahmen und selbst zu Sexualverbrechern werden können, daß solche Menschen die Erinnerung an ihre eigene Ohnmacht zu überwinden versuchen, indem sie Macht über andere ausüben. Manchmal warten sie damit nicht einmal, bis sie erwachsen sind. Wir haben in der Sonderabteilung Fälle erlebt, wo Kinder von acht, neun Jahren Drei- oder Vierjährige vergewaltigt haben. Diese Kinder wurden nicht unter Anklage gestellt, aber wir wollten wissen, wodurch sie so geworden sind und wer daran schuld ist.

Ich bin der festen Überzeugung, daß niemand als Vergewaltiger geboren, sondern durch die Qualen, die man ihm angetan hat, dazu gemacht wird. Wenn wir hier in Amerika Sexualverbrechen verhindern wollen, müssen wir uns mit aller Kraft dem Schutz der Kinder widmen. Doch wenn es zu spät ist, die Tat zu verhindern, dann müssen wir den Täter daran hindern, weiter aktiv zu sein, d. h. wir müssen ihn einsperren.

Santana war ein erwachsener Mann. Ganz gleich, was er in der Vergangenheit erlebt hatte, er hatte die Wahl, und er hatte sich entschieden. Und wenn er sich nicht während der Tat nachweislich in einem »veränderten Bewußtseinszustand« befand, dann war seine Vorgeschichte vielleicht eine Erklärung, doch nie und nimmer eine Rechtfertigung.

Die Verteidigung rief Santanas Mutter, eine seiner Schwestern und seine Frau in den Zeugenstand und befragte sie zu biographischen Details. Santana saß da, hörte den Aussagen der Zeugen mit respektvoller Miene zu, spielte bei seiner Mutter den braven Sohn und bei seiner Schwester den dankbaren Bruder. Auf seine Frau reagierte er betont gleichgültig. Die drei Frauen stellten ihn als einen an Leib und Seele verletzten Kriegshelden dar. Sie sprachen von seinem Verwundetenabzeichen. Wir sahen nicht mehr die Bestie, sondern das Opfer Santana.

Zwei Psychotherapeuten, die Santana behandelt hatten, sagten zu seinen Gunsten aus. Der eine wiederholte die Greuelgeschichten aus dem Krieg, die Santana ihm erzählt hatte. Im Kreuzverhör gab er zu, daß Santana sich seine Verwundung selbst beigebracht hatte. Das stand nirgendwo in den Akten. Niemand außer meinem Mann (der meine »Analyse« des Angeklagten einen Schritt weitergedacht hatte) war je auf den Gedanken gekommen, daß Santana auf sich selbst geschossen haben könnte. Jetzt würde ich gern sagen, daß diese Enthüllung des Therapeuten das Ergebnis meines glänzenden Kreuzverhörs war, aber die Sache ist dem Zeugen im Eifer des Gefechts einfach herausgerutscht, weil er beweisen wollte, wie gut er Santana kannte.

Die andere Therapeutin berichtete den Geschworenen, was sie von Santana über den sexuellen Mißbrauch in der Kindheit erfahren hatte, und wartete ebenfalls mit Kriegsgeschichten auf. Sie erzählte, wie sie Santana in der Therapie den Rücken gestärkt habe. Ein wesentlicher Bestandteil der sogenannten therapeutischen Betreuung von Vergewaltigern ist die Stärkung ihres Selbstbewußtseins – als sollte jemand sich gut finden, wenn er vergewaltigt.

Santana schien mit der Arbeit seiner Verteidiger zufrieden zu sein. Ich weiß nicht, ob er das Gefühl hatte, daß die Sache für ihn gut lief, oder ob er es genoß, im Mittelpunkt zu stehen. Oder ob er womöglich, genau wie die Opfer, die Vergewaltigungen noch einmal durchlebte. Und sich in der Erinnerung an seiner Macht berauschte.

Santanas Verteidigung stand und fiel mit der Aussage eines einzigen Sachverständigen.

Der Psychiater, den die Verteidigung aufgerufen hatte, brachte einen großen farbigen Deckelkorb mit. Er stellte den Korb ab und fing an, den Tisch der Verteidigung leerzuräumen. Einer der Sicherheitsbeamten vermutete leise, in dem Korb sei wohl eine Schlange. Der Arzt antwortete, das seien seine Videokassetten. Er redete ausgesprochen hochnäsig.

Der Mann wirkte unauffällig, war aber ein pedantischer kleiner Wichtigtuer. Sein Outfit des zerstreuten Professors war sorgfältig ausgewählt. Er merkte, daß ich ihn beobachtete, und schien sich darüber zu freuen.

Ich stellte mich vor und bemühte mich, höflich-neutral zu sprechen. Der Psychiater näselte gönnerhaft zurück und sah mich dabei sehr von oben herab an.

Seine Aussage war eine den Thesen der Verteidigung entsprechende Umdeutung von Santanas Biographie. Am lächerlichsten wurde es, als er über Santanas Erfolge bei Frauen redete. Ich konnte mich des Eindrucks nicht erwehren, daß Santana sich vor ihm mit seinen Eroberungen gebrüstet hatte und der »Sachverständige« diese Kneipenstories für bare Münze nahm. Sein Auftritt bestärkte mich einmal mehr in meiner Überzeugung, daß Psychiater eben keine Ermittler sind.

Am ärgerlichsten wurde es, als der Mann auf Santanas früheren Vergewaltigungsprozeß zu sprechen kam. Seine Theorie war, daß Santana, wenn er vergewaltigte, nicht er selbst sei, sondern sich in einem »veränderten Bewußtseinszustand« befände. Das hinderte den Psychiater allerdings nicht daran, unaufgefordert die äußerst verwickelte Argumentation zu wiederholen, mit der Santana erklärte, weshalb sein erstes Opfer angeblich gelogen hatte. Das hätte er sich besser gespart, denn für die Frage, ob Santana »zurechnungsfähig« war oder nicht, war diese Geschichte vollkommen irrelevant; sie war einfach nur ein Schlag gegen das Opfer, den der Gutachter zu seinem eigenen Vergnügen führte und der mehr über den Zeugen enthüllte, als über seinen »Patienten«.

Nach Angaben der Verteidigung hatte Santana sich erst unter Hypnose an die Vergewaltigungen erinnert. Der Richter erlaubte dem Arzt, wiederzugeben, was der Angeklagte bei diesen Sitzungen gesagt hatte:

Wir waren schon eine Weile in Hypnose, und es war (sic) an einem bestimmten Punkt, wo wir Mr. Santana auf die Zeit unmittelbar nach seiner Entlassung aus dem Gefängnis im Juli, Ende Juli 1983 brachten – lenkten, und mit ihm den Kalender durchgingen ... (I)rgendwann im August hatte er ein Erlebnis, das ähnlich wie die hier geschehenen Erlebnisse begann. Er beschreibt einen regnerischen Tag, und daß er unterwegs war, er sah Menschen, er sah glückliche Menschen, er hatte Wut auf sie, weil er dachte, die seien normal und er nicht. Er erinnert sich, daß er geweint hat und schreien wollte, daß er einen Druck auf der Brust gespürt hat. Er hatte das Gefühl, sein Geist würde sich von seinem Körper lösen, und er erinnert sich, wie er einer Frau folgt, sie packt, mir ihr in den Park geht und sie plötzlich losläßt und sagt, er glaubt nicht, daß er irgendwas getan hat. Dieser Vorfall ist nirgendwo gemeldet worden, so weit ich weiß.

Ich war immer überzeugt, daß Santana mehr Vergewaltigungen auf dem Kerbholz hatte, als uns bekannt waren. Diese »Enthüllung« des Gutachters bestätigte meine Vermutung in unerwarteter Weise.

- **Dann berichtet er, es war drei oder vier Tage später, was bedeuten würde, um den 27(.) September – er erzählt, daß er drei oder vier Tage später ausging. Es regnete wieder, er saß auf einer Bank und sah den Leuten beim Spielen zu; sie waren glücklich, er dachte wieder an seinen Bruder in Vietnam, er erinnert sich, daß er die Gesichter vor sich sah und –**
- **Woran dachte er?**
- **An seinen Bruder und Vietnam.**
- ***Und* Vietnam, nicht an seinen Bruder *in* Vietnam. *Und* seine Erlebnisse in Vietnam.**

Ich hatte nichts dagegen, daß der Richter etwaige Unklarheiten benannte, mich erstaunte nur, daß er fast zwei volle Tage lang zugesehen hatte, wie der Zeuge sich über sämtliche Spielregeln vor Gericht hinweggesetzt hatte und plötzlich anfing, sich über Präpositionen zu streiten. Offenbar hatte auch seine Geduld Grenzen. Der Zeuge fuhr fort:

Er erinnert sich, das Gesicht des gefallenen Offiziers Rand gesehen zu haben. An einem Punkt erinnerte er sich zum erstenmal in seinen Berichten an den Namen des Offiziers, den er erschossen hatte ... Er war wütend auf sich und hatte plötzlich einen Haß auf die Leute im Park, die sich amüsierten, und er zweifelte an seiner Männlichkeit ... Er berichtet, daß er in diesem Moment ein Mädchen aus einem Geschäft kommen sah.

Er beschreibt, daß sie schulterlanges Haar hatte, schwarzes Haar, und ein Paket trug und einen Regenschirm. Dann berichtet er weiter, wie er ihr in ihren Hausflur gefolgt ist und sie dort angegriffen hat. Er beschreibt, daß sie Lebensmittel bei sich hatte und erinnert sich an das Wachspapier zwischen den Lebensmitteln. Er erinnert sich, wie er sie aus dem Hausflur gebracht hat.

Beth hatte an dem Abend, als Santana sie vergewaltigte, auf dem Heimweg ein halbes Pfund Truthahn gekauft. Unmittelbar vor ihrer Zeugenaussage hatte sie mir gesagt, sie wundere sich, daß sie immer noch wütend sei, weil er sogar ihr Abendbrot gestohlen hatte.

Er berichtet, daß er Hausschlüssel in der Hand hat. Er sagt, er hat das Mädchen in den Durchgang gebracht und dabei gedacht – und das ist ein wörtliches Zitat – »so ein Dreckstück«. Er erinnert sich, wie er gedacht hat, daß sie selber schuld ist. Er ekelt sich vor ihr und vor sich selber.

Er sagt, im Hausflur ist sie auf allen vieren. Er will ihr weh tun, und an diesem Punkt (in der Hypnosesitzung) hört er auf und kann nicht weiterreden. An dem Punkt ruft der Interviewer – wie schon gesagt, bestand eine der Techniken darin, ihm ein Wort zuzurufen, er rief also die Worte »sie ist ein Dreckstück«, um Gefühle in Gang zu bringen, und nachdem er das mehrere Male hintereinander gerufen hat, antwortet (der Patient): »Ich habe sie vergewaltigt.« ...

Er geht weiter – wird weitergeführt in der Zeit und beschreibt einen zweiten Vorfall, bei dem er ein Mädchen findet. Er geht wieder, beschreibt dieselbe Art Zorn . . . Da war ein Mädchen am Telefon. Er beschreibt, daß sie gelacht hat, und er dachte, sie lacht und scherzt mit ihrem Freund. Er schildert, wie er gedacht hat, daß die Freundin des Offiziers, den er getötet hat, zu Hause sitzt und weint und nicht lacht, und daß (er) auch bei dieser hier wieder das Wort Dreckstück denkt, dieses Dreckstück hat keine Sorgen, die kümmert sich nicht darum, was die andere Frau denkt.

Vielleicht hat Maria gelacht, als sie sich mit ihrem Freund versöhnte. Es ist allerdings schwer vorstellbar.

Er sagt, er hat den Telefonhörer gegriffen, er erinnert sich, daß er ein Messer in der Hand hat, sie bedroht. Er erinnert sich, wie er zu der Frau sagt – die Frau zu ihm sagt: »Tu mir nicht weh«, und daß er ihr den Arm um den Hals gelegt hat. Er sagt, daß er zu sich selbst sagt, er sollte sie in Ruhe lassen, sie hat ihm nichts getan, aber dann empfindet er plötzlich Haß, Zorn und gibt ihr die Schuld an seinem Unglück.

Er berichtet, das nächste, woran er sich erinnert, ist, wie er seine Hose wieder hochzieht und zu sich kommt. Er erzählt, daß er in dieser Nacht losgegangen ist und eine große Menge Heroin gekauft hat, daß jemand zu ihm gesagt hat, das sei zuviel, aber er wollte sich eine Überdosis spritzen.

. . . Er sagt, an den 7. Dezember kann er sich ganz genau erinnern, weil seine Frau im Krankenhaus war.

Es hat geregnet, erzählt er, er wurde nervös, war durcheinander. Er hatte berichtet, daß er zwei Jobs hatte – er war im Krankenhaus und war nach seinem zweiten Job nach Hause gekommen und noch nicht lange da, als er nervös wurde und verwirrt war und den Drang hatte, aus der Wohnung zu gehen. Er ging. Er sagte, er sei sehr weit gelaufen. Er erinnert sich – er erinnert sich nicht genau, wohin er gegangen ist, erzählt aber, wie er an einem Polizeirevier vorbeigeht, und berichtet, daß er das Bedürfnis hatte, der Polizei zu melden, daß

er Verbrechen begangen hatte und Hilfe brauchte, es dann aber nicht getan hat.

Selbst nach der Version, die Santana sich zurechtgebastelt hatte, hat er die Wahl gehabt und sich dafür entschieden, zu vergewaltigen.

Dann beschreibt er das Gefühl, wieder auf der Jagd zu sein, wie ein Raubtier, daß ihm sehr viel Unrecht angetan worden ist und er es jemandem heimzahlen muß. Er hatte das Gefühl, für das, was man ihm angetan hatte, seien andere Menschen verantwortlich.

Er folgte einem Mädchen und beschreibt, daß er abwechselnd das Gefühl hatte, ihr weh tun und ihr nicht weh tun zu wollen. Er erinnert sich, wie er ihr in den Hausflur gefolgt ist und ihr verboten hat, ihn anzusehen, wie er sie in die Nische unter einer Treppe gebracht hat, und er erinnert sich, wie er ihr irgend etwas vom Oberkörper geschnitten oder gerissen hat. Er gibt zu, gegen ihren Willen Geschlechtsverkehr mit ihr gehabt zu haben. Er erinnert sich, daß er nicht klar denken kann, ihr sagt, sie soll sich hinlegen, und er beschreibt, daß seine Gefühle schwankten zwischen »was tue ich hier«, »ich hasse diese Frau« und wechselnden Gefühlen von Wut und einer Art Erkenntnis, gemischt mit Verwunderung darüber, wieso er hier war.

Er beschreibt, wie er auf dem Heimweg in eine Kneipe gegangen ist und etwas getrunken hat, wie die Polizei ihn angehalten hat und ihm Fragen stellte, wie sie ihn laufenließen und er in sein Haus ging, wieder rauskam und noch einmal zu den Polizisten ging, und er gibt an, sie gebeten zu haben, ihn zum Tatort zu bringen, weil er glaubt, er hat etwas Unrechtes getan.

Santana als geübter Soziopath hatte zumindest ein Fädchen Wahrheit in sein Lügengespinst hineingewoben. Er hatte vergewaltigt, weil er Frauen sah, die glücklich waren, und er ihnen dieses Glücksgefühl nehmen wollte. Die Frauen, die sich mit der Frage »Warum gerade ich« herumquälen, haben keine Vorstellung davon, wie zufällig die

Wahl war. Und Leute, die meinen, ein Vergewaltiger sucht sich bestimmte Frauen aus, weil sie zu aufreizend gekleidet sind, begreifen einfach nicht, was eine Vergewaltigung ist. Vielleicht wollen sie es auch gar nicht.

Der psychiatrische Gutachter der Verteidigung wollte Santana als geistesgestört hinstellen. Sein Geltungsdrang ließ ihn Theorien entwickeln, die nur beweisen sollten, daß seine diagnostischen Fähigkeiten größer wären als die seiner Kollegen. Und wenn er sich irrte, wenn Santana freikam und weiter Frauen vergewaltigte, tja, so etwas passiert eben . . .

Bei einem Kreuzverhör geht es nicht darum, seine intellektuellen Fähigkeiten unter Beweis zu stellen. Hier wird nach klaren Spielregeln gekämpft. Und wie bei einem Boxkampf gibt es immer wieder Momente, wo man sich nicht darauf verlassen kann, daß der Richter eingreift und dafür sorgt, daß diese Regeln eingehalten werden.

Ich halte nicht viel von Beinarbeit, und ich gewinne meine Prozesse auch nicht nach Punkten wie manche Wirtschaftsanwälte. Ich rechne grundsätzlich damit, daß der andere nach Punkten vorn liegt. Meine Taktik besteht darin, die des anderen zu unterlaufen, wenigstens einmal nahe genug heranzukommen und voll zuschlagen zu können.

Einen Teil meines Kreuzverhörs widmete ich Santanas Vorgeschichte. Da, wo es um die Päzisierung irgendwelcher schwarz auf weiß festgehaltenen Angaben ging, konnte ich Zugeständnisse herausholen. Aber sobald ich versuchte, den Theorien der Verteidigung Fakten gegenüberzustellen, ließ mich der Psychiater auflaufen. Eigentlich hätten das die entscheidenden Schläge sein müssen. Doch immer, wenn ich klammerte, anstatt zu boxen, ging der Zeuge aalglatt in Deckung.

Ich versuchte den Geschworenen klarzumachen, woher die Idee rührte, daß Santana als Kind sexuell mißbraucht worden sei, und benutzte dazu eines der vorher abgegebenen psychiatrischen Gutachten. Der Zeuge argumentierte, es sei sprachlich unklar, ob der Psychiater oder der Angeklagte das Thema zuerst aufs Tapet gebracht hätten. Der Zeuge räumte ein, daß der Angeklagte irgendwann gesagt habe, es gebe da »gewisse tieferliegende Probleme in seiner

Kindheit«, worauf *er* ihn gefragt hatte, ob er als Kind sexuell mißbraucht worden sei. Santana hatte gar nicht raffiniert vorgehen müssen. Er hatte von »tieferliegenden Problemen« gesprochen, und der Psychiater hatte sofort angebissen.

Eine Diagnose jedoch traf in der Tat auf Santana zu:

- **Sagen Sie, Doktor, was bedeutet Simulieren?**
- **Simulieren bedeutet, daß man bewußt die Wahrheit fälscht, um ein bestimmte Ziel zu erreichen.**

Ich dachte, jetzt hätte ich ihn, aber so leicht ließ er sich nicht in die Ecke drängen.

Er verwässerte meine Frage mit einem Schwall gelehrter Worte. Er tänzelte weg von den Seilen, änderte schnell die Richtung. Ich blieb dran.

Ich mußte nahe genug an ihn herankommen, um endlich einen echten Treffer zu landen. Der Kerl würde sonst ewig herumtänzeln.

Inzwischen hatte ich mir ein paar Punkte für meinen Angriff verdient, aber durch die Verteidigung des Psychiaters kam ich nicht hindurch. Meine Schläge trafen ins Leere – der ganze Mann war eine einzige Luftblase. Der Richter diskutierte kurz mit dem Zeugen. Ich hatte eine kleine Atempause.

Mir wurde klar, daß ich meinen Gegner nicht k.o. schlagen konnte. Ich mußte den Kampf über die Runden bringen und darauf hoffen, daß am Ende die richtige Entscheidung stand. Ich konzentrierte mich voll auf meine Stärken, schließlich wußte ich, wie ich dieses Kreuzverhör beenden wollte. Ich setzte alles auf eine Karte.

- **Sagen Sie, Doktor, wie lautet Ihre Prognose für Mr. Santana?**
- **Ich denke, daß die Prognose für Mr. Santana, vorausgesetzt, er bleibt in Therapie, und unter Berücksichtigung dessen, was wir in der Therapie bisher erreicht haben, ganz gut ist ... nach meiner Einschätzung (braucht) er wahrscheinlich noch ein bis zwei Jahre, und das Beste für ihn wäre vermutlich, wenn er in die Einrichtung des Amtes für Kriegsveteranen käme, denn dort hat man die größten Er-**

fahrungen auf dem Gebiet der Behandlung posttraumatischer Streßsyndrome im Zusammenhang mit Vietnam.

Die Geschworenen sollten ruhig Zeit haben, sich vorzustellen, was passierte, wenn Santana in ein, zwei Jahren wieder frei herumlief, vielleicht sogar in ihrer eigenen Nachbarschaft.

Den Titelkampf hatte ich noch vor mir. Die entscheidende Frage war, ob Santana selbst in den Ring steigen würde.

Als sich am Donnerstagmorgen ins Gericht kam, wußte ich nicht, was geschehen würde. Die Verteidigung hatte ihre Beweisführung noch nicht abgeschlossen. Falls Santana aussagen wollte, mußte er es entweder an diesem Vormittag oder nach meinem Sachverständigen tun. Egal wie, ich mußte auf alles gefaßt sein.

Als der Verteidiger sich darauf beschränkte, ein paar Formalitäten zu erörtern, war ich schwer enttäuscht. Er erklärte, daß die Verteidigung keine weiteren Zeugen aufrufen wolle. Genau wie am Ende meiner Beweisführung verlegte er sich auch diesmal darauf, die Klagen zurückzuweisen. Die übliche Schlußformel. Abgelehnt.

Santana, der während der Aussage seines Psychiaters ruhig und aufmerksam dagesessen hatte, fing wieder an, Theater zu spielen – trug Anspannung und Streß zur Schau.

Als die Geschworenen im Saal waren, rief ich meinen letzten Zeugen auf.

Mein Sachverständiger war als Sanitäter in Vietnam gewesen und hatte mehrere Auszeichnungen für seinen Einsatz erhalten. Als er heimkehrte, war es ihm zunächst nicht leichtgefallen, sich zu orientieren, doch es gelang ihm, wieder zu sich selbst zu finden; er hatte studiert und war mittlerweile promovierter Psychologe. Er hatte nicht vergessen, was er im Krieg und in der Zeit danach gelernt hatte. Anders als die meisten Leute, die sich bis heute alle Mühe geben, Vietnam zu verdrängen, erkannte er, daß die Soldaten, die wie er aus diesem Krieg zurückgekehrt waren, ihn brauchten. Mit diesen Menschen, die seinem Herzen am nächsten standen, wollte er arbeiten.

Auf meinen Antrag hin hatte dieser Psychologe Santana untersucht und festgestellt, daß der Angeklagte in der Tat traumatische Störungen aufwies, wie sie bei vielen Vietnamveteranen anzutreffen sind, daß die Vergewaltigungen jedoch nicht auf diese Störungen zurückzuführen waren.

Der Psychologe erklärte den Geschworenen den Begriff posttraumatisches Streßsyndrom. Für mich war das nichts Neues. Diese Diagnose kam in meiner Arbeit am häufigsten vor. Ob bei vergewaltigten Frauen, bei Kindern, die in der Familie sexuell mißbraucht wurden, oder bei geschlagenen Ehefrauen – in meiner tagtäglichen Arbeit erlebte ich immer wieder die verschiedenen Erscheinungsformen dieses Syndroms. Bei anderen Prozessen hatte ich selbst mit dem Begriff operieren müssen, um der Jury klarzumachen, warum ein Opfer sich nicht ihren Erwartungen entsprechend verhielt. Jetzt wollte ich den Geschworenen erklären, warum dieses Syndrom keine Entschuldigung für Vergewaltigung war.

Der Psychologe definierte den Begriff unter den verschiedensten Aspekten und gab zu jedem eine kurze Erläuterung:

(1) Es muß ein traumatisches Erlebnis stattgefunden haben (»ein Erlebnis, das katastrophal genug ist, um den normalen Erfahrungsbereich des Menschen zu überschreiten«).
(2) Ein ganzer Komplex von Symptomen trägt dazu bei, daß das Trauma immer wieder nachvollzogen wird (erneutes Durchleben, Erinnerungen, die sich aufdrängen, Alpträume, ja sogar unwillkürliche Gedanken).
(3) Es gibt einen Komplex von Symptomen, die zur Betäubung oder Verdrängung beitragen (wo die traumatisierte Person abstumpft als Schutz davor, das Trauma immer wieder zu durchleben).
(4) Mehrere untergeordnete Symptome treten auf, unter anderem eine »Schreckreaktion« auf unerwartete Ereignisse.

Was eine Schreckreaktion ist, wußte ich sehr gut. Als ich meinen Mann kennenlernte, war er gerade aus dem vom Krieg zerstörten, vom Hunger verzehrten Biafra zurück, wo er versucht hatte, die Verteilung von Nahrungsmitteln zu organisieren. Damals fuhr er bei jedem lauten Geräusch zusammen, als wäre er immer noch im Bombenhagel. Ich begriff, daß ich etwas Ähnliches schon einmal erlebt hatte – in einer verdreckten Wohnung in der South Bronx, in meiner Eigenschaft als Sozialarbeiterin bei Andros II. Später, als ich mich der Strafverfolgung von Sexualverbrechen widmete, merkte ich, daß ich selbst in bestimmten Situationen so reagierte.

Der Psychologe machte deutlich, daß das posttraumatische Streßsyndrom nicht etwa bedeutet: der Angeklagte ist im Sinne des Gesetzes nicht zurechnungsfähig. Dazu gehöre schon etwas mehr, erklärte er, zum Beispiel »dissoziative Zustände«, die Santana nicht habe.

Während mein Gutachter seine Aussage machte, überlegte ich, einen zweiten Sachverständigen für sexuellen Kindesmißbrauch aufzurufen, und kam zu dem Schluß, daß der Aufwand in keinem Verhältnis zum möglichen Nutzen stand. Es war Zeit, daß auch die Anklage ihre Beweisführung abschloß. Also gab ich die Schlußformel zu Protokoll. Der Richter wandte sich an den Verteidiger.

Ich weiß weder, *wann* Santana sich entschlossen hat, nicht auszusagen, noch *warum*. Bis zum letzten Moment hatte ich keine Ahnung, wie er sich entscheiden würde. Ich weiß nur eines: Santana hätte sich über die Entscheidungen seines Psychiaters und seines Anwalts hinweggesetzt, wenn er sich einen Vorteil davon versprochen hätte. Er verstand es sehr wohl, sich für seine eigenen Interessen einzusetzen. Schließlich war das das Wichtigste in seinem Leben.

Da die Verteidigung ihre Beweisführung schon zum zweitenmal abgeschlossen hatte, spielte es keine Rolle mehr, welche Zeugen hätten aufgerufen werden sollen. Wichtiger war, daß die Verhandlung, nachdem wir uns vor dem Richter das übliche Geplänkel um die paar juristischen Spitzfindigkeiten geliefert hatten, auf den nächsten Morgen vertagt wurde und die Zeugenaussagen damit abrupt beendet waren. Im Grunde war der Prozeß zu Ende – bis auf die letzten Wortgefechte, auch Plädoyers genannt.

Da ich Santana im Ring nicht zur Strecke bringen konnte, mußte ich mich voll und ganz auf mein Plädoyer konzentrieren.

Am Beginn des Prozesses hatte ich gewußt, was ich den Geschworenen sagen wollte. Santana war ein Vergewaltiger. Wer das nicht einsehen wollte, der schottete sich gegen die Wahrheit ab. Aber inzwischen war aus der Abschottung eine regelrechte Klagemauer geworden.

Ich besprach das Problem mit meinem Mann, erzählte ihm von meiner Wut auf den Psychiater, beschwerte mich über die unverständlichen Antworten dieses Arztes, als ich ihn festnageln wollte. Mein Mann hat die Gabe, mit wenigen Worten sehr viel zu sagen:

Wenn das, was der Gutachter der Verteidigung gesagt hatte, keinen Sinn ergab, dann läge das vielleicht daran, daß der Bursche Unsinn geredet hatte. Perfekt.

Als ich am Freitagmorgen ins Gericht kam, bemühte ich mich, mir nicht anmerken zu lassen, wie nervös ich war. Der Zeuge war mir durch die Lappen gegangen. Mit dem Vergewaltiger durfte mir das nicht passieren.

Als Verteidigerin bin ich zum Schlußplädoyer grundsätzlich weißgekleidet erschienen, damit die Geschworenen Unschuld assoziieren konnten. Als ich Staatsanwältin wurde, ging ich zu Schwarz und Weiß über. Ich wollte den Geschworenen damit zu verstehen geben, daß die Sache klar war – schwarz und weiß. Ohne Grautöne. Ohne Ausflüchte. Das sollten sie spüren und sich damit auseinandersetzen.

Die Geschworenen kamen in den Saal. Sie wirkten ernst und schienen sich der Würde der Situation bewußt zu sein. Der Sommer war heiß und schwül gewesen wie meist in New York. Dementsprechend waren die Mitglieder der Jury an den gewöhnlichen Prozeßtagen gekleidet gewesen – leichte Hosen und T-Shirts, anständig, aber nicht elegant. Heute hatten sich alle fein gemacht. Das hatte ich bei diesem Anlaß noch nie erlebt, und ich war mir nicht sicher, was es zu bedeuten hatte.

Der Verteidiger stand auf und ergriff das Wort. Er ließ Santanas Leben noch einmal Revue passieren. Für jedes Unrecht, das der Angeklagte begangen hatte, hatte er eine Entschuldigung parat.

> **Da dreht einer durch und schießt sich, ohne lange zu überlegen, in die Hand. Danach wacht er im Krankenhaus auf und soll sagen, was passiert ist. Warum sagt er, die Wunde rührt von einem Schrapnell her? Warum sagt er nicht einfach: »Ich habe mir selber in die Hand geschossen, weil ich es nicht mehr ertragen konnte?« Weil er sich schämt. Er ist kein unmoralischer Mensch ...**

Das war das Thema des Verteidigers. Er wiederholte es in allen möglichen Variationen – auf die Vergewaltigungen kam er nicht zu sprechen.

Dann war ich an der Reihe. Ich hatte wie vor jedem Plädoyer meine übliche Angstsekunde, aber dann stand ich vor den Geschworenen und wußte: das war meine letzte Chance, sie zu überzeugen. Während der Verteidiger sprach, hatte Santana aufmerksam gelauscht und seinen Anwalt beobachtet. Ob er mich ebenfalls beobachtete, weiß ich nicht. Ich hatte nur Augen für die Geschworenen. Um den Angeklagten würde ich mich kümmern, wenn es so weit war.

Als erstes mußte ich den Fall von der psychiatrischen Ebene wegbekommen. Ich erinnerte mich an die Worte meines Mannes:

> **(W)enn es bei diesem Prozeß Zeugenaussagen gegeben haben sollte, die Sie verwirrt haben, so ist das nicht Ihre Schuld, sondern liegt an den Aussagen ... hier ist über viele Dinge diskutiert worden, die für Sie vielleicht nicht immer einen Sinn ergeben haben. Wenn Sie etwas nicht verstanden haben, dann dürfen Sie getrost davon ausgehen, daß es Unsinn war... (D)ieser Fall kann nicht von Psychiatern oder Psychologen entschieden werden. Diese Zeugen haben nur ihre Aussagen gemacht. Ob ihre Aussagen für Sie von Belang sind oder nicht, müssen Sie selbst feststellen, weiter nichts. Wir wissen, daß Mr. Santana von vielen Psychiatern befragt worden ist, und wir wissen auch, daß die Ergebnisse, zu denen diese Psychiater gekommen sind, nur in sehr wenigen Punkten übereinstimmen. Allerdings sind sich alle darüber einig, daß er gewisse Störungen hat.**

Ich merkte, wie lange es mich gedrängt hatte, das auszusprechen, was ich als nächstes sagte. Es kam mir vor, als gäbe es da eine Wahrheit, die nur darauf wartete, daß ich sie aussprach.

> **Wir wissen, daß er gewisse Störungen hat. Er ist ein Vergewaltiger. Mit jemandem, der vergewaltigt, kann etwas nicht stimmen. Besonders mit jemandem, der nicht nur einmal, sondern immer wieder vergewaltigt. Aber das heißt nicht, daß er geisteskrank ist. Das heißt nicht, daß er in dem Moment des Verbrechens einem Realitätsverlust unterliegt.**
>
> **Daß mit diesem Mann etwas nicht stimmt, ist klar; aber was mit ihm nicht stimmt, ist die Tatsache, daß er ein Verbre-**

cher ist. Er begeht Verbrechen. Er begeht gemeine, obszöne Verbrechen. Und wir sind nicht hier, um ihn wegen seines Charakters zu verurteilen, auch nicht wegen seines ganzen Lebens. Wir sind hier, um ihn wegen ganz bestimmter Verbrechen zu verurteilen.

Ich zog zwei Beweisstücke hervor, zwei kleine goldene Anhänger. Mit zitternden Händen hielt ich sie vor den Geschworenen in die Höhe.

Wenn dieser Prozeß zu Ende ist – Sie wissen aus der Zeugenaussage, daß dieses Kreuz und diese Palette (Maria Rosaro) gehört haben. Wenn dieser Prozeß zu Ende ist, wird die Staatsanwaltschaft ihr beides zurückgeben, falls sie Wert darauf legt. Santana hat ihr in jener Nacht noch etwas genommen, das ihr niemand zurückgeben kann. Auch (Kerri Woods) und (Beth Tyler) hat er in jener Nacht etwas genommen, das niemand ihnen zurückgeben kann. Er hat ihnen das Gefühl der Sicherheit genommen, das Gefühl, sicher zu sein vor Gewalt, Vergewaltigung, Raub, davor, mit vorgehaltenem Messer überfallen zu werden. Das hat er ihnen genommen, und vielleicht werden sie das ihr Leben lang nicht mehr haben. Deshalb steht er vor diesem Gericht.

Er war ein Vergewaltiger. Hatten sie das nicht begriffen? Er gab zwar nicht den Opfern die Schuld, aber er redete sich mit seinem schweren Leben heraus. Doch im Grunde ging es ihm nur darum, sich herauszureden; um keinen Preis wollte er die Verantwortung für seine Taten übernehmen. Santana war ein Soziopath. Heute nennt man solche Leute »sozial gestörte Persönlichkeiten«. Doch egal, wie man es nennt, das Phänomen bleibt dasselbe:

Mr. Santana ist ein Mensch, der in seinem ganzen Leben nur seinen eigenen Schmerz gefühlt hat, nie den anderer Menschen. Ihn interessiert nur sein eigener Schmerz, und sein eigener Schmerz hat stets Priorität ... Dieser Mann ist ein Lügner und ein Manipulator, und er geht über Leichen, um nur ja nicht die Konsequenzen seines Handelns tragen zu müssen.

Hier ging es um konkrete Verbrechen. Und wenn ich die Jury nicht mit meinen Worten überzeugen konnte, dann sollte Santana selbst reden. Ich las den Geschworenen noch einmal vor, was Santana zu Maria, Beth und Kerri gesagt hatte, während er sie vergewaltigte. Ich zeigte auf den Angeklagten. Jetzt war der Augenblick gekommen, wo ich mich ihm zuwandte, und zwar vor der Jury, nicht um die Zuschauer zu beeindrucken. Was er zu seinen Opfern gesagt hatte, waren nicht die Worte eines Mannes, der in Trance ist. Das war genau überlegt. Santanas Bosheit war sichtbar, war hörbar.

> **Als sie versuchte, ihn anzusehen, sagte er: »Sieh zur Wand! Sieh zur Wand!« und er drückte das Messer fester . Er reißt ihr die Kleider herunter, schneidet den Gürtel ab. Sie stellt Blickkontakt zu ihm her, und er ist überrascht und wird wütend. »Mach die Augen zu. Leg dich hin, sonst bring ich dich um.« . . .**
>
> **Das hat nichts mit Flashbacks oder dergleichen zu tun. Er vergewaltigt sie, weil er es will. Dieser Mann geht über Leichen, um das zu kriegen, was er will. Das stempelt ihn nicht zum Verrückten. Er ist einfach ein schlechter Mensch, weiter nichts.**

Die Wahrheit, die die Geschworenen wissen mußten, lag einzig und allein in diesen Verbrechen. Die Geschworenen mußten entscheiden, ob sie dem Feind helfen, ob sie ihn gewähren lassen wollten. Daran erinnerte ich sie noch einmal.

> **Sie wissen nun, soweit man das als Außenstehender überhaupt wissen kann, was 1983, als er diese Vergewaltigungen und Raubüberfälle begangen hat, in Mr. Santanas Kopf vor sich ging, und Sie wissen, wonach wir Menschen beurteilen, nämlich nach ihren Taten, danach, was sie sagen und was sie tun.**
>
> **Mr. Santanas Spiel ist es, andere zu manipulieren . . . und Sie haben darüber zu entscheiden, ob dieses Spiel jetzt aus ist, oder ob es weitergehen soll.**
>
> **Wenn der Richter nachher gesprochen haben wird und Sie sich im Geschworenenzimmer versammeln, dann sind Sie und**

Mr. Santana die einzigen Menschen, die hier noch von Belang sein werden. Sie müsen ihm etwas sagen. Sie können sagen: »Armer Manny, du hast ja so ein schweres Leben gehabt, wir glauben nicht, daß du für diese Verbrechen verantwortlich bist.« Oder Sie können ihm die Wahrheit sagen, . . . und die Wahrheit kann nur heißen »schuldig«.

Ich stieß noch ein paar Sätze hervor, hatte Angst aufzuhören. Dann war ich am Ende, setzte mich hin, zitterte, wie immer, wenn alles vorbei ist. Der Richter gewährte der Jury eine Pause, bevor er das Wort ergriff.

Wie alle Rechtsbelehrungen während des Prozesses erforderte auch dieses Schlußwort immense Selbstbeherrschung. Der Verteidiger und ich gaben uns Mühe, interessiert und konzentriert zu wirken. Santana vergaß sein Theaterspielen. Als der Richter fertig war, bat der Verteidiger, den Angeklagten auf dessen Wunsch während der Beratungen der Jury vom Prozeß zu beurlauben. Er sei müde und wolle die Nacht im King's County Hospital verbringen. Ich hatte keine Ahnung, ob das Gesetz so etwas zuließ. Der Richter wußte es auch nicht – ein solcher Antrag war noch nie gestellt worden –, wollte sich aber erkundigen. So lange müsse der Angeklagte im Gericht bleiben.

Jetzt kam das Schlimmste – das Warten. Den ganzen Prozeß über hatte mir die Gewißheit, daß Santana unmöglich freigesprochen werden konnte, geholfen, Schwierigkeiten zu überwinden. Jetzt mußte ich mir überlegen, was ich tun konnte, wenn das Verdikt der Geschworenen »nicht schuldig« lautete.

Nun, da ich Zeit hatte, den ganzen Prozeß noch einmal Revue passieren zu lassen, bekam ich es mit der Angst zu tun. Die Beweislage im Fall Emanuel Santana war erheblich besser als gewohnt. Aber auch die Rechtfertigung des Angeklagten war sehr viel geschickter. Es gab genug, was die Geschworenen überzeugen mußte, vorausgesetzt, sie ließen sich nichts vormachen. Aber das konnte niemand vorhersehen.

Santana wollte, daß seine Ausreden wahr waren. Er wollte eine Krankheit haben, die ihn freisprach von der Verantwortung für das, was er getan hatte. Trotzdem hatte er den Prozeß gewollt, weil er –

wie jeder Vergewaltiger – davon überzeugt war, daß die Geschworenen ihn »nicht schuldig« sprechen würden. Er kannte sich aus mit Kollaborateuren. Und er unterschätzte – wie jeder Vergewaltiger – den Widerstand.

Ganz gleich, wie das Verdikt lautete. Eine verlorene Schlacht ist kein verlorener Krieg. Doch die Opfer, die wir zu beklagen haben würden, wenn die Jury für »nicht schuldig« entschied, wogen schwer.

Nachdem die Beratungen sich den halben Nachmittag hingezogen hatten, ging das Licht im Gerichtssaal an und signalisierte, daß die Geschworenen uns etwas mitteilen wollten. Der Richter ließ die Sicherheitskräfte verstärken. Der Gerichtsdiener rief den Fall auf.

– **Holen Sie die Geschworenen.**
– **Die Geschworenen kommen.**
– **Das Gericht hat eine schriftliche Mitteilung erhalten, die von der Obmännin unterzeichnet ist und wie folgt lautet: Euer Ehren, wir, die Geschworenen, sind zu einem Spruch gelangt. Das ist unterschrieben von der Obmännin . . . Wir geben das als Beweisstück Numero 4 zu den Akten.**
– **Meine Damen und Herren Geschworenen, erheben Sie sich bitte von Ihren Plätzen. Angeklagter, bitte stehen Sie auf. Obmännin, wie lautet der Spruch der Jury zum ersten Punkt der Anklage, vorsätzlicher Raub?**
– **Schuldig.**

Schuldig in allen Anklagepunkten. Schuldig.

Gott sei Dank.

Die Verstärkung der Sicherheitskräfte hätte der Richter sich sparen können. Santana zeigte keine Reaktion. Bis zu dem Moment, als die Obmännin das Wort ergriffen hatte, war die Jury für Emanuel Santana noch von gewissem Interesse gewesen. Jetzt zählten wir alle nicht mehr. Santana war in einem finsteren, verschlossenen Raum. Er brauchte nicht die Arme auszustrecken und nach den Wänden zu tasten. Er hatte alles, was er brauchte, in sich. Sollte er jemals wieder rauskommen, wird er eine Menge Leute bezahlen lassen.

5

Als ich am Montagmorgen wieder in die Sonderabteilung kam, wartete dort bereits ein Berg von Problemen und Entscheidungen. Ich war lange nicht im Büro gewesen, und in unserer Abteilung überschlugen sich die Ereignisse fortwährend. Ich brauchte ein paar Tage, um mich wieder zurechtzufinden. Jim brauchte noch länger, um mir zu erzählen, daß O'Toole inzwischen das Dealangebot im Fall John German akzeptiert hatte. Na prima.

Man hatte German Bewährung und eine Vortragsreihe versprochen.

Jim war so empört, daß ich gar nicht lange fragte, wie er das zulassen konnte und was O'Toole dazu gebracht hatte, aktiv zu werden. Ich bat ihn nur, herauszufinden, ob German noch andere Knaben mißbraucht hatte. Er versprach, alles daran zu setzen.

Der Deal erregte in der Presse wenig Aufsehen. Bei Gericht wurde ein bißchen darüber diskutiert, aber dann ging man wieder zur Tagesordnung über.

Vom für unsere Abteilung zuständigen Ressortleiter, meinem direkten Vorgesetzen also, erfuhr ich, was passiert war. Offenbar reichte es O'Toole nicht, daß German in Queens den Deal seines Lebens kriegte, er wollte, daß der Beklagte noch billiger davonkam. Er hatte wohl beim für den Osten der Vereinigten Staaten zuständigen Bundesgericht angerufen und mit seinem dortigen Richterkollegen sprechen wollen, ob er nicht noch einmal über das vom Bundesgericht verhängten Urteil von vier Jahren nachdenken könnte. Der Bundesrichter hatte sich geweigert, den Anruf entgegenzunehmen, und seine Mitarbeiter angewiesen, nicht mit dem Burschen aus Queens zu reden, falls er sich noch einmal melden sollte. Mein Vorgesetzter lachte. Er fand, daß der Bundesrichter ein ziemlicher Angsthase war. So weit die Geschichte.

Ich fragte Jim, ob er gewußt hatte, was O'Toole im Schilde führte. Irgendwie schon. O'Toole hatte von ein paar Anrufen gesprochen – bei den näheren Einzelheiten hatte Jim allerdings nicht mehr hingehört.

Vorübergehend verloren wir German an die Bundesjustiz. Dort brauchte man ihn für die Urteilsverkündung und die Einstufung. Monate vergingen. Es war nicht abzusehen, wann wir German zurückbekommen würden. Jim kündigte, er verließ die Sonderabteilung und eröffnete eine eigene Kanzlei. Diese »Strafverfolgung« konnte ich keinem anderen Staatsanwalt übertragen, also landete der Fall auf meinem Tisch bis zum bitteren Ende.

An Germans »Urteil« zu denken, machte mich von Mal zu Mal wütender. Nicht nur, daß man einen aggressiven Pädophilen unmöglich so davonkommen lassen konnte. Die Sonderabteilung war inzwischen trotz aller Hindernisse auf dem besten Wege, zu einer Modellinstitution für das ganze Land zu werden. Wenn German kriegte, was er wollte, wenn der Richter sich mit diesem obszönen Urteil durchsetzte, würden wir zum nationalen Beispiel dafür werden, wie Pädophile, die sich an Kindern vergehen, belohnt werden.

Der Deal war eine Tatsache, mit der wir leben mußten; seit Germans Verhaftung war fast ein Jahr vergangen. Ich wußte nicht, ob es etwas bringen würde, German wegen weiterer Verbrechen anzuklagen. Ein Richter konnte uns das unter Umständen als Böswilligkeit auslegen und so neue Klagen abweisen. Trotzdem war ich entschlossen, falls alles andere schiefging, auf diese Idee zurückzugreifen. Aber in erster Linie mußte ich natürlich versuchen, O'Toole umzustimmen.

Wir hatten es nicht geschafft, den Richter über die Verbrechen oder die Opfer aufzuklären. O'Toole hatte bei sämtlichen Sitzungen immer nur German im Mittelpunkt gesehen. Möglicherweise konnte ich mehr erreichen, wenn ich mich ebenfalls auf diese Perspektive einließ. Viel versprach ich mir davon nicht, aber fürs erste war es das einzige, was ich tun konnte. Ich machte mich daran, die Begründung meines Strafantrags auszuarbeiten, einen Schriftsatz also, der alle Informationen enthält, die das Gericht zur Urteilsfindung benötigt.

Nach allem, was ich gelesen hatte, waren Pädophile nicht therapiefähig – sie blieben ihr Leben lang pädophil, egal, was man für (oder gegen) sie unternahm. Alles mögliche war versucht worden, von Gehirnoperation über die chemische Kastration bis hin zur sogenannten »Aversionstherapie« (deren Ziel darin besteht, daß der Pädophile nach seiner »Heilung« jedesmal, wenn er das Verlangen hat, ein Kind zu vergewaltigen, ein Gummiband gegen sein Handgelenk schnippen läßt). Es gab sogar Fälle, wo man eine chirurgische Kastration in Betracht zog – als ob die Entfernung bestimmter Organe einen Menschen ändern könnte. Als ob solche Leute sich nicht mit Colaflaschen oder Besenstielen zu helfen wüßten. Alle diese Methoden funktionierten nicht. Und das Schlimmste ist: die Experimente werden immer erst dann als gescheitert erkannt, wenn weitere Kinder zu Schaden gekommen sind.

Ich fand eine Menge Material, das mich hoffen ließ. Ich konnte einen überzeugenden Bericht zusammenstellen und starke Argumente gegen die Auffassung des Richters ins Feld führen. Inzwischen war auch German nicht untätig. Am Freitagnachmittag, eine Woche bevor die nächste Urteilsverkündung in seinem Fall angesetzt war, erhielt ich per Post ein vom Beklagten verfaßtes Schriftstück. Der Verteidiger versuchte es später so darzustellen, als sei dieser »Vorschlag« Teil der Begründung meines Strafantrags gewesen, doch das stimmte nicht – es war der reinste Siegesschrei.

German wollte seinen »guten Ruf« beweisen. Sein Brief sollte mir zeigen, daß er seine Taten bereute. Ich hatte eher den Eindruck, daß er sich damit brüstete. Aufrichtiges Mitleid hatte er, wie alle Soziopathen, nur mit sich selbst.

Bei meiner Verhaftung im *Flushing Boys Club* in New York City sagte der FBI-Agent zur mir: »Jetzt ist es aus!« Siebzehn Jahre lang hatte ich sexuelle Kontakte zu Kindern zwischen acht und siebzehn Jahren, durchweg Jungen, deren Familien mich sehr gut kannten und mich liebten, mir vertrauten und mich als »großen Bruder« oder als Vaterfigur für ihre vaterlosen Söhne akzeptierten.

1959, im Alter von neun Jahren, ich war damals in der vierten Klasse auf einer katholischen Schule in Massachusetts, wurde ich bei drei verschiedenen Gelegenheiten von drei Männern sexuell mißbraucht; sie zwangen mich und meinen Freund, Fellatio, Analverkehr, Masturbation und andere sexuelle Handlungen aneinander vorzunehmen. Ich verstand damals nicht, was mir geschah. Ich war verwirrt, voller Angst und neugierig. Im Alter von elf Jahren wurde ich erneut mehrfach sexuell mißbraucht, diesmal von einem Schwimmlehrer in einer städtischen Badeanstalt, der mich während des Unterrichts begrabschte und mich anstarrte, wenn ich nackt unter der Dusche oder in der Umkleidekabine stand. Er lachte mich auch im Beisein jüngerer Knaben aus, die besser lernten als ich, und ich hatte Angst, fühlte mich abgelehnt und traute mich nicht, das jemandem zu erzählen, weil ich fürchtete, Ärger zu bekommen und bestraft zu werden. Es gab niemanden, bei dem ich mich aussprechen konnte. Ich bin in einer Arbeiterfamilie mit sieben Kindern und streng katholischem Hintergrund aufgewachsen. Sexualität war eine Sünde; darüber wurde nicht geredet. Mit vierzehn Jahren wurde ich von einer Frau angegrabscht, die mich mit ihrem Auto mitnahm; im selben Jahr von einem älteren Mann, der mir in seinem PKW auf einem Parkplatz Fotos von nackten Mädchen zeigte und mir dabei den Arsch betatscht hat. Schließlich erzählte ich ein paar Freunden, was mir passiert war, aber die glaubten mir die Sache mit dem alten Mann nicht und lachten mich aus, weil ich mich mit der Frau nicht noch weiter eingelassen hatte. Ich konnte ihnen nicht klarmachen, wie verängstigt und verwirrt ich war.

Ich fühlte mich immer isolierter, entfremdete mich immer mehr sowohl von den Gleichaltrigen als auch von den Erwachsenen und hatte niemanden, dem ich mich anvertrauen, dem ich vertrauen konnte. Mit Mädchen blieb immer alles rein platonisch, und wenn es zu intimen Situationen kam, fühlte ich mich dem nicht gewachsen und hatte Angst. Zwischen meinem vierzehnten und meinem siebzehnten Lebensjahr, ich besuchte damals eine private Oberschule, wurde ich regelmäßig von drei katholischen Brüdern angefaßt und gestreichelt. Viele Knaben wurden in ähnlicher Weise mißbraucht, und die Jungen, denen es nicht so ging, lachten nur darüber und machten Witze, und niemand unternahm etwas, um diesem Treiben Einhalt zu gebieten. Mit fünfzehn Jahren wurde ich Helfer in einem Waisenhaus für gestörte Knaben zwischen zehn und dreizehn Jahren und mußte jeden Tag dreizehn Jungen beim Sport, den Hausaufgaben, den Mahlzeiten, beim Baden und der Erledigung ihrer anderen Pflichten beaufsichtigen und mir ihre persönlichen Probleme und Sorgen anhören. Ich entwickelte ein starkes emotionales Verhältnis zu diesen Knaben und wurde für sie zu einer Art Vaterfigur; gleichzeitig begann ich mich für einige von ihnen intensiver zu interessieren. Ich verstand nicht, weshalb ich mich so sehr zu ihnen hingezogen fühlte, und hatte weiterhin Verabredungen mit Mädchen. Sexuell aktiv wurde ich vier Jahre später, während meines ersten Semesters auf dem College. In der Regel ging ich Beziehungen zu schüchternen, vaterlosen Knaben ein, die sehr verschlossen waren und Kontaktschwierigkeiten hatten. Diese Jungen waren ungesellig und unsportlich und hatten deshalb alle möglichen Schwierigkeiten. Sie waren in vielem genauso, wie ich als Junge gewesen war. Wir unternahmen Campingausflüge, gingen zusammen einkaufen, erledigten unsere Pflichten gemeinsam, besuchten meine Familie und meine Freunde, ich nahm sie mit zu Verabredungen, ging mit ihnen zu Versammlungen, zu Bewerbungsgesprächen, Sportereignissen, Konzerten und Arztterminen, kurzum, ich tat alles, wozu Eltern häufig keine Zeit haben. Ich wurde oft von Außenstehenden für meinen großartigen Einsatz gelobt und sah darin in gewisser Weise eine Rechtfertigung für meine Zuneigung, die mich intime Beziehungen zu diesen Knaben eingehen ließ. Meine Arbeit und Freizeit drehten sich nur um Kinder, und das verschleierte für mich die Probleme, die ich hatte und denen ich mich nicht stellte. Ich verstand nicht, daß das, was ich tat, etwas Unrechtes war . . .

Zweimal veranlaßten mich schwere Schuldgefühle und die Angst, »entdeckt« zu werden, zur Beichte zu gehen. Der eine Priester hörte sich an, daß ich sexuelle Kontakte zu Knaben hatte, und gab mir auf, als Buße ein paar Gebete zu sprechen – das war alles. Der andere machte sich, nachdem er meine Beichte gehört hatte, daran, den Jungen zu suchen, mit dem ich eine Beziehung hatte und den ich in meiner Beichte namentlich erwähnt hatte. Er fuhr über das Wochenende mit ihm in ein kirchliches Ferienlager und hatte dort Geschlechtsverkehr mit ihm. Es war mir schon immer schwergefallen, Erwachsenen zu vertrauen und mich in der Kirche geborgen zu fühlen. Nach dieser Sache wurde das nur noch schlimmer.

Meine Erfahrungen als Opfer begannen vor achtundzwanzig Jahren. Ich selbst mißbrauche seit siebzehn Jahren Kinder, und es ist doch erstaunlich, wie ich es so oft mit neun »kleinen Brüdern« treiben und Kontakte zu etwa drei Dutzend weiteren Knaben haben konnte, ohne daß irgend jemand etwas davon bemerkt hat. Niemand hat Klage geführt, niemand hat Hilfe geholt.

Der juristische Terminus *res ipsa* bedeutet: »das spricht für sich«. Germans Schreiben sagte alles, was es über seinen Verfasser zu sagen gab. German *genoß* es, zu erzählen, wie man ihn mißbraucht hatte; das merkte man daran, wie er von einer eher sachlichen Ausdrucksweise auf Formulierungen wie »mir den Arsch betatscht hat« überging und sich daran weidete, was für ein »scharfer Boy« er gewesen war. Mit dem Jungen, der von dem Priester ein zweites Mal mißbraucht worden war, hatte er kein Mitgefühl; ihn interessierte nur seine eigene Glaubenskrise. Er erfüllte »elterliche Pflichten«, wie zum Beispiel, die Jungen, die er mißbrauchte, zu Verabredungen mitzunehmen (!). »Niemand hat Klage geführt« will sagen, German hatte niemandem geschadet, niemandem etwas angetan, also hat »niemand Hilfe geholt«, weil niemand sie nötig hatte.

Mittlerweile erwartete ich von Sexualstraftätern schon gar nichts anderes mehr als solche albernen, fadenscheinigen Rechtfertigungen; zwischen den Zeilen dieser »Beichte« las ich, daß German nicht für seine Verbrechen zur Rechenschaft gezogen werden wollte, daß das, was er verbrochen hatte, ja gar nicht so schlimm sei, daß er so viel Gutes getan habe und man den Opfern die Schuld geben müsse – den anderen Opfern natürlich, nicht ihm.

Neu und schwer zu ertragen war für mich der Kontext. Dieses Schreiben war keine Verteidigung, die einer Jury vorgelegt werden sollte, sondern ein »Vorschlag«, der mir immerhin durch einen Richter übermittelt worden war.

Ich studierte das Schreiben, las alle Einzelheiten, die er sorgfältig zusammengetragen hatte und die offenbar dazu dienen sollten, einen Club zur Ausrottung eines sozialen Übels zu gründen. Und der Star des Ganzen war John German, der Pädophile des Jahres.

Offenbar hatte ich keine Chance, O'Toole zu einem Sinneswandel zu bewegen. Entmutigt und mit weichen Knien ging ich nach Hause und wollte überlegen, was ich tun konnte. Wenn Germans Vorschlag mich nicht so wütend gemacht hätte, hätte es vielleicht nicht das ganze Wochenende gedauert, bis mir klar wurde, daß er mir mit seinem Schreiben eine Waffe in die Hand gegeben hatte.

Ich sah mir noch einmal die Stellen an, die O'Toole betrafen. Davon gab es mehrere. In dem Absatz, wo German über seine Vortragsreise in Sachen Pädophilie schrieb, hieß es:

> Dieses Vorhaben wird unterstützt vom Obersten Gericht des Staates New York, (O'Toole, und die Gruppe von »Therapeuten«, die ihn (den Angeklagten – A.d.Ü.) behandelt und das Projekt geplant haben) so-

> wie von den vielen bekannten Organisationen, die sich ständig mit dem Problem beschäftigen und nach besseren Möglichkeiten suchen, die Betroffenen zu entdecken, sie zu hindern, zu verstehen, aufzuklären und ihnen Hilfe anzubieten.

Und wenn German sich (von seiner, wie er behauptete, einzigartigen Warte als Opfer und Täter aus) über die »Pädophilie« äußerte, las ich das so:

> Die dadurch verursachte schmerzliche und zerstörerische Isolation bringt es mit sich, daß Tausende, ja Millionen Kinder nicht wissen, an wen sie sich wenden sollen, und genau das hat eines meiner Opfer (Richter O'Toole) gegenüber geäußert, der vorausschauend und mutig genug war, um zu erkennen, daß eine Lösung gefunden werden muß – ein besserer Weg. Er hat sich für dieses Vorhaben eingesetzt, um Tausenden von Menschen, die von Berufs wegen mit diesem Problem zu tun haben und mit und für Kinder arbeiten, Aufklärung zu geben.

An der Stelle, wo es um die Gründung der Organisation an sich ging, brüstete sich German:

> In Zusammenarbeit mit Spezialisten für die Therapie von Sexualstraftaten ... (Gutachter und Therapiespezialisten für Mr. German), (dem Verteidiger) und meiner Person denkt (Richter O'Toole) daran, ein groß angelegtes nationales Vorbeugungs- und Aufklärungsprogramm zu entwickeln, daß sich sowohl mit den Kindern selbst als auch mit der Behandlung des Problems und seiner Lösungswege in den Medien sowie in psychologischen, juristischen und pädagogischen Fachpublikationen auseinandersetzen soll. (O'Toole) und die Gruppe haben mit über hundert Spezialisten Verbindung aufgenommen, und bis dato haben uns über sechzehn Organisationen ihr starkes Interesse bekundet und ihre Unterstützung zugesagt.

Offenbar hatte O'Toole versprochen, selbst als Redner aufzutreten:

> Gegebenenfalls werden wir zu bestimmten Themen oder Aspekten weitere Redner einladen (z. B. einen Richter, einen FBI-Agenten, ein Opfer oder die Mutter eines Opfers etc.)

Als O'Toole den Deal annahm, hatte er durchaus im Rahmen dessen gehandelt, was ein Richter nach dem Gesetz tun darf. Deshalb konnten wir ihn auch nicht daran hindern. Aber aus Germans Vorschlag ging hervor, daß O'Toole diese Grenze (mit Begeisterung) überschritten hatte.

Laut German hatte O'Toole aktiven Anteil an einem Plan, der weit über die Urteilsfindung hinausging. Der Richter war (gemeinsam mit Germans Therapeuten, seinem Anwalt und dem Beklagten selbst) im Begriff, eine juristisch zweifelhafte und moralisch nicht zu billigende Organisation zu gründen, die offenbar Leute ausbilden sollte, dazu Vorträge halten und Bücher publizieren. German selbst wollte Kinder über sexuellen Mißbrauch aufklären (was die anderen Teilnehmer allerdings später zu bestreiten versuchten). Der Angeklagte bekam dadurch zwar keine Gelegenheit zu weiteren kriminellen Handlungen, aber er wurde mit Hilfe einer solchen Organisation zum Helden stilisiert, und vor allem bewahrte sie ihn vor dem Gefängnis. Außerdem konnten andere Pädophile hoffen, daß man mit ihnen ebenso verfahren würde. Mit der Sache war eine Menge Geld zu machen, und von »Gemeinnützigkeit« war keine Rede.

Ich wußte, daß es einen juristischen Ehrenkodex gibt, der festschreibt, was ein Richter tun darf und was nicht. Dieser Plan verletzte das richterliche Ethos bestimmt.

Den Montag verbrachte ich mit dem Studium von Präzedenzfällen. Ich las Richter Assertas Kommentar vom Nigger im Busch. Disziplinarmaßnahmen gegen Richter blieben normalerweise geheim, es sei denn, der Betroffene legte Berufung ein. Das hatte Asserta getan. Aber es hatte ihm nichts geholfen.

Nach dem Präzedenzrecht mußte sich ein Richter schon einiges mehr zuschulden kommen lasen, damit man gegen ihn einschreiten konnte. Was ich gegen O'Toole in der Hand hatte, reichte nicht aus. Allerdings waren die Richter grundsätzlich gehalten, »jeden Anschein einer Regelwidrigkeit zu vermeiden« und »sich geschäftlicher Kontakte zu den prozeßführenden Parteien zu enthalten«. Das lieferte mir die Munition, die ich brauchte, um ins Gefecht zu ziehen.

Ich redete mit niemandem außer mit meinem Mann über mein Vorhaben. Nirgendwo stand geschrieben, daß ich in einem mir übertragenen Fall für Anträge, die ich einreichen wollte, die Zustimmung meiner Vorgesetzten einholen mußte. Gewann ich, konnte mir sowieso nichts passieren; und falls ich verlor, würde ich mir halt einen anderen Job suchen müssen.

Den Dienstag und Mittwoch brachte ich damit zu, einen Befangenheitsantrag gegen O'Toole zu erarbeiten. Absurderweise muß ein Anwalt, der den Antrag stellt, einem bestimmten Richter einen bestimmten Fall zu entziehen (nach den am Schutz des Richteramtes orientierten Gesetzen des Staates New York), seinen Antrag an den betroffenen Richter selbst richten. Ich mußte also John Germans Richter gegenüber begründen, weshalb er befangen war.

Mir war klar, daß mein Handeln schwerwiegende Folgen haben würde, ich wußte nur noch nicht, für wen.

Der Antrag wurde eingereicht und zu einer »öffentlichen Angelegenheit«. Als die Presse Wind von der Sache bekam, war die Hölle los.

Am Donnerstag, dem 25. Februar 1988, erschien in der *Daily News* der erste Artikel. Der Verfasser war Bob Herbert*; die Überschrift lautete: SAMTHANDSCHUHE FÜR KINDERJÄGER. Der Artikel war eine Kampfansage:

> John German, schillernde Figur des öffentlichen Lebens und vielfacher Kinderschänder, schickt sich an, der Justiz ins Gesicht zu spucken. Und er tut dies mit Unterstützung, Ermutigung und Hilfe des Richters, der im Prozeß gegen ihn den Vorsitz führt . . .

Als ich am Donnerstag früh zur Arbeit kam, hingen überall in der Sonderabteilung Kopien des Artikels. Pausenlos klingelte das Telefon. Meistens waren es Presseleute. Die Behörde gab keinen Kommentar ab. In der Chefetage wollte man wohl abwarten, wie es weiterging.

Ich mußte wegen einer dringenden Angelegenheit, die nichts mit dem Fall German zu tun hatte, zum Gericht. Als ich zurückkam, gab mir meine Sekretärin eine Nachricht: Germans Anwalt hatte angerufen. Er hatte keine Telefonnummer hinterlassen, unter der er zu erreichen war; er sei in der Bronx im Gericht und werde sich später

---

* Die Journalisten, auf deren Artikel ich mich berufe, sind hier mit ihren richtigen Namen genannt. In den Zitaten selbst habe ich sämtliche Namen eliminiert – eine Ausnahme bilden lediglich der Name des Beklagten und die von Politikern. Die Presse dagegen hat das Recht der Prozeßbeteiligten auf Anonymität durchweg mißachtet.

wieder melden. Meine Sekretärin sagte, das sei auf keinen Fall ein Anruf von einem öffentlichen Telefon aus gewesen. In der Leitung seien absolut keine Nebengeräusche gewesen, statt dessen habe die für teure Privatverbindungen charakteristische Stille geherrscht. Ich nahm an, daß der Verteidiger von O'Tooles Büro aus angerufen hatte. Wenn das stimmte, dann hatte Germans Anwalt an diesem Vormittag eine ausführliche Klausursitzung mit dem Richter. Als er ein paar Stunden später wieder anrief, bemerkte ich, daß die Leitung auch diesmal frei von Nebengeräuschen war.

Der Verteidiger fragte, ob ich Germans Vorschlag und die Aussagen der Opfer an Bob Herbert weitergegeben hätte. Er wählte seine Worte sehr sorgfältig, und ich war mir sicher, daß er nicht allein war. Mir war zumute, als sollte mir jemand meine Rechte vorlesen. Ich verweigerte die Aussage.

Der Anwalt wollte verhandeln. Ich hatte den Eindruck, daß sein Mandant diesmal nicht John German hieß. Er fragte, ob ich meinen Antrag zurückziehen würde, wenn German für eine gewisse Zeit ins Gefängnis ginge. Ich lehnte ab, erklärte, daß ich das nicht tun könne. Nach dem Studium der Präzedenzfälle sei ich überzeugt, daß der Richter sich nicht korrekt verhalten habe. Der Verteidiger erklärte, dann gäbe es nichts mehr zu bereden, und hängte ein.

Zitternd legte ich den Hörer auf. Bis zu dieser Unterhaltung hatte ich O'Toole lediglich vorwerfen wollen, sein Verhalten erwecke den »Anschein einer Regelwidrigkeit«, und es immerhin für möglich gehalten, daß Germans Angaben über die Verstrickung des Richters nur Ausdruck seiner eigenen Überheblichkeit waren. Doch nach dem Telefonat mit seinem Anwalt war mir klar, daß O'Tooles Verhalten in der Tat eine Regelwidrigkeit *war.* Der Richter steckte mit German und dessen Verteidiger unter einer Decke.

Fortan verteidigte der Anwalt in der Presse nicht mehr seinen Mandanten, sondern den Richter.

Am Freitag sollte das Urteil verkündet werden. Am späten Donnerstagnachmittag erhielt ich die Mitteilung, daß O'Toole die Urteilsverkündung vertagen wollte, um »über meinen Antrag nachzudenken«. Ich müsse nicht im Gericht erscheinen. Der Fall werde in Abwesenheit der Parteien vertagt.

Am Freitagmorgen erfuhr ich, daß sich Demonstranten im Gerichtsaal eingefunden hatten. Ich beschloß, ebenfalls hinzugehen. Mir war klar, daß O'Toole nicht erfreut sein würde, mich zu sehen.

Im Saal herrschte eine spürbar angespannte Atmosphäre. Zwar waren weder der Beklagte noch sein Anwalt da, dafür aber einige Presseleute. Ich beantragte, die Namen der Demonstranten zu Protokoll zu nehmen. O'Toole entschied, ihnen die Möglichkeit zu geben, sich zu äußern. Das behagte mir ganz und gar nicht. Etwas in Abwesenheit der Gegenpartei zu unternehmen fand ich falsch, doch O'Toole ließ die Leute aussagen. Sie würden seine Entscheidung ohnehin nicht beeinflussen.

Nach Darstellung der *Daily News* vom Samstag (RICHTER IM MISSBRAUCHSFALL VON QUEENS KRIEGT SAURES) war die Sitzung dramatisch verlaufen:

> (Der Mitarbeiter, der als) Leiter der Sportausbildung im *Flushing Boys Club* tätig war und als erster dem FBI von Germans Verhalten berichtet hatte, informierte den Richter, er sei gegen die geringe Strafe, weil »sie den betroffenen jungen Männern gegenüber ungerecht ist.«
>
> Die Mutter eines (nicht prozeßbeteiligten) Mißbrauchopfers begann im Gerichtssaal hemmungslos zu weinen und sagte zu (O'Toole), ihr Sohn leide seit Jahren unter den Folgen der Tat.

Die Frau konnte gar nicht wieder aufhören zu weinen. Ich brachte sie auf den Korridor. Wir standen nur wenige Schritte entfernt von der Stelle, wo Maria vor kurzem ihre Seele von Santana befreit hatte. Ich versuchte, beruhigend auf die fremde Frau einzureden, lobte sie, weil sie den Mut zum Reden gehabt hatte. Als sie weiter weinte, streichelte ich ihr den Rücken. Das beruhigte sie. Sie drehte sich um, sah mich an und fragte: »Wer sind denn *Sie*?« Man soll sich eben nicht so wichtig nehmen.

O'Toole äußerte sich nicht zu meinem Antrag, jedenfalls nicht mir gegenüber. Einem der Protestierer erklärte er allerdings, er sei nach wie vor der Überzeugung, daß sein Plan helfen könne, den sexuellen Kindesmißbrauch auszumerzen.

Nur der Verteidiger meldete sich öffentlich zu Wort. Er verteidigte die Gründung einer solchen Organisation, sprach davon, wie viele Kinder so davor bewahrt würden, Opfer zu werden. Über dem Artikel in der *New York Times* vom Samstag stand in fetten schwarzen Lettern TERRORAKT DER STAATSANWALTSCHAFT – eine Formulierung, die dem Verteidiger wie gerufen kam und auf die er sich von da an mit Vorliebe berief. So nannte Germans Anwalt meinen Befangenheitsantrag. Die *Times* mit ihrer typischen »ausgewogenen« Berichterstattung, zitierte mich mit den Worten, das Urteil sei eine Einladung an alle Pädophilen der Vereinigten Staaten, nach Queens zu kommen.

Der Reporter der *Times* (Mark Uhlig) brachte Santucci mit ins Spiel und behauptete, dieser habe mich zu meinem Schritt veranlaßt. Wie lange würde es dauern, bis der Bezirksstaatsanwalt bestritt, je von meinen Maßnahmen – und von mir – gehört zu haben?

Inzwischen waren die Zeitungen meine einzige Informationsquelle über den weiteren Verlauf des Falls. Vom Richter und vom Verteidiger erfuhr ich nichts. O'Toole baute wohl darauf, daß sich die Wogen wieder glätteten und er meinen Antrag ablehnen und wie geplant vorgehen konnte. Nichts von dem, was öffentlich gesagt wurde, ließ darauf hoffen, daß ich irgendeinen Einfluß auf das »Urteil« nehmen könnte.

Am Dienstag erschien eine weitere Kolumne von Bob Herbert unter der Überschrift IN QUEENS WIRD DIE GERECHTIGKEIT GESCHÄNDET. Herbert zitierte einen Auszug aus meinem Befangenheitsantrag, in dem es um finanzielle Arrangements für die Organisation ging. Der Artikel endete mit einem Vergleich:

> Inzwischen berichtet das *American Bar Association Law Journal* (Fachzeitschrift der amerikanischen Anwaltskammer – A. d. Ü.) in ihrer Ausgabe vom 1. März über einen Fall in Tucson, der bemerkenswerte Ähnlichkeit mit dem hiesigen aufweist. Dort wurde ein Angeklagter namens Lawrence Taylor wegen fünfundachtzigfachen sexuellen Kindesmißbrauchs verurteilt. Der vorsitzende Richter hieß G. Thomas Meehan.
>
> Meehan verurteilte Taylor zu einer Gefängnisstrafe von 2.975 Jahren.

Die Kampagne ging weiter. Schließlich mußte auch die Gegenpartei sich zu Wort melden.

Im *Newsday* vom Mittwoch (ANWALT: KINDERSCHÄNDER »ÜBERSCHÄTZTE« ROLLE DES RICHTERS) fand ich die Antwort. Der Artikel zitierte den Verteidiger nicht nur in der Überschrift, sondern auch in zwei Kommentaren zu Germans Vorschlag:

> Germans Rechtsanwalt ... wollte die in dem Schriftstück aufgestellten Behauptungen gestern nicht bestätigen. »Möglicherweise hat German die Vorgänge irrtümlicherweise überbewertet ... Es könnte sich einfach um eine ungenaue Wiedergabe handeln« sagte (der Anwalt).

Und dann kolportierte *Newsday* eine Haltung der Gegenpartei, die von dieser nie vertreten und von keiner anderen Quelle je behauptet worden war:

> Wie wir seitens des Gerichts erfahren, hat (Richter O'Toole) das unübliche Urteil nicht befürwortet, sondern lediglich mit kirchlichen Gruppen über ein solches Programm diskutiert; er hat dabei nicht gefordert, daß German als Redner auftreten solle.

Zum Schluß zitierte *Newsday* mehrere Juraprofessoren, die angeblich behauptet hatten, das Urteil verstoße nicht gegen die Regeln; »Kreativität bei der Urteilsfindung« sei unbedingt zu unterstützen. Die Kollaborateure wurden nicht weniger.

Wenn man dem Verteidiger Glauben schenken wollte, war O'Toole nicht von seiner Meinung abgerückt. Das Urteil wurde nicht nur verteidigt, es wurde ausdrücklich befürwortet. Der Richter habe sich nicht regelwidrig verhalten; German habe nur übertrieben. Hätten sich nicht unterdessen die Ereignisse überstürzt, die Niederlage wäre unausweichlich gewesen. Doch wieder einmal hatte die Gegenseite den Widerstand unterschätzt.

Aufgrund der Berichterstattung in der Presse waren zahlreiche Anrufe und Informationen bei uns eingegangen. Die meisten Institutionen, die German in seinem Vorschlag aufgeführt hatte, bestritten rundheraus, etwas mit der Sache zu tun zu haben. Ein Anrufer aber, der Leiter einer bundesweiten Einrichtung, berichtete, daß O'Toole ihm geschrieben und ihn dringend gebeten hatte, German auf seiner Vortragsreise zu begleiten. So viel zu *Newsdays* Quelle im Gericht. Jetzt hatte ich einen unwiderlegbaren Beweis.

O'Tooles Brief an den Leiter dieser Einrichtung begann damit, daß er dem Empfänger für sein Schreiben dankte (in dem dieser sich *gegen* das Urteil ausgesprochen hatte) und erklärte, er sei »erfreut, Gelegenheit zu einer Antwort zu haben«. Nach einer Verherrlichung seiner eigenen Ideen hieß es:

> Ich möchte Ihnen bei diesem Bemühen behilflich sein. Sie könnten mehr als jeder andere helfen, zu verhindern, daß es weitere Opfer gibt. Opfer in (ihrer bundesweiten Einrichtung), Opfer andernorts. Ich darf Sie daran erinnern, daß Mr. German selbst verantwortlicher Leiter des *Flushing Boys Club* gewesen ist . . .
>
> Ich möchte Sie bitten, sich zu einem Ihnen genehmen Termin mit mir zu treffen und mich bei diesem ehrgeizigen Vorhaben zu unterstützen.
>
> Da ich im August einige Zeit nicht in meiner Dienststelle sein werde, schreibe ich Ihnen meine private Telefonnummer . . . und hoffe aufrichtig, daß Sie bereit sind, sich mit mir über die Angelegenheit zu verständigen.

Der Leiter der Einrichtung antwortete höflich und bat O'Toole in sachlichem Ton ein letztes Mal, die Sache nochmals zu überdenken; er ließ Kopien des Briefes innerhalb seiner Einrichtung kursieren, und einer der Mitarbeiter hielt es für angebracht, dem FBI den ganzen Schriftwechsel zukommenzulassen. Als mein Antrag öffentlich bekannt wurde, schickte mir das FBI den gesamten Vorgang.

Geschäftliche Kontakte zu Angeklagten sind Richtern nicht gestattet. Ich ergänzte meinen Befangenheitsantrag um diese Korrespondenz und stellte ihn von neuem.

Doch ich war nicht die einzige, die über neue Informationen verfügte. Am Donnerstag machte die *Daily News* mit einer Schlagzeile auf, die über die ganze Titelseite ging: DER KINDERSCHÄNDER UND DER RICHTER. Einen Teil der Fakten, die hinter dieser Schlagzeile standen, kannte ich. Ich hatte nur nicht gewußt, daß sie so schlagkräftig waren.

Der Bericht enthielt die wesentlichen Punkte (»Richter bietet Deal an und ersucht Bundesgericht, Kinderschänder Haftstrafe zu ersparen«), verwies den Leser auf den Leitartikel von Bob Herbert und schloß mit einer Information über meinen zweiten Befangenheitsantrag.

Verglichen mit Herberts Leitartikel waren die anderen Schlagzeilen geradezu zahm. Herbert titelte rundheraus: (O'TOOLE) MUSS

FALL GERMAN ABGEBEN. Er sprach von einem schmutzigen Deal und setzte sogar noch eins drauf: Er berichtete von O'Tooles Versuch, Einfluß auf den Bundesrichter zu nehmen.

Die Berichterstattung in der Presse war spannend, bedeutete aber keine juristischen Resultate.

Politisch gesehen wuchs mir die Angelegenheit über den Kopf – ich hatte keine Ahnung, wie die »Insider«, die Leute, die unmittelbar betroffen waren, im Endeffekt reagieren würden. Gerüchteweise hatte ich gehört, daß O'Toole gern der nächste Bezirksstaatsanwalt werden wollte. Ich kannte auch das Gerücht, er und German hätten denselben politischen Hintergrund, wußte aber weder, welcher Hintergrund das genau war, noch hatte ich eine Ahnung, wer hinter ihnen stand.

Natürlich war mir klar, daß die Strafverfolgung politischen Interessen verpflichtet ist – politischen Interessen, die darüber wachen, welche Fälle und welche Art von Fällen zur Anklage gebracht werden und wie sehr sich die Bezirksstaatsanwaltschaft bei diesen Fällen engagiert.

Wenn nichts anderes dagegensprach, war Santucci bei den Fällen unserer Abteilung stets für eine Strafverfolgung. Wenn ich sage, daß Sexualverbrechen, Kindesmißbrauch und Gewalt in der Familie ihn empörten, mag es sich einfältig anhören, aber sehr viele Menschen (besonders innerhalb des Polizei- und Justizapparats) empören solche Dinge nicht.

Santucci hatte mir die Leitung der Abteilung übertragen, weil er jemanden brauchte, der Sexualverbrechen einzuschätzen und vor Gericht zu bringen verstand. Doch er hatte nicht geahnt, daß ich vor einer bestimmten Kategorie von Fällen nicht haltmachte. Die Schwere des Verbrechens und die Gefährlichkeit des Täters war entscheidend dafür, ob ein Fall von der Sonderabteilung übernommen wurde. Wie aussichtsreich die Strafverfolgung war, hatte damit nichts zu tun. Unsere Verurteilungsquoten waren denen einer Behörde, die ausschließlich Sexualverbrechen mit medizinischen Beweisen, Augenzeugen, einem Geständnis und »guten Opfern« verfolgte, nicht vergleichbar.

Ich konnte es mir erlauben, hier und da die Regeln zu verletzen, weil niemand in der Bezirksstaatsanwaltschaft so genau hinsah. In der ersten Zeit nach meiner Amtsübernahme hatte ich ein paar heftige Zusammenstöße mit der Dispatcherzentrale. Wenn ein verkommenes Subjekt auf einem Schulhof Kinder belästigte, dann wollte man das dort als Erregung öffentlichen Ärgernisses verbuchen (ein Bagatelldelikt, das noch eine Stufe unter Ordnungswidrigkeit eingeordnet wird), und ich wollte so etwas als versuchte Entführung (ein schweres Verbrechen also) verfolgen. Wollte eine Frau ihren Mann anzeigen, weil er sie vergewaltigt hatte, versuchte man ihr dort zu sagen, Vergewaltigung in der Ehe falle nicht unter das Strafgesetz, und das, obwohl die Gerichte diese Regelung für verfassungswidrig erklärt hatten. Mit der Zeit lernte ich, bei solchen Fällen die Dispatcherzentrale zu umgehen und sie direkt vor die Anklagejury zu bringen, damit hatten die Streitigkeiten ein Ende. Solange es mir gelang, meine Ziele stillschweigend durchzusetzen, blieb meine Abteilung von politischen Erwägungen unberührt.

Ein Bezirksstaatsanwalt mit Zivilcourage hätte unsere Arbeit für seine Zwecke nutzen, sie in seine Strategie integrieren können. Es gab unzählige Opfer und noch mehr Menschen, die Angst davor hatten, zu Opfern zu werden, und all diese Menschen registrierten sehr genau, was die Sonderabteilung tat. Ob wir einen Prozeß gewannen oder verloren, war nicht das Entscheidende. Viel wichtiger war für die Leute, daß der Staat ihnen zuhörte, ihre Menschenwürde achtete und ihnen den Rücken stärkte. Das sprach sich herum.

Doch in New York City sind Bezirksstaatsanwälte gewählte Beamte und bekleiden mithin ein politisches Amt. Und Zivilcourage war in der Bezirksstaatsanwaltschaft von Queens eher selten. Santucci war nicht bereit, die Pendelbewegungen der amerikanischen Sexualpolitik mitzumachen. Ein Jahr heißt es, Vergewaltigungsanzeigen werden nicht verfolgt, weil eine solche Beschuldigung zu leicht zu machen und zu schwer zu widerlegen sei. Und im Jahr darauf ist die Strafverfolgung von Vergewaltigern ein so heißes Thema, daß Erpresser sich ermuntert fühlen, mit Anzeigen zu drohen. Santucci stand dank der Sonderabteilung ganz gut da, und das genügte ihm.

Er wollte abwarten, wie sich der Fall John German auf sein Ansehen auswirkte, und er war nicht der einzige.

Eine in Queens erscheinende Zeitung, die schon seit langem gegen Santucci war, brachte die John-German-Story auf ihrer Titelseite und forderte im Leitartikel HÖCHSTSTRAFE FÜR GERMAN. Das leitete die Wende ein.

Und falls O'Toole noch nicht genug unter Druck war, sorgte ein Leitartikel in der *Daily News* dafür, daß sich das änderte. Die Überschrift lautete OBSZÖNER MISSBRAUCH DES RICHTERAMTES. O'Toole wurde nichts geschenkt:

> John German hat sich des sexuellen Mißbrauchs von Knaben in zweiundachtzig Fällen schuldig bekannt. Gott allein weiß, wie viele heimliche, schmutzige, aus einer kranken Phantasie entsprungene Taten er in den siebzehn Jahren, in denen er nach eigenen Angaben Knaben zwischen acht und siebzehn Jahren ausgebeutet hat, sonst noch begangen haben mag. Wahrscheinlich hat er selbst längst die Übersicht verloren.
>
> Eines ist jedoch klar. (Richter O'Toole) kümmert das alles nicht. Ihn kümmern nicht die Knaben, die ihr Leben lang die Spuren dieser Verletzungen ertragen müssen und sich wohl nie mehr davon erholen werden. Ihn kümmert nicht, welches Signal für andere Sexualpsychopathen dieser Fall setzt. Und natürlich kümmert er sich auch nicht um allgemein anerkannte Tatsachen, so vernünftig diese auch sein mögen . . .
>
> Die Appellationsgerichte des Staates New York müssen diese Sache in Ordnung bringen. Und zwar öffentlich und umgehend. Dabei müssen (Richter O'Toole) und andere unter Eid genommen werden, damit wir erfahren, welchen Gewinn er oder andere sich von diesem Zirkus versprochen haben – welche Motive ihn veranlaßt haben, so und nicht anders zu handeln.
>
> Alles weitere liegt beim Ausschuß zur Überprüfung richterlichen Verhaltens des Staates New York. Der sich schleunigst einschalten sollte.

Die *Daily News* ist eine der mächtigsten Zeitungen in New York. Und dieser Beitrag stand nicht in der Stadtteilausgabe Queens oder als Kolumne im Hauptteil, sondern es war ein Leitartikel. Und es war starker Tobak, vielleicht zu stark, als daß O'Toole ihn ignorieren konnte.

Das Interesse der Medien ebbte nicht ab, das galt nicht nur für die Zeitungen. Auch die Nachrichtenprogramme der regionalen Fernsehsender nahmen sich der Sache an. Aus später von der Verteidigung vorgelegten Antragsunterlagen geht hervor, daß sogar in der Phil-Donahue-Show über John German geredet wurde. O'Tooles Verhalten wirbelte Staub auf. Die ganze Stadt war empört. Es wirkte.

Die Schlagzeilen vom Samstag bewiesen das: (O'TOOLE) GIBT FALL AB: RICHTER IM KINDERSCHÄNDERPROZESS ZURÜCKGETRETEN und RICHTER AUS QUEENS GIBT KINDERSCHÄNDERPROZZESS AB. Und in den Zeitungen, die erst nach dem Wochenende erschienen, hieß es: RICHTER IM KINDERSCHÄNDERPROZESS AUSGESCHIEDEN und RICHTER GIBT FALL GERMAN AB.

O'Toole hatte sich nicht meinen Anträgen gebeugt – die waren lediglich die Initialzündung gewesen. Der Richter gab auf angesichts der überwältigenden Empörung der öffentlichen Meinung. Selbst in einer Stadt wie New York hat die Toleranz ihre Grenzen.

Es gab mehrere Ausschüsse zur Untersuchung richterlichen Fehlverhaltens. Die *Daily News* betonte wenig später in einem Leitartikel, daß diese unter Ausschluß der Öffentlichkeit tagten. Ich habe bis heute nicht gehört, daß die Untersuchung der Rolle O'Tooles im Fall John German zu irgendwelchen Ergebnissen geführt hätte.

Bevor ein neuer Richter gewählt wurde, veranstaltete Santucci eines seiner Arbeitsessen für die Mitarbeiter. Queens hatte einen neuen Obersten Verwaltungsrichter – der alte war wegen Meineids vor der Anklagejury verurteilt worden –, der der Bezirksstaatsanwaltschaft die Zusammenarbeit anbot. Ich saß an dem mir zugewiesenen Platz mit den anderen Abteilungsleitern, nicht weit vom Podium. Während seiner Ansprache begegneten sich unsere Blicke just in dem Moment, als er sagte: »Wenn Sie Probleme mit einem Richter haben, kommen Sie zu mir . . .« Und plötzlich nannte er meinen Namen. Das brachte mir Beifall von den Kollegen ein. (Mir hätte klar sein müssen, daß das ein Nachspiel haben würde. Sowie jemand anders als er selbst bei diesen Abendessen Beifall bekam, hat Santucci das dem Betreffenden heimgezahlt.)

Der Oberste Verwaltungsrichter übertrug den Fall German einem Richter, der dafür bekannt war, Kinderschänder zu hohen Gefängnisstrafen zu verurteilen. Wie sich bald herausstellen wollte, ging es dem neuen Richter mehr darum, mir eine Lektion zu erteilen als John German. Aber das kam später.

Der Verteidiger geriet sich mit seinem früheren Verbündeten in die Haare; er forderte O'Toole auf, seine Entscheidung, den Fall abzugeben, noch einmal zu überdenken. Im Grunde verlangte er, daß

O'Toole freiwillig die heiße Kartoffel wieder aufheben sollte, die er gerade fallengelassen hatte. O'Toole lehnte ab.

Germans Anwalt blieb nichts weiter übrig, als sich dem neuen Richter zuzuwenden. Er schickte ihm einen langen Brief, dem alle möglichen »Dokumente« beigefügt waren, unter anderem Briefe von Politikern, die German, als er noch Mann des Jahres war, ihre Unterstützung angeboten hatten, Kopien sämtlicher Zeitungsartikel, die Einzelheiten der Dealverhandlungen und sogar ein paar Briefe, die den Angeklagten German in Schutz nahmen. Falls die »Verdienste« seines Mandanten den neuen Richter nicht überzeugten, so der Verteidiger, sei jener dennoch von Gesetzes wegen verpflichtet, O'Tooles Dealversprechen zu halten.

Ich schlug dem Angeklagten vor, sein Schuldbekenntnis zurückzuziehen und es zum Prozeß kommen zu lassen. Dieses Angebot lehnte die Verteidigung rundheraus ab.

Sie warf mir Fehlverhalten vor und verlangte, das Verfahren wegen »Terrorismus der Staatsanwaltschaft« einzustellen.

Der Fall German war durch all die »inoffiziellen« Begleitumstände derart verfahren, daß ich nur zu gern schriftlich reagierte. Ich argumentierte rein juristisch: von Fehlverhalten der Staatsanwaltschaft könne keine Rede sein, erklärte ich. Der neue Richter sei nicht an irgendwelche Versprechungen seines Vorgängers gebunden. Vielmehr könne er German vor die Entscheidung stellen, entweder sein Schuldbekenntnis zurückzunehmen oder das Urteil zu akzeptieren, das der jetzige Richter für angemessen hielt.

Mein Antwortschreiben gab mir endlich Gelegenheit, dem Gericht mitzuteilen, was ich in aller Unschuld über die Nichtbehandelbarkeit von Pädophilen ermittelt hatte, bevor mich Germans Vorschlag erreichte. Zusammen mit der Begründung des Strafantrags legte ich einige der Fotos vor, die in Germans Haus sichergestellt worden waren. Inzwischen hatte ich genug Kinderpornos gesehen, um zu wissen, was das Schlimmste daran war. Die Sexposen, in denen man die Kinder dort sieht, empören einen, aber die Augen dieser Kinder lassen einen nie mehr los. Aus ihnen spricht eine solche Verzweiflung, ein solches Gefühl, verraten zu sein, daß einem schlagartig klar wird, wie niederträchtig das Verbrechen ist, das an ihnen begangen wird. Es fiel mir schwer, sachlich zu bleiben und nicht einfach die Schlagzeile HÖCHSTSTRAFE FÜR GERMAN abzuschreiben.

Die juristischen Argumente der Staatsanwaltschaft hatten Erfolg; der neue Richter stelle kein Fehlverhalten der Anklage fest und war nicht bereit, O'Tooles Versprechen einzulösen. (Beide Entscheidungen wurden später vom Appellationsgericht bestätigt.)

Blieb nur noch das Urteil. Und um nichts anderes war es ja die ganze Zeit gegangen. Hier hatte der neue Richter absolut freie Hand. Er konnte German Bewährung geben. Er konnte ihn aber auch (zusätzlich zu der vom Bundesgericht verhängten Strafe) zu mehreren nacheinander zu verbüßenden Haftstrafen verurteilen, ihn also summa summarum für zehn bis zwanzig Jahre hinter Gitter bringen. Oder er konnte die goldene Mitte wählen.

An diesem Punkt entschied sich der neue Richter dafür, mir eine Lektion zu erteilen nach dem Motto: »Was glaubst du eigentlich, wer du bist? Du kannst dich doch nicht einfach mit einem Richter anlegen!« Er verurteilte German zu einer Haftstrafe von vier bis zwölf Jahren, die gleichzeitig mit der vom Bundesgericht verhängten zu verbüßen war. Die Verteidigung stellte den Antrag, German seine Strafe in einem Bundesgefängnis absitzen zu lassen. Ich beantragte, nicht die Bundesjustiz, sondern die Behörden des Staates New York darüber entscheiden zu lassen, wann er in dem New York betreffenden Fall Bewährung beantragen durfte.

Das Bundesgericht hatte ihn zu vier Jahren verurteilt. Wenn mein Antrag über die Bewährungsentscheidung nicht durchkam, würde er für die Verbrechen, die er in Queens begangen hatte, keinen einzigen Tag zusätzlich in Haft bleiben. So viel Kampf und Mühe für so ein erbärmliches Resultat!

Am Tag der Urteilsverkündung drängten sich die Vertreter sämtlicher Medien im Gerichtssaal. Als alles vorbei war, fragte mich eine Reporterin, ob ich enttäuscht sei, daß German seine Zeit gemütlich in einem Bundesgefängnis absitzen sollte. Ich erklärte, mir sei es egal, *wo* German seine Strafe absaß. Mir kam es einzig und allein darauf an, *daß* er saß. Meine Antwort kam nicht in die Abendnachrichten.

Inzwischen hatte ich meine Enttäuschung überwunden. Bei diesem Kampf war es nicht um irgendwelche magischen Zahlen gegangen, sondern einzig und allein darum, daß German die Konsequenzen zu spüren bekam. Er hatte sich schwache Opfer ausgesucht, und er hatte das richtige Image, und darum hatte er gemeint, sich alles erlauben zu dürfen. Es hatte einiges gekostet, aber schließlich hatte der Staat ihm doch klargemacht, daß sein Freibrief nicht mehr galt.

Übrigens mußte German schließlich doch eine zusätzliche Haftstrafe für den New Yorker Fall verbüßen. Nachdem er die Mindestzeit abgesessen hatte, beantragte er Bewährung, die aber abgelehnt wurde.

6

Presse und Öffentlichkeit lobten Santuccis Behörde so überschwenglich für ihr Vorgehen gegen den Richter im Fall German, daß mir, die ich sämtliche ungeschriebenen Gesetze verletzt hatte, zunächst nichts passierte.

Aber mir war klar, daß das nur eine Frage der Zeit war. Jeder wußte, daß Santucci seine Gunst genau so schnell und unmotiviert wieder entziehen konnte, wie er sie erteilt hatte. Die Liste seiner Günstlinge änderte sich ständig; konstant war nur die Beschränktheit, die hinter all dem stand. Die Leute im Amt übertrafen einander in Liebedienerei und lieferten bei den Arbeitsessen Lobeshymnen ab, die schwer zu ertragen waren.

Bei einem dieser Empfänge hatte Santucci sich eine ganz neue Form der Selbstbeweihräucherung ausgedacht. Der Vorsitzende der Anwaltskammer von Queens County war Hobbyliedermacher. Er wurde gebeten, eine Ode auf Santucci zu singen, und zwar nach einer Melodie, die normalerweise zu Ehren der Nation gespielt wird. Die meisten Dinnergäste waren zu diesem Zeitpunkt bereits betrunken – für viele der beste Weg, diese Veranstaltung zu überstehen. Während der Darbietung fingen zwei betrunkene Abteilungsleiter an zu lachen. Santucci fand die Sache überhaupt nicht komisch. Noch im selben Jahr waren sie beide ihren Job bei der Bezirksstaatsanwaltschaft von Queens los. Jedesmal wenn sie ihn später öffentlich kritisierten, konterte Santucci diese Äußerungen damit, daß sie von zwei »verprellten Ex-Angestellten« stammten.

Santucci schnitt mich zwar nicht, aber ich bekam ihn auch nicht mehr oft zu sehen. Doch ich hatte sowieso dringendere Probleme.

Der Sonderabteilung ein neues Gesicht zu geben, war schwieriger als erwartet. Ich war noch immer damit beschäftigt, die uns zuarbeitenden Dienste auf Vordermann zu bringen, und das war wahrhaftig kein Zuckerschlecken. Mehr und mehr machte sich in der Abteilung Unmut darüber breit, daß wir einfach zuviel Arbeit und zu wenig Mitarbeiter und Geld hatten. Für Polizei und Justiz spielten Sexualverbrechen seit jeher eine untergeordnete Rolle. Unser Dezernat in Queens hatte nicht einmal genug Ermittlungsbeamte, um seine Dienststelle zwischen Mitternacht und acht Uhr morgens besetzt zu halten, genau die Zeit, in der weitaus mehr Sexualstraftaten passieren als zur normalen Geschäftszeit. Statt weitere Beamte einzustellen, überhäufte uns die Stadt mit noch mehr Fällen, indem sie das Dezernat kurzerhand in Sonderdezernat für sexuelle *und* innerfamiliäre Gewalt umbenannte und ihm zusätzlich zu den Sexualverbrechen auch noch das Ressort Kindesmißbrauch übertrug.

Und wie das Dezernat Sexualverbrechen, so bekam auch die Sonderabteilung immer mehr Arbeit aufgehalst, die wir mit immer weniger Leuten bewältigen sollten.

Schwer zu sagen, wie viele Fälle es exakt waren, doch wenn man alle Verfahren vor dem Verhandlungsrichter mitzählt und die schweren Verbrechen, bei denen wir Anklage erheben mußten, dazu die leichteren Vergehen und die Ermittlungen im Vorfeld einer Festnahme hinzunimmt, hatten wir immer fünfhundert bis tausend Fälle zu bearbeiten. Aber solche Zahlen sind immer irreführend. Nicht alle Fälle waren gleichermaßen arbeitsaufwendig, die meisten kosteten jedoch sehr viel Kraft. Und neben der Arbeit, die es machte, die Anklage auf einem akzeptablen Niveau durchzuführen, stürmten unentwegt neue Probleme auf uns ein.

Eines davon war Santana. Während der Kampf um das Urteil im Fall John German tobte, hing auch das Urteil für Santana noch in der Luft. Ich wollte, daß Santana die im Staat New York mögliche Höchststrafe bekam. Das stand für mich außer Frage, denn aus genau diesem Grunde hatte ich den Fall übernommen. Aber nun gab es einen neuen Aspekt.

Als ich mit Kerri, Beth und Maria über das Strafmaß geredet hatte, hatte Beth mir gesagt, sie habe Angst, von Santana mit Aids infiziert worden zu sein. Diese Befürchtung äußern sehr viele Opfer von Fremdvergewaltigern.

Die Gesetze des Staates New York zwangen keinen Vergewaltiger zu einem HIV-Test. In einem anderen Staat hatte das Appellationsgericht in einem Fall entschieden, es sei nicht zulässig, für Angeklagte im Vorfeld der Festnahme einen zwangsweisen Aidstest anzuordnen. In diesem Fall ging es allerdings um Leute, die zwar beschuldigt, aber noch nicht verurteilt waren.

Santana war schuldig gesprochen worden. Es war bekannt, daß er sich Drogen gespritzt hatte. Wenn an seinen Prahlereien gegenüber »seinem« Arzt auch nur ein Körnchen Wahrheit war – und im Grunde genügte schon die Zahl seiner Vergewaltigungsopfer –, dann hatte er vielfältige sexuelle Kontakte gehabt.

Ich nahm mir Zeit für ein paar Recherchen in der Bibliothek und stellte dann den Antrag, Santana einem Aidstest zu unterziehen. Und den Befund sowohl der Anklage oder den Opfern mitzuteilen.

Ich wollte den Antrag mit einer Dokumentation untermauern, doch das war gar nicht so einfach. Die medizinische Seite war dabei viel komplizierter als die juristische. Schon die Fachliteratur war schwer zu verstehen (die einzige allgemein verständliche Publikation war die von *Gay Men's Health Crisis*, der ersten amerikanischen Selbsthilfegruppe von Schwulen – A.d.Ü.), aber Fremdworte und Zusatzklauseln zu enträtseln war ich ja unterdessen gewohnt. Mein eigentliches Problem war inhaltlicher Natur. Die Methoden zur Feststellung von Aids schienen sich von Tag zu Tag zu ändern.

Immer wenn ich dachte, ich wüßte endlich, wovon ich rede, glitt mir die Sache wieder aus den Händen. Ursprünglich hatte ich geglaubt, daß durch Santanas Aufenthalt in der Psychiatrie seit den Vergewaltigungen vier Jahre vergangen waren, würde meiner Argumentation zugute kommen. War die Sache aus der Welt, falls der Test nach dieser langen Zeit negativ ausfiel? Würde das nicht bedeuten, daß er seine Opfer nicht mit dem HIV-Virus infiziert haben konnte? (Niemand wollte daran denken, aber wenn sein Test positiv war, würden sich seine Opfer unter Garantie ebenfalls testen lassen wollen. Es hieß ja nicht automatisch, daß er bereits 1983 Aids gehabt hatte.)

Die ersten Artikel über den Nachweis des HIV-Virus schienen zu bestätigen, daß es sich immerhin lohnte, Santana einem Test zu unterziehen. Doch in späteren Veröffentlichungen wurde die Zeitspanne, in der eine Person einen negativen Test haben und trotzdem infiziert sein konnte, immer länger. Was sagten solche Tests also aus? Welchen Nutzen hatten sie für Menschen, deren Leben davon abhing?

Paradoxerweise war der Angeklagte bei diesem Kampf einer der wenigen, die sich nicht gegen den Test sträubten. Santana war einverstanden, sich Blut abnehmen zu lassen, und hatte nichts dagegen, daß den Opfern der Befund mitgeteilt wurde. Vermutlich war er selbst neugierig, was bei der Untersuchung herauskam. Ganz abgesehen davon, daß er auf diese Weise eine gute Figur machen konnte, ohne daß es ihn etwas kostete.

Dennoch hatte ich mächtige Gegner: die Stadt und der Staat, die verschiedenen Strafvollzugs- und Gesundheitsbehörden. Alle waren gegen den Test. Ein Einwand war, meine Kenntnisse über den Stand der medizinischen Forschung auf diesem Gebiet reichten nicht aus, das zweite Argument lautete, die Befunde müßten grundsätzlich vertraulich bleiben, ganz gleich, weshalb der Test angeordnet werde. Wenn die Vertraulichkeit nicht garantiert werden könne, hieß es, werde die Bereitschaft zu Aidstests in der Öffentlichkeit nachlassen. Ich hatte allerdings den Verdacht, daß hinter all diesen Argumenten ein ganz anderes Motiv steckte. Wenn der Fall Santana zum Präzedenzfall wurde, war mit einer Flut von Anträgen auf gerichtlich angeordnete Aidstests zu rechnen, und die zuständigen Stellen scheuten einfach die Arbeit, die damit auf sie zukam.

Die Debatte zog sich so lange hin, daß Beth die Sache schließlich selbst in die Hand nahm. Zwar wollte sie nach wie vor Santanas Testresultat wissen, doch zunächst einmal fragte sie, wo *sie* sich einem Aidstest unterziehen konnte. Das machte mich um eine Erkenntnis reicher.

Es gab eine solche Masse von Einrichtungen, die sich mit wohlklingenden Namen schmückten und in Anzeigen versprachen, Betroffene zu beraten und Aidstests durchzuführen, daß mir gar nicht der Gedanke kam, es könnte schwierig sein, in New York City jemanden zu finden, bei dem man sich testen lassen konnte. Ich gab Beth die Telefonnummer einer städtischen Einrichtung in Queens. Dort hieß es, man führe zwar keine Tests durch, sie könne sich aber beraten lassen. Ich gab ihr andere Telefonnummern. Nichts.

Schließlich fand Beth selbst eine Lösung. Sie spendete Blut in einer Privatklinik, in der alle Blutspender routinemäßig auf HIV untersucht wurden. Wenn die Tests positiv waren, wurden die Spender informiert.

Die Leute, die gegen meinen Antrag waren, bombardierten Santanas Richter so heftig mit Briefen, daß er klein beigab. Er bewilligte zwar meinen Antrag, machte seine Zustimmung aber von Santanas Einverständnis abhängig.

Wenn Santana gehofft hatte, seine Kooperationsbereitschaft würde sich strafmildernd auswirken, hatte er sich geschnitten. Derselbe Richter verurteilte ihn zur Höchststrafe.

Ich hatte erreicht, was ich wollte. Vor allem war ich froh, daß die Testergebnisse sowohl bei Santana als auch bei Beth negativ waren. Aber ich hatte keinen Präzedenzfall schaffen können.

Während dieses Kampfes hatte ich gleichzeitig die Staatsanwälte in meiner Abteilung über mein Vorgehen informiert und ihnen eingeschärft, fortan bei ihren Strafanträgen für verurteilte Vergewaltiger grundsätzlich auf einem Aidstest zu bestehen. Nach der Urteilsverkündung im Fall Santana steckte ich zurück, denn was ich bei der Sache gelernt hatte, stellte mich nicht zufrieden. Die neue Haltung lautete: Wenn ein Opfer es verlangt, muß ein entsprechender Antrag gestellt werden. Bei Opfern, die eine mögliche Infizierung nicht selbst ansprechen, wird das Thema von der Staatsanwaltschaft nicht aufs Tapet gebracht. Die Testergebnisse waren zu unsicher, als daß sich der Aufwand gelohnt hätte.

Die Strafjustiz ist so durch und durch konservativ, so gegen alles Neue, daß jeder unserer Versuche, Verbesserungen durchzusetzen, mit Argwohn aufgenommen wurde. Als ich noch eine einfache Staatsanwältin war und ab und zu Fälle von der alten Sonderabteilung zugeteilt bekam, hatte ich vor allem darunter gelitten, daß ich nicht mitbestimmen konnte, welche Verbrechen angeklagt wurden.

Allzu oft wurden bei Anklagen mit mehr oder minder aussichtsloser Beweislage Prozesse geführt, während Fälle, mit denen die Geschworenen sich weniger schwergetan hätten, gar nicht erst zur Anklage gelangten. Ein klassisches Beispiel dafür war die Vergewaltigung in der Ehe. Bis heute bereitet es vielen Geschworenen Unbehagen, einen Ehemann dafür zu verurteilen, daß er mit seiner Frau schläft. Die näheren Umstände spielen für die Jury oft keine Rolle. Hat der Mann seine Frau aber vor dem Geschlechtsakt gezwungen, auf allen vieren auf dem Fußboden umherzukriechen, so erfüllt dies den Straftatbestand der Nötigung, und wenn er sie in der Woche davor zusammengeschlagen hat, gilt das als Übergriff. Diese Verbrechen waren vielleicht nicht so schwerwiegend wie eine Vergewaltigung, konnten den Geschworenen aber helfen, den Hintergrund der Tat zu begreifen. Außerdem war eine Verurteilung in einem weniger schwerwiegenden Anklagepunkt immer noch besser als gar nichts.

Die neue Sonderabteilung hatte mehr bei den Anklageerhebungen mitzureden, als die Gerichte gewohnt waren. Die sogenannten *Law Secretaries* – hochbezahlte Juristen, die von oben eingesetzt werden und die Richter unterstützen sollen – beschwerten sich über unsere Anklageerhebungen, weil sie »zuviel Arbeit« machten.

Auch mit unserer Strategie bei Dealangeboten machten wir uns bei den Gerichten nicht gerade beliebt. Nicht genug damit, daß wir höhere Freiheitsstrafen forderten, als die Verteidiger es gewohnt waren. Wir verlangten auch, daß die Vergewaltiger sich ihrer Sexualverbrechen schuldig bekennen sollten. Wenn ein Serienvergewaltiger – auf Bewährung freigelassen – eine zweite oder dritte Serie von Vergewaltigungen beging und erneut festgenommen wurde, waren wir entsetzt, wie oft Sexualverbrechen einfach unter den Teppich gekehrt wurden. Bei Angeklagten, die ein Dutzend Frauen in ihren Wohnungen überfallen und vergewaltigt hätten, begnügte man sich mit einem Schuldbekenntnis wegen Raubes oder Einbruchs. Verteidigt wurde diese Praxis damit, daß der Täter ja genau die gleiche Strafe bekommen hatte, die auf Vergewaltigung stand, der Gerechtigkeit also Genüge getan worden sei. Das Problem war, daß weder die Prozeßordnung noch der Bewährungsausschuß diese Täter als Sexualverbrecher einstuften.

Die Richter und Anwälte fanden die Haltung der Sonderabteilung in den Fragen von Schuldbekenntnis und Dealangebot unvernünftig. Eine unserer Staatsanwältinnen kam völlig aufgelöst von ihrer ersten Dealverhandlung zurück. Der Richter hatte erklärt, ihr Angebot sei total überzogen und viel zu hoch, und außerdem sehe er gar nicht ein, weshalb sich der Angeklagte der Vergewaltigung schuldig bekennen solle. Er wollte mir ihrer Abteilungsleiterin sprechen. Als sie mir sagte, wie der Richter hieß, konnte ich sie beruhigen. Die Staatsanwältin fragte, ob ich nicht gekränkt sei, weil der Richter über mich gesagt hatte: »Die Frau trinkt Blut zum Frühstück.«

Der Bewährungsausschuß war froh über jeden Verbündeten und bereit, uns Listen mit den Namen entlassener Täter zu schicken. Wir sollten mitteilen, welche von den wegen Raub oder Einbruch verurteilten Häftlinge in Wirklichkeit Vergewaltiger waren und welche auf Bewährung entlassenen Vergewaltiger erneut verdächtigt wurden oder verhaftet worden waren. So konnten in Queens mehrere Vergewaltiger gefaßt werden, weil der Bewährungsausschuß das örtliche Dezernat Sexualverbrechen bei seinen Ermittlungen unterstützte.

Inzwischen hatten sich die Beziehungen zwischen der Sonderabteilung und dem Dezernat Sexualverbrechen dramatisch verändert. Im Grunde ist es nicht verwunderlich, daß die unterschiedlichen Ziele von Polizei und Staatsanwaltschaft (hier Festnahme, da Verurteilung) immer wieder für Spannungen sorgen. Der Konflikt wird noch dadurch verschärft, daß beide über begrenzte finanzielle und personelle Ressourcen verfügen. Zudem ist das System so angelegt, daß jede Seite der anderen die Schuld gibt, wenn etwas schiefläuft. Die Animositäten zwischen beiden können also die Arbeit ernsthaft behindern. Die Sonderabteilung mußte viele alte Vorurteile beiseiteräumen, bevor eine echte Arbeitsbeziehung zum Dezernat Sexualverbrechen zustandekommen konnte.

Als die Abteilung das Prinzip einführte, bei sexuellem Kindesmißbrauch *vor* der Festnahme einen Gutachter zu beauftragen, der die Tat bestätigte, glaubte man bei der Polizei zunächst, die Bezirksstaatsanwaltschaft habe sich wieder einmal etwas Neues einfallen lassen, um sich in die Arbeit des Dezernats einzumischen. Als diese Bestätigung die Ermittlungen nicht behinderte, sondern vorantrieb, war der erste Schritt getan. Bald merkten die Ermittlungsbeamten auch, daß die Sonderabteilung ihnen jederzeit bei der Beantragung von Durchsuchungsbefehlen behilflich war. Andererseits sahen die Staatsanwälte, daß sie sich bei Ermittlungen nach der Festnahme auf die Polizisten verlassen konnten. Natürlich gab es immer noch Fehler und mitunter auch Inkompetenz auf beiden Seiten, aber das Niveau war insgesamt höher, und die Arbeit lief besser.

Nach und nach wuchs auch das Ansehen der Sonderabteilung. Außerhalb der Bezirksstaatsanwaltschaft galten wir als Helden, in der Behörde selbst waren wir die schwarzen Schafe.

Wir hatten nicht das Personal, um alle Fälle, dir wir zur Anklage brachten, selbst zu betreuen. Vor dem Obersten Gericht führten wir vor allem Prozesse gegen Serienvergewaltiger und Täter, die sich an Kindern oder besonders schwachen Opfern vergangen hatten oder außergewöhnlich schwerer Verbrechen beschuldigt waren.

Die übrigen Staatsanwälte, die sich mit einem Vergewaltigungsfall einen Namen machen wollten, waren enttäuscht, wenn sie merkten, daß die Fälle, die sie von der Sonderabteilung bekamen, als Sprungbrett zu einer glänzenden Karriere ziemlich ungeeignet waren. Für sie sah es so aus, als behielten wir die Fälle mit den »guten« Opfern.

Wir klagten oft in den unpopulären Fällen an. Die anderen Abteilungen verstanden nicht oder wollten nicht verstehen, was wir taten. Oder sie standen unter dem Einfluß der Kollaborateure in der Bezirksstaatsanwaltschaft und lehnten unsere Arbeit deswegen ab. In der Behörde herrschte allgemein die Auffassung, die Sonderabteilung sahne die besten Fälle ab und führe alle Prozesse, die nahezu mühelos zu gewinnen waren, selbst.

Sich gegen solche Behauptungen zu verteidigen hatte keinen Sinn. Uns war klar, daß die Kritik so lange nicht aufhören würde, wie wir nicht alle Fälle selbst erledigten. Doch dazu brauchte ich mehr Staatsanwälte. In regelmäßigen Abständen bat ich den Bezirksstaatsanwalt und meine direkten Vorgesetzten, uns mehr Personal zur Verfügung zu stellen. Doch anstatt mir mehr Staatsanwälte zu geben, reduzierte Santucci nicht nur die Zahl der Ankläger, sondern schickte uns auch immer unerfahrenere Kollegen.

Santucci begriff nicht, wie verheerend es für uns war, immer weniger Mitarbeiter zu haben. Er hatte dafür gesorgt, daß die Abteilung eine vertikale Struktur bekam, weil er Zeichen setzen wollte: wir sollten im Team arbeiten und trotzdem eine klare Aufgabenteilung haben. Daß das Fließband Arbeitskräfte einsparen hilft, ist eine Binsenwahrheit. Mein Ziel war: jeder Staatsanwalt betreut seine Fälle von den Ermittlungen bis zur Urteilsverkündung.

Würde ein Vergewaltiger in den einzelnen Stadien des Verfahrens – bei der Kautionsverhandlung, vor der Anklagejury, bei der Anklageerhebung, bei den Anhörungen, bei den Dealverhandlungen und schließlich während des Prozesses – jedesmal von einem anderen Anwalt vertreten, dann würde er Berufung einlegen und Inkompetenz der Verteidigung geltend machen. Bei den Opfern aber ist genau das die Regel.

Ich versuchte, den Personalmangel dadurch wettzumachen, daß ich ständig zu Überstunden aufrief. Doch selbst mit dem größten Arbeitseinsatz ließ sich das Problem nur begrenzt in den Griff bekommen. Manchmal kamen so viele Verhaftungen gleichzeitig, daß die Leute ihre eigentliche Arbeit liegenlassen und dort einspringen mußten, wo sie im Moment gebraucht wurden. Manchen wurden ständig Dinge abverlangt, die sie überforderten, weil es ihnen noch an der nötigen Berufserfahrung fehlte. Oft bekamen sie die Akten zu einem Fall erst in letzter Minute. Da hieß es dann schnell ermitteln und Anklage erheben, ehe es zu spät war (zwischen Verhaftung und Anklageerhebung durften in der Regel nicht mehr als drei Tage vergehen) und der Richter den Beschuldigten freiließ. Das war sicher nicht optimal. Aber oft blieb uns nichts anderes übrig.

So war es zum Beispiel auch gewesen, als ich an einem besonders hektischen und chaotischen Tag Laurie kennenlernte.

Damals ahnte ich nicht, daß die Bedingungen in der Abteilung nicht besser werden würden. Ich wußte nur, daß wir langsam anfingen, etwas zu bewegen. Wir konnten keine Erfolgsgarantie geben. Nicht jeder Prozeß ging so aus wie der gegen Porter. Aber wir konnten den Leuten, die zu uns kamen, guten Gewissens versprechen, daß wir sie anhörten und uns, wenn wir den Fall übernahmen, voll für sie einsetzen.

John German war nur ein Beispiel. Die Verteidiger begriffen allmählich, daß sie bei Fällen, die von der Sonderabteilung betreut wurden, mit einer Menge Arbeit rechnen mußten. Plötzlich fiel es der Rechtshilfevereinigung ein, daß sie sich in einem Interessenkonflikt befand, wenn sie Kinderschänder verteidigte und gleichzeitig die Opfer dieser Täter vor dem Familiengericht vertrat. Diese Anwälte versuchten mehr und mehr, sich unsere Fälle vom Halse zu halten.

Wenn wir mit Serienvergewaltigern zu tun hatten, die auch in anderen Stadtbezirken einschlägig straffällig geworden waren, sahen wir den Unterschied. Jeder Bezirk mußte sein eigenes Dealangebot machen. Bei den Verhandlungen dominierte einer, und ein oder mehrere Bezirke zogen in der Regel mit. Die Sonderabteilung mußte über die Dealforderungen der verschiedenen Bezirke entscheiden.

Ich hatte inzwischen genug Erfahrungen mit Kollaborateuren gesammelt, um zu begreifen, daß unsere Erfolge ein zweischneidiges Schwert waren. Eine Form der Kollaboration hat ihre Wurzel in der instinktiven Sympathie für Vergewaltiger. Nicht minder gefährlich aber waren jene Kollaborateure, die nur ihre eigenen Interessen sahen (egal, worin diese bestanden) und sich durch die Arbeit der Sonderabteilung bedroht fühlten.

NACKTE TATSACHEN

Er hat (den Dreijährigen) am Arm gepackt und ihn an die Wand geschleudert. (Der kleine Junge) hat geschrien ..., und er, er hat nämlich gesagt, ich faß (das Kind) nicht hart genug an ... und da hab ich ihn gefragt: »Was soll ich denn mit ihm machen? Willst du, daß ich ihn umbringe?« Und da hat er gesagt: »Du sollst das machen, was nötig ist.«

Aussage einer Mitangeklagten; aus dem Protokoll des Prozesses gegen George Chavis, Kew Gardens, New York, 25. Februar 1991

1

Unmittelbar nachdem William Porter sich schuldig bekannt hatte, kam der *Parade*-Artikel über die »harten« Staatsanwältinnen heraus – mit den vorhersehbaren Konsequenzen. Santucci sagte nichts. Ein paar der anderen Abteilungsleiter kündigten mir die Freundschaft – »Was glaubt die eigentlich, wer sie ist?« Dafür bekam ich Briefe und Anrufe von wildfremden Leuten, die mir Mut zusprachen.

Mich rief eine über neunzigjährige Frau an, die den Artikel gelesen hatte. Sie sei in einer der Nordprovinzen des Staates New York aufgewachsen und als Kind mißbraucht worden. Was ich da machen könnte? Die Sache war seit gut fünfundachtzig Jahren verjährt. Ich erinnerte mich an eine Frau, deren Vergewaltiger nie gefaßt worden war. Sie hatte mir einmal erzählt, für sie sei es eine Hilfe gewesen, im Gerichtssaal als Zuschauerin mitzuerleben, wie ein anderer Vergewaltiger, einer, den sie gar nicht kannte, verurteilt wurde. Sie empfand es als Trost, daß Recht gesprochen wurde, auch wenn es keine Gerechtigkeit für sie selbst gab. Ich machte der Anruferin ein paar Vorschläge dieser Art, aber sie ging darauf nicht ein. Nach einer Weile meinte sie, sie habe es jetzt satt, mit mir zu reden, sie wolle endlich »die echte Alice Vachss sprechen, die, die für die Opfer kämpft.«

Lauries Fall hatte eine Menge bewirkt, doch das Verjährungsgesetz hatte er nicht ändern können.

Ich wußte von Psychotherapeuten, daß sie erwachsene Klienten hatten, bei denen die Therapie Erinnerungen an viele Jahre zurückliegenden Mißbrauch freisetzte. Nicht selten lag der Mißbrauch zehn, zwanzig oder sogar dreißig Jahre zurück. Manchmal hatte diese Erfahrung ihr Erwachsenendasein so stark vergiftet, daß sie ihr ganzes Leben damit verbrachten, sich davon zu erholen.

Andererseits gab es Opfer, die zwar ihre Erinnerungen keineswegs verdrängt hatten, denen es aber an Kraft oder Rückhalt fehlte oder deren Lebenssituation es nicht zuließ, daß sie ihre Peiniger vor Gericht brachten. Viele junge Frauen, die von zu Hause ausziehen und heiraten wollten und erkennen mußten, daß sie sich noch Jahre nach der eigentlichen Tat mißbraucht fühlten, konnten das an ihnen begangene Verbrechen überhaupt erst mit achtzehn, neunzehn oder gar Anfang zwanzig anzeigen.

Ich wandte mich an die Öffentlichkeit. Ich suchte Opfer, die bereit waren, vor Gericht zu gehen, einen Fall, an dem ich testen konnte, wie sich die Gerichte zur Verjährung stellten.

Einige Monate nachdem Porter sich schuldig bekannt hatte, rief ein Mann an und erzählte mir, seine Tochter sei als Kind von ihrem Onkel mißbraucht worden. Das letzte Mal im Alter von elf Jahren. Inzwischen sei sie einundzwanzig. Er selbst habe erst vor etwa einem Jahr davon erfahren. Damals habe sie erklärt, sie sei nicht bereit, den Täter zu verklagen.

Vor kurzem sei sie aber zu ihm gekommen und habe gesagt, jetzt sei sie so weit, daß sie Anzeige erstatten wolle. Er war mit ihr zur Polizei gegangen, wo man abgelehnt hatte, ihre Anzeige überhaupt nur schriftlich aufzunehmen. Begründung: die Tat liege zu lange zurück und sei verjährt. Ob das wahr sei, wollte der Anrufer wissen. »Rein juristisch schon«, mußte ich antworten. Er fragte mich, ob man denn gar nichts tun könne; er und seine Tochter würden sich gern persönlich mit mir unterhalten.

Loretta war eine hübsche junge Frau mit riesengroßen dunklen Augen und einem gütigen Gesicht. Sie war intelligent und konnte über die Verbrechen reden, war aber bei dem Thema noch immer sichtlich verstört. Loretta studierte und wollte Ordnung schaffen in ihrem Leben. Sie bot sich nicht zuletzt deshalb als Testfall an, weil sie ein »gutes« Opfer war. Das war wichtig, denn mir war klar, daß dieses Unternehmen genügend andere, schier unüberwindliche Schwierigkeiten bot.

Am Telefon hatte ich ihr gesagt, daß ich sie bei unserer ersten Begegnung nicht nach Einzelheiten des Mißbrauchs fragen würde; ob wir überhaupt darüber reden wollten, müßten wir später entscheiden. Ich fragte sie jedoch nach der Art des Mißbrauchs. Der Mann hatte sie nur angefaßt, nicht aber penetriert. Für einen Testfall war das ungünstig. Je weniger schockierend die Tat war, desto geringer waren unsere Aussichten, die Verjährung anzufechten. Trotzdem, das war nicht das Entscheidende.

Loretta und Charlie, ihr Vater, erzählten mir, wieso die Verbrechen so lange geheim geblieben waren. Der Mißbrauch hatte begonnen, als Loretta fünf Jahre alt war. Damals hatte sie Angst gehabt, etwas zu sagen. Ihr Onkel hatte genau das getan, was jeder Kinderschänder tut: er hatte sie so eingeschüchtert, daß sie aus Angst und Scham das Geheimnis für sich behielt. Mit elf Jahren war Loretta dann groß und klug genug und konnte dem Alleinsein mit ihrem Onkel ausweichen. Der Mißbrauch hörte auf.

Lorettas Mutter war eine übersensible Frau. Der Täter war der Ehemann ihrer Schwester. Erst mit achtzehn war Loretta imstande, ihrer Mutter zu erzählen, was er mit ihr gemacht hatte. Das hatte Folgen, die Loretta noch mehr belasteten.

Die Mutter war außer sich gewesen, völlig starr vor Schreck. Sie konnte mit diesem Wissen nicht leben, verfiel zusehends und erlitt drei Jahre später einen Nervenzusammenbruch. Kurz bevor sie in eine psychiatrische Klinik eingewiesen wurde, erzählte sie ihrem Mann von Lorettas Geständnis. Die Eltern konfrontierten den Kinderschänder mit den Aussagen ihrer Tochter. Er entschuldigte sich. Als ob die Sache damit aus der Welt gewesen wäre.

Nach dieser Konfrontation hatte Charlie mit Loretta geredet. Jetzt endlich bekam die junge Frau die Unterstützung, die sie brauchte. Ihr Vater reagierte liebevoll, bot ihr seine Hilfe an und teilte ihre Wut auf den Verbrecher. Er wollte zur Polizei gehen. Loretta brauchte mehrere Monate, bis sie sich dazu fähig fühlte. In der Zwischenzeit, es war Ostermontag, hatte Charlie den Kinderschänder zufällig vor der Kirche getroffen, und dieser hatte ihn angesichts des heiligen Festes um Vergebung gebeten.

Jetzt waren sie hier und wollten wissen, ob wir etwas für sie tun konnten.

Ich sagte ihnen, was ich wußte. Nach dem Gesetz war die Verjährungsfrist abgelaufen. Mir war bekannt, daß darüber diskutiert wurde, die Verjährung in Zivilprozessen anzufechten, aber ich war keine Zivilverteidigerin. Wenn sie eine Zivilklage einreichen wollten, mußten sie sich an jemanden wenden, der auf diesem Gebiet spezialisiert war.

Sie wollten kein Geld. Sie wollten einen Prozeß. Ich erklärte ihnen, daß wir versuchen konnten, einen Präzedenzfall zu schaffen. Das würde allerdings nicht leicht werden. Selbst wenn es mir gelänge, die Bezirksstaatsanwaltschaft zu überzeugen, daß Anklage erhoben werden mußte: diesen Fall tatsächlich vor Gericht zu bringen würde unerhörte Kämpfe kosten. Aller Wahrscheinlichkeit nach würde die Klage abgewiesen werden, und Jahre der Ungewißheit würden vergehen, bis unsere Berufung durchkäme. Selbst wenn wir gewinnen sollten (was unwahrscheinlich war) müßten wir darauf gefaßt sein, daß der Prozeß so viele Jahre nach dem Verbrechen verdammt hart werden würde.

Loretta und ich führten ein Gespräch unter vier Augen. Was ihr Vater wollte, war klar, aber er war nicht das direkte Opfer. Ich sah, wie sehr er unter seiner indirekten Opferrolle litt. Aber trotzdem kam es in erster Linie auf die Interessen seiner Tochter an.

Dieser Fall war mit keinem der Fälle von verspäteter Anzeige vergleichbar. Bei unserer Art der Strafverfolgung von Sexualverbrechen fühlen sich Opfer natürlich nicht gerade ermutigt, die Täter zu verklagen. Ich habe viele Frauen erlebt, die sich erst dann entschließen konnten, vor Gericht zu gehen, als ihnen bitter bewußt geworden war, daß sie die Vergewaltigung anders einfach nicht loswurden, daß sie es nicht aushalten konnten, damit zu leben, daß sie gar keine andere Wahl hatten. (Trotz allem, was gemeinhin über das Bedürfnis der Opfer bekannt ist, sich unmittelbar nach der Tat jemandem anzuvertrauen, fiel es mir schwer, einer Frau *nicht* zu glauben, die sagte, sie wolle vor Gericht gehen, weil sie es nicht ertragen könne, noch länger zu schweigen.) Aber so war es bei Loretta nicht. Äußere Umstände, eine veränderte Situation hatten sie zu mir geführt.

Als Charlie alles erfuhr, wollte und mußte er dafür sorgen, daß die

Sache bereinigt wurde. Er hatte ihr damals nicht beistehen können. Konnte er es jetzt? Natürlich handelte er aus Liebe zu seiner Tochter, natürlich wollte er ihr helfen, aber er setzte sie auch unter Druck. Sie mußte selbst entscheiden.

Ich sagte Loretta, daß ich noch keine Entscheidung von ihr wolle. Sie solle sich alles in Ruhe überlegen und in ein paar Wochen wiederkommen. Inzwischen würde ich ihr einen Termin bei der Sozialarbeiterin unserer Abteilung besorgen.

Als ich Loretta wiedersah, hatte sie sich entschlossen, zu klagen. Sie erzählte mir von den Verbrechen.

Als sie klein war, besuchte die ganze Familie jeden Sonntag die Großeltern. Die Erwachsenen saßen unten im Wohnzimmer und unterhielten sich. Die Kinder gingen in den ersten Stock, wo Onkel und Tante wohnten. In der Regel leistete der Onkel ihnen Gesellschaft. Eines Sonntags, als sie mit ihm allein war, hatte er sich über sie hergemacht, sie angefaßt, ihr den Finger in die Vagina gesteckt. Er sagte, er habe sie ausgewählt, weil sie hübsch und »reif« genug sei, um ein Geheimnis für sich zu behalten. Als er einen Moment nicht achtgab, lief sie weg und schloß sich in der Toilette ein.

Loretta erzählte mir, daß sie noch als Erwachsene immer Angst habe, wenn sie zur Toilette gehe. Sie müsse sich jedesmal doppelt und dreifach versichern, daß wirklich niemand hereinkommen könne.

Der Mißbrauch hatte sich fast jeden Sonntag wiederholt, bis Loretta elf Jahre alt war. Als sie Brüste bekam, hatte ihr Onkel sie auch dort gestreichelt und ihr damit die Kontrolle über einen weiteren Teil ihres Körpers genommen. Schließlich weigerte sie sich, sonntags mit zu den Großeltern zu kommen. Wenn sie in den Ferien dort war, blieb sie unten bei den Erwachsenen. Doch allein den Täter dort zu sehen war eine enorme seelische Belastung für das Mädchen. Jetzt endlich war sie soweit, daß sie sich von dieser Last befreien wollte.

Seit Lauries Fall war die Sonderabteilung personell noch weiter geschrumpft. Meine laufenden Arbeiten ließen mir einfach nicht die Zeit, einen neuen Fall zu übernehmen. Ich gab die Sache an einen unserer Staatsanwälte weiter und half ihm, so gut ich konnte. Wir machten Befragungen, führten die Ermittlungen durch. Als wir soweit waren, ging ich mit der Anklageschrift zu meinem neuen Vorgesetzten.

Da die Polizei sich weigerte, den Beschuldigten zu verhaften, blieb uns nichts weiter übrig, als den Fall vor die Anklagejury zu bringen. Dazu brauchte ich die Zustimmung meines Vorgesetzten. Ich war mir nicht sicher, ob ich sie bekommen würde.

Der Mann, an den ich mich wenden mußte, hatte kurz zuvor die Wahl zum Bezirksstaatsanwalt in der Bronx verloren. Der Wahlkampf war die reinste Schlammschlacht gewesen. Santucci hatte ihn als Leiter des Ressorts Ermittlungsverfahren eingestellt. Offiziell galt die Sonderabteilung als Ermittlungsbehörde.

Ich wußte wenig über meinen neuen Vorgesetzten, außer daß er sich angeblich besonders für Kinder einsetzte. Ob es ihm damit ernst war, würde sich nun herausstellen. Mit meinem ersten Vorgesetzten war ich gut ausgekommen; wir hatten die stillschweigende Übereinkunft, daß ich machen konnte, was ich wollte, solange ich dafür geradestand. Seine Nachfolger hatten sich weitgehend an dieses Arrangement gehalten. Sie hätten diese Anklageschrift nie und nimmer unterschrieben – und ich hätte sie nicht darum gebeten, sondern wäre direkt zu Santucci gegangen. Aber Santucci wich mir aus, und der neue Ressortleiter Ermittlungen bestand darauf, in die Aktivitäten der Sonderabteilung einbezogen zu werden. Ich kam nicht um ihn herum.

Ein hoffnungsvolles Zeichen gab es bei dem Neuen allerdings. Santucci hatte mir seit Jahren einen Stellvertreter versprochen, der mich unterstützt. Bei der Auswahl sollte ich ein Wörtchen mitzureden haben. Wir konnten uns aber auf keinen Bewerber einigen, und deshalb geschah nichts in der Sache. Vor kurzem hatte Santucci sich nun entschlossen, mir den Stellvertreter zu geben, den ich haben wollte, und zwar einen, der die Sonderabteilung von der Pike auf kannte. Mein neuer Vorgesetzter hatte gesagt, das sei sein Werk. Vielleicht hatte ich in ihm einen Verbündeten.

Ich erzählte ihm von Loretta, sagte, die Anklageerhebung könne der erste Schritt zu einem Präzedenzurteil sein, schilderte ihm die Fakten. Er unterschrieb die Anklageschrift und sagte, ich sei ein Glückspilz.

Vor der Anklagejury legten wir den ganzen Fall dar und wiesen auch darauf hin, daß rein juristisch gesehen das Verjährungsgesetz eine Strafverfolgung ausschloß. Loretta, ihr Vater und ein Gutachter mußten versuchen, die Jury zu überzeugen, daß sie trotzdem Anklage erhob. Während der Beratungen hielten wir alle den Atem an. Es dauerte entsetzlich lange, bis die Entscheidung fiel: Ja. Die Anklageerhebung war durch. Wir hatten es geschafft. Die erste Hürde war genommen.

Wir fuhren schnell zurück in mein Büro, wo Lorettas Vater und ihr Bruder uns erwarteten. Vor Freude über das Erreichte fielen wir einander um den Hals.

Bei all den Enttäuschungen, die Lorettas Fall uns später bescherte, rief ich mir immer diesen Moment der Freude ins Gedächtnis und erinnerte auch Loretta und ihre Familie daran, daß uns diesen Augenblick niemand nehmen konnte.

Als ich meinem Vorgesetzten die Nachricht überbrachte, wurde er blaß und stammelte schließlich so etwas wie eine Gratulation. Er hatte nicht mit einer Anklage gerechnet. Daß er die Anklageschrift unterschrieben hatte, war eine Geste gewesen, jetzt mußte er die Konsequenzen tragen. Er dachte nach und riet mir, nicht die Polizei einzubeziehen, sondern mich wegen der Vollstreckung des Haftbefehls an den Lieutenant zu wenden, der die private Polizeieinheit der Bezirksstaatsanwaltschaft leitete. Was er dem Lieutenant sagte, weiß ich nicht.

Nicht nur mein Vorgesetzter nahm die Anklageerhebung mit gemischten Gefühlen auf. Loretta machte sich Sorgen, daß ihre Großeltern etwas erfahren könnten und meinte, das würde die beiden alten Leute nicht überleben. Ich versprach ihr, wir würden unser Bestes tun, aber es könne natürlich trotzdem passieren. Ob Loretta dennoch weitermachen wolle, fragte ich. Sie bejahte.

Das war am Freitagnachmittag. Montagmorgen bekam ich einen Anruf von Santucci. Er war extra aus seinem Urlaub in Florida zurückgekommen und wollte mich sofort sprechen.

Unser Gespräch fand keineswegs unter vier Augen statt. Es war das reinste Gipfeltreffen. Mehrere Ressortleiter waren anwesend, dazu der Lieutenant, ein paar zahme Abteilungsleiter, ein Vertreter der Appellationsabteilung, der für den Fall zuständige Staatsanwalt, der Bezirksstaatsanwalt und meine Wenigkeit. Der Staatsanwalt der Sonderabteilung hielt den Mund. Alle anderen erklärten mir, was ich da täte, sei ungesetzlich, empörend, unfaßbar. Keiner nannte mich einen Glückspilz. Santucci erteilte mir die Anweisung, die Klage zurückzuziehen.

Ich überredete den Bezirksstaatsanwalt, seine Entscheidung einige Tage auszusetzen und mich zumindest den Schriftsatz zu Ende ausarbeiten zu lassen, mit dem ich die Anklageerhebung vor Gericht begründen wollte. Ich dachte, wenn es mir gelänge, Santucci zu überzeugen, müßten meine Argumente auch einem Richter einleuchten. Santucci schaute skeptisch, meinte dann aber, bitte, wenn ich mir unbedingt so einen Haufen Arbeit machen wolle . . .

Keine Stunde nachdem Santucci meine Unterlagen erhalten hatte, rief er an. Er beharrte darauf, daß ich die Klage zurückzog.

Ich war seit langem auf so etwas gefaßt. Seit ich angefangen hatte, bei der Bezirksstaatsanwaltschaft von Queens zu arbeiten, war ich darauf vorbereitet, daß man mir früher oder später die Anweisung erteilen würde, etwas Unmoralisches zu tun. Ich hatte meine Antwort parat.

Santucci erklärte mir, dies sei ein Befehl. Ich erklärte ihm, daß ich als Jüdin nur zu gut wisse, wohin es führt, wenn Leute »bloß Befehle befolgen«.

Santucci berief abermals ein Gipfeltreffen ein, diesmal ein etwas kleineres, und wir diskutierten die Sache aus. Der Bezirksstaatsanwalt erklärte mir, niemand außer ihm selbst habe das Recht, Präzedenzfälle zu schaffen. Was ich denn glaubte, wer ich sei. Als ich ihm schließlich wütend sagte, daß sein eigener Ressortleiter meine Anklageschrift gebilligt habe, war er verblüfft und kam aus dem Konzept. Der Ressortleiter staunte zwar, daß ich Santucci das nicht längst gesagt hatte, war aber dennoch von Stund an mein Feind. Santucci gab nicht nach, obwohl er mir jetzt nicht mehr vorwerfen konnte, wider die »Interessen der Behörde« gehandelt zu haben. Allerdings erklärte er sich einverstanden, mit Loretta und ihrem Vater zu sprechen. Vielleicht gelang es ja den beiden, ihn zu überzeugen.

Das war mein letzter Strohhalm. Ich dachte, wenn es einer schaffte, Santucci umzustimmen, dann Loretta, die italienischen Ursprungs war und ihrem Aussehen nach gut und gern seine Tochter hätte sein können.

Doch das Gegenteil war der Fall: Santucci überzeugte Loretta und ihren Vater. Der Bezirksstaatsanwalt war eben ein hervorragender Taktiker. Er machte sich ihre gemeinsame Abstammung zunutze, um die beiden einzuseifen. Charlie erzählte ihm, daß die Familie früher einmal die Dienste von Santuccis Bruder in Anspruch genommen hatte, der Arzt war. Zehn Minuten plauderten sie über dies und das, bevor sie endlich zur Sache kamen. Santucci redete ihnen die Anklage aus. Sie sollten doch daran denken, was das für die Großeltern bedeuten würde. Die Leute von der Polizeieinheit der Bezirksstaatsanwaltschaft würden dem Kinderschänder ernsthaft ins Gewissen reden, versprach er. Die Klage sollten sie jedoch zurückziehen. Loretta und ihr Vater waren einverstanden.

Damit hatte ich nicht gerechnet. Ich war darauf gefaßt gewesen, den Kampf durchzustehen, selbst wenn mich das meinen Job kostete. Mein Arbeitsverhältnis zum Bezirksstaatsanwalt hatte ohnehin einen Knacks weg, daran war nichts mehr zu ändern. In der Dienstvorschrift hieß es, die Staatsanwälte (einschließlich der Abteilungsleiter) müßten dem Bezirksstaatsanwalt »nach Belieben« zur Verfügung stehen. Ich wußte, daß ich mich unbeliebt gemacht hatte und daß das Konsequenzen haben mußte. Aber wie sollte ich Leuten Mut zum Kämpfen machen, die schon auf der ersten Stufe bereit waren, umzukehren? Ich beugte mich ihrer Entscheidung. Der Staatsanwalt zog die Klage zurück. Die Polizisten redeten mit Lorettas Onkel. Für die anderen Beteiligten war die Sache damit erledigt, nicht aber für Santucci und mich.

Mir blieb ein fader Geschmack im Mund. Ich machte eine Woche Urlaub, aber das half auch nicht viel.

Mir fiel ein Fall ein, den ich vor Jahren gehabt hatte. Der Angeklagte hieß Terry Pittman. Ihm fehlte alles, was einen Menschen zum Menschen macht. Er hatte zufällig ein junges Mädchen kennengelernt, das wissen wollte, wo sie Marihuana kaufen könne. Er nahm sie mit in seine Wohnung und vergewaltigte sie. Sie wehrte sich so wild, daß sie dabei ein Fenster eintrat. Daraufhin drehte er ihr so heftig den Hals um, daß sie gelähmt war. Sie bettelte: »Hilf mir, hilf mir, ich kann mich nicht mehr bewegen.« Das erregte ihn, und er vergewaltigte sie noch einmal. Als er fertig war, warf er sie sich über die Schulter und schleppte sie die Treppe runter, und weil es ihm zuviel Mühe machte, seine Last ordentlich auszubalancieren, ließ er ihren Kopf gegen das Geländer schlagen. Er warf das nackte Mädchen kurzerhand in die Einfahrt. Nachbarn riefen die Polizei.

Die Eltern des Opfers bezweifelten, daß ihre Tochter die Kraft hatte, den Täter vor Gericht zu bringen. Ich traute es dem Mädchen zu. Ich glaubte ihren Worten: »Ich muß aussagen – mir ist alles egal, ich muß aussagen – Hauptsache, er kriegt seine Strafe.« Pittman bekannte sich schuldig. Als die Kleine zum erstenmal wieder allein gehen konnte, kam sie auf Krücken zu mir ins Gericht. Sie schenkte mir eine Rose.

Es gab Gründe, in der Sonderabteilung zu bleiben.

Ich versuchte einen Termin bei Santucci zu bekommen, um unsere Meinungsverschiedenheiten zu besprechen. Santucci hatte keine Zeit für mich. Nicht zum erstenmal.

Als Santucci Monate später endlich bereit war, mit mir zu sprechen, interessierte ihn meine Unbotmäßigkeit nur sekundär, eigentlich hatte er etwas ganz anderes auf dem Herzen. Wie der Verteidiger von John German glaubte auch er, daß die Pressekampagne im Fall German mein Werk gewesen sei. Er war der Überzeugung, wer die richtigen Verbindungen zu den Medien hat, kann der Presse auch sagen, was sie schreiben soll. So funktionieren Beziehungen in seiner Welt. Er wollte wissen, ob ich mich nicht für ihn einsetzen könne.

Inzwischen war Santucci wie kaum ein anderer ins Schußfeld der Medien geraten. Die Zeitungen schlugen gnadenlos auf ihn ein, eine Schlagzeile in der *Daily News* lautete zum Beispiel: DIESER BEZIRK BRAUCHT ENDLICH EINEN BEZIRKSSTAATSANWALT.

Santucci war ständig in irgendwelche Skandale verwickelt. Zum Beispiel soll er vierzehn Stunden lang mit einem Mann zu Mittag gegessen haben, der Verbindungen zum organisierten Verbrechen hatte. Er gab eine lange Erklärung ab und behauptete, nicht gewußt zu haben, daß der Typ der Mafia nahestand. Außerdem habe das Essen nur sieben oder acht Stunden gedauert. Alles sei halb so schlimm; er habe nichts Unrechtes getan. Als die Zeitungen nicht bereit waren, seine Erklärung als geheiligte Wahrheit abzudrucken und sich zu entschuldigen, weil sie es gewagt hatten, an seiner Integrität zu zweifeln, war er beleidigt. Noch Jahre später konnte man dieses Thema nicht berühren, ohne daß er eine Zwanzig-Minuten-Version dieser Erklärung wiederholte. Er leckte seine Wunden.

Die staatliche Kommission zur Untersuchung der Integrität von Regierungsbeamten befaßte sich mit Santucci. Sein Sohn hatte vor ein paar Jahren für ein kommunales Amt kandidiert. Es hieß, Santucci habe mehrere Staatsanwälte in seiner Behörde unter Druck gesetzt, die Kandidatur seines Sohnes zu unterstützen. Der Verdacht wurde noch dadurch erhärtet, daß einer seiner Mitarbeiter unter Berufung auf den Fünften Bürgerrechtsartikel die Aussage verweigerte. Die Kommission machte zwar Schlagzeilen, aber weiter geschah nichts. Es wurde lediglich bekannt, daß die Staatsanwälte, die »korrekt« ausgesagt hatten, belobigt wurden.

Wie üblich, bestritt Santucci, etwas Unrechtes getan zu haben. Im Juni 1990 erschien in der Zeitschrift *Manhattan Lawyer* ein Porträt von Santucci mit dem Titel SANTUCCI: BEZIRKSSTAATSANWALT AUF LEBENSZEIT, EIN PERMANENTER WAHLKAMPF, EINE BILANZ OHNE GLANZ UND GLORIA. Dort verteidigte Santucci sein Verhalten seinen Sohn betreffend:

> »Bin ich denn etwa der einzige, dem man etwas vorzuwerfen hat? Hat niemand außer mir schon einmal seinen Sohn oder einen Verwandten unterstützt oder einem Freund zu einem Job verholfen?« fragt Santucci. »Ich halte es für pure Heuchelei, zu glauben, daß nicht jeder Vater jede sich bietende Gelegenheit wahrnehmen würde, um seinen Kindern zu helfen. Natürlich im Rahmen der Gesetze, natürlich auf anständige Weise, aber vielleicht trotzdem nicht in Übereinstimmung mit den moralischen Prinzipien mancher Leute.«

Inzwischen war der Personalmangel der Sonderabteilung schlimmer denn je. Und die Staatsanwälte, die wir hatten, waren noch unerfahrener als früher.

Allen negativen Schlagzeilen zum Trotz kandidierte Santucci auch 1989 wieder für sein Amt. Da es keine Gegenkandidaten gab, war von vornherein klar, wie die Sache ausgehen würde. Die *New York Times* drückte am 7. August 1989 in einer Kolumne zur Wahl unter der Überschrift KEINE OPPOSITION, KEINE ERKLÄRUNGEN FÜR SANTUCCI ihr Bedauern so aus:

> John J. Santucci, der Bezirksstaatsanwalt von Queens County, der normalerweise gegen andere ermittelt, ist der Staatsanwalt unserer Stadt, gegen den am häufigsten ermittelt wird. Er ist, wie es unter Politikern heißt, absturzgefährdet.
>
> Der Generalstaatsanwalt des Staates New York hat gegen ihn ermittelt und ihn sogar vorübergehend beurlaubt. Einer seiner Amtsbrüder hat gegen ihn ermittelt und ebenso die staatliche Kommission zur Untersuchung der Integrität von Regierungsbeamten. Kein Freispruch, kein Urteil. Viel Rauch, doch kein Feuer.
>
> Trotz allem wird Mr. Santucci auch diesmal freie Bahn haben, wenn er für seine vierte Amtsperiode kandidiert . . .

Zwei Wochen später, am 23. August, folgte die *Times* mit einem Leitartikel unter der Überschrift VOLK OHNE WAHL, der so anfing:

> Ein besonders niederschmetternder Aspekt der New Yorker Wahlkampagne besteht darin, daß es keine Konkurrenten gibt. John Santucci, der Bezirksstaatsanwalt von Queens, kandidiert unangefochten für eine vierte Amtszeit, obwohl genügend Vorfälle an seiner Urteilsfähigkeit und an seinen ethischen Grundsätzen zweifeln lassen.

Ich erhielt einen Anruf von der auf Serienvergewaltiger spezialisierten Abteilung des Dezernats Sexualverbrechen. Eine Studentin des St.-John's-College behauptete, sie sei vom dortigen Lacrosse-Team vergewaltigt worden. Die Sache sei vor einem Monate passiert, aber sie sei erst heute zur Polizei gekommen. Ob ich den Fall einem Staatsanwalt übertragen könnte. Ich gab ihnen den Mitarbeiter, den sie gern haben wollten. Der Mann war zwar jung, machte aber einen kompetenten Eindruck.

Ich schilderte Santucci den Fall. Daß die Sache hochexplosiv war, brauchte ich ihm nicht zu sagen. St. John's ist in Queens heilig. Nahezu jeder, der im Bezirk Queens politisch wichtig ist, hat dort studiert, auch John Santucci, Donald Manes und Mario Cuomo. Noch hatte die Presse keinen Wind von der Sache bekommen, aber das war nur eine Frage der Zeit. Santucci gab mir keine Anweisungen, wie ich in dem Fall verfahren sollte. Er wollte nur auf dem laufenden gehalten werden.

Mir war klar, daß das ein Wettlauf gegen die etablierten Praktiken der Strafverfolgung werden würde.

In den folgenden zwei Wochen besorgte ich mir Material über

St.-John's. Ermittlungsbeamte durchsuchten das College und bestätigten einige recht ungewöhnliche Einzelheiten, die das Opfer angegeben hatte (zum Beispiel, daß die Täter Masken trugen). Die Studentin war sich nicht sicher, ob sie den Fall zur Anklage bringen wollte. Der Staatsanwalt machte einen Termin mit ihr aus; bis dahin besprach sie sich fast täglich mit den Ermittlungsbehörden und ihren Beratern am St.-John's-College.

An dem Tag, als das Opfer zu dem Gespräch mit dem Staatsanwalt in unserer Abteilung erscheinen sollte, erhielt ich einen Anruf von der Lokalreporterin des *Newsday*. Sie hatte von der Geschichte erfahren und wollte wissen, was ich dazu zu sagen hätte. Nichts, erklärte ich.

Soeben hatte ich den Wettlauf verloren.

Ich ging zu Santucci, der aber nicht für mich zu sprechen war. Ich redete mit seinem Pressereferenten, einem Mann, der mich nicht ausstehen konnte – kein guter Anfang.

Santucci traf sich schließlich doch mit mir, allerdings im Beisein des Pressereferenten und meines Vorgesetzten (der mit dem »Glückspilz«, der wütend war, weil ich ihn nicht als ersten informiert hatte). Dieser Fall konnte der spektakuläre Start (oder das ruhmlose Ende) einer Karriere werden. Was Wunder, daß jeder ein Stück von dem Kuchen abhaben und sich gleichzeitig bedeckt halten wollte, falls die Sache schiefging.

Aus Gründen, über die ich nur spekulieren kann, eröffnete Santucci die Sitzung damit, daß er behauptete, soeben erst über die Anschuldigungen gegen das Lacrosse-Team erfahren zu haben. Der Pressereferent wurde alle naselang von *Newsday* angerufen. Ich sollte sagen, was ich wußte. Ich informierte die Herrschaften aus der Chefetage über die Einzelheiten. Klar war zunächst nur, daß man die junge Frau wie den letzten Dreck behandelt hatte. Genaueres könne ich allerdings erst wissen, wenn der Staatsanwalt mit ihr gesprochen hätte.

Während der Staatsanwalt mit dem Opfer sprach, rief Santucci alle zwanzig Minuten bei mir an. Der Staatsanwalt war sich nicht sicher, ob das, was wir hatten, für eine Anklage ausreichte. Ich teilte das Santucci mit, dem diese Nachricht ganz und gar nicht schmeckte. Er wollte einen Vergewaltigungsfall.

Jetzt, wo sich die hohen Herren eingemischt hatten, mußten wir einen beträchtlichen Teil unserer Arbeit und Kraft darauf verschwenden, ihnen Rede und Antwort zu stehen. Für die eigentliche Arbeit an dem Fall blieben uns praktisch nur die Pausen zwischen den Sitzungen in der Chefetage.

Santucci, mein Vorgesetzter, der neue juristische Berater und ich waren verschiedener Ansicht darüber, wie der Fall zu behandeln sei. Noch war niemand verhaftet worden. Normalerweise war das der erste Schritt. Die Presse verlangte, daß etwas passierte. Santucci war dafür, sofort Anklage zu erheben.

Wir einigten uns schließlich auf einen Kompromiß. Ich schlug ein paar Tage mehr Zeit heraus, und Santucci sollte seine Anklageerhebung bekommen, sobald die Sonderabteilung überzeugt war, daß die Angaben des Opfers der Wahrheit entsprachen.

Mein Vorgesetzter murmelte, daß er den Fall gern selbst übernehmen würde. Auch er hatte eine ziemlich schlechte Presse und wollte wohl sein Image in der Öffentlichkeit aufpolieren.

Der neue juristische Berater war nervös, aber das war keine Überraschung. Ich hatte gehört, daß er gern auf Nummer Sicher ging und es vorzog, Straftaten nicht zu verfolgen. Bei Sexualverbrechen galt dies natürlich um so mehr, und erst recht, wenn das Opfer ein Kind war. Als er erfuhr, daß wir aufgrund der Aussagen zweier mongoloider Kinder einen Lehrer des sexuellen Mißbrauchs angeklagt hatten, bekam er fast einen Herzschlag. Daß der Täter zur Rechenschaft gezogen werden mußte, war ihm anscheinend ein völlig fremder Gedanke. Ich ahnte damals nicht, wie sehr der Mann damit bald im Trend liegen sollte.

Mein Vorgesetzter, der Pressereferent und der juristische Berater schafften es mit vereinten Kräften, ihren Boß zu überzeugen.

Santucci nahm der Sonderabteilung den Fall weg und übertrug ihn einem Mann, der noch nie im Leben ein Sexualverbrechen zur Anklage gebracht hatte. Die Oberaufsicht sollte der für die Prozesse zuständige stellvertretende Bezirksstaatsanwalt haben. Damit war ich draußen und die Sonderabteilung unweigerlich ebenso.

Mit der Hauspost kam ein Memo von Santucci. Es enthielt eine Liste mit Fällen. Die Sonderabteilung sollte einen Großteil ihrer bereits zur Anklage gebrachten Fälle abgeben. Meine Mitarbeiter platzten fast vor Wut. Daß man uns den Fall St. John's weggenommen hatte, war natürlich eine Demütigung, aber andererseits nur ein Fall unter vielen. Wir waren sogar ein bißchen erleichtert gewesen, uns wieder unserer laufenden Arbeit widmen zu können. Diese Liste jedoch war etwas anderes. Das war ein Schlag ins Gesicht für die Sonderabteilung und ihr Selbstverständnis.

Meine Staatsanwälte und ich diskutierten über die Sache. Viele von ihnen wollten auf der Stelle kündigen. Ich fand eine städtische Einrichtung, die unter Umständen bereit war, unser ganzes Team zu übernehmen. Daraufhin wollten noch mehr Kollegen aussteigen. Eine Reihe von unseren Leuten wehrte sich, zumindest verbal. Andere dagegen hielten den Mund. So kam es innerhalb der Abteilung zu einem Bruch, der nie mehr verheilen sollte. Doch unsere Konflikte blieben intern. Nach außen hin hielten wir fester zusammen als jede andere Abteilung der Bezirksstaatsanwaltschaft.

Ich verlangte ein Treffen mit Santucci. Er hatte bestimmt von unseren Plänen erfahren. Ich konnte mir nicht vorstellen, daß es ihm recht war, wenn die Zeitungen auf ihren Titelseiten Schlagzeilen wie ABTEILUNG SEXUALVERBRECHEN KÜNDIGT GESCHLOSSEN WEGEN VERFAHRENSWEISE IM FALL ST. JOHN'S brachten.

Diesmal empfing er mich. Er entschuldigte sich wortreich und war ganz auf Versöhnungskurs. Natürlich glaubte er immer noch an mich und die Abteilung. Was ich damit meine, daß diese Liste mit mir nicht abgesprochen worden sei. Nein, das sei ganz falsch. Er habe uns doch nur Arbeit abnehmen wollen. Ich solle die Liste zerreißen und mir überlegen, welche Fälle ich gern loswerden wollte. Er werde dafür sorgen, daß diese Fälle nur den kompetentesten Mitarbeitern übertragen würden. Er verbürgte sich dafür, daß jeder Fall, der von der Sonderabteilung kam, oberste Priorität haben sollte. Inzwischen könnten wir die Vorgänge abarbeiten, die bei uns aufgelaufen seien.

Den Fall St. John's wollte Santucci uns allerdings nicht zurückgeben. Er fand, ich solle froh sein, daß der »Glückspilz«-Vorgesetzte ihn nicht bekam.

Ich berichtete meinen Mitarbeitern in der Abteilung von dem Gespräch. Wollten sie sich damit zufriedengeben oder nach wie vor aus Protest kündigen? Sie entschieden sich, zu bleiben.

Doch es war bereits zuviel Porzellan zerschlagen worden.

Santucci ging zu Methoden über, die zwar weniger Aufsehen erregten, dafür aber um so wirkungsvoller waren. Die Chefetage ließ sich keine Gelegenheit entgehen, um unser durch sie ohnehin schon angegriffenes Zusammengehörigkeitsgefühl und unser Selbstvertrauen noch weiter zu untergraben.

Obwohl die Sonderabteilung unterbesetzt war, riß der Andrang nicht ab. Es gab ein neues Gesetz, wonach Vergewaltigungsopfer unter vier Augen befragt werden mußten. Bei unseren räumlichen Bedingungen war das nicht möglich. Santucci reagierte prompt. Er nahm uns ein paar Zimmer weg und quartierte eine andere Abteilung dort ein. Es hieß, die Sonderabteilung solle in ein neues Gebäude umziehen. Wir bekamen sogar die Entwürfe gezeigt. (Irgendwie wußte ich, daß ich in dieses neue Quartier nicht einziehen würde.) Bis zum Umzug müßten wir uns eben etwas einschränken, hieß es. Für die anderen Abteilungen war unübersehbar, daß wir in Ungnade gefallen waren.

Die drei der Sonderabteilung unterstellten polizeilichen Ermittlungsbeamten wurden in einer anderen Etage untergebracht und sollten fortan nicht mehr uns allein, sondern auch anderen Abteilungen zur Verfügung stehen. Natürlich reduzierte sich dadurch die Zeit, die sie für unsere Fälle hatten.

Santuccis Maßnahmen wirkten sich auf allen Ebenen aus. Im Herbst jenes Jahres, unmittelbar nachdem der Bezirksstaatsanwalt den juristischen Berater zum neuen Ressortleiter für die Sonderabteilung ernannte hatte, kündigten auf einen Schlag drei unserer Staatsanwälte, und wenige Wochen später quittierten drei Assistenten den Dienst. Damit hatte unsere ohnehin schon unterbesetzte Abteilung ein Viertel ihres Personals verloren.

Es wurde immer schlimmer. Sogar das Wasser aus dem Zellenblock begann wieder bei uns von der Decke zu tropfen. Da war es auch nicht gerade hilfreich, daß unsere ersten Fälle mit direkter Videoübertragung von Zeugenaussagen in die Revision gingen. Die Sonderabteilung hatte auf diesem Gebiet Neuland betreten, und die nächsthöhere Instanz mußte die Bestimmungen umformulieren. Zwei Fälle standen zur Revision an. Im ersten wurde das Urteil aufgehoben, im zweiten bestätigt. (Im ersten Fall ging es um eine Frau, die des sexuellen Kindesmißbrauchs angeklagt war. Offenbar hielten die höheren Instanzen Pädophilie für reine Männersache.)

Nachdem das eine Urteil aufgehoben worden war, versuchte der juristische Berater, Santucci davon zu überzeugen, daß wir bei Prozessen keine Videoübertragung oder -aufzeichnung benutzen sollten. Er war sogar dagegen, Zeugenaussagen für die Anklagejury auf Video aufzuzeichnen. Als ich Santucci bewies, daß es hier um zwei verschiedene Gesetze ging, hörte er auf, sich auf den juristischen Berater zu verlassen, und gab nach. Aber mir war klar, daß die Zeit gegen uns arbeitete.

Beim jährlichen Auszeichnungsdinner der Sonderabteilung verliehen wir Sheba posthum einen Stern. Sie war kurz zuvor an Altersschwäche und Krankheit eingegangen. Später war ich froh, daß sie das, was noch kommen sollte, nicht mehr mitzuerleben brauchte.

Tatenlos mußte ich zusehen, wie Santucci alles niederriß, was ich so mühsam aufgebaut hatte. Irgendwann war es soweit, daß ich mich von meinen Träumen verabschiedete. Die ganze Zeit hatte ich mir eingeredet, daß wir eines Tages genug Personal, genug Platz, genug finanzielle Mittel hätten, um die Abteilung so zu organisieren, wie ich es mir vorstellte. Statt dessen machte Santucci sich daran, alles zu zerstören. Und das Schlimmste war: er nahm meinen Mitarbeitern das, worauf ich mich stets am meisten hatte verlassen können – ihren Mut.

Mein Mann und ich haben mal im Fernsehen einen Boxkampf gesehen. Irgendein Strahlemann, den seine Agenten als harten Kämpfer anpriesen, gegen einen, der im Grunde als besserer Sparringspartner galt. Allerdings hatte ihm das niemand gesagt. Der Strahlemann war mit allen Wassern gewaschen. Der andere hatte nur eines: er hatte Mut. Der Strahlemann bekam in den Pausen strategische Tips von seinem Trainerteam; für ihn sollte der Kampf eine Übung sein, eine Vorbereitung auf größere Ziele. Irgendwann zeigte die Kamera auch mal die Ecke des Gegners. Dessen Team sagte ihm nur: »Na los, geh und mach ihn fertig.« Er versuchte es und konnte ein paar Treffer landen, die Wirkung zeigten. Er hielt tapfer durch bis zum bitteren Ende, obwohl von Anfang an klar war, daß er verlieren mußte. Ich kam mir vor wie dieser Boxer.

Meine einzige Hoffnung war, daß Santucci seine Rücktrittsdrohung diesmal ernst meinen könnte.

In der Chefetage brach Torschlußpanik aus. Santucci trat immer weiter in den Hintergrund. Mehr und mehr bestimmten seine Oberbürokraten, wo es langging.

Zum erstenmal kam jetzt auch das Gerücht auf, daß man, um befördert zu werden, mit den richtigen Leuten ins Bett gehen – oder zumindest unter einer Decke stecken – müsse. Diese Gerüchte hielten sich so hartnäckig, daß Santucci bei der nächsten Beförderungsrunde ausdrücklich versicherte, mit keiner der beförderten Frauen ein Verhältnis gehabt zu haben.

Das war bei einer Weihnachtsfeier für sämtliche Mitarbeiter der Bezirksstaatsanwaltschaft. Die Beförderten waren meist Leute, die weder die Qualifikation noch genug Erfahrung für ihre neuen Posten besaßen. Das Ganze war ein reines Machtspiel und sollte schlicht und einfach beweisen, daß er immer noch der Bezirksstaatsanwalt war und tun konnte, was ihm gefiel.

Unter anderem wurde die stellvertretende Leiterin der Sonderabteilung zur Leiterin der Abteilung Kapitalverbrechen befördert. An ihre Stelle bei uns wurde eine Frau berufen, die noch nie etwas mit der Strafverfolgung von Sexualverbrechen zu tun gehabt hatte. Bis dato war sie mit Mordprozessen befaßt gewesen und hatte sich dort als »nettes Mädchen« einen Namen gemacht.

Meine Meinung dazu interessierte keinen Menschen, am allerwenigsten meine neue Stellvertreterin. Die war voll und ganz damit beschäftigt, sich bei den Herren in der Chefetage lieb Kind zu machen. Außerdem steckte sie mit dem juristischen Berater, der inzwischen für die Sonderabteilung zuständig war, unter einer Decke. Er wollte der nächste Bezirksstaatsanwalt werden und war vorwiegend damit beschäftigt, sich dafür eine günstige Ausgangsposition zu sichern. Die übrige Zeit verbrachte er damit, uns Steine in den Weg zu legen. Zum Beispiel wies er in den meisten Fällen von sexuellem Kindesmißbrauch unsere Anklageerhebungen zurück.

Anklageerhebungen in Fällen von sexuellem Kindesmißbrauch zurückzuweisen war geradezu eine Spezialität von ihm.

Santucci kam immer mehr ins Gerede.

In Queens hatte der Bezirksstaatsanwalt weitgehend verspielt. Die

Chancen, eine Verurteilung zu erreichen, waren auf ein Minimum zusammengeschrumpft. Die Stimmung war schlechter denn je.

Wegen des Personalmangels in unserer Abteilung versuchte jeder, sich die Arbeit nach Möglichkeit zu erleichtern. Das war ein Problem. Ich hatte meinen Mitarbeitern immer wieder eingeschärft, sich nicht auf herkömmliche Ansichten zu verlassen, sondern selbständig zu denken. Jetzt interpretierten sie das so, daß sie auf nichts und niemanden mehr hörten, sondern einfach draufloswurstelten. Ich setzte die Wiederaufnahme eines Prozesses durch, bei dem die Staatsanwältin sich nicht einmal die Mühe gemacht hatte, mit den Alibizeugen zu reden. Sie habe doch sowieso gewußt, daß die Leute lügen und der Angeklagte der Täter sei, erklärte mir die Kollegin. Im Grunde mußte ich ständig befürchten, daß die Staatsanwälte etwas falsch machten, und mich zusammennehmen, ihnen nicht pausenlos mißtrauisch auf die Finger zu sehen.

Auch die Arbeit an sich ging mir allmählich an die Nieren. Eines Tages sah ich in den Fernsehnachrichten einen Mann, der ein Baby auf dem Arm hatte. Die Aufnahme war nach einem Tornado gemacht worden, der alles ringsherum verwüstet hatte. Daß das kleine Mädchen unversehrt überlebt hatte, grenzte an ein Wunder. »Gott hat ihr einen Schutzengel geschickt«, sagte der Mann. Ich fing an zu weinen. Wo waren die Schutzengel für all die anderen Kinder?

Ich tat das, womit ich mich auskannte: ich führte Prozesse.

Ein Jahr zuvor hatte ich den Fall George Chavis und Geraldine Mitchell übernommen, nachdem eine andere Abteilung abgelehnt hatte, Anklage zu erheben. Es handelte sich um Mord, allerdings, wie es anfangs aussah, um einen Mord ohne Leiche und, wie die andere Abteilung meinte, auch ohne ausreichende Beweise. Jedenfalls lag kein Sexualverbrechen vor, zumindest nicht im streng juristischen Sinne. Das Opfer war ein dreijähriger Junge, der vom Freund seiner Mutter (unter deren Mithilfe) totgeschlagen worden war. Das Kind war monatelang gepeinigt worden, und das unter den Augen der Jugendfürsorge, die es allerdings vorgezogen hatte, nicht einzugreifen. Schließlich war der Kleine gestorben. Die Mutter, Geraldine Mitchell, hatte ihn als vermißt gemeldet. Die Polizei wußte, daß er wahrscheinlich tot war, wollte aber die Hoffnung nicht aufgeben und leitete eine umfangreiche Suchaktion ein. Die Beamten arbeiteten in drei Schichten und kamen selbst an ihren freien Tagen zum Dienst. Sie suchten Müllkippen ab, wo es von Ratten wimmelte, durchkämmten jedes Gebüsch und selbst das dichteste Unterholz. Dort fanden sie zwar ein von einem Voodoo-Ritual übriggebliebenes Tieropfer, nicht aber den kleinen Jungen, um den sich niemand gekümmert hatte – bis es zu spät war.

Monate später wurde der Leichnam auf einem stillgelegten Friedhof entdeckt. Der Pathologe konnte kaum noch die Identität feststellen, geschweige denn die forensischen Beweise zur Todesursache erbringen, die die Geschworenen in einem solchen Fall verlangten.

Als die Polizei die Mitchell mitnahm, um sie einzeln zu verhören, geriet Chavis in Rage, ging zu ihrer Großmutter und schlug die achtzigjährige behinderte Frau zusammen. Die Großmutter sagte später aus, während er auf sie einschlug, habe er gedroht, er werde »sie genauso fertigmachen wie den Kleinen«.

Chavis hatte noch mehr Kinder mißbraucht. Offenbar suchte er sich grundsätzlich Freundinnen, die kleine Kinder hatten, auf die er losgehen konnte. Von den Müttern der anderen Opfer erfuhr ich, daß Chavis zunächst immer sehr nett war, sich aber dann plötzlich total veränderte; er bekam regelmäßig entsetzliche Jähzornsausbrüche, die sich erst legten, wenn er seine Wut an einem hilflosen Kinderkörper ausgelassen hatte. Einem anderen Dreijährigen, den er ebenfalls geprügelt hatte, ritzte er anschließend ein X in die Stirn. (Die alte Sonderabteilung hatte es damals abgelehnt, Anklage gegen Chavis zu erheben.) Gewalttätigkeit im Machtrausch nennt man so etwas – ein schlimmes, aber weitverbreitetes Übel.

Die Mitchell sagte bei einer ihrer Vernehmungen (leider war sie nicht bereit, das im Zeugenstand zu wiederholen), totgeschlagen habe Chavis den Jungen, als dieser zum erstenmal versucht hatte, sich zu wehren. Er habe das Kind verprügelt, weil es die beiden beim Geschlechtsverkehr gestört hatte. Als sie ihn hindern wollte, sagte die Mitchell, habe er sie ebenfalls verprügelt. Da habe der Junge wütend seine kleinen Fäuste geballt, und das habe Chavis dermaßen in Rage gebracht, daß er den Jungen totgeschlagen habe.

Danach hatten sie sich gestritten, ob das Kind noch atmete. Chavis hatte den Leichnam in einen Müllsack gesteckt und ihn in einen Eimer unter dem Badezimmerwaschbecken gestopft. Die Mitchell hatte gejammert, mit der Leiche im Bad traue sie sich gar nicht mehr aufs Klo. Da hatte Chavis den Müllsack mit dem toten Kind in den sehr geräumigen Kühlschrank gelegt. Dort blieb er mehrere Tage, bis Chavis in einer mondlosen Regennacht sagte, er werde jetzt gehen und »den Kleinen anständig begraben«. Dann hatte er den Müllsack aus dem Kühlschrank geholt und das Zimmer verlassen. Diese Einzelheiten klingen so unglaublich, daß man sie gar nicht für möglich halten möchte, aber in dem Kühlschrank wurden tatsächlich menschliche Haare gefunden, und schließlich entdeckte man auch den Leichnam auf dem stillgelegten Friedhof.

Der Verteidiger der Mitchell warf mir lange vor, ich hätte ja gar keine Beweise, und es sei eine Frechheit, den Fall überhaupt zur Anklage zu bringen. Die Mitchell redete sich damit heraus, daß ihr Freund sie ebenfalls verprügelt hatte. Der Anwalt nannte seine Mandantin eine »schwarze Hedda Nussbaum« und erklärte, es sei der blanke Rassismus, daß man Hedda Nussbaum in dem bekannten Mordfall Lisa Steinberg Immunität gewährt, Geraldine Mitchell hingegen unter Anklage gestellt habe. (Ich weiß nicht, welcher Rasse nach seiner Meinung das Opfer angehörte.) Der Verteidiger forderte die Anwälte geschlagener Frauen auf, gegen die Anklage zu protestieren. Er hatte Erfolg mit seinem Appell.

Selbst dem Pathologen, der die Gebeine des Opfers untersucht hatte, fiel es schwer, sich die Qualen vorzustellen, die diesem kleinen Jungen zugefügt worden waren. Und Geraldine Mitchell hatte zugeschaut und sogar mitgeholfen. Abend für Abend hatte sie Chavis in ihr Zimmer in der Unterkunft geschmuggelt. Tagsüber war dort medizinische Versorgung gewährleistet, doch sie verheimlichte die Narben und die blauen Flecke des Jungen. Sie hätte seinem langsamen, grauenvollen Martyrium ein Ende bereiten können, griff aber nicht ein. Ihre Verbrechen durften nicht ungesühnt bleiben.

Als Geraldine Mitchell merkte, daß die Verteidigung den Fall nicht aus der Welt schaffen konnte, bekannte sie sich schuldig und war bereit, eine Freiheitsstrafe auf sich zu nehmen; außerdem versprach sie, gegen ihren Freund auszusagen. George Chavis kam vor Gericht. Der Prozeß dauerte fast einen ganzen Monat. Es gab eine Menge Zeugen, die allerdings alle nichts Wesentliches auszusagen hatten.

Während des Prozesses schrieb mein Mann mir aufmunternde Zettel. Wenn er vor mir aus dem Haus gehen mußte, fand ich auf dem Frühstückstisch einen Zettel, der mich daran erinnern sollte, daß er auf meiner Seite stand.

An dem Tag, nachdem ich es geschafft hatte, die Mitchell so weit zu bringen, daß sie gegen ihren Freund aussagen wollte, fand ich folgende Nachricht:

> Setz ihn weiter unter Druck, gönne ihm keine Atempause – er keucht schon – hat's nicht gelernt, über die volle Distanz durchzuhalten – was gut ist, weil er's nicht schaffen wird.

Als der Richter die Tatsache, daß Chavis auf dem stillgelegten Friedhof, auf dem der Leichnam des Kindes gefunden worden war, als Wächter gearbeitet hatte, nicht als Beweis zuließ, und es so aussah, als würde er auch die Aussagen über weitere Opfer, die Chavis mißhandelt hatte, nicht anerkennen, schrieb mein Mann:

> Heute geht es in die mittleren Runden – keine Müdigkeit vorschützen.

Und als die Verteidigung ihre Zeugen aufrief und die Aussage des Angeklagten bevorstand, bekam ich folgende Notiz:

> Das ist die letzte Runde – die bisherigen hast Du alle gewonnen, manchmal bloß 10:8 – aber jetzt mußt du richtig hinlangen! Stell dir vor, bis jetzt wären alle Runden an *ihn* gegangen, er hätte die Punktrichter auf seiner Seite und der Ringrichter wäre sein Cousin. Denk dran, wenn er zu Boden geht. Die zählen langsam, wenn sie ihn auszählen – also schlag ihn *bewußtlos* – verdammt nochmal, schlag ihn *tot*!

An dem Morgen, als ich mein Plädoyer halten sollte, rüttelte mein Mann mich wach. »Alice, Alice.« Er mußte mir noch einen letzten Rat mit auf den Weg geben: »Geh und mach ihn fertig!«

Ich tat mein Bestes. Als stünde ich zum letzten Mal im Ring. Ich sagte zu den Geschworenen:

Andrew Mitchells* Leben war kurz und qualvoll. Sein Sterben war langsam und grauenhaft. Als er begraben wurde, hat niemand für ihn gebetet, und niemand hat um ihn geweint, für ihn fand keine Totenfeier statt. Seinen Leichnam hat man den (Ratten) zum Fraß vorgeworfen. Wenn Andrew Mitchells Dasein auf dieser Welt auch nur eine Spur von Würde und Gerechtigkeit finden soll, so ist es an Ihnen, sie ihm zu geben.

Ihre Aufgabe besteht nicht darin, in diesem Fall ein bestimmtes Urteil zu fällen. Danach müssen sie in Ihren Herzen und in Ihrem Gewissen und in den Beweisen forschen. Ihre Aufgabe ist es, Andrew Mitchells Tod mit derselben feierlichen Würde zu behandeln wie den eines Ihrer Lieben. Andrew Mitchell hat in den wenigen Jahren, die er auf diesem Stern zubringen durfte, mehr Einblick in die dunklen Seiten des menschlichen Charakters gewonnen als die meisten von uns ... in ihrem ganzen Leben. Anstand, Liebe oder Freundlichkeit hat er kaum erfahren. Für ihn mag es zu spät sein, er kann nicht erfahren, daß der Mensch gut und gerecht sein kann. Ich weiß nicht genug über die Wege unseres Herrn, ich kann nicht sagen, ob Andrew Mitchell jetzt auf diesen Prozeß herabschaut ... Ich kann Sie nur bitten, wenn Sie sich nun zur Beratung zurückziehen, dann stellen Sie sich vor, er täte es.

Der Verteidiger hat viel Zeit darauf verwendet, Ihnen zu erzählen, was die Staatsanwaltschaft in diesem Fall angeblich alles nicht habe beweisen können. Manches von dem, was er gesagt hat, ist richtig, doch das ändert nichts an der Wahrheit. Den anständigen, achtbaren, wunderbaren, glaubwürdigen Zeugen, der die letzten Minuten im Leben des Andrew Mitchell erlebt hat und uns genau erzählen kann, was passiert ist, den gibt es nicht. Wenn es ihn gäbe, wenn all diese Attribute auf Geraldine Mitchell zuträfen, dann wäre Andrew Mitchell nicht tot.

---

* Das ist der wirkliche Name des Opfers. Sein Name ist alles, was von ihm geblieben ist.

Kein Pathologe kann Ihnen präzise sagen, was sich in den letzten Minuten des Andrew Mitchell zugetragen hat. Wir haben auch keinen exakten Autopsiebericht, der über seine blauen Flecke, seine Verletzungen und so weiter Auskunft geben könnte. Gerade dadurch zeichnet sich dieses Verbrechen ja aus. Daß es keinen solchen Beweis gibt. Nie geben wird. Hier hat nicht ein Erwachsener einen anderen Erwachsenen erschossen, und ein Augenzeuge hat dabei zugesehen. (So) war dieser Tod nicht. (So) war diese Tat nicht. Wir haben nur Knochen und Bruchstücke. Knochen, die noch immer vor Schmerz schreien ... Und Bruchstücke jener Wahrheit, die wir den Beweisen entnehmen können, die Ihnen hier vorgelegt wurden ...

Ich holte zwei Beweisstücke hervor und stelle sie auf das Geländer vor der Geschworenenbank. Es fiel schwer, nicht in Tränen auszubrechen, wenn man sie sah. Das eine war Chavis' Turnschuh. (Daß man die Schuhe extra für ihn hatte bestellen müssen, weil er ungewöhnlich große Füße hatte, war reiner Zufall.) Das andere war der winzige Turnschuh des dreijährigen Andrew mit einem Bild von Alf darauf.

Ich faßte noch einmal sämtliche Indizienbeweise zusammen, wiederholte all die sorgfältig zusammengetragenen Details, die Chavis' Schuld beweisen konnten – die einzigen Überreste von Andrew Mitchells kurzem Leben.

Nicht über die letzten Minuten im Leben dieses Kindes reden wir hier. Wir reden über ein langsames, langes Sterben. Wie diese letzten Minuten verlaufen sind, werden wir vielleicht nie erfahren, und vielleicht ist das eine Gnade. Aber wir brauchen es auch nicht zu wissen. Hier war nicht eine Schußwunde die Todesursache. Hier waren es monatelange Qualen ... dies war ein Verbrechen aus Macht, ein Verbrechen, zu dem es kommen konnte, weil George Chavis größer und stärker war und weil er einen Dreieinhalbjährigen schlagen konnte. Und weil Andrew Mitchell klein und schwach und verletzlich war und niemanden hatte, der ihn beschützte ...

Alles, was von Andrew Mitchell geblieben ist, sind Knochen

und Bruchstücke. Sein Leben war nur ein winziges Bruchstück vom Leben, und dieses winzige Bruchstück war qualvoll. Kein Kriegsgefangener ist so schlecht behandelt worden wie Andrew Mitchell . . . Keine Armee kam, um ihn zu retten . . . Andrew Mitchell war auf dieser Welt so allein, wie ein Kind nur sein kann, und keiner, der so etwas getan hat, darf ungestraft davonkommen. Keiner . . .

Der Verteidiger hat Ihnen bei der Eröffnung des Prozesses gesagt, Andrew Mitchells Tod sei ein tragischer Unglücksfall gewesen. Wenn ein Kind bei einem Brand ums Leben kommt, das ist ein tragischer Unglücksfall. Wenn ein Kind bei einem Verkehrsunfall stirbt oder an einer Krankheit, das ist ein tragischer Unglücksfall. Wenn ein Kind zu Tode geprügelt und gequält wird, das ist kein tragischer Unglücksfall, das ist böse . . . Tragisch wäre es, . . . wenn der Mensch, der das getan hat, ungestraft davonkäme . . .

Auf Ihnen lastet eine schwere Verantwortung, Ladies and Gentlemen. Der Wahrheit in diesem Fall können nur Sie eine Stimme geben – mit Ihren Verdikt. Andrew Mitchell ist tot. Lassen Sie nicht zu, daß die Wahrheit mit ihm stirbt.

Die Geschworenen sprachen Chavis des vorsätzlichen Totschlags schuldig. Der Richter verurteilte ihn zur Höchststrafe. Nach dem Prozeß gegen Chavis ahnte ich: nur wegen dieses Verfahrens hatte man mich noch nicht gefeuert. Man hatte mir gnädig erlaubt, diese letzte Schlacht zu schlagen.

Ich war am Ende. Die Sonderabteilung war mein Feld gewesen, das ich gerodet hatte. Ich hatte mich für die Abteilung abgeschunden, hatte gelitten bei jeder Niederlage, hatte ihretwegen Schweiß und Tränen vergossen. Trotz aller Widrigkeiten hatte ich die Saat zum Keimen gebracht. Und jetzt hatte man sich mit dem Feind geeinigt und ihm die Ernte überlassen. Und als ich mich wehren wollte, hatte man den Boden vergiftet.

Das Fernsehen zeigte Amateuraufnahmen von brutalen Zusammenstößen in Kalifornien. Santucci ließ in Queens ein paar Polizeibeamte wegen gewaltsamer Übergriffe und Mord unter Anklage stellen. Die Beweise waren fragwürdig, die Medien reagierten kritisch.

Santucci kündigte seinen Rücktritt an, und diesmal meinte er es ernst. Seine letzten Wochen im Amt brachte er damit zu, öffentlich die Presse zu kritisieren. Er behauptete, die Journalisten hätten etwas gegen ihn, weil er italienischer Abstammung sei.

Wir sollten also tatsächlich einen anderen Bezirksstaatsanwalt bekommen. Das war eine neue Chance.

2

Monatelang wurde spekuliert, wen der Gouverneur auf Santuccis Posten setzen würde. Der juristische Berater und der »Glückspilz«-Vorgesetzte gebärdeten sich beide, als hätte Santucci ihnen versprochen, sie für das Amt zu empfehlen. Wenn einer von den beiden ans Ruder kam, war ich arbeitslos. Das war klar. Aber ich war schon zu weit gegangen, um jetzt klein beigeben zu können.

Nach dem Prozeß gegen Chavis bekam ich von meinem Mann Zettelchen zu einem anderen Thema. Jetzt drehten sich seine Mitteilungen um meine Stellvertreterin, die er »Schlecke« nannte (Abkürzung für Speichelleckerin). Auf einem Zettel stand zum Beispiel:

> Die Schlecke kann den Code nicht knacken –
> und Dir bricht die nie den Nacken.

Für mich symbolisierte diese Stellvertreterin alles, was Santucci der Sonderabteilung angetan hatte. Als sie bei uns anfing, fragte ich sie, was sie bisher gemacht hatte. Hatte sie schon einmal eine Ermittlung geführt? Nein. Hatte sie als Staatsanwältin schon einmal mit Sexualverbrechen zu tun gehabt? Nein. Hatte sie schon einmal eine Befragung eines Kindes, sei es als Opfer oder als Zeuge, durchgeführt? Nein. Hatte sie schon einmal ein Verbrechen an einem alten Menschen angeklagt? Nein. Hatte sie schon einmal einen Fall gehabt, bei dem Opfer und Täter miteinander verwandt waren? Nein. Na schön, dann wenigstens einen, wo sich Opfer und Täter kannten? Ja. Also gut, ich bot an, ihr Material zu geben, das sie durcharbeiten konnte; am besten solle sie mit Gewalt in der Familie anfangen. Nein. Sie weigerte sich und warf mir vor, »die Position einer stellvertretenden Abteilungsleiterin unterzubewerten«. Jahrelang hatte ich versucht, meine Mitarbeiter zu motivieren, indem sich jeder seine Position *verdienen* mußte. Und jetzt hatte ich eine Stellvertreterin, die keine Ahnung von unserer Arbeit hatte und von Tag zu Tag mehr auf ihre »Weisungsberechtigung« pochte. Der nächste Zettel von meinem Mann lautete:

> Wenn du in die Wolken schaust und machst dabei ganz en passant die Schlecke breit mit einem Tritt, so nennt man das Fortschritt.

Wenn wir wirklich einen neuen Bezirksstaatsanwalt bekamen, wenn es noch eine Hoffnung gab, daß die Sonderabteilung unter einem neuen obersten Dienstherrn von den Toten auferstehen konnte, dann wollte ich möglichst klare Verhältnisse schaffen. Also ging ich daran, meine Stellvertreterin loszuwerden.

Ich fing ganz klein an und bat Santucci um ein Gespräch. Abgelehnt. Ich versuchte es mit einer kurzen Hausmitteilung. Keine Antwort.

Ich schrieb Santucci eine längere Mitteilung. Jahrelang hatte ich mir anhören müssen, daß es bei uns in der Behörde als unhöflich gelte, Dinge schriftlich zu regeln. Jetzt stellte ich den Antrag, die Schlecke zu versetzen, und begründete mein Ersuchen.

Wieder wartete ich. Nichts. Es war das reinste Schattenboxen.

Ich schrieb an die Schlecke selber. Sie antwortete nicht. Dafür übergab mir der »Glückspilz«-Vorgesetzte einen versiegelten Hausumschlag mit seiner Antwort. Er hatte bereits eine Kopie an Santucci geschickt. Die Mitteilung endete mit einer Drohung:

> Ich bin sehr verärgert, weil Sie nicht in der Lage sind, die Gegebenheiten zu akzeptieren. Wenn Sie die Mitarbeiterin, die der Bezirksstaatsanwalt Ihnen als Stellvertreterin zugeteilt hat, nicht akzeptieren und mit ihr vernünftig an der Verbesserung der Zustände in Ihrer Abteilung zusammenarbeiten, dann sollten Sie sich überlegen, ob Sie nicht

lieber kündigen oder um Versetzung auf einen anderen Posten bitten wollen.

Als ich mein Antwortschreiben fertig hatte, fand ich einen Zettel von meinem Mann, auf dem stand:

> Mach sie alle platt, so platt daß nicht mal die Schlecke unter ihnen durchkriechen kann.

Ich tat mein Bestes. Der letzte Satz meiner Hausmitteilung war:

> Sollte es jemals so weit kommen, daß Sie in diesem Amt die Spielregeln bestimmen, dann brauchen Sie sich keine Sorgen zu machen, wie Sie mich loswerden . . . dann gehe ich nämlich von selbst.

Inzwischen ging ich jeden Tag zur Arbeit mit der Erwartung, hinausgeworfen zu werden. Die anderen schienen diese Erwartung zu teilen.

Gouverneur Cuomo ließ sich Zeit; er wartete, so lange er konnte, bevor er einen Nachfolger für Santucci benannte. Der neue Mann war Richard A. Brown, ein Richter, der vorher, ebenfalls vom Gouverneur eingesetzt, beim Appellationsgericht gewesen war.

Ich war die einzige in der ganzen Bezirksstaatsanwaltschaft, die bereit war, sich öffentlich zu äußern. Ich sagte, der neue Chef solle nur ja einen neuen Besen mitbringen und endlich für Ordnung sorgen.

Ich war fest entschlossen, dem neuen Bezirksstaatsanwalt sofort die Pistole auf die Brust zu setzen. Die Sonderabteilung war zum Zankapfel der rivalisierenden Lager verkommen, das hatte sie zugrunde gerichtet. Brown konnte diese Tradition beibehalten und weiterhin machtpolitische Interessen über die Aufgaben der Strafverfolgung stellen oder er konnte das Ruder herumreißen.

An Santuccis letztem Arbeitstag fand eine Plenarversammlung statt, bei der die Amtsübergabe offiziell vollzogen wurde. Brown hielt eine Rede. Das oberste Anliegen der Behörde, erklärte er, müsse die Gerechtigkeit sein. Er sagte uns, er komme ohne Gepäck. Außer seiner persönlichen Sekretärin und seinem Assistenten habe er niemanden mitgebracht. Er leistete seinen Amtseid als neuer Bezirksstaatsanwalt.

Nachdem Santucci weg war, wartete ich.

In der Presse wurde mein hausinterner Notenwechsel unterdessen als GRÖSSTER PAPIERKRIEG ALLER ZEITEN ausgeschlachtet. Opfer und Einrichtungen zu deren Betreuung forderten Brown schriftlich auf, die Arbeit der Sonderabteilung zu unterstützen.

Wenige Tage nach Browns Amtsübernahme kündigten sowohl der Vorgesetzte meiner Stellvertreterin als auch mein Lieblingsfeind, der »Glückspilz«-Vorgesetzte.

In all dem Chaos hatte ich die Fortbildung für die Staatsanwälte der Sonderabteilung schleifenlassen. Jetzt wurde es höchste Zeit, wieder damit anzufangen. Ich führte einen einwöchigen Weiterbildungskurs durch. Wir waren dermaßen unterbesetzt, daß die meisten Kollegen an vielen Veranstaltungen aus Zeitmangel nicht teilnehmen konnten. Die Schlecke hatte ihre eigenen Gründe, durch Abwesenheit zu glänzen.

Mit der Sonderabteilung konnte es so lange nicht bergauf gehen, wie Brown nicht bereit war, ein paar radikale Änderungen vorzunehmen.

Bei einer der ersten Abteilungsleitersitzungen schaute Brown in die Runde und wollte uns offensichtlich etwas sagen. Wir wußten, daß er für die Wahl im September kandidierte; er wollte uns mitteilen, daß wir mit der Sache nichts zu tun hätten. Wir sollten nichts unternehmen. Er habe genug Wahlhelfer. Wir sollten unsere Arbeit machen und uns nicht in die Politik einmischen. Ich konnte nur hoffen, daß er das ernst meinte.

Brown schuf einen neuen Posten, den des Chefbeauftragten. Der Bezirksstaatsanwalt leitete somit die Geschäfte nicht direkt, sondern es war eine Instanz zwischengeschaltet. Kurz nachdem dieser Chefbeauftragte sein Amt angetreten hatte, traf ich ihn zufällig bei einer Versammlung. Anschließend rief er mich kurz beiseite und sagte: »Übrigens, Sie müssen keine Angst um Ihren Arsch haben.« Wie alle anderen hatte auch er die Hauskorrespondenz zwischen mir und meinem Lieblingsfeind gelesen. Und für den Fall, daß ich ihn beim ersten Mal nicht richtig verstanden hatte, wiederholte er: »Ihr Arsch ist nicht in Gefahr.« Irgendwie erinnerte mich das an John German, der in einem offiziellen Schreiben die Formulierung »mir dabei den Arsch betatscht hat« gebraucht hatte.

Ich bat um einen Termin beim Chefbeauftragten, um über die Zukunft der Sonderabteilung zu sprechen. Er war zu beschäftigt. Wie sich bald zeigen sollte, war er für die Schlecke nicht zu beschäftigt.

Schließlich schrieb ich erneut an meine Stellvertreterin, äußerte mich über ihre Dienstpläne und begründete, weshalb ich sie nicht abzeichnen konnte. Diesen Brief schickte ich nur an sie. Der Chefbeauftragte rief mich in sein Büro. Er hatte eine Kopie meines Schreibens vor sich liegen. »Hören Sie endlich auf mit diesen Hausmitteilungen!« verlangte er.

Ich brachte das Gespräch auf unsere Abteilung. Der Chefbeauftragte hatte Probleme mit Wendungen wie »eine gemeinsame Vision«; er sah mich an, als wolle er herausbekommen, was ich im Schilde führte, und sagte, ich müsse Geduld haben.

Der Chefbeauftragte war offensichtlich ein Bremser. Blieb also nur noch Brown selbst.

Ich bat um einen Termin beim Bezirksstaatsanwalt. Er war zu beschäftigt. Irgendwie schien alles genauso wie unter Santucci zu sein. Mich zurückzuhalten fiel mir immer schwerer.

Brown stellte eine neue Ressortleiterin für die Sonderabteilung ein, die mir riet, mich vor dem Chefbeauftragten in acht zu nehmen. Sie habe gehört, daß er diesen Posten auf jeden Fall bekommen hätte, egal wen Cuomo zum Bezirksstaatsanwalt ernannte. Ich müsse wissen, daß der Mann sehr mächtig sei, und solle ihn mir nicht zum Feind machen.

Brown berief eine Sitzung zu dem Vergewaltigungsfall St.-John's-College ein; unterdessen hatte der Prozeß gegen die ersten drei Angeklagten begonnen. Ich wurde nicht eingeladen.

Die mit dem Fall beschäftigten Staatsanwälte wählten eine entsetzliche Jury. Die Anklage gab dem angeblich voreingenommenen Richter die Schuld für sämtliche Probleme (es handelte sich um Richterin Soleil.) Die Medien waren fassungslos, als die Jury auf »nicht schuldig« entschied.

Brown holte einen neuen Finanzdirektor ins Amt. Zu den ersten Maßnahmen, die dieser erließ, gehörte die Anordnung, daß die Staatsanwälte keine Vernehmungsmitschriften mehr machen lassen sollten. Das sei zu teuer; bloß weil die Verteidigung für ihre Schriftsätze und beim Prozeß solche Mitschriften benutze, müßten wir noch lange nicht das viele Geld ausgeben. Brown hatte gesagt, er werde die Bezirksstaatsanwaltschaft so leiten, wie es sich für eine Justizbehörde gehört. Ich hatte geglaubt, er habe damit professionell gemeint.

Der neue Finanzdirektor war entsetzt, wieviel Geld die Sonderabteilung ausgab. Wieso die hohe Summe für Beraterhonorare? Wozu Gutachten zur Feststellung traumatischer Syndrome bei Vergewaltigungsopfern? Alles viel zu teuer, wir sollten gefälligst sparen. Und was dieses Videoteam sollte? Ich war gespannt, was er sagen würde, wenn er erst mal mitkriegte, was eine DNS-Analyse kostete.

Die Auswirkungen ließen nicht lange auf sich warten. Sogar die anatomisch getreuen Puppen landeten schließlich nackt und achtlos durcheinandergeworfen in einer Ecke des Videoraumes. Ich forderte eine Spielzeugkiste an, um sie ordentlich aufzubewahren. Der Finanzdirektor erklärte, das sei rausgeworfenes Geld, und lehnte ab.

Er fragte meine neue Vorgesetzte, ob sie wisse, daß wir einen Babysitter auf der Gehaltsliste hätten. Er wollte die Aufsichtskraft für das Spielzimmer einsparen, was meiner Stellvertreterin entgegenkam, die sich das Spielzimmer zum eigenen Büro umbauen lassen wollte. Daß daraus nichts wurde, war Brown zu verdanken, der bei seinem ersten Rundgang durch die Bezirksstaatsanwaltschaft das Spielzimmer gelobt hatte.

Ich wartete darauf, daß Brown endlich selbst anfing, die Behörde zu leiten und den Leuten, die er sich ins Haus geholt hatte, das Heft aus der Hand nahm.

Bei einer seiner wöchentlichen Sitzungen gab er eine Erklärung ab. Er wisse sehr wohl, daß er gesagt habe, wir sollten uns nicht in seinen Wahlkampf einmischen, sagte er. Inzwischen hätten ihn jedoch so viele Abteilungsleiter und Führungskräfte im Amt »gebeten«, mitmachen zu dürfen, daß er uns nicht unsere Bürgerrechte beschneiden wolle. Er habe seinen juristischen Berater beauftragt, die Rechtslage zu prüfen. Bei der nächsten Sitzung teilte Brown uns das Resultat dieser Prüfung mit: Den Staatsanwälten sei es zwar generell untersagt, sich politisch zu engagieren, doch wenn *wir* uns an seinem Wahlkampf beteiligten, so sei dagegen unter juristischen Gesichtspunkten nichts einzuwenden – wir dürften das nur nicht in der Arbeitszeit tun und wir dürften keine Spenden sammeln.

Gegen Ende des Sommers ließ sich Brown endlich zu einem Gespräch mit mir herab. Er wollte über die Berichterstattung der Medien reden, ich über die Sonderabteilung. Er erklärte mir wortreich, wie wichtig ihm die Sonderabteilung sei, und gab den Text auf der nächsten Abteilungsleitersitzung gleich nochmal zum besten. Was er sagte, klang wie eine Wahlrede. Ich kam zur Sache:

Ich wollte mehr Personal.

Es mußte schleunigst eine Versetzungsliste her.

Was war mit der inkompetenten Stellvertreterin?

Das müsse bis nach der Vorwahl warten, die Frau habe politische Verbindungen.

Ich hatte klare Vorstellungen.

Er bat mich, sie schriftlich niederzulegen.

Das tat ich. Es war eine einmalige Gelegenheit, alles zu Papier zu bringen, was ich in den letzten zehn Jahren gelernt und wofür ich mich eingesetzt hatte. Ich forderte eine Anhebung der Höchststrafen für Sexualverbrecher. Ich erklärte, wir als Öffentlichkeit könnten mit Fug und Recht verlangen, daß unsere Bezirksstaatsanwälte schonungslos gegen sexuelle Gewalt in jeder Form zu Felde ziehen. Wir dürften nicht mehr zulassen, daß die Arbeit der Strafverfolgungsbehörden politischen Interessen untergeordnet werde.

Ich bekam keine Antwort. Brown war mit seinem Wahlkampf beschäftigt.

Ich engagierte mich für seine Kampagne genau so viel wie für die von Santucci, nämlich gar nicht. Richard A. Brown, der neue Bezirksstaatsanwalt hatte keinen neuen Besen mitgebracht.

Dieser Punkt fand später (am 7. Mai 1992) auch in der Klatschspalte der *Daily News* Beachtung:

> John Zacarro Jr., 1988 wegen Drogenkriminalität verurteilt, hat seine Strafe hinter sich und tritt nun in die Fußstapfen seiner berühmten Mutter Geraldine Ferraro. Er hat sich für den Sommer einen Job in der Bezirksstaatsanwaltschaft geangelt, wo auch Ferraro ihre Karriere begonnen hat . . .

In dem Formblatt für die Pressemitteilung, die wir nach jedem Schuldspruch routinemäßig zirkulieren ließen, wurde lediglich der

Name geändert. Jetzt lautete die Passage: »Bezirksstaatsanwalt Richard A. Brown beantragt die Höchststrafe.«

Brown versprach öffentlich, unter seiner Ägide solle das organisierte Verbrechen in Queens endlich keine Chance mehr haben. Zur Bekräftigung seiner Worte gründete er das Flughafenbüro.

Eine Versetzungsliste wurde ausgehängt. Der Sonderabteilung wurde eine neue Staatsanwältin zugeteilt, die niemand haben wollte und die nie zur Sonderabteilung gewollt hatte.

Ich wußte nur eins: ich mußte am Ball bleiben. Lester Ford stellte sich nach drei Vergewaltigungen und drei Morden freiwillig der Polizei. Zwischen der Sonderabteilung und der Mordkommission gab es Meinungsverschiedenheiten darüber, wie der Fall zu behandeln sei. Das ging so weit, daß man der Sonderabteilung die Vergewaltigungsfälle wegnehmen wollte. Ich sagte nein. Wieder ließ ich mich auf einen Kampf mit dem Chefbeauftragten ein.

Ich wußte sehr genau, was ich tat. Ich wollte, daß Brown endlich Farbe bekannte. Und diesmal hatte ich Erfolg. Jetzt hing alles von Brown ab.

Browns Chancen, gewählt zu werden, standen so gut, daß er sich einen Gegner leisten (und seinen anfänglichen und erfolgreichen Einspruch gegen die Kandidatur dieses Gegners zurückziehen) konnte. Trotzdem tat er im Vorfeld so, als könnte er verlieren – er verlor nicht.

Drei Tage nach der Wahl rief mich der Chefbeauftragte in sein Büro. Ich war entlassen.

Jahrelang hatte ich trainiert und mich vorbereitet, und jetzt ließ man mich endlich in den Ring steigen. Doch bevor ich überhaupt zum Zuge gekommen war, hatte die andere Seite schon die Polsterung aus den Handschuhen meines Gegners gezogen. Man sorgte dafür, daß ich allein in meiner Ecke war. Und als ich immer noch nicht zu Boden ging, verkündete der bestochene Ringrichter technischen K.o. und riß den Arm des anderen hoch, des »Siegers«.

Na schön, dann eben k.o. – die Bezirksstaatsanwaltschaft ist nicht der einzige Boxring. Ich finde schon einen neuen, wo ich sie fertigmachen kann.

NACHWORT

Dieses Buch zu schreiben hat mich soviel Mühe gekostet wie jedes meiner Plädoyers. Es war mir wichtig, die richtigen Worte zu finden. Ich wollte erreichen, daß andere Menschen sehen, was ich sehe, daß sie meine Gefühle teilen. Ich konnte diesen Kampf nur bis zu Ende durchstehen, weil ich der festen Überzeugung bin, daß das, was in Queens geschehen ist, nicht nur mit der Beschränktheit der Kommunalpolitiker in diesem einen Stadtbezirk von New York zu erklären ist.

Ich weiß kein Rezept, wie man die Dinge verbessern kann. Ich habe nur ein paar Grundsätze für meine Arbeit.

Als ich mich entschloß, als Staatsanwältin Sexualverbrecher zu verfolgen, hatte ich keine Vorstellung davon, wie man sich fühlt, wenn ein Vergewaltiger verurteilt wird, wenn es einem gelingt, auf diesem Stern für ein klein wenig Gerechtigkeit zu sorgen. Von meinem ersten Sexualverbrecherprozeß bis zu meinem letzten Tag als Leiterin der Sonderabteilung war ich von Besserwissern umgeben, die mir weismachen wollten, meine Art und Weise, an die Dinge heranzugehen, könne gar nicht funktionieren. Und doch hat die Sonderabteilung bewiesen, daß es andere Methoden zur Strafverfolgung von Sexualverbrechen gibt als die in der Bezirksstaatsanwaltschaft von Queens üblichen – und das über einen längeren Zeitraum hinweg und mit mehr Erfolg, als ich es je für möglich gehalten hätte.

Ich staune immer wieder, wie widerstandslos wir zulassen, daß Staatsanwälte den Kampf gegen die Kriminalität so halbherzig führen. Mag sein, daß die Kriminalität in der Natur des Menschen liegt, doch wie schwer die Verbrechen sind, wie groß das Ausmaß der Gewalt, das liegt in erster Linie an der Toleranz der Gesellschaft gegenüber den Tätern.

Wenn die New Yorker Müllabfuhr streikt, ist die Öffentlichkeit empört. Auch tausend Pressemitteilungen mit dem Satz »Der Direktor der Müllabfuhr, John J. Santucci, verlangt mehr Müllautos« könnten die Leute nicht beschwichtigen, wenn sie unter ihren Fenstern die Müllberge wachsen sehen und die Abfälle auf der Straße vergammeln. So weit geht unsere Strafjustiz nicht einmal, und dabei ist der Abfall, mit dem sie es zu tun hat, genauso unübersehbar und stinkt genauso zum Himmel.

Wir wählen die Bezirksstaatsanwälte, aber irgendwie sind sich anscheinend alle einig, daß sie an den Müllbergen auf unseren Straßen keine Schuld haben. Wir beurteilen sie, wenn überhaupt, allein nach dem Echo, das bestimmte Fälle in den Medien finden.

»Ein harter Verbrechensbekämpfer« sagen die Politiker über jemanden, der ein bekannt gewordenes Verbrechen hart bekämpft. Die Dunkelziffern stehen nicht in der Zeitung; von den »abgewiesenen« Klagen, den Gewalttaten, um die sich niemand kümmert, den Verbrechen, die auf diese Weise stillschweigend geduldet werden, lesen wir dort nichts.

Bis heute ist die Strafverfolgung von Sexualverbrechen der schwächste Punkt im gesamten Anklagesystem. Es gibt nur wenige Staatsanwälte, die echte Kämpfer sind – und vor allem müssen endlich die Höchststrafen für Sexualverbrecher angehoben werden, damit der Tendenz Einhalt geboten wird, schwierige Fälle erst gar nicht zu übernehmen.

Wenn wir Staatsanwälte nach ihrer Leistung bewerten wollen, brauchen wir eine Art Schablone, ein Punktesystem wie bei der Olympiade; d. h. der Schwierigkeitsgrad muß mit berücksichtigt werden. Die Verurteilungsquoten sagen nichts über die Gefährlichkeit der Verurteilten aus; sie spiegeln nur die Beweislage in einem bestimmten Fall wider. Schließlich werden nicht die gefährlichsten Verbrecher verurteilt, sondern diejenigen, gegen die die meisten Beweise vorliegen.

Die zweite Schwachstelle der Strafverfolgung von Sexualverbrechen, die Kollaboration, werden Sie in den Prozeßberichterstattungen des Fernsehens vergeblich suchen, denn dieses Problem zeigt sich ja gerade darin, daß so viele Fälle nie vor ein Gericht kommen.

Wenn wir einen Menschen vor uns haben, der Bosheit und Gewalttätigkeit in sich vereint, kann unsere einzige gesunde Reaktion darauf nur sein, uns vor ihm zu schützen und ihn ins Gefängnis stecken. Wenn wir das konsequent und nicht nur sporadisch tun wollen, dann müssen wir verhindern, daß andere Leute wegen ihrer persönlichen Interessen als Kollaborateure auftreten. Und wir müssen uns fragen, inwieweit unser eigenes Verhalten diese Kollaboration auslöst oder ermöglicht.

Wir sind selbst schuld, wenn bei Sexualstraftaten nicht der Täter, sondern das Opfer be- und nicht selten verurteilt wird. Natürlich gibt es einen wesentlichen Unterschied zwischen Sexualverbrechen und anderen Straftaten, aber der macht sich nicht am Opfer fest. Die meisten anderen Verbrechen werden begangen, weil der Täter ein Bedürfnis hat, das er mit Hilfe seiner Tat stillen will. (Manche) Menschen töten aus Wut. (Manche) Menschen stehlen, weil sie Geld brauchen. Vergewaltigung aber ist ein Verbrechen, das das ursprüngliche Bedürfnis unmittelbar steigert. Vergewaltigung verlangt nach Wiederholung und eskaliert ständig.

Vergewaltiger überschreiten eine Grenze, eine klar und deutlich gezogene Grenze. Wenn ihnen keine eindeutigen, schweren und vor allem vorhersehbaren Konsequenzen drohen, dann kehren sie nie mehr um. Wir geben ihnen nur allzu oft einen Freibrief, anstatt sie Konsequenzen spüren zu lassen.

Die Kollaboration ist ein niederträchtiges Verbrechen. Wenn eine Jury in Florida einen Angeklagten freispricht, weil das Opfer keinen Slip getragen hat, wenn eine Anklagejury in Texas die Anklageerhebung ablehnt, weil das Opfer den Vergewaltiger aus Angst vor Aids angefleht hat, ein Kondom zu benutzen, wenn ein Richter in Manhattan ein mildes Urteil verhängt, weil der Vergewaltiger dem geistig behinderten jungen Mädchen, das nicht zum erstenmal Opfer einer Vergewaltigung wurde, »keine Gewalt angetan« habe, wenn ein Verteidiger in einem Berufungsverfahren eine junge Frau bundesweit im Fernsehen verteufelt, weil sie das »Verbrechen« begangen hat, einen

Vergewaltiger erfolgreich zu verklagen, wenn ein Richter in Wisconsin ein fünfjähriges Kind »verführerisch« nennt, dann ist das Kollaboration und Feindseligkeit gegenüber den Opfern; und beides ist für unsere Gesellschaft gleichermaßen gefährlich.

Und wenn Kollaboration von der Justiz unterstützt wird, darf man dies nicht etwa der persönlichen Schwäche eines einzelnen Richters zuschreiben. Richter werden aus politischen Gründen gewählt; deshalb müssen wir davon ausgehen, daß ihr Verhalten symptomatisch ist und die Haltung größerer Interessengruppen reflektiert. Ein Richter, der seinen Posten der langjährigen Vasallentreue gegenüber denjenigen verdankt, die in seinem Sprengel den Ton angeben, wird natürlich die Position jener Leute vertreten, die ihn ins Amt gehoben haben. Orientierung dürfen wir von solchen Menschen nicht erwarten, aber wir können mit Fug und Recht verlangen, daß ihr Versagen für sie Konsequenzen hat.

Würde ein Richter wiederholt Angeklagte benachteiligen, die z. B. Hispano-Amerikaner oder italienischer Abstammung sind, würde er sich als Antisemit zu erkennen geben oder Vorurteile gegen eine Klasse von Angeklagten haben, müßte er damit rechnen, bestraft, ja sogar seines Amtes enthoben zu werden. Wenn aber derselbe Richter die unglaublichsten Vorurteile gegen Opfer hat, dann läßt man ihn gewähren.

Nach amerikanischem Recht darf ein Täter nicht zweimal wegen derselben Straftat verfolgt werden. Im Klartext bedeutet das: das Opfer bekommt nur eine einzige Chance.

Vergewaltiger wird es immer geben. Wir dürfen nicht länger erlauben, daß unsere Gesellschaft und die Politiker sie gewähren lassen und ihnen sogar noch Rückhalt geben. Wir müssen endlich Vergewaltigung als das unmenschliche Verbrechen anprangern, das es ist. Vergewaltigung hat nichts mit Sexualität und Erotik zu tun; sie ist ein niederträchtiger Akt von Machtausübung. Wie die meisten Vergewaltiger mit Vorliebe Messer benutzen, so benutzen sie den Geschlechtsakt selbst, um ihrem Machtmißbrauch eine persönlichere Dimension zu verleihen. Es wird höchste Zeit, daß wir anfangen, die Vergewaltigung und den Vergewaltiger zu verurteilen, nicht aber das Opfer.

Keine politische Ideologie hat den Kampf gegen die Vergewaltigung für sich »gepachtet«. Alle möglichen politischen Gruppierungen benutzen das Thema für ihre Ziele, und die Schuld des Vergewaltigers steht dabei nur sehr selten im Mittelpunkt des Interesses. Wer meint, die Gesellschaft sei zu tolerant, sagt damit, Vergewaltigung sei eine direkte Folge der Pornographie. Wer meint, die Gesellschaft sei zu repressiv, sagt damit, man müsse nur die Prostitution legalisieren, dann gäbe es auch weniger Vergewaltigungen. Die Wahrheit ist, daß Vergewaltigung zwar nicht gesellschaftlich bedingt ist, wohl aber durch die Reaktion der Gesellschaft gefördert wird.

Menschen können auch Kollaborateure sein, ohne es bewußt zu wollen. Die Legalisierung der Prostitution kann die Vergewaltigungen ebensowenig einschränken, wie die Pornographie die Ursache für Vergewaltigungen ist. Aber eine Pornographie, die Frauen entwürdigt, kann Menschen zu Kollaborateuren machen. Wenn wir den Eindruck erwecken, sexuelle Gewalt sei akzeptabel, dann stärken wir damit den Sexualverbrechern den Rücken. Frauenfeindliche Pornographie ist sicher nicht die Ursache für Vergewaltigungen, doch sie gibt dem Vergewaltiger das Gefühl, einer großen, gesellschaftlich akzeptierten Gruppe anzugehören.

In unserer Haltung zu allen anderen Verbrechen sind wir uns einig. Wir sind uns einig, daß jemand, der bewaffnete Raubüberfälle verübt, eine Gefahr für jeden einzelnen von uns darstellt, egal ob der Mann eine Bank ausraubt oder eine Taverne, egal ob das Opfer mit Zahlen jongliert oder mit Devotionalien handelt. Schließlich besitzen wir die Fähigkeit, zu verallgemeinern. Wir wissen, daß er das nächste Mal uns ausrauben könnte. Solange wir uns in unserer Haltung gegenüber Sexualverbrechen nicht ebenso einig sind, haben wir keine Chance, den Kampf gegen diese Verbrechen zu gewinnen.

Sexualverbrecher verstehen es meisterhaft, sich zu rechtfertigen. Wir müssen endlich aufhören, ihren Lügen Glauben zu schenken.

- Wer sagt, das Opfer ist daran schuld, daß es vergewaltigt wurde, der könnte ebensogut sagen, die Banken seien daran schuld, daß sie ausgeraubt werden. Niemand hat es verdient, vergewaltigt zu werden.
- Kinderpornographie ist ein Verbrechen, das Opfer fordert.
- Unschickliche Berührungen sind kein gewaltloses Verbrechen.

Kein Kind fordert durch sein Verhalten dazu auf, sich an ihm zu vergehen.

- Gleichgeschlechtliche Pädophile sind ebensowenig homosexuell, wie verschiedengeschlechtliche Pädophile heterosexuell sind – beide sind *Kriminelle*.
- Sexuelle Gewalt ist nicht Bestandteil des Ehevertrags.
- Die Zahl der Sexualverbrechen kann durch keine Kleiderordnung reduziert werden.

Jahrelang hat sich der Oberste Gerichtshof mit einer Definition des Begriffs obszön schwergetan. Ich werden Ihnen sagen, was obszön ist: Es ist obszön, einen Vergewaltiger ungestraft davonkommen zu lassen, zuzusehen, wie er sich ins Fäustchen lacht, weil er sich seines Freibriefs sicher sein kann . . . und garantiert rückfällig wird.

Das größte Stigma der Armut ist die durch die Wirklichkeit bestätigte Wahrnehmung, daß Gewalt innerhalb der eigenen Gemeinschaft eher toleriert wird als anderswo. Die selbstzerstörerische Dimension des Rassismus tritt am stärksten in Erscheinung, wenn behauptet wird, die Hautfarbe einer Frau entscheide darüber, ob sie »wirklich« vergewaltigt wurde. Nichts kann der Seele eines mißbrauchten Kindes größeren Schaden zufügen als das Gefühl, die Erwachsenen sanktionierten das an ihm begangene Verbrechen.

Wir können uns unsere Vorurteile gegen die Opfer nicht leisten. Der Preis, den uns die Sexualverbrecher für unsere Toleranz abfordern, ist zu hoch.

Wenn Vergewaltigung eine Krankheit wäre, dann wäre sie eine Seuche. Wenn Sexualverbrecher gefaßt werden und spüren, daß ihr Tun schwerwiegende Konsequenzen für sie hat, dann verlangen sie eine Therapie, obwohl bislang niemand eine Heilmethode parat hat. Die einzige brauchbare Therapie für einen Vergewaltiger ist die Quarantäne. Es wird viel von Therapien für Sexualverbrecher geredet, aber es gibt nur ein einziges diagnostisches Kriterium, das wirklich funktioniert, und das ist die Gefährlichkeit. Wir verschwenden viel zuviel Zeit darauf, Vergewaltiger vom therapeutischen Standpunkt aus »verstehen« zu wollen. Wenn wir uns schon so eingehend mit den Vergewaltigern befassen müssen, dann sollten wir sie so studieren, wie man seinen Gegner im Kampf analysiert, denn wir müssen wissen, wie unsere Feinde sind. Am wichtigsten aber ist, daß wir lernen, den Vergewaltigern das Handwerk zu legen und sie, wenn wir sie endlich gefaßt haben, auch wirklich zur Verantwortung zu ziehen.

Wir fangen allmählich an zu begreifen, daß unsere Institutionen derzeit nicht in der Lage sind, uns vor einem bestimmten Tätertyp zu schützen – jenem Täter, der zwar gefährlich, aber nicht verrückt ist. Als Larry Singleton, ein Vergewaltiger, der eine junge Anhalterin entführte, ihr die Hände abtrennte und sie dann in der Wüste verbluten ließ, sein Entlassungsgesuch an den Bewährungsausschuß richtete, hat ganz Kalifornien gegen seine Freilassung protestiert, denn jedem war klar, daß dieser Mann eine Gefahr für die Gesellschaft darstellt. Als er dennoch auf Bewährung entlassen wurde, war im ganzen Bundesstaat Kalifornien keine einzige Gemeinde bereit, ihn aufzunehmen und die Bewährungsentscheidung zu akzeptieren. Vor kurzem hat der Protest der Öffentlichkeit in Florida dazu geführt, daß ein Vergewaltiger, der nach Verbüßung eines Teils seiner vierundreißigjährigen Freiheitsstrafe auf Bewährung entlassen werden sollte, zu weiteren fünf Jahren Gefängnis verurteilt wurde. In Wycoff, New Jersey, wird Donald Chapman, ein Vergewaltiger, der seine Höchststrafe abgesessen hat und nach zwölf Jahren entlassen werden mußte, obwohl die Gutachter sich einig sind (und er selbst angekündigt hat), daß er beim nächsten Mal vergewaltigen *und* töten wird, rund um die Uhr bewacht. Der Staat Washington hat ein heftig umstrittenes Gesetz erlassen, über dessen Einführung inzwischen in mindestens fünf weiteren Bundesstaaten diskutiert wird. Dieses Gesetz ermöglicht es, den Angeklagten unter solchen Umständen über die im Urteil verhängte Strafe hinaus in Haft zu behalten. All das zeigt, daß unsere Toleranz gegenüber den Vergewaltigern inzwischen nicht mehr ganz so groß ist. Trotzdem muß man sagen, daß die Strafjustiz in jedem dieser Fälle eindeutig versagt hat. Sie geht mit bekanntermaßen gefährlichen, abgeurteilten Sexualverbrechern so milde um, daß diese schon nach skandalös kurzer Zeit Bewährung bekommen und wieder auf freiem Fuß sind.

Dabei hätten wir bessere Waffen zur Verfügung. Gerade die Strafjustiz des Staates New York ist hoffnungslos inadäquat. Wenn sexuelle Psychopathen (etwa aggressive Pädophile und Serienvergewaltiger) es sich zur Lebensaufgabe machen, Sexualverbrechen zu begehen, dann müssen wir es uns zur Aufgabe machen, sie auf Lebenszeit hinter Gitter zu bringen. Ein Diebstahldelikt beurteilen wir nach dem Wert der gestohlenen Dinge und dem Grad der dabei verübten Gewalt. Wenn wir Sexualverbrechen nach denselben Kriterien beurteilen würden, bekäme buchstäblich *jeder* Vergewaltiger lebenslänglich.

Wir brauchen Gesetze, die anerkennen, daß Kindesmißbrauch oft kein einmaliges Vorkommnis ist, sondern ein permanentes Verbrechen. Wir brauchen ein neues Verjährungsgesetz, weil Sexualverbrecher ihre Opfer unter Umständen so sehr traumatisieren können, daß diese erst nach Jahren in der Lage sind, ihr Schweigen zu brechen. Bei Raub wird das Strafmaß automatisch höher, wenn der Täter von der Waffe Gebrauch macht beziehungsweise Gewalt angewendet hat. Das gleiche muß für Vergewaltigungen gelten, wenn das Opfer vom Täter abhängig ist, wenn es sich also um Vater und Tochter, Lehrer und Schüler, Priester und Gemeindemitglied handelt oder um Menschen in vergleichbaren Beziehungen. Wir brauchen Gesetze gegen erpresserische Vergewaltigung, ganz gleich, ob der Tatort ein Ausbeutungsbetrieb und das Opfer eine illegale Einwanderin ist oder ob eine Patientin von ihrem Psychiater auf der Couch vergewaltigt wird.

Staatsanwälte verfügen über einen enormen und gesetzlich abgesicherten Spielraum, ihre Opfer zu betrügen. Die Anklage »sexuelle Belästigung« beispielsweise hat keinen anderen Sinn als den, dem Bezirksstaatsanwalt die Möglichkeit zu geben, Vergewaltigung als Bagatelldelikt zu behandeln.* Da Inzest der niedrigsten Verbrechenskategorie zugeordnet wird, kann ein Staatsanwalt im innerfamiliären Mißbrauch ein weniger schwerwiegendes Verbrechen sehen als im Mißbrauch durch einen Fremden. Wir müssen entweder Vergewaltigung und Inzest gleich hoch einstufen oder den Begriff Inzest völlig aus dem Strafgesetzbuch tilgen und das Phänomen als das behandeln, was es in Wirklichkeit ist, nämlich die Vergewaltigung eines Kindes.

Auch wenn einige dieser Mängel unseres Strafrechts nur auf den Staat New York beschränkt sind, spiegeln sie doch die Hindernisse

* Krista Absalom, von deren Fall im Vorwort die Rede war, führt gegenwärtig eine Kampagne zur Abschaffung dieses Gesetzes im Bundesstaat New York.

wider, auf die die Strafverfolgung von Sexualverbrechen in ganz Amerika stößt. Vielleicht haben einige dieser Mängel damit zu tun, daß die Gesetze nicht im gleichen Tempo geändert worden sind, wie sich das Wertesystem der Gesellschaft verändert hat. Aber wir können trotzdem nicht dulden, daß ein amerikanischer Bundesstaat verlangt, ein mißbrauchtes Kind müsse »vor der Tat unberührt« gewesen sein.

Zwar haben einzelne Bundesstaaten inzwischen in ihrer Gesetzgebung Fortschritte gemacht, doch bundesweit finden diese Initiativen noch immer keine ungeteilte Zustimmung.* Wir haben bis heute keine bundesweite Kartei der verurteilten Sexualverbrecher, die es ermöglichen würde, die Strafregister von Vergewaltigern und Kinderschändern einzusehen, bevor man sie an Schulen, in Kindereinrichtungen und im Kinder- und Jugendschutz beschäftigt oder als Pflegeeltern einsetzt und ihnen dadurch Kontakt mit Kindern ermöglicht.**

Als die Bürger begriffen, daß auch Menschen, die nicht drogenabhängig sind, durch den Schwarzhandel mit Betäubungsmitteln geschädigt werden können, hat die Regierung der Vereinigten Staaten den Drogen den Krieg erklärt. All die vielen Kinder, die bei Schießereien zwischen Drogendealern ums Leben kamen, waren der Beweis dafür, daß auch der Unschuldigste zum Rauschgiftopfer werden kann. Der Vergewaltigung dagegen hat die Bundesregierung bislang nicht den Krieg erklärt.

Ich will nicht behaupten, daß der Slogan »Sag einfach nein« uns weiterhelfen könnte. Über diesen Spruch macht sich inzwischen ganz Amerika lustig. Wenn es einen Krieg gegen die Drogen gibt, dann sind wir alle Kriegsgefangene. Der Unterschied zum Heroin besteht darin, daß dieses aus Mohn gewonnen wird, der bei uns im Land

---

* Das vielgepriesene und kürzlich in Kraft getretene Gesetz über Gewalt gegen Frauen wäre eine gute Gelegenheit für die amerikanische Regierung gewesen, das nachzuholen. Doch unser Justizministerium ruht sich auf seinen Lorbeeren aus und gibt den lokalen Justizbehörden weder Verpflichtung noch Anreiz, eine echte Rechtsreform in die Wege zu leiten.

** Das Nationale Gesetz zum Schutze des Kindes ist inzwischen endlich in Kraft getreten. Siehe Vorwort.

nicht wächst. Unsere Vergewaltiger hingegen ziehen wir uns selbst heran. Dabei könnten wir an beiden Fronten gewinnen, wenn wir uns der heutigen und der künftigen Vergewaltiger mit gleicher Intensität annehmen würden. Wenn wir keinen einzigen Vergewaltiger rehabilitieren, den einen im voraus Hindernisse in den Weg legen und die anderen zur Verantwortung ziehen würden, könnten wir Erfolg haben.

Daß Kinder durch Kindesmißbrauch geschädigt werden, ist eine Binsenwahrheit. Manche überwinden die Schädigung. Manche bleiben ihr Leben lang Opfer. Manche beschränken ihre Destruktivität auf Kollaboration. Und manche werden selbst zu Tätern. Wir könnten dieses Fließband anhalten, wenn wir in einen kompetenten, hinlänglich finanziell abgesicherten, von der Gesellschaft unterstützten und überwachten Kinder- und Jugendschutz investieren würden.

Gegen jene Vergewaltiger aber, die bereits unter uns leben, können wir nur kämpfen. Das ist kein Euphemismus, wie wir ihn von den Politikern kennen – ein Vergewaltiger ist ein einfältiges, absolut egozentrisches, soziopathisches Raubtier . . . ein Raubtier, das nicht dadurch zu zähmen ist, daß man sich bemüht, es zu »verstehen«. Wir dürfen nicht länger die Verantwortung an die Opfer delegieren und von ihnen verlangen, daß sie »ernsthaft Widerstand« leisten. Wir müssen aufhören zu jammern. Wir müssen endlich anfangen, etwas zu tun. Es gibt viele Schlachtfelder – zu viele. Das Gerichtsgebäude und das Geschworenenzimmer, den dunklen Durchgang und das Schlafzimmer, den Lehrplan in den Schulen und die Wahlkabinen. Und eine unserer stärksten Waffen muß sein, daß wir der Kollaboration, egal in welcher Form sie auftritt, den Kampf ansagen.

Wir müssen in die Schlacht ziehen. Der Feind hat längst losgeschlagen. Die Zahl der Opfer ist schon viel zu hoch. Und wenn wir uns untereinander bekriegen, schwächen wir unsere Kampfkraft noch mehr.

Wenn ein Prozeß, an dem ich beteiligt war, zu Ende ging, wenn es an der Zeit war, den Fall in die Hände der Geschworenen zu legen, war mir genau so zumute wie jetzt, da ich am Ende dieses Buches angelangt bin. Meistens begann ich meine Plädoyers mit verschiedenen Variationen ein und desselben Themas. Heute sage ich Ihnen, liebe Leser, was ich sonst den Geschworenen sagte:

Sie haben alle Beweise gehört. Wenn ich mit meinem Plädoyer zu Ende bin, wird der Richter Sie belehren über das, was das Gesetz von Ihnen verlangt, und dann ist es an Ihnen zu entscheiden, wo in diesem Fall die Wahrheit liegt. *Sie* entscheiden ... nicht der Richter ... nicht der Verteidiger ... nicht der Angeklagte ... und nicht ich.

Niemand kann kontrollieren, was Sie im Geschworenenzimmer tun. Sie können engstirnig und voreingenommen sein. Sie können die Beweise ignorieren oder falsch interpretieren. Sie können die Verantwortung von sich weisen und sich einfach dem Urteil Ihrer Mitgeschworenen anschließen. Niemand kann Sie daran hindern.

Ich kann Sie nur bitten, all das nicht zu tun. Ich bitte Sie: wenn Sie dort im Geschworenenzimmer sind, dann folgen Sie Ihrem Herzen, gebrauchen Sie Ihren Verstand, vertrauen Sie auf Ihre reiche Lebenserfahrung und wägen Sie die Beweise gründlich ab. Wenn Sie das tun, dann können Sie nur zu einem einzigen Ergebnis gelangen. Sie haben eine schwere Verantwortung, und Ihnen wird eine Ehre zuteil, die dieses Land nur wenigen seiner Bürger gewährt. Sie haben die Möglichkeit, für Gerechtigkeit zu sorgen.

Tun Sie es.